KB237127

국어 토씨의 어원과 용법

-향가에서 1930년까지-

국어 토씨의 어원과 용법

-향가에서 1930년까지-

머리말

　글쓴이는 1989년에 건국대학교 출판부에서 「우리말 토씨 연구」를 출간한 일이 있었다. 그때는 각 세기별로 체계를 세워 책을 썼기 때문에 토씨 하나 하나에 대하여 그 형태나 용법의 변천을 알아 보기에 어려움이 있다는 제자들의 요구가 있었을 뿐만 아니라 그 책이 절판된 지도 오래 되었고 또 그 내용에도 잘못되고 미흡한 데가 있어서 언젠가는 보완을 하여야 하겠다고 생각하고 있던 중 「역락(亦樂)」출판사의 이대현 사장이 재판을 승낙하여 주어서 서둘러 이 책을 출판하기에 이르렀다. 여기서는 토씨 하나 하나에 대한 말밑과 용법을 시대별로 기술함으로써 제자들의 소망에도 부응하게 하였으며 또한 잘못된 데와 미흡했던 부분은 바로잡고 기웠으며 제1장에서는 「"토씨"라는 용어의 유래」를 추가함으로써 어느 정도 체계가 잡힌 저서로서 보람이 있진 않나 하는 생각이 든다. 그렇다고 이 저서가 완벽하다는 뜻은 아니다. 토씨는 월에서 이름씨로 하여금 자리매김을 하여 주는 허사로서 그 구실이 대단히 중요하기에 논항구조에 대한 연구와도 불가분한 관계가 있으므로 더 깊이 연구되어야 할 분야이다. 앞으로 후학들에 의하여 더 훌륭한 연구가 나오기를 기대하면서 끝으로 이 책의 출판을 맡아 주신 「역락(亦樂)」출판사의 이대현 사장님과 이 책을 내는데 수고하여 주신 여러분께 감사하는 바이다.

2004. 8.

지은이 씀

차 례

Ⅲ. 이음토씨의 말밑과 변천과정 · · · · · · · · · · · · 251

Ⅳ. 의문토씨의 말밑과 변천과정 · · · · · · · · · · · 275

V. 도움토씨의 말밑과 변천과정 · · · · · · · · · · · 285

Ⅵ. 토씨 변천의 원리 · · · · · · · · · · · · · · · · · 399

Ⅰ 토씨의 개념과 변천

1. 「토씨」의 개념과 용어의 유래

현대국어의 말본에서 사용하고 있는 토씨는 본래 이두(吏讀)에서 온 것으로 보아지는데, 이두는 일명 이도(吏道), 이토(吏吐), 이투(吏套), 이찰(吏札) 등 그 정의는 구구하나, 최고의 것으로는 신라 진평왕대까지 올라갈 수 있는데, 진평왕 13년인 신해년(591)에 건립된 경주 남산 신성비(新城碑)에 기록된 것이 그것이다. 이 비문에는,

신해년이월이십육일 남산신성작절 여법이작 후삼년붕파자 죄교
사위문교령 서사지(辛亥年二月二十六日 南山新城作節 如法以作 後三年崩
破者 罪教事爲聞教令 誓事之)

라는 기록이 있다.[1] 그런데, 이두(吏讀)의 어원은 확실하지 않으나 일인 학자 오구라신베이(小瘡進平)는 「이(吏)」와 「토(吐)」의 복합어로 보고 있다. 「이(吏)」는 중세 이후 이원(吏員)들이 쓰던 「이문(吏文)」의 「이(吏)」와 같은 뜻으로 생각되며 「토(吐)」는 고유어임이 분명하다. 이 「토(吐)」는 「돕는다(助)」, 「깁는다(補)」, 「괴다(支)」의 뜻이 있었던 것 같다. 이런 점에서 미루어보면, 이러한 요소들은 일찍부터 「토(吐)」라고 했던 것으로 보면 이

---

[1] 강신항, 1998, 국어학사, 서울, 보성문화사, p.25에 의거함.

「토(吐)」를 이두라고 한 것은 「이문(吏文)」이라는 말이 생겨난 뒤에 생겨난 것으로 보인다.[2] 그런데 모로바사(諸橋) 대한화사전 권2의 「토(吐)」조를 보면 「말(言葉)」이라 풀이하고 그 사용된 보기 즉 「남사, 양종실전(南史, 梁宗室傳)」에 「미자용 선담토(美姿容 善談吐)」를 들어 풀이하고 있다. 따라서 「이두(吏讀)」, 「이토(吏吐)」는 「옛날 서리들이 사용했던 언어」라는 뜻으로 사용되었던 말로 생각된다. 이러한 「이두(吏讀)」가 조선조에 이르러서는 우리말 삼기의 범위가 훨씬 좁아져서 향가에서의 독립된 사용의 지위를 거의 잃고 다만 한문의 중간에 쓰이어 그 한문을 국어식으로 읽기 위한 보조 수단으로 쓰이었다. 곧 이두는 소수의 이름씨와 어찌씨 같은 것을 나타내기도 하지만 대부분 한문에 국어식 토를 다는 데 그쳤다. 다음은 대명률직해에서 보기를 든다.

(1) 婦人<u>亦必</u>于夫家得罪 被黜<u>爲良</u>置 其<u>矣</u>子<u>亦</u> 有官職<u>爲去</u>等 子<u>矣</u>官
　　　이비록　　　　　　　　ᄒ야두　　의　이　　　ᄒ거든　　의
職<u>以</u> 同論<u>爲臥乎事段</u> 母子<u>亦</u>相絶<u>爲乎</u> 道理無<u>乎事</u>
으로　　ᄒ누온일딴　　　이　　ᄒ온　　없으온 일

위에서 밑줄 부분에 풀이를 한 것이 토이다. 그러니까 이두가 토로 쓰이다가 드디어 간편한 약호로 만들어져 쓰이게 되었는데, 이를 구결(口訣) 즉 우리말로 「입겿」이라 하기에 이르렀다. 다음에 「훈의소학구보」에서 보기를 든다.

(2) 小學之方<u>阝</u> 灑掃應對<u>ヽ尓</u>…
　　　　　　은　　　　　ᄒ며

위의 밑줄부분의 입겿을 풀이하면 「阝」은 「隱(은)」에서 좌부방인 「阝」를 취하여 만든 입겿이요 「ヽ尓(ᄒ며)」는 「爲㫆」에서 「爲」를 한자로 간

---

2) 유창균, 1996, 국어학사, 형설출판사, pp.44~45에 의거하였음.

략하게 쓸 때, 「為」로 쓰는데, 그것의 「ン」를 딴 것과 「旀」의 오른쪽 부분만 따서 「ン矛」로 만든 입곁이다. 그러면 「구결(口訣)」 즉 「입곁」이란 어떤 뜻의 말일까? 모로바시(諸橋)의 『대한화사전』에 따르면, 「결(訣)」은 「방법(方法)」 또는 「법식(法式)」으로 풀이하고 있다. 그러므로 「구결(口訣)」이란 「입으로 글을 읽는데 쓰는 토의 한 방식」이란 뜻으로 사용한 말은 아닐까? 어떻든 향가를 적던 「이두」가 「토」로 바뀌고 드디어는 「구결」로까지 변천하여 오게 되었는데 「토(吐)」라는 용어가 국어의 말본에서 최초로 쓰이게 된 것은 김희상『조선어전』(1911)에서가 처음으로 보인다. 『조선어전』(1011)에서는, 언어단위를 성(聲), 사(詞), 구어(句語)의 셋으로 잡았다.

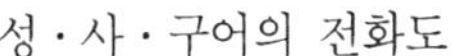

성·사·구어의 전화도

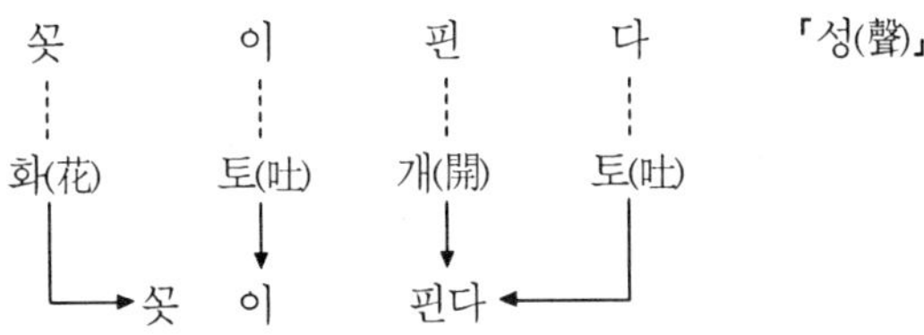

여기서 보면 성(聲)은 문자, 음성을, 사는 씨(품사)를, 구어(句語)는 월을 각각 가리키는데, 씨(품사)는 일곱 가지로 나누었다. 즉 이름씨, 대이름씨, 움직씨, 그림씨, 어찌씨, 느낌씨, 토(吐) 등이다.[3] 그런데, 여기서 주목할 것은, '토'가 오늘날의 토씨와 씨끝을 통털어 일컫는 개념이라는 사실이다. 이러한 「토(吐)」는 주시경 선생의 『국어문법』(1910)에서는 「곁」이라 하여 토씨만을 가리켰는데, 이 「곁」이라는 용어는 「입곁」에서 「입」을 뺀 「곁」에서 따온 것은 아닌가 한다. 씨의 근원은 주시경(1908, 1910)의 '기'에서 비롯되는데, 주시경(1911)『조선어문법』에서는 '기' 대신에

---

3) 강신항, 1998, 국어학사, 서울, 보성문화사, p.225에 의거하였음. 여기서 갈말을 우리 말로 옮긴 것은 글쓴이가 한 것임.

‘씨’라는 용어를 사용하고 있다. 이 씨의 체계를 가장 충실하게 이어받
은 김두봉(1916, 1922)에서는 씨의 갈래를 다음과 같이 분류하고 있다.

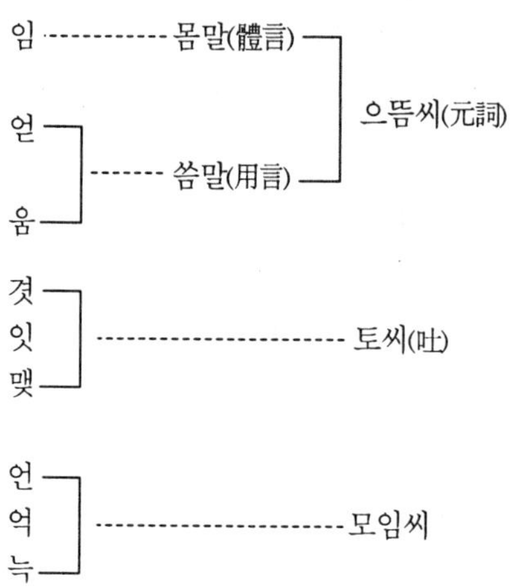

  이 씨가름은 처음으로 몸말(體言)과 씀말(用言)을 기준으로 삼았으며,
의미와 기능을 중심으로 하고 있다. 이러한 체계는 대체로 주시경 선생
과 같으나 토씨에서는 차이를 보인다. 구체적으로 주시경 선생이 「겻」
을 「만이」와 「금이와 자리」와 같이 의미에 따라 세분하던 것을 김두봉
(1916)에서는 구문론적 입장에서 임자겻(주격토), 딸림겻(종속토), 매임겻(관
계토), 돕음토의 넷으로 나누고, 다시 하위분류하였다. 이 때 돕음토는
특수토씨를 가리킨다.4)

  박승빈은 『조선어학』(1935)에서 「토(吐)」를 「조사(助詞)」라 하였는데 이
는 아마도 일본말본을 본받은 것으로 보인다. 이와 같은 경로를 거쳐
최현배 선생의 『우리말본』(1937)의 씨갈에서 「걸림씨(관계사)」로서의 「토
씨」를 설정하게 되었는데, 이것이 널리 인정을 받아 오늘날에 이르고

---

4) 강신항, 앞의 책, pp.226~282에서 필요한 부분만 따왔음. 다만 갈말을 우리말로 고
   친 것은 글쓴이가 한 것임.

있다. 결국 「토씨」는 「이두(이토)」에서 구결(입겿)을 거쳐 「토(吐)」로, 「겻」으로 쓰이다가 『우리말본』부터 「토씨」로 정착되기에 이른 것이다.

2. 토씨 변천의 시대구분

우리말 토씨의 변천에 관한 시대 구분도 국어사의 시대 구분에 따라야 할 것 같으나, 편의상 「신라향가의 토씨」와 「고려향가의 토씨」, 「중세국어의 토씨」, 「근세국어의 토씨」, 「근대국어의 토씨」의 다섯 단계로 나누고자 한다. 이제 이들 각 시대 구분에 대한 이유를 설명하기로 하겠다.

2.1 신라향가의 토씨와 고려향가의 토씨

이들 향가 사이의 시대를 구분한 까닭은 이들 두 언어에 쓰인 토씨들 사이에 어느 정도 차이가 있기 때문이다. 예를 들면 임자자리토씨에서 보면 신라향가에 있던 「是」가 고려향가에는 없을 뿐 아니라, 고려향가의 「靡只」는 신라향가에서는 찾을 수 없다. 연유자리토씨 또한 신라향가에서는 「鳥」로 나타나는데 대해 고려향가에서는 「留」, 「乙留」로 나타나기 때문이다. 더구나, 위치자리토시 중 신라의 「之叱」은 고려향가에서는 나타나지 않으며, 부림자리토씨도 신라향가의 그것과 고려향가의 그것에는 차이가 있다. 더구나, 신라향가의 토시가 표의적인 표기를 주로 하고 있다면 고려향가의 토씨는 표음적 표기에 치중한 점 또한 큰 차이라 하지 않을 수 없기 때문이다.

2.2 중세국어의 토씨

우리국어 토씨의 전모가 완전히 들어나는 것은 중세국어에서이다.
중세국어의 토씨를 자리토씨와 도움토씨로 나누어 보면 다음과 같다.

2.2.1 자리토씨

임자자리토씨 : 이
부림자리토씨 : 을/올, 를/룰, ㄹ
위치자리토씨 : 에/예/아, 의/이, 이다, ㅣ, 라셔/러셔
유정위치자리토씨 : 끠/긔, 인게/의게, 게, 희 ,혼디, 쎄, 드려
연유자리토씨 : 으로/ᄋ로, 오로/우로, 로, 으록, 롯, ᄋ로셔/으로셔
견줌자리토씨 : 과/와, 과로/와로, 이라와, ᄋ라와/으라와, 으론/ᄋ론,
                두고, 에, 에셔, 이
메김자리토씨 : 의/이, ㅣ
부름자리토씨 : 하, 아/야, (이)여
이음토씨 : 과/와, 호고, 이며, 이여/이야, 마론, 컨마론, 코, 이랑
물음토씨 : 가, 고

2.2.2 도움토씨

지적도움토씨 : ᄋ란/으란, ᄋ라는/으라는
선택도움토씨 : 이나, ㅣ나, 이어나
매양도움토씨 : 마다
각자도움토씨 : 곰
유여도움토씨 : 나마
국한도움토씨 : 못, 붓, 봇

불구도움토씨 : 만뎡

양보도움토씨 : 인돌

가정도움토씨 : 잇돈

제시도움토씨 : 이라

고사도움토씨 : 논카니와

지정도움토씨 : 은/ᄋᆞᆫ, 는/논

모두도움토씨 : 도

힘줌도움토씨 : ᄡᅡ

위치도움토씨 : 셔

바로도움토씨 : 곳

미침도움토씨 : 이드록

시발도움토씨 : 브터

유지도움토씨 : 다가

2.3 후기중세국어(근세국어)의 토씨

후기중세국어(근세국어)의 시기는 1501년부터 1895년의 갑오경장이전 까지의 기간을 말하는데 1569년에 「가」임자자리토씨가 나타났으며 존 칭의 임자자리토씨 「겨서」를 비롯하여 17세기에 「겨오사/겨ᅌᅵᆸ셔/겨ᄋᆞ오 사(셔)」 등이 나타났으며 18세기에 「끠셔」도 나타났다. 부림자리토씨 「올/ 롤」은 「ㆍ」의 혼란에 의해 17세기부터는 혼란상태에 있었고 위치자리 토씨 「이다」, 「라셔/러셔」는 16세기부터 나타나지 아니하였으며 「외」가 16세기에 나타났으며 「의셔/ᄋᆡ셔」, 「이셔」, 「예셔」 등이 16세기에 나타 났고 「ㅣ게」는 18세기에 나타났다. 연유자리토씨 「롯」은 16세기부터는 나타나지 아니하였고 「으로뻐/ᄋᆞ로뻐」는 17세기에 「노」는 18세기에 나 타났다. 견줌자리토씨 중 「으로」, 「ᄀᆞ티/ᄀᆞᆮ티」, 「만」, 「만곰」, 「게셔」 등 은 16세기에 나타나서 17세기까지 쓰이었고 이에 대신하여 17세기에는

「맛감」, 「만지」가 나타났으며 18세기에는 「ᄀ치/ᄀ치/ᄀ티/ᄀ티」, 「보다가」, 「의셔」, 「쳐로/쳐라」, 「만치」가 나타났고 19세기 초에는 「보다」, 「의여서」, 「가치」, 「만큼」 등이 나타났다. 매김자리토씨 「ㅣ」는 18세기까지 쓰였고 부름자리토씨 「하」는 17세기 초까지 쓰이다가 소멸되었다. 부름자리토씨 「이여/이야」는 초간본 박통사까지 쓰였고 이음토씨 「이랑」은 청산별곡에 나타나더니 그 이후에는 문헌에 잘 나타나지 않았다. 또 「마는」은 17세기에 「언정」은 18세기에 각각 나타났다 .물음토씨 「오」는 18세기에 나타났다 사라졌다. 제시도움토씨 「이라」는 15세기에 쓰였고 각자도움토씨는 17세기까지 쓰이다가 18세기부터는 뒷가지로 바뀌었다. 그리고 고사도움토씨 「ᄂ카니와」는 18세기까지 쓰였고 「곳」, 「도록」은 19세기까지 쓰였다. 그 이외의 도움토씨는 표기상의 차이는 있으나 별로 변한 것이 없는 듯하다.

2.4 근대국어의 토씨

이 시기의 토씨는 갑오경장(1896) 이후 현대 맞춤법의 효시가 된 「한글맞춤법 통일안」이 만들어진 1930년 이전까지의 토씨가 이에 해당되는데, 이 시기의 토씨는 철자상에 다소의 차이는 있으나 현대토씨와 별반 차이가 없으므로 여기에 일일이 예시하지 않기로 한다.

Ⅱ 자리토씨의 말밑(어원)과 변천과정

1. 임자자리토씨

1.1 임자자리토씨의 말밑

1.1.1 "이"의 말밑

「이」의 말밑에 대하여는 여러 가지 설이 있으나,[5] 글쓴이는 「이」가 셋째가리킴의 인칭대이름씨 「이」와 비인칭대이름씨 「이」에서 온 것으로 추정한다. 이에 대한 근거는 다음과 같다.

먼저, 신라향가에 나타난 임자자리토씨를 살펴보자. 신라향가에는 다음과 같은 임자자리토씨가 나타난다.

> (1) a. 阿冬音乃叱好支賜烏隱兒史年數就音墮支行齊 (慕竹旨郞)
>   b. 民是愛尸知古如 (安民)
>   c. 咽鳴爾處米露曉邪隱月羅理白雲音逐于浮去隱安支下 (讚耆婆郞)
>   d. 沙是八陵隱汀理也中耆郞矣兒史是史藪邪 (上同)

---

5) 이희승, 「이」주격 조사의 어원고, 서울대학교 논문집, <인문사회과학> 제5집, pp.67
  ~106
  김방한, 1957, 국어주격어미 「이」재고, 학술원논문 제5집.
  이기백, 「이」주격 조사의 어원고, 어문학, Vol.,2.8

    e. 阿耶栢史叱枝次高支好雪是毛冬乃乎尸花判也 (上同)
    f. 入良沙寢矣見昆脚烏伊四是良羅 (處容)
    g. 彗星也白反也人是有叱多 (彗星)
    h. 此也友物北所音叱彗叱只有叱故 (上同)
    i. 物叱好支栢史秋察尸不冬爾屋支墮米 (怨歌)
    j. 仰頓隱面矣改衣賜乎隱冬矣也 (上同)
    k. 月羅理影支古理因淵之叱行尸浪阿叱沙矣以支如支 (上同)

다음으로, 고려향가에 나타나는 임자자리토씨를 살펴보자. 이 시기의 임자자리토씨로는 다음과 같은 것이 있다.

    (2) a. 塵塵馬洛佛體叱刹亦刹刹每如邀里白乎隱 (禮敬諸佛)
        b. 得賜伊馬洛人米無叱昆 (隨喜功德)
        c. 身靡只碎良只塵伊去米命乙施好尸歲史中置 (常隨佛學)
        d. 衆生叱邊衣于音毛際毛冬留願海伊過 (總結无盡)

(1a-k)와 (2a-d)에 나타난 임자자리토씨 「이」에 대하여 양주동 박사의 「고가연구」에 따라 풀어 보면 다음과 같다.

    (3) (1)-(2)의 자리토씨 풀이
      a. 兒史 :「즈싀」인데「兒」는「즁」이고「史」는 말음에서는「시
         ·싀」, 받침으로 쓰일 때는 일반으로「ㅅ·ㅿ」음을 표한다.
         「召史:조이」「조이」는「조싀」의 음전. 고로「兒史」는 곧「즈
         싀」「즁」의 주격임.
      b.「民是」:「民」: 음독,「是」: 훈자「이」. 주격토씨「是」는
         훈자로「이·ㅣ」에 쓰여지는데 본조는 바로 임자자리토씨
         이다.
      c. 月羅理 :「月」: 훈독「둘」.「羅」: 약음차「ㄹ」. 곧「月羅」는
         「둘」의 의자하(義字下) 말음첨기법이다.「理」: 음차「리」본
         조의「月羅理」는「ᄃ리」곧 주격이다. 대개「둘」을 우선「月
         羅」로 적고 다음「ᄃ리」의「리」를「理」로 표기한 것이다.
      d. 耆郎矣兒史 :「兒史」:「즈싀」곧「즁」의 주격. 기주(一.四.

ㅣ.兒史)

e. 枝支 : 「枝」훈독 「가지」 「支」 : 통음차 「지」 「가지」의 말음
   첨기 「支」가 음 「츠」로 「치·지」내지 「츠·즈」에 통차됨을
   기주 (一.八.Ⅰ蓬支)

f. 脚烏伊 : 「脚」: 훈독 「가롤」. 「脚」의 근고훈(近古訓)은 「허
   튀·드리」이나 고속훈(古俗訓)은 「가롤·가롤」(현속훈 「가랭
   이」) 「烏」 : 음차 「오」. 「가롤」의 첨기. 「伊」 : 음차 「이」 주
   격조사. 단 본조 「脚烏伊」에서 「伊」는 이를테면, 「리」음에
   쓰이었다. 「ㅇ·ㄹ」상통은 기주 (三.ㅊ.3.治良.良)

g. 人是 : 「人」 : 훈독 「사롬」. 「是」 : 훈차 「이」주격조사 (三.四.
   Ⅰ.民是)

h. 慧叱只 : 「慧」 : 음독. 고음 「」 「叱」 : 「ㅅ」「慧叱」은 「慧星」
   의 속칭 「慧ㅅ별」을 단히 「慧ㅅ」이라 호칭한 것이다. 「只」
   : 음차 「디」 또는 통음차 「기」 (一.文.2 惡只.知). 이상 「慧叱
   只」는 「慧ㅅ디」 또는 그 음전 「慧ㅅ기」인 바, 주격조사로서
   의 「디·기」, 곧 연음소 「ㄷ-기」은 해설을 요한다. 현행통
   념에 명사 「밧·돗·붓」(外.席.種) 등어는 그 격조사형에서
   실현히 「ㄱ」음이 출현되어 「밧기·돗기·붓긔」등이 됨은
   주지의 일이다.

i. 「栢史」 : 「栢」 : 훈독 「잣」. 「史」 : 통음차 「싀」. 「栢史」는 주
   격형 「자싀」. 「栢史」는 단히 「잣」(四.九.2)을 표하기도 하나
   본조는 어맥상 주격형이다.

j. 面矣 : 「面」 : 훈독 「눛」. 「矣」 : 약음차 「ㅣ」. 본조엔 주격조
   사. 「矣」는 주로 지격 「의」에 사용되나(四.五.Ⅰ.耆郞矣). 「ㅣ」
   에도 약음차됨은 기주 (五.三.2.寢矣). 본조의 「矣」는 주격조
   사에 이용되어 「面矣」로서 「눛이」를 기사하였다. 대개 본조
   「面矣」 밑에는 동사 「改衣賜」가 승접되므로 「面矣」는 지격
   이 될 수 없고 오즉 주격으로서야 어맥이 통하는 때문이다.

k. 月羅理 : 양 박사는 여기서의 「理」를 그 앞에 「羅」가 있음
   에도 불구하고 「돌」의 받침 「ㄹ」로 보고 있으나 그리되면
   찬기파랑가의 「月羅理」와 모순이 되므로 글쓴이는 여기의
   「月羅理」도 「드리」로 보아 「돌」주격으로 보고자 한다. 따라
   서 원가의 풀이에서 「다리 그림자를 옛 못에 일렁이는 물
   결치듯…」이렇게 풀이하여도 조금도 어색하지 않기 때문이
   다.

    l. 佛體叱刹亦 :「刹亦」:「刹」: 음독「亦」: 약음차「이」주격
      조사「亦」은 이문(吏文)「亦中」에서와 같이「여」(四.四.3.也
      中)에 음차되나「ㅣ」에도 약음차됨은 기주 (九.一.2.底亦)
    m. 得賜利馬落(얻샬이 마다) 人未無叱昆 :「人米」:「人」훈독
      「늠」.「米」: 음차「미」「人米」는「늠」의 주격형「느미」,「無
      叱昆」:「없곤」
    n. 衆生叱邊衣于音毛:「衆生叱」:「衆生」음독. 叱「人」. 목적격
      조사 생략 대신의 촉음「邊衣于音毛」:「邊」약훈차「ㄱ」,
      「衣」: 약음차「ㅣ」,「邊衣」두 자의 반절「기」,「于」음차
      「우」, 타동화조사, 「音」약음차「ㅁ」, 동명사첨미어, 이상
      「邊衣于音」은「깨움」(씨움).「毛」: 통음차「미」,「毛」음이
      「모」이나 본조엔「미」에 잉용된 것. 본조「邊衣于音毛」는
      상하어맥으로 보아 주격에 해당하므로「깨우미」로 읽을 것
      이니「ㅁ」음의 과잉 곧「깨움미」로 기사한 심리는 기설(동
      상). 근세 언해서에도 그 유례가 있다. (동상)

    이상 (3a-n)까지에서 객관적으로 보아 임자자리토씨의 본제로 볼 수 있는 것은 (3b)의「民是」의「是」를 비롯하여 f의「脚烏伊」의「伊」와 g의「人是」의「是」이다. 다시 말하면「이」임자자리토씨의 말밑이 될 낱말은「是」와「伊」둘뿐이요, 다른 것은 표음적표기이거나 인용된 것들이다. 따라서 임자자리토씨「이」의 말밑을 모색하기 위하여는「是」와「伊」에 국한하여 살펴보기로 하겠다.

    양주동 박사는「고가연구」에서「수희공덕가」의「得賜伊」의 풀이에서「得」훈독「얻」,「賜」「샤」단 본조엔 연체형「샬」,「伊」음차「이」,「賜伊」는「샬이」. …본조「얻샬이」의「이」(伊)는「그이·뎌이」와 같은 인칭대명사로서의「이」…「이」는 원래 인칭에뿐만 아니라, 고어에선 사여물 일반에 통용된다…6)라 설명하고 있는데, 이로 미루어보면「伊」는 삼인칭의 인칭 및 비인칭대이름씨임을 알 수 있다. 모로바시(諸橋)의 <대한화사전>의 권1의 p.645에 의하면「伊」는「그이(かれ), 彼, 사람을 가리키

<hr>

6) 양주동, 1965, 고가연구, 서울, 일조각, p.772 참조.

는 말(人を指す語)[太倉州志]吳語, 指人曰伊」라고 설명해 놓았을 뿐 아니라, 예나 지금이나 사람의 이름에 「伊」를 많이 사용하였는데, 그것은 「伊」가 인칭대이름씨였던 흔적으로 보이는 것이다. 즉 「몽술이(蒙述伊), 이뿐이(而分伊), 몽고이(蒙古伊)…」[7] 등은 이조시대의 사람 이름에 쓰인 예요, 오늘날에도 「순이(順伊), 분이(分伊), 금이(金伊)……」 등과 같이 여자의 이름에는 물론, 「금돌이, 길돌이, 갑돌이」와 같이 남자 이름 다음의 가지로도 쓰이고 있음은 주지의 사실이다. 그러면 향가에서 「伊」가 대이름씨에도 쓰인 예를 더 보기로 하겠다.

(4) a. 양주동(1943 : 145)에서는 「史伊衣」에서의 「伊」는 음차 「이」로 인명, 지명에 흔히 「이」에 음차된다는 사실을 지적하면서, 淸風縣 本沙熱伊縣을 예문으로 들었다. 이 예문에서 「史伊」는 「스이」, 「스이」는 물론 「스싀」의 음전이다. 「스싀」는 원래 「슻(間)」의 주격형으로 이미 주격조사 「ㅣ」를 내포한 자이나 그 주격형이 관용됨에서 「스싀」가 자연히 명사 본형자격을 가지게 된 것이다라고 하였고 안민가에서는 주격조사 「이」는 「是」외에 「伊」를 쓴 곳도 있다.(五.四.1. 脚烏伊). 「是」가 「이」됨은 무론 그 훈에 의함이나 주격조사자로 의자(義字)의 성격도 약간 지니므로 음차로 기사된 명사 하에 「伊」자가 사용됨에 대하여 의자로 기사된 명사자(民) 하에 「是」자를 썼다(안민가 三.四.1)고 하였다.

b. 伊底亦 : 이것을 양주동 박사는 「이뎨」로 풀이하였는데 이것을 더 분석하여 본다면 「이뎌ㅣ」로 되는바 맨 앞의 「이」는 오늘날 「이·그·저」할 때의 「이」이니 대이름씨 「이」에 해당된다.(원왕생가)

c. 部伊 : 「部」훈독 「주비」. 본조의 「部」는 「부중(部衆)」의 의로 고훈 「주비」. 「伊」음차 「ㅣ」 「주비」의 말음첨기(칭찬여래가)

d. 伊 : 음차 「이」 단 본조는 「此」의 훈(광수공양가)

e. 佛伊 : 「佛」 훈독 「부텨」. 「伊」: 음차 「ㅣ」 「부텨」의 속음 「부톄」의 말음첨기(수희공덕가)

f. 伊知皆矣 : 「伊」음차 「이」 「此」의 훈. 본조의 「이」는 하어 「知

---

7) 최범훈, 1977, 한자차용표기체계연구, pp.68~69에서 인용.

(알)」의 목적어인 바 「이」가 목적어로 조사 없이 사용됨은 다음 예가 있다.

  ◦ 이 브리고 어듸 브트리오(拾此何依) (청불왕세가)

 g. 塵伊 : 「塵」 훈독 「드틀」. 「塵」의 훈은 「드틀·듣글」 양형 이 있으나 동일어의 음전. 「드틀」이 그 원형일 것이다. 「伊」 : 주격조사 「이」.(상수불학가)

 h. 然叱爲賜隱伊留兮 : 「然叱」:「그 랏」, 「爲」 훈독 「ᄒ」, 「賜隱」 :「샨」 즉 「然叱爲賜隱」은 「그러케 하샨」으로 풀이된다. 「伊」 음차 「이」, 본조는 연체형(샨) 하이므로 인칭추상명사 「이」, 그 어원이 연체형하에 사용되는 주·서술격조사임은 기주 (全上)(상수불학가)

(4a-h)까지에서 양주동 박사의 해독을 정리하여 보면 접미사가 둘(a, c), 주격조사가 둘(e, g)인데, (4a)에서의 해석에 따르면 「是」는 훈차로서 주격조사가 되나 「伊」는 음차되어 주격조사가 된다 하였다. 그러나 그 것은 양 박사님의 잘못된 해독일 것이다. 왜냐하면 「伊」가 인칭·비인 칭 대이름씨로 쓰인 것이 네 개(b, d, f, h)가 있기 때문이다. 「伊」가 접미 사로 쓰인 듯한 경우가 있으나 실은 모두 대이름씨로서 그렇게 쓰인 것이므로 「伊」는 인칭·비인칭 대이름씨임은 두말할 여지가 없다.

다음은 「이(是)」에 대하여 알아보기로 하겠다.

  (5) a. 이 네 아숨가(是你親眷那) (초노상 15B)

      b. 이 내 이우지라(是我街坊) (초노상 16A)

      c. 이 몯드라 오니가(是相會來的) (초노상 15B)

      d. 이 내 녯 주쉰 지비니(是我舊主人家) (초노상 17A)

      e. 이 버디 곧 지니(這箇火伴便是) (초노 1B)

      f. 다믄이 高麗ㅅ싸해만 쓰는 거시오(只是高麗地面裏行的) (초노 5B)

      g. 이 네 ᄆᆞ숨모로 비호는다(是你自心裏學) (초노 6A)

      h. 이 漢人이라(是漢兒人有) (초노 6B)

      i. 이는 내 아븨동성누이와 어믜동성오라븨게 난 형이오(是小

人姑舅哥哥) (초노 15B)

j. 이는 우리 어믜동싱의게 난 아싀오(是小人兩姨兄弟) (초노 16A)

k. 이 동셩 륙촌 兩姨가(是房親兩姨) (초노 16B)

l. 이 친동싱 兩姨에셔 난 형데로니(是親兩姨弟兄) (초노 16B)

m. 이 올흔녀(是 箇麽) (초노 18A)

n. 이 쟉도는 이 우리 아ᅀᅵ믜 짓 거시니(這 刀 是我親眷家) (초노 19A)

o. 이 오늘 주긴 됴흔 도틱 고기라(是今日殺的好猪肉) (초노 20B)

(5a-o)까지를 분석하여 보면 (5a, b, c, e, h, i, j, k, l, o)의 「是」는 삼인칭대이름씨이고 (5d, f, g, m, o)의 「是」는 삼인칭의 비인칭대이름씨이고 (5n)의 「是」는 매김씨로 보인다. 그런데 「是」가 삼인칭의 인칭대이름씨인 확실한 증거를 다음과 같이 찾을 수 있었다.

(6) 이가 내 아내요, 저 애가 내 딸이요(삼중당 문고 무정(상) p.11)

(6)에 의하여 보면 「이」가 삼인칭의 인칭대이름씨임은 분명한데 다음과 같은 데서도 「是」가 삼인칭의 인칭 및 비인칭대이름씨인 것을 알 수 있다.

(7) a. 是爲黃帝(이가 황제이다) <주어>

　　b. 平原君曰 : 是勝之舍人也(이는 나의 사인이다) <주어>

　　c. …曰 人之愛子, 亦如是乎?(사람들이 그 아이를 사랑하는 것이 또한 이와 같은가?) <객어>

　　d. 今其人在是(이제 그 사람이 여기에 있다)[8] <보어>

이상에서 「伊」와 「是」가 삼인칭의 인칭 및 비인칭대이름씨임을 알게 되었는데, 그러면, 이들 낱말이 어떻게 하여 임자자리토씨로 바뀌었는가를 증명해 줄 언어사실이 있는가를 살펴보기로 하겠다. 본래 「이(伊,

---

8) 牛島德次, 1974, 漢語文法論(古代篇), 日本, 大修辭書店, pp.182~183.

是)」는 월에서 오는 위치가 이름씨 다음에 쓰였다. 그 예를 다음에서 보
자.

(8) a. 民是愛尸知古如(民이 둗쉴 알고다) (安民歌)
　　 b. 脚烏伊四是良羅(가로리 네히어라) (處容歌)
　　 c. 慧星也白反也人是有叱多(慧星여 슬본여 사룸이잇다) (慧星歌)
　　 d. 塵塵馬洛佛體叱刹亦(塵塵마락 부톄ㅅ刹이) (禮敬諸佛歌)
　　 e. 佛伊衆生毛叱所只(부톄 衆生 못두록) (隨喜功德歌)
　　 f. 身靡只碎良只塵伊去米(모미 보삭 드틀이 가매)(常隨佛學歌)
　　 g. 今日是二十二(오ᄂ리 스므이트리로소) (초노 2A)
　　 h. 我是高麗人(나ᄂ 高麗ㅅ사ᄅ미라) (초노 21A)
　　 i. 你是高麗人(너ᄂ 高麗ㅅ사ᄅ미어시니) (초노 2A)
　　 j. 世間用着的是漢兒言(세간에 쓰ᄂ오니 漢人의 마리니) (초노 5A)
　　 k. 這井是塼砌的井(이우므른 벽으로 무은 우므리라) (초노 36A)
　　 l. 我是行路的客人(우리ᄂ 길녀ᄂ 나그내어니) (초노 42B)
　　 m. 我是客人(내 나그내라니) (초노 47A)
　　 n. 你是那裏 的客人(네 어딋 나그낸 둘 알리오) (초노 48A)
　　 o. 你是有見識的(너ᄂ 일 아ᄂ 사ᄅ미어니) (초노49A)
　　 p. 他是高麗人(뎌ᄂ 高麗ㅅ사라미니) (초노 51A)
　　 q. 어늬 굳ᄋ어 兵不碎ᄒ리잇고 (용비 47)
　　 r. 뉘 아니 ᄉ랑ᄒᄉ봉리 (용비 78)
　　 s. 舍利佛이 혼 獅子ㅣ롤 지ᅀ어 내니 (석보 6-64)
　　 t. 님금 ᄆᅀᄋ미 긔 아니 어리시니 (용비 30)
　　 u. 내 가리이라 (용 94장)
　　 v. 니르고져 홇 배 이셔도 (훈,4 언해)
　　 w. 네 가사 ᄒ리라 (용 94)
　　 x. 쇠 하아 (월석 1:24)
　　 y. 양지 셩가시더니 (월석 1:42)
　　 z. 各各 편치 잇ᄂ니 (법화 4:3)

　(8a-f)까지는 향가의 보기요, (8g-p)까지는 <노걸대인해>에서 찾은
보기이며, (8q-z)까지는 15세기 언어에서 찾은 보기이다. (8a-f) 중 (8a-c)
와 (8f)에서 보면 「이(是, 伊)」는 물론 「이」가 모두 월에서 이름씨 뒤에

쓰이고 있는데, 우리 월의 성분 배열은 이와 같았던 것이었다. 그러므로, (7a)의 「民是」는 「民 이것(이이)」의 뜻이었을 것이요, (7b)의 「脚烏伊」또한 「脚烏 이것」의 뜻이었다고 보이며, (8c·f)의 「人是有叱多生去米」는 「사람 이것 있다」와 「티끌 이것 가매」의 뜻으로 각각 풀이되었을 것이며 (8d)는 「亦」이 임자자리토씨인데 이것 또한 대명률직해의 「亦」와 비교할 때 「是」와 별반 다를 것이 없을 것으로 보아 여기에 인용하였는데, 그 풀이 또한 「佛體叱刹 이것」이었을 것으로 짐작된다. 그러나, (8e)의 「佛伊」는 다른 데는 모두 「부텨」를 「佛體」로 표기하였는데 여기서만 「佛伊」로 한 것을 보면 그 풀이는 「부텨 이분」 정도로 되었을 것으로 보인다. 그리고 (8g-q)까지는 (8g, j, m, n)는 우리말 풀이가 「이」로 되어 있으나 (8h, I, k, l, o, p)는 풀이가 모두 「는/은」으로 되어 있으나 「是」가 이름씨 바로 뒤에 와 있는 보기이다. (8q-z)까지는 중세어에서 찾은 보기인데 (8q)부터 그 뜻을 풀이해 보면 (8q)는 「어느+ㅣ」로 분석되는데 「어느」는 「ㅣ」의 꾸밈말인데 그 뜻은 「어느 이것(곳)」으로 될 것이며, (8r)의 「뉘」는 「누+ㅣ」로 분석되는데 여기서도 「누」는 「ㅣ」의 꾸밈말인 바 그 뜻은 「누구 이것」 또는 「누구 이이」로 풀이되었을 것이다. 그리고 (8s)의 「獅子ㅣ롤」을 보면 아무 필요 없는 곳에 임자자리토씨인 「ㅣ」가 와 있다. 이것은 「ㅣ」가 「獅子」를 받고 있는 것임을 말해 주는 것으로서 그 뜻은 「獅子 이것을」으로 풀이되는 것이다. 그러므로 (8s) 전체의 뜻은 「舍利佛이 하나의 獅子 이것을 지어내니」로 풀이될 것이다.9) (8t)의 「긔」는 「그+이」로서 「그」는 「이」를 꾸미는데 그 뜻은 「그 이것」으로 해석되었을 것이다. 혹 임금의 마음을 말하는데 그렇게 풀이하기는 어려울 것이라고 할는지 모르나, 원래 우리말의 월 구조는 그렇게 되어 있었다(이와 같은 월 구조에서 우리말의 논리성을 찾을 수 있다). 이와 같이

---

9) 「獅子ㅣ롤」에서 「ㅣ」가 「獅子」의 「子」와 합하여 발음될 것이라고 생각하는 것이 일반적이나 필자가 보기에는 발음이야 어떻게 되든 뜻은 위에서와 같이 풀이되어야 할 것이라 생각된다.

(8u)의 「내」는 「나+ㅣ」로서 그 뜻은 「나 이것」이었을 것이요, (8u)의 「배」
는 「바+ㅣ」로서 그 뜻은 「바 이것」, (8w)의 「네」 또한 「너+ㅣ」로서 그 뜻은
「너 이것」, (8x)의 「쇠」는 「쇼+ㅣ」로서 그 뜻은 「쇼 이것」, (8r)의 「양지」
는 「양즈+ㅣ」로서 그 뜻은 「양자 이것」, (8z)의 「젼치」는 「젼츠+ㅣ」로
서 그 뜻은 「젼츠 이것」으로 각각 풀이되었을 것이다.

위에서와 같이 삼인칭의 인칭·비인칭대이름씨가 이름씨 뒤에 와서
쓰이다가 그 본래의 뜻과 직능을 차차 상실함에 따라 그만 「이」는 임
자자리토씨로 바뀌고 만 것이다. 이와 같은 사실을 뒷받침해 줄 또 한
가지 언어적 사실은 임자말이 「이」로 끝나거나 대이름씨 「이」일 때는
임자자리토씨 「이」는 생략되는데, 이와 같은 사실은 같은 낱말이 중복
되어 쓰이는 것을 꺼리는 데서 나타난 언어사실로서 임자자리토씨 「이」
는 대이름씨 「이」에서 왔다는 사실을 확실히 뒷받침하는 것으로 보인
다.

    (9) a. 이 네 아숨가(是你親眷那) (초노상 15AB)
       b. 이 몯드라 오니가(是相會來的) (초노상 15B)
       c. 이 내 이우지라(是我街坊) (초노상 16A)
       d. 이 내 녯 주인 지비니(是我舊主人家) (초노상 17A)
       e. 大臣須達이라 호리 잇ᄂ니 (석보 6-28)
       f. 어듸아 됴훈 ᄯ리 양즈 ᄀ즈니 잇거뇨 (석보 6-26)
       g. 엄니 히오 (월석 2:41)
       h. 和修吉은 머리 하다 ᄒ논 마리오 (석보 13:7)
       i. 녯 가히 내 도라오몰 깃거 (두언 6:39)
       j. 이 각시 당당히 轉輪聖王올 나ᄒ시리로다. (월석 2:23)
       k. 受苦ᄅᄫ빈 소리 업고 (석보 9:10)[10]

(9a·b·c·d)의 「이」는 삼인칭의 인칭·비인칭대이름씨이므로 그와
같은 낱말에서 발달한 임자자리토씨 「이」를 생략하였으며 (9e·f)의 「호

---

10) (8g-k)까지는 허웅 교수의 「우리 옛말본」, p.337에서 인용한 것임.

리, ㄱㅈ니」 등등의 「이」 또한 위에서와 같은 이유에서 그 다음에 임자자리토씨를 취하지 아니하였다. 이상과 같은 사실 이외에도 다음과 같이 대이름씨 「나, 너, 그, 저」에 「이」가 와서 하나의 어절을 이루면 성조에 변화가 생기는데 그것은 「·이」는 거성인데 반하여 그 앞에 오는 대이름씨 「나, 너, 그, 저」들은 평성이므로, 사실상 이들은 「·이」를 꾸미는 관계에 있었는데 하나의 어절로 합하다 보니 상성이 된 것이다. 그러므로, 여기서도 「·이」가 삼인칭의 인칭·비인칭의 대이름씨였다는 암시를 충분히 받을 수 있다고 생각된다.

      (10) a. 나+·이 = :내 (석보 13-55)
            b. 너+·이 = :네 (능엄 6-91)
            c. 그+·이 = :긔 (용비 39)
            d. 저+·이 = 제 (월석 1-62)

    끝으로, 「이」로 끝나는 이름씨가 와도 임자자리토씨 「ㅣ」가 쓰이는 일이 있었는데 이것도 「ㅣ」가 앞 이름씨를 받고 있다는 증거로 보인다.

      (11) a. 是ㅣ 物이라 (능엄 2-34)
            b. 理ㅣ 붉고 (육조 서-6)
            c. 利ㅣ 無窮호물 (금강 47)
            d. 如來ㅣ 상녜 이셔 (법화 5-146)

    (11a)의 뜻은 「是 이것」이오, (11b)의 뜻은 「理 이것」이며, (11c)의 뜻은 「利 이것」으로 풀이되었을 것이다. 그리고 (11d)는 「如來 이것」으로 당시에는 이해하였을 것으로 보인다.

    이상에서 상고한 바에 의하여 결론적으로 말하면, 오늘날의 임자자리토씨 「이」는 옛날에는 삼인칭의 인칭·비인칭 대이름씨였던 「이」가 월 중에서 항상 이름씨 다음에 쓰이다가 그 고유한 의미를 잃게 되매, 앞 이름씨와 합하여 하나의 어절로 읽히게 되다가 드디어는 토씨로 굳어져 버린 것이라 말할 수 있다.

1.1.2 「가」의 말밑

「가」의 말밑에 대하여는 아직 확실한 어떤 단서를 잡기가 매우 어려우나, 먼저 선학들의 연구를 소개해 보고 다음에 필자의 의견을 밝히고자 한다.

람스테트는 「가」를 선행하는 홀소리 뒤에만 쓰이는데 임자말 뒤에 오는 이음토씨라고만 설명했을 뿐이고 더 이상의 설명은 하지 않았다.[11] 그런데 일본 학자 하마다는 「가」의 성립은 새로운 입말에서 생겼을 것이라고 하면서 「첩해신어」에서는 두 개의 예가 나타날 뿐인데 중간개수 <첩해신어>에서는 여섯 개의 예가 나타난다고 하였다. 그리고 <인어대방(隣語大方)> 전 열 권에서 보면 89개의 예가 나타난다고 하고는 그것을 다 예시하였고 다음에 일본인 아메모리(雨森芳洲)가 엮은 <교린수지(交隣須知)>라는 책이 네 권이 있는데 여기서는 186개(권 1에 54, 권 2에 62, 권 3에 51, 권 4에 19, 합계 186개)가 있다 하고, 또 예시를 하고 나서 「가」의 나타나는 빈도수가 성립시기의 오래된 것보다 새것에 올수록 차차 많아지는데, 오히려 그 언어가 다른 자료보다도 더 속어적 성격이 강한 데도 그 이유가 있는 것이 아닌가라고 하였다. 그리고 위에 든 자료의 하나 하나에 공통적인 사실은 「가」가 오는 임자씨에 아마 음운적 이유가 있는 것이 아닌가라고 하고, 분명한 것은 그 임자씨의 대부분이 「-i」를 그 끝에 가지고 있다는 사실이라고 하고는 왜 한자말이 홀소리 「-i」로 끝나는 임자씨와 함께 초기에 「가」와 결합할 수 있는 자격을 가지게 되었는가 하는 것을 지적하고 있다. 그러나 그것이 음운적인 이유에서였다면 한자밀이 「-i」로 끝나지 아니하였는데도 다음

---

11) G. J. Ramstedt, 1949, Studies in Korean Etymology, pp.80~81, Helsinki, Suomalais-Ugrilainen Seura.

과 같이 「-i」다음에 「가」가 온 것이 문제가 된다.

> (12) a. 丈夫ㅣ가 (교린수지 2-6)
>   b. 獅子ㅣ가 (교린수지 2-6)

(12a·b)에서 「ㅣ」는 일종의 고룸소리와 같은 구실을 하는 것으로 보이며 「가」는 「가다」의 줄기 「가」에서 왔을 것이라고 하는 이도 있으나 그것을 믿을 수 없고 본래 임자자리를 나타내는 것이 아니었고 오히려 광의의 강조, 또는 협의의 감동 내지 의문의 뜻을 나타내던 감탄토씨와 유사한 것이 아니었을까 한다. 더구나 산발적으로 붙어 쓰였다는 사실도 이 주장을 말하는 것으로 생각된다고 하여 결국 임자자리토씨 「가」는 강조나 감탄 또는 의문을 나타내던 느낌씨에서 왔다고 결론 내리고 있다.12)

하마다가 임자자리토씨 「가」를 감탄이나 감동 내지 의문의 뜻을 나타내던 느낌 토씨적인 것이 아니었을까 하였는데 그것은 일본어의 「か」가 감동을 나타내는 토씨인 데서 그렇게 결론지은 것 같으나 반드시 그렇지는 않다.13)

그러면, 우리의 옛글에서는 언제부터 「가」가 나타나는가를 보기로 하겠다.

> (13) a. 츈 구두리 자니 비가 셰 나러서 즈로 둔니니 (송강자당편
>   지, 선조 5년)
>   b. 쳥음은 더리 늘그신 니가 드러와 곤고ᄒ시니 (효종언간)
>   c. 니광하가 통례 막혀 압희 인도ᄒ올 제 (숙종언간)
>   d. 종이 미련ᄒ여 츈 ᄇ롬을 뽀여 두드럭이가 블의의 도다
>   브어 오ᄅ니 (인조왕후 언간)

---

12) 濱田敦, 1970, 朝鮮資料による日本語研究, 東京, 岩波書店, pp.235~286.
13) 時枝誠記, 1968, 日本文法, 文語篇, 東京, 岩波書店, p.252.

> e. 多分히 비가 올 거시니 遠見의 무러 보옵소 (첩해 1-8)
> f. 東萊가 요스이 편티 아니ᄒ시더니 (첩해 1-26)
> g. 어인 놈의 八字ㅣ가 晝夜長常에 곱송그려서 잠만 자노 (가
>   곡원류 p.35)

(13a)에서 보면 「가」가 나타난 것은 16세기 후반기, 즉 1571년에 처음 나타났으니 임진왜란 전부터 우리 문헌상에 나타났다. 따라서, 「가」가 임진왜란으로 인하여 일본 것이 우리말에 들어왔다는 것은 도저히 있을 수 없는 일이며 아마 입말에서 쓰였던 것이 문헌에 정착한 것으로 보인다. (13a-f)까지는 그저 「가」가 쓰인 예를 보인 것이나 중요한 것은 하마다가 말한(12a・b)와 (13g)의 「八字ㅣ가」인데 이런 예들을 가지고 보면 「ㅣ」와 「가」가 둘이 합한 것으로 보인다. 등질의 말이 두 개 합치는 것은 우리말의 한 특징인데, 「외가집, 역전앞, 처갓집……」 등과 같이 대개는 우리말과 한자말 또는 한자말과 우리말의 순으로 중첩되는 것이 특징이다. 더구나 토씨에서도 형태는 달라도 뜻이 같은 두 개의 토씨가 겹쳐지는 일이 있으니 「으로＋써」, 「에서＋부터」가 그것들이다. 다음의 예를 보기로 하자.

> (14) a. 네가 키가 크다.
>   b. 죽느냐 사느냐가 달려 있다.
>   c. 내가 물이가 먹고 싶다.

본래 토씨의 말밑을 알고 싶을 때는 현대어에서 그 문맥적 의미를 파악하면 쉽게 그 말밑을 짐작할 수 있는데 (14a)에 의하면 「가」의 문맥적 뜻은 「이」와 조금도 다름이 없다. 더구나 (14b)에서 「죽느냐 사느냐 이것 달려 있다」로 풀이하여도 조금도 이상할 것이 없다. 그런데 (14c)의 예는 함경도 출신인 동료 교수의 하는 말을 인용한 것인데, 「이가」는 「이」나 「가」 하나를 쓰는 것보다 그 뜻이 다소 강조된다고 하는데, 이 사투리는 단순히 보아 넘길 것이 아니고, (12a・b)나 (13g)와 반

드시 관련이 있는 것으로 보인다.

그런데, 우리말 토씨의 발달원리[14]에 비추어 볼 때, 「가」는 「이다」의 굴곡형인 「이가」는 아닌 것 같고, 틀림없이 하나의 실사에서 발달하여 온 것으로 추정되나 이것 또한 확실하지 않다. 「가」가 「ㅣ(亦)」계에서 온 것이 아닌지 하는 이도 있으나[15] <이두집성>에 의하면 「亦」은 음이 「이여(시), 가히」의 두 가지로 읽혔다고 설명되어 있고, 뜻은 「이, 도」였다고 되어 있다. 그런데, 「亦」가 어떻게 「가히」로 읽혔는가는 모르겠으나 여기에서 「히」가 떨어지고 「가」가 임자자리토씨로 되었다고 보기도 어렵다. 그런데 필자는 최근에 청주 북일면 순천 김씨 묘에서 나온 편지를 살펴보다가 「가」 임자자리토씨의 말밑을 확인할 수 있는 자료를 몇 개 찾아내었기에 그것으로써 「가」의 말밑을 밝혀 볼까 한다. 먼저 예문을 들어보겠다.

> (15) a. 뉴더기는 내게도 하 노호와 즉시로 주고져 호디 가도 네
>   비릭 걷고 가셔 쏘 드라나면 네 혼긔 덜 거시오 이실 겨
>   규는 씀도 아니코 가라 ㅎ면 져믄 사롬도 몯 견디는 거시
>   내가 어니 어호로 이시리 ㅎ니 몯 보내거니와 그 녀니 안
>   즉 와시니 누겨 현마 엇디리 비러 브려라 (순김 71)
>   b. 글사니나 오고 남기나 뷔고 고텨명쉬롤 드려다가 무러 ㅎ
>   새 바조 옷 니일 드디게 되면 내가 긔걸ㅎ고 오리. 바조
>   옷 하면 브디 보기 이셰야 ㅎ려니와 바로 옷 모러나 홀
>   양이면 나모 ㅎ라 브디 보내소 (순김 130)

(15a · b)에서 밑줄 친 「가」는 필자가 보기에 앞뒤 문맥으로 미루어 분명히 「가다」의 표기 「가」인데 여기에서 임자자리토씨 「가」로 보아도 무리가 될 것도 또한 없다. 따라서, 필자는 일본 학자가 말한 대로 움

---

14) 이것은 토씨 연구의 결과 우리말의 토씨가 어떠한 낱말에서 발달해 왔는가를 하나의 원칙으로 세워 본 결과 얻은 가설이다.
15) 사실 그렇다면 「亦」가 「가히」로 발음되다가 「히」가 없어지면서 「가」가 임자자리토씨가 되었다고 볼 수도 있다.

직씨 「가다」의 줄기 「가」에서 임자자리토씨 「가」가 발달한 것으로 가상하고자 하며 (15a·b)의 「가」는 움직씨의 줄기 「가」가 임자자리토씨 「가」로 바뀌어 가는 과도기의 예인 것으로 가상하고자 한다. (12a·b)에서 예로 든 「丈夫ㅣ가, 獅子ㅣ가」나 <가곡원류>에서 나오는 「八字ㅣ가」로 미루어 보면 「가」는 「이」보다 뒤에 왔기 때문이다. 이와 같은 사실을 뒷받침할 수 있는 것으로 「으로+뻐>으로뻐>으로써」, 「으로+브터>으로브터>으로부터」, 「의+거긔>의거긔>의게」 등으로 발달한 사실들이 있기 때문이다.

이상으로써, 「가」토씨는 「이」토씨보다 후대에 발달하였음을 확인할 수 있는데, 곧 임자자리토씨 「가」는 움직씨 「가다」의 줄기 「가」에서 발달했을 가능성이 있음을 제기해 본다.

1.1.3 「께서」의 말밑

이 토씨는 「겨오셔」계와 「끠셔」계의 두 계통에서 발달하였다. 다음에 그 말 쓰임을 살펴보기로 하자.

(16) a. 주뎐으로겨오셔 겨오시고 아래로 어린 아히들을 싱각ᄒᆞᆸ시디(명성왕후 언간)
b. 뎡현공겨오셔 영안위 증손이시고(한듕 p.6)
c. 빅죠 참판공겨오셔 션인긔 디ᄒᆞ오시믈 출상ᄒᆞ오셔(한듕 p.6)
d. 듕현공겨오셔 몸이 귀ᄒᆞ오셔(한듕 p.6)
e. 털인장 왕후 김시겨오사 생딜부 정경부인 김시게 ᄒᆞ오신 답봉셔(털인장왕후 언간)
f. 님계셔 뉜다 ᄒᆞ셔든 내 긔로라(일석본 해동가요 183)
g. 우리 부모긔셔 이샹이 편이ᄒᆞ오시던 일을 싱각ᄒᆞ니(한듕 p.6)
h. 노친끠셔 인쳑이 ᄒᆞ 과ᄒᆞ오시니(한듕 p.82)
i. 빅죠긔셔 당신 아오님을 먼니 ᄉᆞ랑ᄒᆞ오시는 뜻이오신더라

　　　(한듕 p.6)
　　j. 님계셔 보오신 後에 녹아진둘 엇더리(가곡 p.5)
　　k. 경무ᄉ쟝ᄯᅴ셔 필경 이 일을 자셔이 몰으기예 일이 그러케
　　　처치가 된거니(독립신문 1-1 잡보)

(16a · b · c · d)에서 보면 「겨오셔/겨오사」가 (5f · j)로 미루어 볼 때 「계셔＞께서」로 발달한 것을 알 수 있고, 또한 (16g · h · i)에서 보면 「긔/ᄭᅴ」에 「이시어＞이셔＞셔」로 발달한 「셔」가 와서 「긔/ᄭᅴ셔＞쎼셔＞께서」로 바꾸어 오늘날의 「께서」가 된 것의 두 계통에서 이루어진 것이, 오늘날의 존대에 쓰이는 임자자리토씨 「께서」인 것이다. 그런데, 글쓴이의 생각으로는 「겨오셔＞계셔」계는 주로 귀족층에서 극존대의 경우에 쓰였던 것 같고, 「긔/ᄭᅴ」계는 일반적으로 널리 쓰인 극존대의 임자자리토씨로 쓰였던 것 같다. 왜냐하면 「겨오셔」는 왕후나 궁중 언간에서 많이 나타나기 때문이다.

1.1.4 「께옵서」의 말밑

이 극존대의 임자자리토씨는 다음 예문에서 보는 바와 같은 낱말에서 발달하여 온 것으로 보인다.

　　(17) a. 네 츄지라 ᄒᆞ옵시ᄂᆞᆫ 셩현네<u>겨옵셔</u> 서ᄅᆞ 친ᄒᆞ온 부인네
　　　　ᄯᅴ 권당 아니 와도 편지ᄒᆞ옵시던 일이 <u>겨옵시</u>더니 (송시
　　　　열 언간)
　　　　b. 우ᄒᆞ로<u>겨오오샤</u> 어제 복샹을 ᄒᆞ되 신복샹이 업스니 (명성
　　　　왕후 언간)
　　　　c. 郡守 령감<u>ᄭᅴ옵셔</u> 나-림 잠간 郡廳으로 드러 오시라고 합
　　　　니다 (백조 1-p.22 하단)

(17a-c)에서 특히 (17a)의 밑줄 친 부분을 서로 대비하여 볼 때, 「겨시

다」에 「옵」이 들어가서 「겨옵셔>계옵서/끠옵서>께옵서」로 바뀌어 오늘에 이른 것으로 보인다. 따라서, 이것도 「께서」와 같이 두 가지 계통에서 온 것으로 보이는데 그 이유는 (17a·b)와 (17c)가 그렇게 추측케 하기 때문이다.[16]

1.1.5 「이라셔」의 말밑

이 토씨를 임자자리토씨로 볼 수 있을지는 의문이나 이것이 주로 행위자인 임자말에 쓰였으므로 여기에서 다루기로 한 것이다.

> (18) a. 딕월이라셔 모롤 사롭의손디 알외라 (여향 p.74)
>   b. 그 안해라셔 어믜게 삼가디 아니혼다코 브리다 (동국신속
>   p.53)
>   c. 白蓮花 혼 가지를 뉘라셔 보내신고 (관동별곡)
>   d. 千里萬里 길흘 뉘라셔 츠자 갈고 (속미인곡)
>   e. 天孫雲錦을 뉘라셔 비혀내여 (성산별곡)
>   f. 金烏와 玉鬼들아 뉘라 너를 쫏니관더 (가곡 p.9)
>   g. 누구셔 범아부를 智惠 잇다 닐으든고 (주해 384-이정보)
>   h. 누구셔 大醉혼 後면 시름을 잇는다턴고 (가곡 p.124)
>   i. 누고셔 三公도곤 낫다 ᄒ더니 (만흥 4)
>   j. 누라서 이 갓흔 境過에 잇기를 즐겨하리오 (소년 1-30)
>   k. 발제라셔 阿那律이 드려 닐오디 (월석 7-1B)
>   l. 有蘇氏라셔 달기로 經의게 드려놀 (내훈서-3)

「이라셔」는 「이다」의 굴곡형으로서 「이라셔」로 발달하였는가 하면 「이라셔>셔>서」로도 발달하였다. 오늘날 입말에서 「누라서 너를 좋아하겠니?」라고 할 때의 「누라서」는 「누구이라서」의 「이」탈락형이오, 월 전체의 뜻은 「아무도 너를 좋아하지 않는다」이다. 따라서 「이라셔」나 「서」가 쓰일 때는 (18)의 예를 따르면 의문이나 부정적인 뜻은 물론 어

---

16) 이희승, 앞에 든 책, pp.67~106 참조.

떤 이유적인 뜻을 함의할 때 쓰였던 것으로 보인다. 그러나, 현대에 있어서는 다소 다르다.

      (19) a. 너라서 나는 참았다.
          b. 그의 아들이라서 나는 용서하였다.
          c. 혼자서 공부한다.

(19a · b · c)의 「라서」나 「서」를 보면 전자는 이유의 뜻으로 이해되고, 후자는 「있어서」의 뜻으로 이해된다. 그러므로 이들은 임자자리토씨로 보기는 어렵고 「서」만은 도움토씨로 보아야 하겠으며 「라서」는 「이라서」의 굴곡형으로 보아야 할 것으로 보인다.

1.2 임자자리토씨의 변천과정

1.2.1 신라향가에서의 「이」의 용법

임자자리토씨의 기저형은 「伊」이나 이것이 경우에 따라서는 「是」가 쓰이기도 하였는데 이들 둘은 다 삼인칭대이름씨이므로 동일한 것으로 볼 수 있다. 그런데, 앞 임자씨의 받침소리를 표기하기 위해서 「史, 理, 只」 등이 사용되기도 하였고 「是」 대신에 「矣」가 쓰이기도 하였다.

      (20) a. 入良沙寢矣見昆脚烏伊四是良羅 (處容)
          b. 民是愛尸知古如 (安民)
          c. 慧星也白反也人是有叱多 (慕竹旨郎)

      (21) a. 阿冬音乃叱好支賜烏隱兒史年數就音墮支行齊 (慕竹旨郎)
          b. 耆郎矣兒史是史藪邪 (讚耆婆郎)
          c. 物叱好支栢史秋察尸不冬爾屋支墮米 (怨歌)

d. 咽嗚爾處米露曉邪隱月羅理白雲音逐于浮去隱安支下 (讚耆婆郎)
e. 此也友物北所音叱慧叱只有叱故 (慧星)
f. 仰頓隱面矣改衣賜乎隱冬矣也 (怨歌)

(20a-e)에서는 임자자리토씨 「伊=是」가 쓰여 임자말이 사람이나 사물이 됨을 보이고 있다. (20a)의 「四是良羅」에서 볼 때, 임자자리토씨 「是」와 「이다」의 줄기 「是(이)」는 같은 삼인칭 대이름씨 「是」에서 왔음을 알 수 있고, 아울러 그 뜻은 「이것」으로서 가리킴을 나타냄도 알 수 있다.

그런데, 「是」는 이름씨가 개음절이든 폐음절이든 관계없이 쓰였는데 (21)에서와 같이 임자말의 받침소리나 둘째 음절의 음을 표기하여 줌으로써 독자로 하여금 그 말의 발음을 알게 할 필요가 있을 경우에는 그에 따라 받침소리나 둘째 음절의 소리를 적어 주기 위하여 음을 빌거나 또는 뜻을 빌어 표기하였다. (21a-c)의 「史」는 「줏이」나 「잣이」가 「즈시」, 「자시」로 소리나매 「兒史」, 「栢史」 등으로 표기되었고, (21d)의 「月羅理」는 「드르리」의 「둘이」가 「둘리」로 소리나므로 표음적 표기를 하였는데 이때의 「둘」의 받침 「르」은 혀옆소리로서 「르·르」로 발음되었기 때문에 「月羅利」로 향가에서 표기되었음은 마치 중세어에서 「모르이」가 「몰리」로 표기되었던 것과 같은 현상이다. 따라서, 중세어에서의 「몰리, 몰리」와 「귈리, 귈리」등의 표기는 신라시대부터 있어 왔던 표기법임을 이로써 알 수 있다.

(21g)의 「慧叱只」는 「慧ㅅ기」와 같이 받침소리가 「기」이므로 이것을 적어 주기 위하여 「只」가 쓰인 것이요, (21f)의 「面矣」는 「나치=나치」로 발음되매 그 소리에 좇아 그렇게 표기한 것이다. 이상과 같은 받침소리 표기를 위해 여러 가지 임자자리토씨가 나타났으나 어디까지나 임자자리토씨의 기저형은 「伊=是」인 것은 틀림없다.

1.2.2 고려향가에서의 「이」의 용법

고려향가에서의 임자자리토씨에는 「伊」, 「亦」가 주로 나타나고 「靡只」, 「米」, 「毛」 등이 나타나나, 아마 고려향가에서의 임자자리토씨의 기저형은 「亦」인 것으로 보이는데, 그 까닭은 <대명률> 등에서 보면 「亦」가 주종을 이루고 있기 때문이다. 아마 고려시대는 표음적 위주로 한 데서 「亦」가 쓰였던 것 같다.

> (22) a. 塵塵馬洛佛體叱刹<u>亦</u>刹刹每如邀里白乎隱 (禮敬諸佛)
> b. 身<u>靡只</u>碎良只塵<u>伊</u>去米 (常隨佛學)
> c. 得賜<u>伊</u>馬落人米無叱昆 (隨喜功德)
> d. 衆生叱邊衣于音<u>毛</u>際毛冬留願海伊過 (總結无盡)

(22a)의 「亦」은 그 음이 「iə」인 데서 앞의 「i」를 딴 것이오, (22b)의 「靡只」는 「몸」의 받침소리를 적어 주기 위한 것이며, (22b)의 「伊」는 본래의 임자자리토씨이다. (22c)의 「米」는 「스롬」의 받침소리를 적기 위한 것으로 본래의 임자자리토씨가 아니며, (22d)의 「毛」역시 받침소리를 적기 위한 것이지 본래의 임자자리토씨는 아니다. 신라향가에서의 임자자리토씨 「伊=是」는 고려향가에 와서는 「亦」가 되고, 「伊」는 <수희공덕가>와 <상수불학가>에서는 인칭대이름씨와 접미사로 쓰이고 있다.

1.2.3 15세기 이후의 임자자리토씨의 용법

1) 15세기 「이」임자자리토씨의 용법

15세기어의 임자자리토씨에는 「이」하나가 있는데, 개음절 한자말이 임자말이 되면 「ㅣ」가 쓰인다.

가) 「이」

ⓐ 임자말이 폐음절로 끝나면 「이」가 쓰인다.

(23) a. 시미 기픈 므른 ▽ㅁ래 아니 그츨씬 (용비 2)
　　　b. 狄人이 골외어늘 (용비 4)
　　　c. 어린 百姓이 니르고져 홇배 이셔도 (훈언)
　　　d. 海東六龍이 ㄴᄅ샤 일마다 天福이시니 (용비 1)
　　　e. 世尊이 象頭山애 가샤 (석보 6-1)

ⓑ 임자씨가 「이」계 이외의 홀소리로 끝나 있으면 「이」는 이들과 합하여 하나의 음절로 축약되는데, 이때 임자씨가 평성이면 축약된 음절은 상성으로 변한다. 그것은 「이」가 거성이기 때문이다.

(24) a. 그　 ＋ ·이 ＝ :긔　 (용비 39)
　　　b. 저　 ＋ ·이 ＝ :제　 (월석 1-62)
　　　c. 부텨 ＋ ·이 ＝ 부:톄 (석보 6-91)
　　　d. 그디 ＋ ·이 ＝ 그:디 (석보 6-12)
　　　e. 드리 ＋ ·이 ＝ 드:리 (두언 25-7)
　　　f. ᄆᄃ ＋ ·이 ＝ ᄆ:디 (월석 2-56)

임자씨가 거성이거나 상성이면 「이」와 축약된 음절은 여전히 거성이나 상성이 되는데, 그 이유는 거성과 상성은 다른 높은 소리로 바뀌어 발음될 수 없기 때문이다.

(25) a. ·킈＋·이＝·킈 (월석 1-52)
　　　b. ·희＋·이＝·희 (월석 1-18)
　　　c. :새＋·이＝:새 (용비 7)
　　　d. 홇·배 이셔도 (훈언)
　　　e. 그어긔·쇠 하아 (월석 1-48)
　　　f. 거우·뤼 비취윰 붉듯 ᄒ야 (능엄 10-1)
　　　g. ·해 드외오 (능엄 8-101)

h. 양·지 摩耶夫人만 몯ᄒ실ᄊᆞ (석보 6-2)
i. 어·늬 구더 (용비 47)
j. ·뉘 아니 ᄉ랑ᄒᅀᄫ리 (용비 78)

(25d-j)는 굳이 (25a-c)와 같이 분석적으로 설명은 하지 아니하였으나 「이」가 항상 거성이니까 임자씨와 축약하여 그것이 거성이면 임자씨가 거성임을 나타내고, 상성이면 임자씨가 평성이 아니면 상성임을 나타내는데 유념하여야 한다.

ⓒ 임자씨가 「이」로 끝난 것이 임자말이 될 때는 「이」는 생략된다.

(26) a. 불휘 기픈 남ᄀᆞᆫ ᄇᆞᄅᆞ매 아니 뮐ᄊᆞ (용비 2)
    b. 묏보오리 쇠머리 ᄀᆞᄐᆞᆯᄊᆞ (월석 1-53)
    c. 우룸쏘리 즘게 나마 가며 (월석 1-54)
    d. ᄒᆞᆫ 쁴 계도록 긷다가 몯ᄒᆞ야 너교대 (월석 7-9B)
    e. 다ᄉᆞᆺ 가마괴 디고 (용비 86)
    f. 블근 새 그를 므러 (용비 7)
    g. 힌 므지게 히예 ᄲᅦ니이다 (용비 50)
    h. 킈 젹도 크도 아니ᄒ고 (월석 1-52)

ⓓ 「이」는 존·비칭에 관계없이 사용된다.

(27) a. 부톄 ᄌᆞ조 이 믌 ᄀᆞᅀᅢ 와 (월석 7-22B)
    b. 世尊이 니ᄅᆞ샤ᄃᆡ (월석 9-8B)
    c. 너희돌히 내 말와 諸佛ㅅ마롤 信ᄒ야 (월석 7-75B)

ⓔ 「이」는 비유를 나타내기도 한다.

(28) a. 부톄 百億世界에 化身ᄒ야 敎化ᄒ샤미 <u>ᄃ리 즈믄 가ᄅᆞ매 비취요미</u> 곧ᄒ니라(석보 서)
    b. 出家ᄒᆞᆫ 사ᄅᆞ믄 쇼히 곧디 아니ᄒ니 (석보 6-43)

c. 相에 住ㅎ야 市施호ᄆᆞᆫ <u>日月이 다옴이쇼미</u> 곧고, 六塵에 薯
디 아니호ᄆᆞᆫ <u>虛空이 ᄀᆞ 업소미</u> 곧ㅎ니 (금강 2-37)

(28a-c)에서 밑줄친 임자자리토씨는 비유를 나타내는 비유자리토씨이
다.17)

ⓕ 「이」가 오면 임자씨가 변동하는 일이 있다.

15세기부터 19세기 사이에 이름씨의 끝음절 홀소리가 「ᄋᆞ/으」인 것
과 「녀느, 구무, 불무…」 등은 「이」가 오면 그 끝홀소리가 탈락되면서
다음과 같이 변동하는데 이들 이름씨를 임자자리 특수굴곡이름씨라 부
르기로 한다.

이들의 15세기에서 19세기까지의 예를 차례로 들어보겠다.

    (29) 15세기의 임자자리 특수굴곡이름씨
      a. 「아ᅀᆞ」 : 아ᅀᆡ 모딜오도 (용비 103)
      b. 「ᄢᅳ」 : 이 ᄢᅦ 부텻 나히 (석보 13-1)
      c. 「ᄀᆞ르」 : ᄀᆞᆯ리 ᄃᆞ외ᄂᆞ니라 (월석 1-57)
      d. 「노르」 : 여슷 놀이 디며 (용비 86)
      e. 「녀느」 : ᄣᅡ길 노ᄑᆞᆫ둘 녀기 디나리잇가 (용비 48)
      f. 「구무」 : 굼기 아니 뵈시며 (월석 2-56)
      g. 「나모」 : 이 남기 잇고 (월석 1-24)
      h. 「곳ᄆᆞ르」 : 곳물리 놉고 (월석 2-56)
      i. 「여스」 : 여ᅀᅵ 獅子ㅣ 아니며 (월석 2-76)

이들 이외에는 「ᄒᆞ르, ᄂᆞ르, 시르, 불무」 등이 있다.

    (30) 16세기 임자자리 특수굴곡이름씨
      a. 「아ᅀᆞ」 : 이ᄂᆞᆫ 우리 어믜 동싱의게 난 아ᅀᅵ오 (초노상 16A)
      b. 「ᄀᆞ르」 : 호 돈 은에 열근 ᄀᆞᆯ이오 (초노상 9B)

---

17) 김승곤, 1969, 중세어 "이" 비유격조사고, 국어국문학 42~43집, p.213이하 참조.

위의 예는 「이다」에 쓰인 보기인데, 임자자리토씨와 쓰인 예는 잘 찾을 수 없어서 이것을 예로 들었다. 이로써 15세기와 같은 굴곡형이 16세기에도 있었음을 알 수 있다.

    (31) 17세기 임자자리 특수굴곡이름씨
        a. 「노ᄅ」 : 놀리 스스로 동산 가온ᄃᆡ 오나눌 (동국신속건 332)
        b. 「아ᄋ」 : 그 아이 사오라온 병을 어덛거롤 (동국신속건 333)
        「ᄒᄅ」 : 그르 고티면 홀리 몯 ᄒᆞ야셔 목쉬여 죽ᄂᆞ니라
            (언해두창상 86)
        「나모」 : 노폰 남기 우흐로 하눌해 다핫더라 (중두 17-3B)
            이운 남기 엇쑤시 어믜 얼굴이 걷거늘 (동국신속
            건 52)
            남기 이우니라 (동국신속건 11)

「ᅀ」음이 임진왜란 이후에 소멸하였으므로 이때의 기록에 의하면 <태평광기> 1-18과 <중간 두시언해> 5-50 등에서 「여ᅀ」는 「여으」로 나타나고, 「아ᅀ」도 <중간 두시언해> 2-2에서는 「아ᄋ」로 나타나 있다. 이와 같은 어형의 변화에 따라 임자자리 특수굴곡이 없어진 이름씨도 있다. 예를 들면, 「ᄀᄅ」는 <중간 노걸대언해>에서는 「ᄀᆞ론」이 안 되고 「ᄀᄅᄂᆞᆫ」으로 나타나 있다.

    (32) 18세기의 임자자리 특수굴곡이름씨
        a. 「노ᄅ」 : 山中의 麝香 놀리 깁히 드러 수멋셔도 (고시조)
        b. 「구무」 : 히독 웅황원은 목굼기 마키고 입이 다믈려 (언히
            납약 p.16)
            시병으로 목굼기 브으며 (언히납약 p.50)

18세기는 「ᄋ」의 음가가 소멸한 시기이므로[18] 위에 든 특수굴곡이름씨에 따라서는 특수굴곡이 없어진 것도 있었을 것으로 보인다.

---

18) 허 웅, 1985, 국어음운학, 서울, 정음사, p.432 참조.

(33) 19세기의 임자자리 특수굴곡이름씨

    a. 「ㅎㄹ」: 밤 다섯 낮 일곱 쩌에 날볼 할니 업스랴 (가곡
         p.126)

    b. 「나모」: 그 남기 놉희 두어 길이나 훈지라 (인봉쇼 1-24)
         브람부러 쓰러진 남기 비온다고 삭시나며 (가곡
         p.33)

(33a)에서 보면 「할리」로 표기되어야 할 것이 「할니」로 표기되었으니 이때는 상당한 발음의 변동이 있었던 것이 관찰된다. 그런데, 17세기부터 특수굴곡이름씨들은 그 형태가 상당히 변화되어 왔다.

(34) 특수굴곡이름씨의 용법

(34)에서와 같이 이름씨에 따라서는 특수굴곡 현상이 없어지기도 하여 오다가 1896년 <독립신문>에 와서 그러한 굴곡법은 완전히 없어지고 만다.

세 기	문 헌	낱 말	비 고
17세기	중간두시언해	여ᅀ>여으	중간두시언해 5-50
	태평광기언해	아ᅀ>아ᅌ	중간두시언해 2-2
	두창경험방	가르>ᄀ로	두창경험방 19
	정속언해	ᄒᄅ>ᄒ로	정속언해 8b
	중간박통사언해	ᄢ>ᄲ	박통사언해 중 19
18세기	물명고	노르>노로 나르>나르	권일, 유정류, 모충 권오, 부정류, 수
	한듬록	아ᅀ>아오	한듬록 p.6
19세기	가곡원류	구무>구멍	가곡원류 p.119

나)「ㅣ」

ⓐ 개음절 한자말이 임자말이 되면 임자자리토씨는「ㅣ」가 온다.

    (35) a. 大孝ㅣ 이러ᄒ실씨 (용비 92)
        b. 繪孤獨長者ㅣ 닐굽 아ᄃ리러니 (석보 6-26)
        c. 弟子ㅣ 상예 갓가ᄫㅣ 이셔 (석보 6-19)

이「ㅣ」는 부차적 요소로서 한자와 합하여 한 음절로 읽어야 함을
나타낸다.

ⓑ 개음절 한자말이「이」로 끝나 있을 때에도 굳이「ㅣ」를 사용하는
일이 있는데 그것은 그 한자말이 임자말임을 분명히 해 주기 위해서이
다.

    (36) a. 如來ㅣ 方便으로 (법화 5-147)
        b. 理ㅣ 衆生이 ᄆᅀ미니 (능엄 2-23)
        c. 是ㅣ 物이라 (능엄 2-34)
        d. 利ㅣ 無窮호ᄆᆯ (금강 47)
        e. 優婆夷ㅣ 이 사ᄅᆷ 눌아이 너겨 (법화 6-84)

2) 16세기의「이」임자자리토씨의 용법

가)「이」의 용법

ⓐ 폐음절로 끝나는 임자씨 밑에 쓰인다.

    (37) a. 모든 사ᄅᆷ이 ᄒ욜 이리 잇거든 (여향 p.7)
        b. 이 ᄀᇀ디 아니ᄒ 거든 다 익호미 업스니 (여향 p.9)

　　　　c. 집 간난호미 간난이 아니라 길헷 간난이 사롬 간난히느니
　　　　　 라 (초박상 107)
　　　　d. 하눌히 어엿비 너기샤 모미 편안호면 가리라 (초노상 2A)

　ⓑ 임자씨가 「이」계 이외의 홀소리로 끝나 있으면 「이」는 이들과 합
하여 한 음절로 축약되는데, 이때 임자씨가 평성이면 축약된 음절은 상
성으로 변한다.

　　(38) a. :네 어드러로셔 브터 온다 (초노상 1A)
　　　　b. :뎨 무쇼 고티기 잘 호느니라 (초박상 126)
　　　　c. :제 올 저긔 여듧 푼 은에 호말 경미오 (초노상 9B)
　　　　d. 비:뤼 므슴 어려운 고디 이시리오 (초박상 126)

　위와 같이 축약되는 경우 임자씨가 거성이거나 상성이면 축약된 음
절도 역시 거성이나 상성이 된다. 그 이유는 15세기의 경우와 같다.

　　(39) a. ·내 블 디디 몯호고 (초노상 39)
　　　　b. 여러가짓 지·죄 됴코 (초박상 92)
　　　　c. ·뉘 아니라커니 (초박상 45)
　　　　d. 됴훈 뎐·피 잇느녀 (초박상 62)

　ⓒ 임자씨가 「이」로 끝났을 때는 「이」는 생략된다.

　　(40) a. ·이 내 이우지라 (초노상 16B)
　　　　b. 우·리 훈가짓 사톄 모르는 사롬들히 (초노상 16B)
　　　　c. 너:희 호마 姑舅兩俵에셔 난 형뎨로더 (초노상 16B)
　　　　d. 어듸 이십릿 짜코 (초박상 23)
　　　　e. 죠고맛감 삿기광대 네 마리라 호리라 (쌍화뎜)

　ⓓ 「-기」이름법 다음에는 「이」가 줄어진다.

(41) a. 밥 머그라 가기 고마온 듯 ㅎ나 셩보긔 지븨 가니 (순김
118)
b. 부디 가 긔걸 홀거시니 미양 가기 어려워 아니 가네 (순
김 129)

나) 「ㅣ」의 용법

ⓐ 받침 없는 한자말이 임자말이 되면 임자자리토씨는 「ㅣ」가 온다.

(42) a. 始修行路ㅣ 無非一大師ㅣ시니 (능엄찬)
b. 죠고맛간 삿기 上座ㅣ 네 마리라 호리라 (쌍화뎜)
c. 桃花ㅣ 발ᄒ두다 (만전춘)
d. 父母ㅣ 병이 잇거든 (소학언 6-1)
e. 阿難尊者ㅣ 眞慈方便으로 副爲未學 어시늘 (능엄찬)
f. 뎌 人家ㅣ사ᄅ미 만흔 주를 보면 (초노상 46B)

그런데, 한자말이 「이」나 「i」계 홀소리로 끝났을 때도 굳이 「ㅣ」토씨
를 사용하는 일이 있다. 이것은 그것이 임자말임을 분명히 해 주기 위
한 목적에서 그러한 듯하다.

(43) a. 아비(易:이)ㅣ 집의 이셔 (소학언 6-12)
b. 繼母朱氏ㅣ 不慈ᄒ야 (소학언 6-21A)
c. 아비 儀安東將軍 司馬昭의 司馬ㅣ 되앗더니 (소학언 6-23A)

ⓑ 「이/ㅣ」는 존·비칭에 두루 쓰였다.

(44) a. 父母ㅣ 병이 잇거든 (소학언 6-1)
b. 자식 업고 손지 업스면 다 ᄂ미 거시 ᄃ외리니 (초박상 14)
c. 孔子ㅣ ᄀᆞᆯᄋ샤ᄃ (소학언 2-20A)

(46)에서 보면 15세기부터 16세기까지는 임자자리토씨 「이/ㅣ」는 존

·비칭에 두루 쓰였음을 알 수 있다.

ⓒ 임자말이 폐음절로 된 경우에도 임자자리토씨는 「ㅣ」가 쓰인 예가 있다.[19]

    (45) a. 古人ㅣ 이 圓相을 그려 뵈시니 (선가상 3)
         b. 人人ㅣ 本具ᄒ여 箇箇ㅣ 圓成ᄒ야 (선가상 3)
         c. 法에 한 義用ㅣ 있고 人의 한 根機ㅣ 이시니 (선가상 4)

다) 「가」의 용법

이 토씨는 두 개가 나타났다.

    (46) a. 뉴더기는 내게도 하 노호와 죽시로 주고져 호디 가도 네
          비릇ᄅ고 가셔 쏘 ᄃ라나면 네 혼괴 덜거시오 이실 겨규
          는 꿈도 아니코 가라ᄒ면 져믄 사롭도 몯견디는 거시 내
          가 어니 어 호로 이시리 ᄒ니 몯 보내거니와 그녀니 안죽
          와시니… (순김 71)
         b. 내가 긔걸ᄒ고 오리 바조 옷 하면 부디 보기 이셰야 ᄒ려
          니와 (순김 130)

이와 같은 사실을 바탕으로 하여 볼 때 「가」는 입말에서는 16세기
이전부터도 있었을 가능성이 충분히 있었다고 생각한다[20](혹 평민의 말
에서 쓰였지 않았나 생각되기도 한다).

––––––––––––––––––––

19) 이와 같은 언어사실에 대하여는 확언할 수 없으며, 아마도 오기가 아닐까도 생각한
다.

20) (8a, b)의 「가」는 문맥상으로 보면 「가다」의 끝남꼴 「가아」의 준 형태인 「가」로도
볼 수 있는 충분한 근거가 있다. 그것은 (8a)의 경우 「내가 가서 어떤 틈으로 있겠느
냐」로 볼 수 있고, (8b)의 「가」는 그 뒤에 「긔걸ᄒ고 오리」의 「오리」 때문이다. 이
것을 굳이 「가」임자자리토씨로 보려고 하면 임자자리토씨 「가」는 「가다」의 줄기에
서 왔다고 볼 수도 있을 것 같은 생각이 든다.

라) 「겨셔」의 용법

높임의 임자자리토씨가 나타난 것도 역시 위의 간찰에서인데, 입말에서는 「가」와 같이 16세기 이전부터 쓰였을 것으로 예상된다.

> (47) 아바님겨셔 이감 넉텹 뽀니ᄒ고 유무 가ᄂ니 펴양군 디긔 즉
>   시 뎐ᄒ라 (순김 133)

이 토씨도 하나만 나타났으나, 당시에는 많이 쓰였을 것으로 보인다.

마) 합성토씨 : 「이」는 이음토씨와 합하여 합성토씨를 이룬다.

ⓐ 「괘」의 용법

> (48) 금독과 은독괘 밧과 안히 틈 업슨거셔 (초박상 80)

여기 「괘」는 「과+ㅣ」로서 이음토씨에 임자자리토씨 「ㅣ」가 합하여 된 것이다.

3) 17세기 「이」임자자리토씨의 용법

가) 「이」의 용법

ⓐ 「이」는 임자씨가 폐음절로 끝날 때 쓰인다.

> (49) a. 어미과 뿔리 다 사다(동국신속건 381)
>   b. 도로 남진 겨지비 되니라(동국신속건 34)
>   c. 더러운 믈이 비위예 ᄀ득ᄒ야(언해두창상 2)

        d. 효 처엄 나죵이 업다 ᄒ리오(동국신속건 2)

  ⓑ 임자씨가 「i」계 이외의 홀소리로 끝나면, 「이」는 이와 합하여 한 음절로 축약되는데, 15, 16세기에는 임자씨가 평성이면 상성으로 바뀌었으나 17세기에는 성조가 없어졌으므로 이 같은 현상은 없어졌다.

        (50) a. 센머리롤 ᄆ츠매 뉘 어엿비 너기리오 (중두 20-35)
             b. 범의게 더윈 배 되어놀 (동국신속건 11)
             c. 네 이믜 내 지애비롤 디위고 (동국신속건 11)
             d. 간장은 수푀 되니 비치 프르고 (언해두창상 4)
             e. 패 닉거든 머기면 됴ᄒ니라 (언해태산 p.48)
             f. 쥬언쉬 굴오디 (언해태산 p.51)
             g. 아기 나홀 제 창지 몬져 나고 (언해태산 p.59)
             h. 그르쓰면 지회 즉제 나ᄂ니라 (언해두창 p.7)

  ⓒ 임자씨가 「이」로 끝나 있을 때에는 임자자리토씨 「이」는 줄어든다.

        (51) a. 온갓 새 그므레 거러 이슈믈 아래로 어엿비 너기ᄂ니 (중두
             17-3A)
             b. 블 비취여 보와도 니러나ᄂ 세 업거든 (언해두창상 91)
             c. 잇ᄂ 대 ᄒ 이러미 남고… (중두 17-3B)
             d. 내 얻디 도적기 더러이리오 (동국신속건 10)
             e. 가마괴 비록 머믈이나 (동국신속건 61)
             f. 쌔 디니ᄂ 절로 니러나ᄂ니라 (언해두창상 92)

  ⓓ 「이」는 존칭, 비존칭에 두루 쓰였다.

        (52) a. 강헌대왕이 대로ᄒ샤 인ᄒ야 병 듕ᄒ야 (동국신속건 6)
             b. 시듕 뎡몽쥐 쥰이와 도뎐이와 은이 동심ᄒ야 (동국신속건
             6)

    c. 도적기 최시롤 만나눌 (동국신속건 9)
    d. 더러운 믈이 비위예 ᄀ득ᄒ야 (언해두창상 2)

이상의 예에서와 같이 17세기의 「이」는 그 용법이 15, 16세기와 조금도 다름이 없음을 알 수 있다.

나) 「ㅣ」의 용법

ⓐ 받침 없는 한자말이 임자말이 되면, 임자자리토씨는 「ㅣ」가 온다.

    (53) a. 風流ㅣ 다 버디 됴토소니 (중두 2-12)
        b. 禮數ㅣ 阻隔ᄒ다 (중두 20-12)
        c. 무릇 녜 ㅣ 븐이 이시며 문이 이시니 (가례 서 2B)

(53c)는 우리말 임자씨가 「이」로 끝났는데도 「ㅣ」가 쓰인 보기이다.

ⓑ 17세기에는 「이」가 올 자리에 「ㅣ」가 쓰이기도 하고 「ㅣ」가 줄어야 할 자리에 쓰이기도 하였다.

    (54) a. 西伯ㅣ 이제 괴외ᄒ시니 (중두 17-1A)
        b. 武太ㅣ 朝廷을 當ᄒ야 (중두 20-42)

위의 예에 의하면 「ㅣ」의 용법이 상당히 흔들리고 있음을 보이는데 이와 같은 사실은 「ㅣ」토씨의 용법이 현실화해 간 것으로 보인다.

다) 임자자리토씨 「이」는 비유자리토씨로도 쓰였다.

이 토씨에 의한 비유법은 17세기까지 나타나고 18세기부터는 없어진다. 그런데 엄밀히 말하면 이는 비유자리토씨이다.

(55) 어미 주근 닐웬마니 이운 남기 엇쑤시 어믜 얼굴이 곧거늘
　　　제 집 가온데 두어위완기를 사라실 적ㄱ티 ᄒ더라(母亡七日
　　　忽見枯木 似母形置室中奉之如生) (동국신속건 52)

　　이 비유법은 15세기의 비유법과 다름없다. 「남기」는 임자말이오, 「얼굴이」는 비유(비교)말이다. 따라서 오늘날 소위 이중임자말에서의 두 번째 임자말은 견줌말의 문맥적 뜻을 가지는 것은 이와 같은 역사적 사실에 기인하는 것이다.

　　라) 「가」의 용법

　　ⓐ 「ㅣ(이)」가 쓰여야 할 자리에 「가」가 쓰였다.

　　(56) a. 쳥음은 더리 늘그신니가 드러와 곤고ᄒ시니 (효종언간)
　　　　 b. 니광하가 통례 막혀 압희 인도ᄒ올제 (숙종언간)
　　　　 c. 죵이 미련ᄒ여 츤 ᄇ롬을 뽀여 두드럭이가 블의에 도다
　　　　　 브어 오르니 (인선왕후언간)
　　　　 d. 多分 비가 올 거시니 遠見의 무러 보옵소 (첩해 1-8)
　　　　 e. 東萊가 요ᄉ이 편티 아니ᄒ시더니 (첩해 1-26)

　　ⓑ 「가」는 비존칭에 쓰인다.

　　(57) a. 니 광하가 통례 막혀 압희 인도ᄒ올제 (숙종언간)
　　　　 b. 쳥음을 더리 늘그신니가 드러와 곤고ᄒ시니 (효종언간)

　　이 토씨의 존칭에는 다음의 「겨오셔」, 「겨옵셔」, 「겨ᄋ오샤(셔)」가 있는데 16세기에 나타났던 「겨셔」는 잘 나타나지 않았는데, 이것은 문헌 조사가 불충분한 데 기인할 것으로 보인다. 그리고, 필자는 「가」가 16세기부터 문헌에 나타난다는 것을 2·1·①의 3)에서 다루었다. 거기에

서 「가」에 대한 충분한 이의를 제기할 수 있는 근거를 주석 27)에서 다루었으나 전혀 이의가 없는 임자자리토씨 「가」의 최초의 것으로는 위의 라)에서 볼 수 있을 것으로 보인다.

마) 「겨오사」, 「겨옵셔」, 「겨ᄋ오샤(셔)」의 용법

이 토씨는 다음의 예문이 보이는 바와 같이 움직씨 「겨다」에서 발달하여 왔는데 그 본형태는 「겨오시아>겨오샤>겨오사」로 된 것이므로, 「겨오사」를 존칭임자자리토씨의 기저형으로 삼아야 하겠으나, 17세기만 하여도 홀소리고룸이 깨어졌을 뿐 아니라, 본래 존대란 기분상의 문제도 있으므로 「겨오셔」하는 것이 「겨오샤」하는 것보다 다소 되바라지지 않는 느낌이 들므로, 당시 사람들은 「겨오셔」를 많이 쓴 듯하기에 필자는 이것으로써 그 기저형으로 삼기로 하겠다.

ⓐ 임자말을 존대하여야 할 경우에 사용되었다.

    (58) 즈련으로겨오셔 겨오시고 아래로 어린 아희들을 싱각ᄒᆞᆸ시
          디… (명성왕후언간)

여기서 보면 「겨오셔」는 「으로」 다음에 쓰이고 있다.

ⓑ 「겨오셔」보다 더 존대할 때는 「겨옵셔」나 「겨ᄋ오샤(셔)」를 사용하였다.

    (59) a. 네 츄ᄌ ｜라 ᄒᆞᆸ시ᄂ 성현네겨옵셔 서ᄅ 친ᄒᆞ온 부인네
          씌 권당 아니와도 편지 ᄒᆞᆸ시던 일이 겨옵시더니 (송시
          열언간)
       b. 우흐로겨ᄋ오샤 정승이 오라디 아녀셔 나가시긔 하여시니

(인선왕후언간)

여기서의 두 번째 예문도 「으로」 다음에 쓰이고 있다. 이같은 일은 아직도 「겨오셔」가 존칭임자자리토씨로 완전히 굳어지지 않았기 때문인 듯하다.

바) 합성토씨 : 존칭임자자리토씨에 다른 토씨가 와서 합성토씨가 되는 일이 있다.

ⓐ 「으로겨오셔」의 용법

    (60) a. 주련으로겨오셔 겨오시고 아래로 어린 아히들을 싱각ᄒᆞᆸ
           시디… (명성왕후언간)
        b. 우흐로겨ᄋᆞ오샤 어제 복샹을 ᄒᆞ되 신복샹이 업ᄉᆞ니 (명성
           왕후언간)

(60a·b)에 의하면 「으로＋겨오셔(겨ᄋᆞ오샤)」로 되면서 존칭의 임자자리토씨가 되어 있다. 이에 반해서 「이/ㅣ」는(「가」는 「ㅣ가」이외에는 합성토씨가 안 된다) 15세기와는 달라서 후대에 오면서 「괘/왜」, 「ㅣ롤」 등은 나타나지 아니한다. 그런데, 다음에 보이는 예는 합성토씨는 아니나 이와 같은 용법이 있었다는 것을 보이기 위하여 예시한다.

    (61) 녯 사람이뼈 묘애 면을 동향ᄒᆞ야 좌ᄒᆞᄂᆞᆫ바(가례 권1:8B)

4) 18세기 임자자리토씨의 용법

18세기 임자자리토씨에는 「이」, 「ㅣ」, 「가」, 「겨오셔」, 「계셔」, 「ᄭᅴ셔/긔셔」, 「ㅣᄭᅴ셔」, 「의셔」 등이 있다.

가) 「이」의 용법

ⓐ 「이」는 임자씨가 닿소리로 끝날 때 쓰인다.

> (62) a. 랑이 닐오디 누오오 훈대 (왕랑)
>   b. 八方이 自然히 平安ᄒ더니 (팔세아 p.1)
>   c. 유싱들이 다시 보라 ᄒ니 (한듕 p.10)
>   d. 셔찰왕복이 됴셔의 이시니 (한듕 p.2)

ⓑ 임자씨가 「이」계 이외의 홀소리로 끝나면, 「이」는 이와 합하여 한 음절로 축약되는데, 이때는 17세기와 같아서 성조의 변동은 없다.

> (63) a. 새로 니르켠 군시 그러나 이삼십만이 남고 (삼역 3-13)
>   b. 여러날 되지 못ᄒ여 홰 니르리라 (삼역 3-23)
>   c. 부체 미샹애 일즉 안 노숙의 렴불ᄒᄂ 일올 비방ᄒ더니
>   (왕랑)
>   d. 몬저 범훈 죄뢰 이제 이미 흐터 업고 (왕랑)
>   e. 아릭 싸호ᄂ 쟝쉬 또 언머나 잇ᄂ뇨 (삼역 3-14)
>   f. 제 제 님금을 위홈이라 (삼역 2-9)
>   g. 셔방 교줘 즈금련꼴 좌을 가지고 (왕랑)

ⓒ 임자말이 「이」나 「i」계 홀소리로 끝난 임자씨일 때는 임자자리토 씨 「이」는 생략된다.

> (64) a. 기러기 도라오ᄂ 소리로다 (빅련쵸 p.21)
>   b. 봄새 봄믈 희룡ᄒ더 (빅련쵸 p.23)
>   c. 새배 둘기 새배롤 브르디 새배 업도다 (빅련초 p.23)
>   d. 버듨가온대 니 줌가시니 (빅련초 p.48)
>   e. 그디 집 가온디 미타령을 셔벽에 노피 민걸고 (왕랑)
>   f. 뎌 삼귀 굴오디 (왕랑)
>   g. 엇더 죄 이시리오 (왕랑)

    h. 도톄 엇더ᄒ고 (왕랑)
    i. 여위고 킈 크다 (한청 6-10)

나) 「ㅣ」의 용법

ⓐ 받침 없는 한자말이 임자말이 되면 임자자리토씨는 「ㅣ」가 쓰인다.

  (65) a. 五千 션븨 굴ᄒᄂᆞᆫ 수에 八歲兒ㅣ 드러 (팔세아 p.5)
       b. 國事ㅣ 어즈럽고 (소아론 p.3)
       c. 呂布ㅣ 즉시 王允을 조차 王允의 집의 가셔 (삼역 p.1)
       d. 關某ㅣ 내 몬져 승쌍 품ᄒ엿더니 (삼역 2-21)

「ㅣ」가, 받침 없는 한자가 한글로 표기될 때는 한 음절로 표기됨은
15세기 때와 같다.

  (66) 언쇠 간간ᄒ시고 졍의 관관ᄒ오셔 (한듕일 p.10)

ⓑ 「ㅣ」임자자리토씨는 18세기부터는 존칭에는 물론 평칭, 통칭에 쓰
였다.

  (67) a. 皇帝ㅣ 글 민ᄃᆞ라 (팔세아 p.2)
       b. 呂布ㅣ 니로더 (삼역 p.2)
       c. 아리 싸호ᄂᆞᆫ 쟝쉬 또 언머나 잇ᄂᆞ뇨 (삼역 3-14)

이 용법은 「이」도 마찬가지이다.

다) 「가」의 용법

  (68) a. 우리 외가가 쳥빈ᄒ기로 유명ᄒ나 (한듕록 p.14)
       b. 여러 ᄢᅢ가 지나면 믄득 죄 업시 죽으리니 (자휼 1)

c. 법 밧게 ᄒ기가 실노 (자휼 2)

이 「가」는 17세기부터도 그러했지마는 비칭, 평칭에 사용되었다.

라) 「겨오셔」의 용법

    (69) a. 뎡헌공겨오셔 영안위 증손이시고 (한듕 p.6)
        b. 빅죠 참판공겨오셔 션인긔 더ᄒ오시믈 츌상ᄒ오셔 (한듕 p.6)
        c. 듕헌공겨오셔 몸이 귀ᄒ오셔 (한듕 p.6)
        d. 션터왕겨오셔 용녀ᄒ오셔 션인긔 하교ᄒ오셔 (한듕 p.70)
        e. 션인겨오셔 미양미역이 오시믈 근심ᄒ시다가 (한듕 p.70)
        f. 냥셩모겨오셔 집슈하루 ᄒ오셔 창도ᄒ오시고 (한듕 p.68)

이 존칭임자자리토씨는 17세기와는 달리 완전히 임자자리토씨로서의 지반을 굳힌 듯하여 「으로」다음에 쓰인 일은 없으나, 그 수는 상당히 많이 나타난다.

마) 「계셔」의 용법
이 토씨는 「겨오셔＞계셔」로 이루어졌다.

    (70) 님계셔 녇다 ᄒ셔든 내 긔로라 (일석본 해동가요 183)

바) 「끠셔/긔셔」의 용법
이 토씨는 15세기에도 나타나는데, 그때는 합성토씨로 보기 때문에 단순토씨로서는 17세기부터인 것으로 보인다. 이 토씨는 「긔셔」로도 표기되었다.

    (71) a. 우리 부모긔셔 이샹이 편익ᄒ오시던 일을 싱각ᄒ니 (한듕

p.6)
b. 노친끠셔 익척이 호 과호오시니 (한듕 p.82)
c. 빅죠긔셔 당신 아오님을 먼니 소랑호오시는 뜻이 오신디
라 (한듕 p.6)
d. 션희궁긔셔 집상이 과호여 의부지절이나 녜와 다르다…
(한듕 p.68)
e. 션인긔셔 과도히 근심호시더니 (한듕 p.70)
f. 경모궁긔셔 두진을 호시니 션인겨오셔 미양미역이 오시믈
근심호시다가 (한듕 p.70)

이 토씨는 이름씨 「끠」에 「이시어」의 줄임꼴인 「셔」가 합하여 만들
어진 것인데, 그 수는 상당히 많이 나타난다.

사) 「ㅣ끠셔」, 「의셔」의 용법

(72) 부뫼끠셔 두 구술로 아오시더니 (한듕 일 p.4)

이것은 하나가 나타났는데 「ㅣ」를 임자자리토씨로 여긴 것보다는 「부
뫼」를 하나의 낱말로 생각했던 것은 아니었을까?

(73) 슈일만의 프라시고 영묘의셔 황궁호오셔 (한듕 p.572)

이 토씨는 「끠셔」의 변이형태로 보인다.

아) 합성토씨 : 존칭임자자리토씨는 도움토씨와 합하여 합성토씨를
이룬다.

ⓐ 「긔셔는」, 「끠셔는」의 용법

(74) a. 우리 빅고모긔셔는 명관의 안해오 (한듕 일 p.10)

    b. 즁고모긔셔는 현종 쳥능군의 며느리시오 (한듕 일 p.10)
    c. 듕모긔셔는 니뷔랑 쓰님이신디라 (한듕 일 p.10)
    d. 션비긔셔는 악연호 빗츨 드러닉지 아니호시고 (한듕 일 p.40)
    e. 계모쯰셔는 김죵혼인의 주쟝을 빗나게 호고 (한듕 일 p.16)
    f. 경모궁쯰셔는 양졍합의쳐호시고 (한듕 이 p.54)
    g. 션희궁쯰셔는 갓가이 머무오셔 (한듕 이 p.162)

ⓑ 「겨셔는」의 용법

  (75) a. 경모궁겨셔는 언희침묵호셔 (한듕 이 p.108)
      b. 경모궁겨셔는 양졍합으로 피우호시고 (한듕 이 p.136)

ⓒ 「겨오셔는」, 「겨오셔는」의 용법

  (76) a. 디비젼겨오션는 날 디졉호오시기 지극호시니 (한듕 사 p.304)
      b. 계고모겨오셔는 니부샹셔의 며느리시고 (한듕 일 p.10)
      c. 슉계부겨오셔는 동몽으로 드러오시더니라 (한듕 일 p.30)

ⓓ 「긔셔도」의 용법

  (77) a. 영모긔셔도 소기디 아니호는 줄은 아오시더니라 (한듕 이 p.118)
      b. 션희궁긔셔도 아른 쳬 아니 호시니 (한듕 이 p.144)

ⓔ 「겨셔도」, 「겨오셔도」의 용법

  (78) a. 경모궁겨셔도 본질이 효우호실 분 아니라 (한듕 이 p.100)
      b. 션비겨오셔도 본가의 가 겨시더니 (한듕 일 p.16)
      c. 션희궁겨오셔도 즉시 셔로 보오시고 (한듕 일 p.38)

d. 션희궁겨오셔도 셔로 오시고 (한듕 이 p.114)

ⓕ 「겨오셔와」, 「긔셔와」의 용법

(79) a. 션희궁겨오셔와 션인긔셔 날드려 니르시지 아니ㅎ시니 (한
듕 일 p.56)
b. 낭셩모겨오셔와 션희궁긔셔 다 어엿비 너기시고 (한듕 일
p.60)
c. 뎡셩왕후겨오셔와 션희궁겨오셔 스랑ㅎ오며 (한듕 일 P.20)
d. 션희궁긔셔와 화평옹주긔셔 니 힝녜ㅎ는 거동을 보시고
(한듕 일 p.18)

ⓖ 「긔셔나」의 용법

(80) 영묘긔셔나 션희궁겨오셔 일분이라도 가차롤 ㅎ시거나 (한듕
이 p.146)

ⓗ 「겨오셔야」의 용법

(81) 부왕겨오셔야 엇디 즈시 아르시며 (한듕 이 p.148)

이상의 토씨 합성 관계를 살펴 보면 「긔셔는」, 「끠셔는」, 「겨셔는」, 「겨
오셔는」, 「겨오셔는」, 「겨오셔도」, 「겨셔도/겨오셔도」, 「겨오셔와」, 「긔
셔와」, 「긔셔나」, 「겨오셔야」등이 있는데, 존칭임자자리토씨만이 합성
토씨가 된다는 것이 특이하다. 위의 예에서 보면 「긔셔/끠셔」, 「겨셔」,
「겨오셔」 등은 수의변이형태로 보이는데, 어떤 일정한 법칙에 의하여
쓰여진 것이 같지 않기 때문이다.

5) 19세기 임자자리토씨의 용법

19세기의 임자자리토씨에는 「이/ㅣ」, 「가」, 「겨오셔」, 「끠셔」, 「셔」 등이 있고 도움토씨와의 겹토씨인 「끠셔는」, 「끠셔와」, 「끠셔도」 등이 있다.

가) 「이」의 용법

ⓐ 「이」는 임자씨가 닿소리로 끝날 때 쓰인다.

> (82) a. 지품이 됴감의 지니며 용미 긔특호더 (인봉쇼 1-1)
>   b. 빅공이 문견이 요란홈믈 듣고 (인봉쇼 1-26)
>   c. 마음이 어린 後ㅣ니 호난 일이 다 어리다 (가곡 p.11)
>   d. 거긔 빅셩들이 자쥬독닙호랴고 (독립 1-1)

ⓑ 오늘날 같으면 「가」가 쓰여야 할 자리에 「이」가 쓰였다. 즉 개음절 임자씨가 임자말로 쓰였을 때도 「이」가 사용되었다.

> (83) a. 죠션 전국이 태평호야 나라이 강호고 (독립 1-2)
>   b. 두 나라이 서로 싸홀 째에 (독립 1-2)

이와 같은 이유는 「나라」가 15세기에는 ㅎ종성체언이었기 때문이다. 따라서, 본래 ㅎ종성체언이었던 이름씨가 이 시기에 임자말이 되면 그 임자자리토씨는 「이」가 쓰였을 것임을 짐작할 수 있다.

ⓒ 임자말로 쓰인 임자씨가 비 「i」계의 홀소리로 끝나 있을 때는 임자자리토씨 「이」는 이들과 축약된다. 물론 성조의 변동은 없다.

> (84) a. 이는 빅어시 집의 도라 오면 (인봉쇼 1-5)

      b. 졔 인ᄒ야 비쥬로 홍을 돕더니 (인봉쇼 1-11)
      c. 미홰 셜츙의 더옥 고결ᄒ고 (인봉쇼 1-13)
      d. 그 쇠 나는 다시 가나 (인봉쇼 1-20)
      e. 이러구러 신셰 되니 (인봉쇼 1-21)
      f. 당후의 일뉘 이시니 (인봉쇼 1-5)

   ⓓ 임자말이 「i」계 홀소리로 끝난 임자씨일 때는 임자자리토씨 「이」
는 생략된다.

   (85) a. 쇠잔ᄒ 안기 됴각됴각 가지의 쩌러지는도다 (인봉쇼 1-15)
      b. 휘 즁황ᄒ거든 셩즁의 머므지 말나 (인봉쇼 1-30)
      c. ᄇ람소리 묽다 ᄒ나 그칠적이 하노매라 (오우가)
      d. 내 졋는가 졔 졋는가 (어부사시사)
      e. 조코도 그칠 뉘 업기는 물뿐인가 ᄒ노라 (오우가)
      f. ᄀ며기 둘식 세식 오락가락 ᄒᄂ고야 (오우가)
      g. 자라가는 가마괴 면난치 디나거니 (어부사시사)

  나) 「ㅣ」의 용법

   ⓐ 받침 없는 한자말이 임자말이 되면 임자자리토씨는 「ㅣ」가 쓰인
다.

   (86) a. 漁舟子ㅣ 알가 ᄒ노라 (가곡 p.7)
      b. 이제로 헤어든 巢父許由ㅣ 낙듯더라 (만홍 4)
      c. 노부뫼 누지의 강님ᄒ시니 (인봉쇼 1-33)

  이와 같은 현상은 예로부터의 인습에 의한 것일 것으로 보이는데, 왜
냐하면, 『독립신문』에서는 이런 일이 나타나지 않기 때문이다. 물론『독
립신문』이 한글로 표기되기는 하였으나, 이 예는 좀처럼 나타나지 아니
한다. 이 토씨는 이와 같은 일로 보면 1896년부터는 없어졌다고 보아

야 할 것이다.

ⓑ 「ㅣ」는 비존칭에 쓰였다.
이와 같은 일은 「ㅣ」도 마찬가지이다.

(87) a. 빅공이 문전이 요란ᄒᆞᄆᆞᆯ 듣고 (인봉쇼 1-26)
　　　 b. 巢父·許由ㅣ 닉듯더라 (만흥 4)
　　　 c. 비어시 집의 도라오면 (인봉쇼 1-5)
　　　 d. 노부뫼 누지의 강님ᄒᆞ시니 (인봉쇼 1-33)

이때의 임자자리토씨의 용법은 현재와 거의 비슷하였다고 보아진다. 즉 「ㅣ」사용의 쇠퇴, 「아ᅀᆞ·여ᅀᆞ·ᄆᆞᄅᆞ·ᄂᆞᄅᆞ·ᄀᆞᄅᆞ……」 등의 특수준 굴곡법의 소멸 등은 19세기 말의 언어현상으로서 특기할 만하다.

다) 「가」의 용법

(88) a. 너의가 여기서 二千錠리里 짜히나 되는더 (화언상 1)
　　　 b. 닉가 京官이 아니오 (화언상 2)
　　　 c. 네가 今年에 貴庚이여 (화언상 3)
　　　 d. 우리가 듯기예 매우 가엽더라 (독립 1-1 잡보)

사실 「가」가 이렇게 많이 나타난다는 것은 반대로 「ㅣ」의 쇠퇴를 의미하게 되는데, 사실 입말에서는 이때 「ㅣ」는 전혀 쓰이지 아니하였다고 보아진다. 그것은 <독립신문>에서는 「ㅣ」대신에 「가」가 쓰이고 있기 때문이다.
그런데, 19세기에 나온 <가곡원류>에서 「ㅣ가」가 하나 나타나는데, 이것은 「八字ㅣ」가 하나의 낱말로 인식된 데서 그리된 것 같다.[21]

---

21) 임자자리토씨 「가」의 말밑조 참조.

(89) 어인 놈의 八字ㅣ가 晝夜長常에 곱숑그려셔 잠만 자노 (가곡
    p.35)

라) 「겨오셔」의 용법

글쓴이는 18세기의 「겨오셔」조에서 이 토씨는 「겨오샤」와 「겨오셔」
의 두 가지로 나타나나, 「겨오셔」로써 그 기저형으로 삼겠다고 하였는
데, 19세기에서는 「겨오사」가 하나 나타났다.

(90) 텰인쟝 왕후 김시겨오사 생딜부 졍경부인 김시게 ㅎ오신 담
    봉셔 (텰인장왕후언간)

이 시기에도 18세기와 같이 「겨오셔」에서 파생한 것으로 보이는 「계
셔」가 있다.

(91) 님계셔 보오신 後에 녹아진둘 엇더리 (가곡 p.5)

마) 「끠셔」의 용법

(92) 경무ᄉ쟝끠셔 필경 이 일을 자셔이 몰으거예 일이 그러케 쳐
    치가 된게니 (독립 1-1 잡보)

이 예문은 <독립신문>에서 많이는 나타나지 않으나, 그 당시에 쓰
였던 것만은 사실로서 20세기에 와서는 「쎄셔」와 혼용되기에 이른다.

바) 「셔」의 용법

이 토씨는 그 기능으로 보아 임자자리토씨로 보이므로 여기에서 다
루기로 한다.

(93) a. 누고셔 三公도곤 낫다 ㅎ더니 (만흥 4)

    b. 누고셔 大醉훈 後면 시름을 잇는다턴고 (가곡 p.124)
    c. 누고셔 廣夏千萬間을 一時에 지어내어 (註海 339-이정보)
    d. 누고셔 범아부를 智惠 잇다 닐으든고 (註海 384-이정보)
    e. 슉시셔 그러치 아냐… (동명일긔)

위의 예문을 보면, 「셔」는 아마 「끠셔」의 「끠」가 준 것이 아닌가 하는 생각이 든다. 왜냐하면, 오늘날, 이것이 임자자리토씨로 쓰이는 예를 보기가 힘들뿐만 아니라, (10)의 예에서 「슉시(이)라셔」로 말할 수는 도저히 없을 것이기 때문이다.

사) 「끠셔」의 합성토씨 : 이 토씨는 도움토씨와 합하여 합성토씨가 된다.

ⓐ 「끠셔는」의 용법

    (94) a. 만일 이런 일이 춤 잇셔스면 대군쥬 폐하끠셔는 모로시는
          일이요 (독립 제1권 제57호 p.225)
        b. 대군쥬 폐하끠셔는 무슴 일이던지 아래서 그러희와 곡직
          을 자셔히만 알외거드면 (독립 제1권 82호 p.325)

ⓑ 「끠셔와」의 용법

    (95) a. 대군쥬 폐하끠셔와 각 대신들과 각국 공스들이 다 칭찬들
          흐시고 (독립 제1권 22호 p.87)
        b. 대군쥬폐하끠셔와 왕태즈련하끠셔와 니각 쇽에 그 즁에
          유지 훈 사롬들은 다 죠션이 잘 되기를 브라시고 (독립
          제1권 38호 p.150)

ⓒ 「끠셔도」의 용법

    (96) a. 죠션 대군쥬 폐하끠셔도 각국 데왕과 동등이 되실 터이오

　　　　(독립 제1권 49호 p.193)
　　b. 대군쥬 폐하끠셔도 여러 사롬의 공변된 말들을 가지시
　　　고… (독립 제1권 79호 p.313)

6) 20세기 초 임자자리토씨의 용법

20세기 전기의 토씨도 19세기와 대동소이한데, 1933년에 맞춤법이 만들어지기까지는 19세기의 표기법을 그대로 답습하고 있었기 때문인 듯하다.

20세기 초의 임자자리토씨에는 「이」, 「가」, 「쎄서/끠서」, 「끠옵셔」가 쓰이었다. 높임 임자자리토씨 「쎄서/끠서」에서 19세기에 「셔」였던 것이 이때에 와서는 「서」로 바뀐 것이 다른 점이다.

가) 「이」의 용법 : 이 토씨는 「가」와 함께 평칭, 비칭에 쓰이었다.

　　(97) a. 남이 목 마르다는 소리를 들으니 (창조 5-1)
　　　　b. K의 왼 몸에는 쌈이 웃적 낫다 (창조 5-5)
　　　　c. 義州 가난 行客이 三十里 되난 新院에 가서 발ㅅ病이 나서
　　　　　(창조 1-5)

20세기에 들어와서 임자자리토씨 「이」는 축약이나 생략되는 일은 완전히 없어졌다.

나) 「가」의 용법

　　(98) a. 서울서 義州가 千里ㅅ길이니 (창조 1-5)
　　　　b. 凡事가 다 이러하야 그 始初에 발서 結末이 보이난 것이니
　　　　　(창조 1-6)
　　　　c. 우렁찬 소리가 나를 불러냅니다 (백조 1-1)
　　　　d. 莫大한 影響을 빗날 수가 잇스니 (창조 1-7)

20세기에 드렁오면서는 「가」만 쓰이고, 「ㅣ」는 완전히 없어지고 말았다.

다) 「쎄(쯰)서」, 「쯰옵셔」의 용법

20세기 초에는 「긔셔」는 나타나지 아니하고 「쯰서」로 통일되어 나타나는데, 때로는 「쎄서」로도 표기되었다. 그리고 「쯰서」의 더 존칭에는 「쯰옵셔」가 있다.

    (99) a. 羅馬皇帝쎄서 나에게 주신 것이다(백조 2-84)
        b. 陛下쎄서 저 豫言者를 무서워하시는 것도 저도 압일다 (백조 2-85)
        c. 郡守 령감쯰옵셔 나-림 잠간 郡廳으로 드러 오시라고 합니다 (백조 1-22)
        d. 이러케 어머니쎄서 무르시면은 (백조 p.128)
        e. 어머니쎄서 조으실 때에는 王만 혼자 울엇소이다 (백조 3-129)
        f. 어머니쎄서 들으시도록 죽을가 겁이나서요 (백조 3-129)

위의 예에서 보는 바와 같이 「쯰옵셔」는 나타나도 「쎄옵셔」는 나타나지 않는다. 오늘날의 「쎄셔」는 「겨오셔＞계셔＞께서」 또는 「쯰셔＞쯰서＞께서」로 발달해 왔다. 그런데, 이 「쯰셔」와 「쎄서」는 유정위치자리토씨 「쯰/쎄」에 「셔(이라셔)」가 합하여 이루어진 단순토씨이다.

라) 「쯰서」의 합성토씨 : 이 토씨에 도움토씨가 와서 합성토씨가 된다.

ⓐ 「쯰서도」의 용법

    (100) 「왕사람 나라 황뎨페하 만세 만세 만만세」를 부르면서 섬돌 아래서 국궁딘퇴한대 황뎨쯰서도 깜짝 놀나서 (소년 1-2 p.22)

ⓑ 「끠서는」의 용법

 (101) a. 황후끠서는 먼뎌 一등 무수를 불너 썰니버에게… (소년
     1-2 p.23)
    b. 우리 父親끠서는 性質이 매우 溫順하고… (소년 2-2 p.21)

2. 부림자리토씨

2.1 부림자리토씨 「을」의 말밑

오늘날의 「을」의 기저형은 「肹(흘)」이었는데 이것이 어떠한 낱말이었
는지에 대하여 알아 보기로 하겠다.

<1> 신라향가에 나타난 부림자리토씨
(1) a. 吾肹不喩慚肹伊賜等花肹折叱可獻乎理音如 (獻花)
  b. 此肹喰惡攴治良羅 (安民)
  c. 此地肹拾遺只於冬是去於丁 (上同)
  d. 心未際叱肹逐內良齊 (讚耆婆郞)
  e. 勝肹古召旀 (禱千手觀音)
  f. 千隱乎叱千隱目肹一等下肹放一等肹除惡攴 (上同)
  g. 薯童房乙夜矣夗乙抱遺去如 (童薯)

<2> 고려향가에 나타난 부림자리토씨
(2) a. 功德叱身乙對爲向惡只(稱讚如來)
  b. 際于萬隱德海肹間王冬留讚伊白制(上同)
  c. 菩提向焉道乙迷波(纖悔業障)
  d. 吾焉頓叱進良只法雨乙乞白乎叱等耶(請轉法輪)
  e. 善芽毛冬長乙隱衆生叱田乙潤只沙音也(上同)
  f. 手乙寶非鳴良尒世呂中以友白乎等耶(上同)

g. 難行苦行叱願乙吾焉頓部叱逐好友伊音叱多(常隨佛學)

　(1)과 (2)에서 보면 부림자리토씨는 신라향가에서부터 「肹」과 「乙」의 둘로 나타나다가 고려향가에 와서는 「乙」이 절대 다수로 쓰이고 있음을 알 수 있는데, 이것은 아마 「肹」의 「ㅎ」이 탈락하고 「乙」로 굳어진 것 같다. 따라서, 부림자리토씨의 기저형은 「흘」인데 여기에서 「ㅎ」이 탈락되어 「을」이 되었으며 「를」은 후대에 와서 「ㄹ」이 첨가된 것으로 보아야 한다. 그러면 「肹」이 실사였던가 아니였던가를 밝히기 위하여 이조어와 함께 예를 보기로 하겠다.

　　　(3) a. 心未際叱肹逐內良齊 (讚耆婆郎)
　　　　　 b. 游烏隱城叱肹良望良古 (彗星)
　　　　　 c. 德이여 福이라 호놀 나ᅀᆞ라 오소이다 (動動)
　　　　　 d. 사ᄉᆞ미 짒대예 올아서 ᄒᆡ금을 혀겨를 드로라 (靑山別曲)

　(3a)의 「際叱肹」과 (3b)의 「城叱肹」을 보면 「叱」이 앞 말의 받침일 것이나, 사이시옷 밑에 「肹」이 와 있으니 실사로 보여지고 (3c·d)에 의하여 보더라도 매김꼴 다음에 「올」과 「을」이 와 있으니 「을」은 본래 실사였음을 충분히 알 수 있다.

　그러면, 어떤 뜻의 실사였겠는가가 문제되는데, 앞에서도 말하였지마는 「肹」의 음을 먼저 살펴보면 이러하다. 즉 <집운>에 의하면 「肹」은 「黑乙切」로 설명되어 있으므로 「흘」이 오늘날 「을」의 기저형이었다고 보아야 하는데, 이것이 「乙(을)」로 변천하였다.

　그리고, 「肹」은 어떤 뜻의 낱말이었던가 하면 「대상」을 뜻하던 낱말이었다고 생각된다. 그러나, 이것이 부림자리토씨로 쓰인 것은 음차이지 훈자는 아니다. 따라서, 「을」의 뜻을 알기 위하여는 문맥적 의미를 파악하지 않으면 안 된다.

> (4) a. 너는 하필이면 죽을 먹었느냐?
>   b. 그는 돈을 나를 주었다.
>   c. 그는 굳이 이것을 가져 갔다.

(4a-c)에서 보면 「을」은 대상이나 어떤 선택의 뜻을 나타내는 듯하다. 특히, (4b)의 「돈을 나를 주었다」에서 「나를」은 선택의 뜻이 분명하고, (4a)의 「하필이면 죽을 먹었느냐?」에서의 「죽」도 선택의 뜻을 나타내는 듯이 느껴진다. 따라서, 「을」은 본래 실사로서 대상이나 선택의 뜻을 지녔던 낱말이었을 것으로 추정해 본다. 그렇지 않고는 달리 그 말밑을 추정할 길이 없기 때문이다. 다시 말하면 「특정한 대상을 나타내던 임자씨」에서 발달해 왔을 것으로 짐작이 된다.

2.2 부림자리토씨의 변천과정

2.2.1 신라향가의 부림자리토씨의 용법

이 토씨의 기저형은 「肹」임은 이미 말하였다. 「홀」에서 「ㅎ」이 탈락하여 「乙」이 되었다.

> (5) a. 吾肹不喩慚肹伊賜等 (獻花)
>   b. 花肹折叱可獻乎理音如 (上同)
>   c. 此肹喰惡支治良羅 (安民)
>   d. 此地肹捨遣只於冬是於丁 (上同)
>   e. 心未際叱肹逐內良齊 (讚耆婆郎)
>   f. 膝肹古召旀 (禱千手觀音)
>   g. 千隱手叱千隱目肹一等下叱放一等肹除惡支 (上同)
>   h. 薯童房乙夜矣夗乙抱遣去如 (童薯)

부림자리토씨 「肹」은 앞 이름씨가 개음절로 되었든 폐음절로 되었든

간에 사용되었는데 <서동요>에서 「乙」이 쓰였으며, 고려향가에 가면 「乙」이 많이 나타난다. 그런데, <서동요>의 「薯童房乙」에서 보면 아마 위치자리에도 「乙」이 사용되었음을 알 수 있는데 이와 같은 일은 오늘 날에도 찾아볼 수 있다.

> (6) a. 그는 서울을 간다.
>   b. 비행기가 하늘을 난다.

(5h)의 경우와 (6)의 경우를 보면 모두 풀이말이 「가다」일 때에 「을」이 위치자리에도 쓰임을 알 수 있다.

2.2.2 고려향가의 부림자리토씨의 용법

고려향가에서는 본래의 「肸」는 줄어들고 「ㅎ」이 탈락한 「乙」이 절대 다수로 쓰이게 되었다.

> (7) a. 際于萬隱德海肸間王冬留讚伊白制 (稱讚如來)
>   b. 功德叱身乙對爲向惡只 (上同)
>   c. 佛前灯乙直體良焉多衣 (廣修業障)
>   d. 菩提向焉道乙迷波 (懺悔業障)
>   e. 吾焉頓叱進良只法雨乙乞白乎叱等耶 (請轉法輪)
>   f. 善芽毛冬長乙隱衆生叱田乙潤只沙音也 (上同)
>   g. 手乙寶非鳴良勾尒世呂中以友白乎等耶 (請佛往世)
>   h. 難行苦行叱願乙吾焉頓部叱逐好友伊音叱多 (常隨佛學)
>   i. 命乙施好尸歲史中置然叱皆好尸卜下理 (上同)
>   j. 迷火隱乙根中沙音賜焉逸良 (恒順衆生)
>   k. 綠起叱理良尋只見根 (隨喜功德)

(7a)의 「肸」은 그 앞에 「海」가 왔음으로 「ㅎ」을 표기해 주기 위하여 쓰인 것 같고, 그 이외는 모두 「乙」이 쓰여 있다. 그런데 특히 유념할

것은 (7j)에서 보면 「迷火隱乙」에서 「迷火隱」은 매김꼴로 되어 있는데 「乙」이 와 있는 것을 보면 부림자리토씨가 본래 이름씨였음을 알 수 있고, 이것은 또한 고려가요의 「德이여 福이라 호늘 나ᅀᆞ라 오소이다」 에서나, <句解南華經> 卷一, 34의 「游乎塵垢之外라 혼늘 夫子눈 以爲孟浪 之言이어눌」 등에서와 같은 예에서도 볼 수 있다.

그리고, 「乙」은 앞 임자씨가 개음절이든 폐음절이든 상관없이 사용 되었다. 오늘날의 「를」은 「을」에서 「ㄹ」이 하나 더 첨가된 것이다.

2.2.3 15세기 이후의 부림자리토씨의 용법

1) 15세기 부림자리토씨의 용법

부림자리토씨에는 「을/올」, 「를/롤」, 「ㄹ」 등이 있으나 기저형은 「을」 이다. 「를」은 「을」에 「ㄹ」이 첨가된 것이며, 「올/롤」은 양성홀소리 밑에 쓰이고 「을/를」은 음성홀소리 밑에 쓰인다. 「ㄹ」은 축약된 형태이다.

가) 「올/을」의 용법

ⓐ 폐음절로 끝난 부림말 밑에 쓰이는데, 「올」은 양성홀소리로 끝난 이름씨 밑에 쓰이고, 「을」은 음성홀소리로 끝난 이름씨 밑에 쓰인다.

> (8) a. 혼가짓 고줄 프느니 (금삼 2-86)
>   b. 社稷功올 혜샤 聖心을 일우시니 (용비 104)
>   c. 弟子ㅣ 드외야 銀돈을 받ᄌᆞᇦ니 (월석 1-3B)
>   d. 나라홀 아ᅀᆞ 맛디시고 (월석 1-5A)
>   e. ᄆᆞ춤내 제 뜨들 시러 펴디 몯홇노미 하니라 (훈언)
>   f. 도즉 五百이 그윗거슬 일버ᅀᅥ (월석 1-6A)
>   g. 가온디 륙식올 노하 ᄇᆞ리라 (월석 7-54A)

(8g)에서 보면 「올」이 하나 나타났는데 이것은 아마 「을」의 오철이나 오각인지 모르겠으나 그대로를 인정하여 인용하였다.

ⓑ 「이」에 받침이 있는 이름씨 밑에는 「올/을」이 같이 쓰인다.

(9) a. 社稷功올 혜샤 聖心을 일우시니 (용비 104)
b. 名賢劫이 열ᄒᆞ제 後ㅅ일올 뵈요리라 (월석 1-21A)
c. 摩訶般若波羅蜜을 念ᄒᆞ라 ᄒᆞ시고 (법보당 상 p.26)
d. 어마니믈 濟渡ᄒᆞ야 (석보 6-7)
e. 聲聞辟支佛乘올 行ᄒᆞᇙ 사ᄅᆞ미 잇거든 (석보 6-10)

ⓒ 「올/을」은 매김씨끝 다음에 쓰인다.

(10) a. 德이어 福이라 호ᄂᆞᆯ 나ᅀᆞ라 오소이다 (악학궤범-動動)
b. 游乎塵垢之外라 혼ᄂᆞᆯ 夫子ᄂᆞᆫ 以爲孟浪之言이어ᄂᆞᆯ (句解南華經 1-34)

나) 「롤/를」의 용법

ⓐ 「롤」은 양성개음절 이름씨 밑에 쓰이고, 「를」은 음성개음절 이름씨 밑에 쓰인다.

(11) a. 天下롤 맛디시릴씨 (용비 6)
b. ᄒᆡ롤 자보믄 智慧 너비 비췰 느지오 (월석 1-18A)
c. 더본 煩惱롤 여희의 ᄒᆞᇙ 느지오 (월석 1-18A)
d. 義旗를 기드리ᅀᆞᄫᅡ 簞食壺漿ᄋᆞ로 길헤 ᄇᆞᄅᆞᅀᆞᄫᆞ니 (용비 10)
e. 大義를 불기실씨 (용비 66)
f. 城의 나아 부텨를 맛ᄌᆞᄫᅡ 저ᅀᆞᆸ고 (월석 1-13B)
g. 부톄 ᄃᆞ외야 號(ᄒᆞᇰ)롤 釋迦牟尼라 ᄒᆞ리라 (월석 1-15B)

(11d)에서는 「이」밑에 「를」이 쓰이어 있고, (11g)에서는 「號」의 받침이 「ㅇ」인데도 「롤」이 쓰인 것을 보면 「ㅇ」은 실제 발음이 없었음을 알 수 있다.

ⓑ 「이」로 끝난 이름씨 밑에는 「를」보다 「롤」이 절대 다수로 많이 사용되었다.

> (12) a. 두 줄기롤 조쳐 맛디노니 (월석 1-13A)
>   b. 마리롤 퍼두퍼시놀 (월석 1-16A)
>   c. 須彌山 볘윤 이론 죽사리롤 버서날 느지오 (월석 1-17B)
>   d. 功利 됴훈 利롤 어드리오 (석보 9-54)
>   e. 이롤 첫 橫死ㅣ라 ᄒᆞᄂᆞ니라 (석보 9-72)

ⓒ 개음절 이름씨 밑에서 「롤/를」은 「ㄹ」로 줄여져서 쓰이기도 한다.

> (13) a. ᄇᆞ야미 가칠 므러 즘게 가재 연즈니 (용비 7)
>   b. 묏님을 모롤ᄊᆡ 발자칠 바다 남기ᄢᅥ여 性命을 ᄆᆞ츠시니 (월석 1-2B)
>   c. 子息 업스실ᄊᆡ 몸앳 필 뫼화 (월석 1-2B)
>   d. 죽사릴 여희샤 (월석 1-21)
>   e. 세 샐 쏘시니 (용 57)

다) 「ㄹ」의 용법

ⓐ 개음절 한자말이 부림말로 쓰일 때 그 밑에 쓰였다.

> (14) a. 阿僧祇 前世劫에 님금 位ㄹ ᄇᆞ리샤 (월석 1-2A)
>   b. 方國이 해 모드나 至德이실ᄊᆡ 獨夫受ㄹ 셤기시니 (용비 11)
>   c. 金疊ㄹ 브수려 ᄒᆞ시니 (용비 109)
>   d. 往生偈ㄹ 외오시면 (월석 8-83)

위와 같은 일은 아마 율조를 맞추기 위하여 나타났던 현상으로 보이는데, 그 이유는 「르」은 대개가 악장에서 나타나기 때문이며, 굳이 한자말이 아니더라도 「孔雀일(용비 46)」, 「하나빌(용비 125)」 등에서도 찾아볼 수 있다. 또 한자말의 받침으로 쓰일 수 없기 때문이기도 하다.

라) 합성토씨 : 부림자리토씨와 다른 토씨가 합하여 합성토씨를 이룬다.

(15) a. 「ᄀ장올」 : 無順天브터 잇ᄀ장올 不還天이라 ᄒᆞ니 (월석
　　　　　　1-68)
　　　b. 「과롤」 : 그듸의 붇과 깁과롤 重히 너교몰 알와라 (두언
　　　　　　16-172)
　　　　　　茶와 荏과롤 ᄲᅵ려 (두언 1-251)
　　　　　　하늘과 싸콰롤 모도아 니롤시오 (금삼 2-110)
　　　　　　일홈과 數와롤 ᄌᆞ모 다 베프노라 (두언 16-253)
　　　　　　宙ᄂᆞᆫ 녜와 이제와롤 ᄉᆞ무출 시라 (금삼 2-110)
　　　c. 「ᄲᅳᆯ늘」 : ᄒᆞ낱 터럭 ᄲᅳᆯ늘 供養 功德에 涅槃올 득ᄒᆞ야니 (월
　　　　　　천상-긔 92)
　　　d. 「ㅣ롤」 : 舍利佛이 ᄒᆞᆫ 獅子ㅣ롤 지어 내니 (석보 6-64)

(15a-d)에서 보면 부림자리토씨는 이음토씨 「과/와」와 「ᄲᅳᆫ」 및 「ㅣ」와 합성토씨를 이루는데 「獅子ㅣ롤」의 예에서는 임자자리토씨 「이」가 이때도 아직 삼인칭 대이름씨인 자취를 엿볼 수 있게 하는 좋은 증거라 생각된다. 왜냐하면 「ㅣ」가 토씨였다면 그 뒤에 「롤」이 올 리가 없기 때문이다.

마) 임자씨 변동 : 부림자리토씨가 오면 임자씨가 변동하는 일이 있다.

ⓐ 15세기의 부림자리 특수굴곡이름씨

(16) a.「녀느」: 四海롤 년글 주리어 (용비 20)
     b.「나모」: 즘게남굴 樹王이라 ᄒ니라 (월석 1-47)
            빗근 남글 보고 (두언 20-24)
            ᄒᆞᆫ 남굴 지스니 (석보 6-60)
     c.「구무」: 가야믜 굼글 보고 (두언 20-24)
     d.「불무」: 큰 붊글 여희니라 (두언 2-47)
     e.「아ᅀᆞ」: 아ᄃ론 앗올 절ᄒᄂ다 (두언 8-28)
     f.「노ᄅᆞ」: 峻반阪앳 놀올 쏘샤 (용비 65)
     g.「ᄆᆞᄅᆞ」: 慈悲心 뮈우ᄆ로 몰롤 사뭃디니 (월석 9-43A)

(16)과 같이 특수굴곡을 하는 이름씨에는 「ᄀ르, ᄂ르, ᄒ르, ᄢ,…」 등이 있다.

ⓑ 16세기 부림자리 특수굴곡이름씨

(17) a.「나모」: 남글 듦디 아니면 ᄉ못디 몯 ᄒᄂ니라 (초박상 27)
     b.「ᄀ르」: 우리 딥과 콩과 굴을 다 네 지븨 와 산거시니 (초
            노상 23B)

16세기에는 특수굴곡이름씨의 예를 그리 많이 찾을 수가 없었으나, 15세기의 것이 그대로 쓰였을 것으로 보인다.

ⓒ 17세기 부림자리 특수굴곡이름씨

(18) a.「나모」: 그 안해 깁을 안고 누엇거늘 위대로 ᄒ야 남글
            싸코 블 디르고 가니라 (태평광기 1-15)
     b.「ᄀ르」: 션각 굴를 드슨 믈에 ᄒ늘 플어 머기라 (언해두
            상 123)
     c.「ᄒ르」: 그 아비 어미 홀롤 사이 두고 서르 니어뼈 죽거

늘 (동국신속건 276)

d. 「여스」 : 요괴로운 여을 만나면 므어시 해 되지 아니ᄒ리
오 (태평광기건 1-15)

(18b)에서 보면 15세기 같으면 「굴룰」이 되어야 할 것이 「굴를, 굴눌,
ᄱᆞ룰」 등으로 표기되어 나타나니 많은 변화가 있다 할 것이요, 「여스」
도 15세기 같으면 「영을」이 되어야 할 것이나 17세기에는 「여을」이 되
어 변동이 있으니 특수굴곡이름씨가 시간의 흐름에 따라 차차 그 굴곡
의 규칙을 잃어 감을 알 수 있다.

ⓓ 18세기의 부림자리 특수굴곡이름씨

(19) 「ᄒᄅ」 : 내 홀룰 훈히 굿치 사니 (삼역 p.34)

18세기에는 특수굴곡이름씨의 예를 별로 찾지 못하였다.

ⓔ 19세기의 부림자리 특수굴곡이름씨

(20) 「나모」 : 버드나무로 번기 불이 쩌려서 (독립신문 1-65호 잡
보)

19세기에 와서는 부림자리 특수굴곡 이름씨는 잘 나타나지 않는데,
그 끼닭은 「ᄀᄅ」는 <두창경험방>에서 「ᄀ로」로 나타났고, 「여스」는
<태평광기>에서 「여으」로 나타났으며, 「ᄢ」는 <박통사언해>에서 「ᄤ」
로 바뀌었고, 「ᄒᄅ」는 <정속언해>나 <화어계몽언해>에서는 「ᄒ로」
로 각각 어형이 바뀌었기 때문이다. 더구나 「아ᅀ」는 <중간 두시언해>
에서는 「아ᄋ」로 바뀌었던 것이 <한중록>에 와서는 「아오」로 바뀌어
나타났다. 이와 같은 일련의 사실은 19세기 중엽 이후 특히 <독립신문>

에서부터는 이들 특수굴곡 임자씨는 15세기와 같은 특수굴곡은 하지 않게 되었다는 것을 의미하는 것으로 보인다. 물론 입말에서는 「나모」는 「남기」로 「구무」는 「굼기」로 오늘날도 말하는 일이 있으나 19세기 말부터 표기상으로는 잘 나타나지 않게 되었다.

2) 16세기 부림자리토씨의 용법

16세기에는 부림자리토씨는 「올/을」, 「롤/를」, 「ㄹ」의 셋이 쓰였다.

가) 「올/을」의 용법

ⓐ 폐음절로 끝난 이름씨 밑에 쓰이는데, 「올」은 양성홀소리로 끝난 이름씨 밑에 쓰이고 「을」은 음성홀소리로 끝난 이름씨 밑에 쓰인다.

> (21) a. 누미 싸호물 잘 말이며 (여향 p.6)
> b. 죵올 잘 져어ᄒ며 (여향 p.6)
> c. 둘흘 ᄒ야 집 보게 ᄒ고 (초노상 46B)
> d. 네 므슴 그를 비혼다 (초노상 2B)

그런데, 16세기만 하여도 홀소리고룸이 상당히 깨어져서 사실상 양성, 음성을 가리기가 어려울 지경이다.

> (22) a. 짐시로믈 ᄆᆞᄎᆞᆯ와 (초노상 45B)
> b. 몰 머귤 콩을 밧괴여 주디 (초노상 53A)
> c. ᄌᆞ데롤 ᄀᆞᄅ치며 (여향 9)
> d. 젼대예 흐권 조희를 너허 (초노상 27)

ⓑ 부림자리토씨 「올/을」은 매김꼴 다음에 사용되었다.

> (23) 사ᄉᆞ미 짒대예 올아셔 ᄒᆡ금을 혀거를 드로라 (청산별곡)

이와 같은 예는 실제로 그리 많지 않다.

ⓒ 「이」로 끝나는 폐음절 이름씨 밑에는 「을」이 주로 사용되었다.

    (24) a. 그 직임을 잘 거힝호미오 (여향 p.8)
        b. 집을 이르 살며 (여향 p.8)
        c. 손이 쥬쉰을 답례호더 (여향 p.50)

ⓓ 부림자리토씨가 거듭 쓰인 예가 있다.

    (25) a. 이 류엣 즁을 저를 티디 아니코 므슴호료 (초박상 72)
        b. 이 은을 므스글 썰이는다 (초노상 65A)
        c. 父母ㅣ 병이 잇거든 옷슬 씌롤 그르디 아니ᄒ며 (소학언
           6-1)

(25c)의 「옷슬」은 「옷의」로 풀어도 무리는 없을 것 같다.

ⓔ 부림자리토씨가 와야 할 것 같은 자리에 임자자리토씨가 쓰인 예
가 보인다.

    (26) a. 네 이 다숫 가짓 갈히 이리 밍ᄀ로믈 곱고 조케 ᄒ면 은
           세돈애 밍굴로다(초박상 32)
        b. 너는 高麗ㅅ 사ᄅ미어시니 ᄯ 엇디漢語 닐오미 잘 ᄒᄂ뇨
           (초노상 2A)
        c. 금으로 ᄉ지 그린 돌애에 아래ᄂ 두 그테 거믄 구슬로 미
           자 쎠욘 약대터리로 ᄲᅡ 오랑 드리웟고 (초박상 59)

이와 같은 용법은 당시의 입말에서 실제 있었을 것으로 보인다.

나) 「롤/를」[22)의 용법

ⓐ 「롤」은 양성개음절 이름씨 밑에 쓰이고, 「를」은 음성개음절 이름씨 밑에 쓰인다.

(27) a. 네 나롤 보숣피쇼셔 (초박상 17)
  b. ᄌᆞ녀롤 ᄀᆞᄅᆞ치며 (여향 p.6)
  c. 젼대예 ᄒᆞ권 조희를 너허 (초노상 27B)
  d. 네 나를 헐겁지 빌이고려 (초박상 108)
  e. 일 어머롤 일코 (소학언 6-1)

이들 예에서 보는 바와 같이 16세에 와서는 사실상 홀소리고룸에 따른 「롤」과 「를」의 구별은 상당히 혼란을 빚고 있다.

ⓑ 「이」로 끝나는 개음절 이름씨 밑에는 「롤」보다 「를」이 주로 많이 사용되었다.

(28) a. 눌와 씨를 실 어울워 ᄣᅡ시니 (초박상 28)
  b. ᄒᆞᄅᆞᆺ 바믜 지기를 닐굽 여듧번식 ᄒᆞ야 (초박상 43)
  c. 아기를 다가 ᄯᅩ 머리 갓고 니마 우희 ᄡᅳᄂᆞ니 (초박상 113)
  d. ᄒᆞᆫ근 고기를 사딕 ᄀᆞ장 술지니란 말오 (초노상 21A)

ⓒ 부림자리토씨는 16세기에 유정위치자리토씨로 많이 쓰였다(물론 15세기에도 있기는 하였으나 이때만큼은 심하지는 않았다).

(29) a. 너를 돈 다숫 주마 (초박상 89)
  b. 달라 ᄒᆞ얀 디 반년이나 ᄒᆞ디 나를 갑디 아니ᄒᆞ니 (초박상 69)

---

22) 「롤」은 「눌」로 표기한 예가 나타난다.
  · 겨지비 ᄒᆞᆮ드리 엇만눌 머그리(순김 68)

c. 너를 혼돈 여듧푼 은을 내여 주마 (초박상 65)

다) 「르」의 용법

(30) a. 네 간모 둘만 가져다가 날 ㅎ나 맬이고려 (초박상 130)
 b. 네 날 드려 뎌긧 경티를 니르고려 (초박상 134)

이 「르」은 개음절 한자말 밑에는 잘 나타나지 않는다. 위의 예에 나타난 「르」은 「롤/를」이 준 것이다.

라) 도움토씨가 올 경우 : 부림자리토씨에 도움토씨가 오는 일이 있다.

ⓐ 「롤다가」

(31) 너려 줄 오술 몯 지어 아니 닙고 일로 너롤다가 주쟈코 굼좌
 더니 하바삿다 홀식 내 너둘 스이어니 너겨 너롤 몬져 주자
 보내노라 (순김 59)

(31)에서의 「다가」는 보기에 따라서는 움직씨로도 볼 수 있겠으나 합성토씨로 보아두기로 한다.

ⓑ 「과롤/와롤」

이때의 「과」는 그 앞의 이름씨를 「롤」에 연결시켜 주는 구실을 한다.

(32) a. 아비와 형과롤 잘 셤기며 즈식과 아슨와롤 잘 ㄱ르치며
 (여향 p.6)
 b. 덕과 업과롤 긔약의 사룸이 각각 제 몸애 닷ㄱ며 (여향 p.9)
 c. 과실와 수울와롤 세 주리 ㄱ게 ᄒ고 (여향 p.74)

(32a・c)에서 보면「과」는 폐음절 이름씨 밑에 쓰이는데 이름씨 받침이「ㄹ」일 때는「ㄱ」이 탈락하여「와」가 된다.

ⓒ「을론」

    (33) 비러간 거슬ᄒᆞ야 ᄇ린 사ᄅᆞᆷ을론 벌ᄒᆞ되 그약이 맛디 아니ᄒᆞᆫ
        죄 갇티 ᄒᆞ야 (여향 p.72)

여기서의「을론」은 부림말을 특히 지정・제시하는 뜻을 나타내는데, 형태소로 분석하면「을＋로＋는」으로 된다.

ⓓ「ㄹ로」

    (34) 일로 우희 향듕 긔약 네 가지 됴건이 볼리 남던 려시의게서
        나니라(以上鄕約四條伊本出藍田呂氏爲尼) (여향 p.73)

(34)의「ㄹ로」는「이것으로부터」의 뜻으로 쓰였음을 알 수 있다.

3) 17세기 부림자리토씨의 용법

17세기에는 부림자리토씨「을/올」,「를/롤」,「ㄹ」의 셋이 사용되었다. 이와 같은 사실은 16세기의 경우와 같다.

이때는 15, 16세기와는 달리 그 표기상에 상당한 혼란을 가져옴은 물론 홀소리고룸에 의한 부림자리토씨의 구별・사용도 점점 사라져 간다.

가)「올/을」의 용법

ⓐ「올」은 양성개음절 이름씨 밑에 쓰이고,「을」은 음성개음절 이름씨 밑에 쓰였다.

(35) a. 비령지 드롤 채티고 창을 빋기고 (동국신속건 5)

    b. 오술 파라 관 사 무드니 (동국신속건 18)

    c. 어디 가 ꞏ호 내홀 어드리오 (중두 20-2A)

    d. 마시며 딕먹게 ᄒᆞ야 외로온 시드믈 慰勞ᄒᆞ리라 (중두 17-
1B)

    e. 아홉버늘 書信을 브텨 洛陽으로 向ᄒᆞ야 보내요니 (중두 4-
61)

이 때도 16세기와 마찬가지로 홀소리고룸에 의한 부림자리토씨의 구별사용은 상당한 혼란을 빚고 있었다.

(36) a. 누니 둛게 브라오믈 디ᄂᆞᆫ 희롤 當ᄒᆞ니 (중두 5-9)

    b. 약 굴롤 ᄆᆞ라 환을 큰 콩낫마곰 ᄒᆞ여 (언해두창하 6)

    c. 인동차나 권ᄒᆞ야 머겨 발표을 ᄒᆞ려니와 (두창경험방 p.30)

ⓑ 홀소리가 「이」로 끝나는 폐음절 이름씨 밑에서는 「올」은 쓰이지 아니하고 「을」이 주로 사용되었다.

(37) a. 글월을 브텨 六親을 주노라 (중두 5-54)

    b. 아홉버늘 書信을 브텨 洛陽으로 向ᄒᆞ야 보내요니 (중두 4-
61)

    c. 됴뎡이 운혁을 덕개공신을 조초 긔록ᄒᆞ시고 (동국신속건
31)

ⓒ 17세기에는 개음절 이름씨 밑에서 「을」이 사용된 예가 많이 나타난다.

(38) a. 별셰을 보아가며 분수롤 가감ᄒᆞ라 (두창경험방 30)

    b. 인동차나 권ᄒᆞ야 머겨 발표을 ᄒᆞ려니와 (두창경험방 30)

나) 「롤/를」의 용법

ⓐ 「롤」은 양성개음절 이름씨 밑에 쓰이고, 「를」은 음성개음절 이름씨 밑에 쓰였다.

> (39) a. 그 노웅이 쟈근 비롤 저어 능감을 풀며 (태평광 1-1)
> b. 바믹 九廟롤 블 브티니 (중두 4-39)
> c. 열희롤 아슨민 消息이 업도다 (중두 4-62)
> d. 寢門에 가샤 安否롤 뭇줍놋다 (중두 4-3)
> e. 해 시령이 울티 아니훈 긔후를 뎐염호몰 인호고 (언해두
> 창상 19)

앞의 「올」과 「을」처럼 「롤」과 「를」도 홀소리고룸에 의한 구별·사용은 혼란을 빗고 있다.

> (40) a. 아비 죵긔롤 내며 (동국신속건 21)
> b. 믹양 됴셕졔롤 다호고 (동국신속건 14)
> c. 巴川애 中使를 만나니 (중두 5-1)
> d. 엇뎨 十萬兵馬를 기둘우리오 (중두 4-51)

ⓑ 「이」로 끝나는 개음절 이름씨 밑에는 「롤」과 「를」이 다같이 사용되었다.

> (41) a. 져믄 졔브터 어버이롤 효도호야 (동국신속건 27)
> b. 초계 인는 안근이롤 어러 계우 두어 나톤 호야 죽거늘
> (동국신속건 38)
> c. 톳긔 고기를 졋드마 아희롤 머기면 힝역 아니 호느니라
> (언해두창상 14)
> d. 길경 감초 각 서푼이를 쓰호라 (언해두창상 27)

통계에 의하면, <동국신속삼강행실도>에서는 「이」밑에 주로 「롤」이

쓰이고, <언해두창집요>에 의하면 「를」이 주로 쓰이고 있으며, <중간 두시언해>에서는 「룰」이 각각 쓰이고 있다.

ⓒ 「룰/를」은 「눌/늘」로 표기되어 나타나기도 한다.

> (42) a. 어미눌 뫼셔 빙소눌 딕킈다가 (동국신속 건 163)
>   b. 어미 다시 사라 아흔히눌 사니라 (동국신속 건 266)
>   c. 입째예 혹 비눌 알론 거슨 두영이 댱위룰 조차 나는 연괴
>   니 (두창경험 47)

다) 「르」의 용법

이 토씨는 아마 「룰/를」이 준 것으로 보인다.

> (43) a. 有時예 重疊혼 묏부릴 놀라노니 (중두 20-2A)
>   b. 자던 새도 믿가질 스랑ᄒᆞ니 (중두 4-22)
>   c. 두 ᄯᅳ러 볼 너흐던 쀨 제 니르고 (중두 4-72)
>   d. 네 이믜 내 지애비룰 더위고 날조차 ᄆᆞ로려 ᄒᆞᄂᆞᆫ냐 (동국
>   신속건 11)

17세기에도 부림자리토씨가 유정위치자리의 뜻으로 쓰인 예가 많다. 그리고, 부림자리토씨가 두 개 거듭 나란히 쓰인 예도 많다.

> (44) a. 춤기름 혼 되룰 아히룰 날마다 머기면 (언해두창상 13)
>   b. 남평쑬애 톳끠고기를 젓ᄃᆞ마 아히룰 머기면 힝역 아니 ᄒᆞ
>   ᄂᆞ니라 (언해두창상 14)
>   c. 영장과 졔룰 례룰 다ᄒᆞ고 (동국신속건 118)
>   d. 손소 니기믈 자바 뎐졔룰 졍셩을 다ᄒᆞ니라 (동국신손건 122)

(44a-d)의 예에서 보면 이중으로 부림자리토씨가 쓰인 월의 움직씨는

모두 남움직씨이다. 그런 데서 굳이 「의게/이게」를 쓸 필요성을 느끼지 않았을 뿐만 아니라, 옛날부터 그런 경우에는 그렇게 사용해 왔던 관습상 부림자리토씨를 거듭 사용하였던 것 같다.

라) 합성토씨 : 부림자리토씨는 다른 토씨와 합하여 합성토씨를 이룬다.

ⓐ 「을조차」

  (45) a. 그 사룸이 비대ᄒ면 뵈복을조차 너르게 ᄒ고 여외여 ᄀ즈
        브거든 복을조차 좁게 ᄒ디니 (가례 권1 43B)
      b. 귀일을 져ᄇ리고 ᄉᄉ일을조차 뎌ᄌ조도 절ᄒ기 ᄒ며 (가
        례 권2 29A)
      c. 이제 간이호믈조차 습애 의복일칭을 쓰고 쇼렴대렴에ᄂ
        ᄉ쟈의 듯는 바 의복과 밋 친우의 슈호바… (가례 권5
        17A)

여기 「을조차」는 아직 완전히 합성토씨가 아니나 이런 구문에서 「을조차」가 합성토씨로 발달하게 되었으므로 예시한 것이다. 그리고 (45)에서 보면 「과 밋」이 쓰이고 있는데 16세기에서도 이런 예가 나타났는데 이와 같은 이음법은 「과」 앞의 마디와 「밋」 뒤의 마디를 「밋」이 이어주는 구문현상이다.

4) 18세기 부림자리토씨의 용법

18세기는 16·17세기와는 달리 「올/을」, 「룰/를」, 「랄」, 「르」의 넷이 쓰였는데 「랄」이 나타난 것이 특이하다.

가) 「을/올」의 용법

ⓐ 「올」은 양성폐음절 이름씨 밑에 쓰이고, 「을」은 음성폐음절 이름씨 밑에 쓰인다. 그러나, 18세기에는 홀소리고룸은 거의 다 깨어졌다고 하여도 과언은 아닐 것이다.

  (46) a. 고지 마롤 아니 호더 (빅련초 p.4)
    b. 눔의 가진 것술 닙고 (한듕 p.26)
    c. 왕랑을 죠셔호야 굴오더 (왕랑)
    d. 이 공덕을 브틀시 (왕랑)
    e. 쟈근 거시 노피 떠셔 萬物을 다 비취니 (오유가)

통계에 따르면 「을」과 「올」이 나타난 비율은 약 5:1로서 「을」이 절대 다수로 나타났다. 이와 같은 사실을 바탕으로 미루어 보면 18세기에는 「올」이 거의 사라져 가는 시기였다고 할 수 있다.

ⓑ 「올/을」은 개음절 이름씨 밑에서도 사용되었다.

  (47) a. 일렴 미타사 죄보올 스는디 (왕랑)
    b. 우리둘흔…그더을 자브라 왔다니 (왕랑)
    c. 가장의 후사을 잊지 못하고 (언간의 연구보 27)

ⓒ 「이」로 끝나는 폐음절 밑에서는 「올」과 「을」이 같이 사용되었다.

  (48) a. 옹쥬 생신이 우희 이롤 ᄀ초펴니 (왕랑)
    b. 님을 뫼셔 님의 일을 내 알거니 (관동별곡)
    c. 仙人을 츠즈려 丹穴의 머므살가 (관동별곡)
    d. 부모 스랑호오시믈 능히 밧즈와더… (한듕 p.6)
    e. 고존 더온 날 마자 봄 비출 쑤미고 (빅련초 p.5)

개음절 이름씨 다음에 「을」이 쓰인 일이 가끔 나타난다.

      (49) f. 치운밤의 수고을 손이 다드라 (한듕 일 p.8)
          g. 부터 작겨구리을 닙으시고 (한듕 일 p.14)

통계에 의하면 <왕랑반혼전>과 <백련초해>에서는 주로 「올」이 쓰이고 있는데, 수적으로는 「을」이 절대 다수로 사용되었다. 그리고 「을」과 「올」이 나타나는 비율은 약 5:1로 나타나는데, 「올」은 음성홀소리 밑에 쓰인 예가 많다. 이와 같은 일로 미루어 보면 「올」은 점점 사양길에 있음을 알 수 있다. 더구나 「ㆍ」의 음가가 1780년 경에 소멸했다고 본다면, 「올」은 점점 사양길에 있음을 알 수 있다. 더구나 「ㆍ」의 음가가 1780년경에 소멸했다고 본다면23) 이 때가지 사용되었던 「올」은 그저 인습에 의한 것으로 보인다.

나) 「롤/를」, 「랄」의 용법

ⓐ 「롤」은 양성개음절 이름씨 밑에 쓰이고, 「를」은 음성개음절 이름씨 밑에 쓰인다. 그런데 「랄」이 하나 나타났기 때문에 여기에서 예를 들어 보겠다.

      (50) a. 人間 萬事롤 혼 일도 아니 맛뎌 (만흥 5)
          b. 소리롤 뉘 ᄒᆞᄂᆞ니 (중반금)
          c. 그디롤 기드려사 물기를 ᄆᆞ츠리니 (왕랑)
          d. 이제 荊州ㅣ 군수롤 또 이삼십만을 어더시니 (삼역 3-13)
          e. 부텨를 혼가지로 인간이 도라보내여 (왕랑)
          f. 션인 경계롤 밧ᄌᆞ와 (한듕 2)
          g. 아모도 작두ᄒᆞ야 상소랄 덥벅 못ᄒᆞ니 (한듕 562)

---

23) 허웅(1985), 국어음운학, 서울 샘문화사. 432쪽에 의함.

16세기부터 깨어지기 시작한 홀소리고룸은 이 때는 더한 듯하여 사실상 「롤」과 「를」의 구별·사용은 그 전세기와 같이 혼란을 빚고 있다. 그런데, 「올/을」과는 달리 「롤」과 「를」의 나타나는 비율은 이상하게도 약 3:1정도로 「롤」이 많이 나타나는데, 「롤」은 음성홀소리로 끝나는 이름씨와 쓰인 예가 많다.

(51) a. 어와 더 境界롤 어이ᄒ면 알 거이고 (관동별곡)
　　　b. 風雲을 언제 어더 三日雨롤 디련ᄂ다 (관동별곡)
　　　c. 지게롤 晨朝에 열고 (춘요음)
　　　d. 내 너ᄅ롤 試驗ᄒ여 짐즛 무럿더니 (소아론 25)
　　　e. 싱녀롤 아롬다이 ᄒ야 나라희 경ᄉ롤 보게 ᄒ니 (한듕 38)

「르」로 끝난 이름씨 다음에 「를/롤」을 사용한 예가 있다.

(53) f. 안히롤 어드리라 ᄒ고 말롤 믓츠며 뵈지 아니ᄒ더라 후의
　　　　 그 돌롤 심으고 (죵덕 권상4A)

ⓑ 「이」로 끝나는 개음절 이름씨 밑에는 「를」보다 「롤」이 많이 사용되었다. 이와 같은 일은 19세기에는 「롤」이 「를」보다 나타나는 비율이 많아지게 된 이유가 된 것 같기도 하다.

(54) a. 틱평셩균이 되오시기롤 음망ᄒ시ᄂ 지경이어ᄂ (한듕 42)
　　　b. 才能 잇ᄂ니롤 죠흔 일홈을 주리라 ᄒ니라 (팔세아 3)
　　　c. 미타불 넘ᄒ기를 일만편으로 업을 ᄒ거눌 (왕랑)
　　　d. 구룸 빗치 조타ᄒ나 검기롤 즈로 ᄒ다 (오우가)

「를」이 주체존대말 다음에 쓰인 예가 있다.

(55) e. 손조 찰혀 디너오시고 몸가지시를 녜로 ᄒ오셔 (한듕 일
　　14)

ⓒ 폐음절 이름씨 밑에도 「롤/를」이 사용되었는데, 이것은 아마 표기의 잘못으로 보인다.

(56) a. 袁術롤 평히 ᄒ고 (삼역3-11).
    b. 제 잇난 동안 절를 주여… (언간의 연구보 27)

다) 「르」의 용법

(57) 명관이 날 잡기눈 므스 일고 (왕랑)

이 예는 18세기에 와서는 별로 많이 나타나지 않는다. 앞 세기에서와 같이 18세기에도 부림자리토씨가 유정위치자리와 연유자리로 쓰인 예가 나타난다. 특히 연유자리로 쓰인 예가 나타난 것은 이 때가 처음이다.

(58) a. 닉일 져롤 ᄃ려와 금빅을 상 주고 (삼역 22) → 방편
    b. 八歲兒롤 큰 어진이롤 삼아 (팔세어 21) → 방편
    c. 王鬼의 뎐는 藥을 豪客을 먹이고자 (어부사시사) → 위치

이 예는 소위 말하는 이중부림자리로 쓰인 것인데, 우리말의 경우 (58a-c)를 분석하여 보면, (58a)의 예는 첫째 부림말은 유정위치자리요, 둘째의 부림말은 연유자리이다. (52b)의 예는 첫째 부림말은 선택자리이며, 둘째 부림말은 연유자리이다. (58c)는 첫째 부림말이 선택자리요, 둘째 부림말은 유정위치자리이다. 이것을 다시 정리하면 다음과 같다.

(59) a. 유정취치자리 + 연유자리
    b. 부림자리 + 연유자리
    c. 부림자리 + 유정위치자리

이를 다시 표로 묶으면 다음과 같이 나타낼 수 있다.

$$(60)\ \left\{ \begin{array}{l} \text{유정위치자리} \\ \text{부림자리} \end{array} \right\} + \left\{ \begin{array}{l} \text{연유자리} \\ \text{유정위치자리} \end{array} \right\} \Rightarrow \text{부림말} + \text{부림말}^{24)}$$

부림자리토씨는 다른 토씨와 합하여 합성토씨로 나타나는 것을 찾기가 힘드나 다음의 하나가 발견된다.

> (61) 셔비 날드려 아모는 져리 고이 입엇느디 너는 곱디 못ᄒ니
>   … (한듕 일 16)

이 토씨는 「를+드려」가 줄어진 것으로 보인다.

5) 19세기 부림자리토씨의 용법

가) 「올/을」의 용법

ⓐ 홀소리고룸과는 아무 상관없이 사용되었다. 따라서 「올」의 사용은 단순한 인습에 불과한 것으로 보인다.

> (62) a. 정부속과 민간 소문을 다 보고홀 터이라 (독립1-1)
>   b. 죠션 인민들이 알아셔 빅스을 한문디신 국문으로 써야 (독립1-1)
>   c. 목동이 춤을 니러 몽농혼 눈의 (인봉쇼1-15)
>   d. 쏘 노복을 분부ᄒ야 (인봉쇼1-15)
>   e. 모든 신하들은 짐의 뜻슬 본 밧고 (독립1-2)

---

24) 오늘날 많이 쓰이는 '그는 나를(에게) 돈을 준다'와 같은 예는 찾지 못했으나, 아마 이 때에도 쓰였을 것으로 추정된다.

ⓑ 「을」은 개음절 이름씨 밑에도 쓰였다.

    (63) a. 경무쳥에서 소지을 밧지 아니ᄒ고 (독립1-1)
        b. 대군쥬 폐하끠 송덕ᄒ고 만세을 부르ᄂ이다 (독립1-1)
        c. 첫지는 말마디을 쎼이지 아니ᄒ고 (독립1-1)

나) 「롤/를」의 용법
이름씨의 끝홀소리가 양성이냐 음성이냐에 관계없이 사용되었다.

    (64) a. 군ᄉ롤 다ᄉ리고 (인봉쇼1-1)
        b. 문사롤 빗니며 엇지 아롬답지 아니ᄒ리오 (인봉쇼1-3)
        c. 四時예 프르니 그를 됴하ᄒ노라 (오우가)
        d. 합중국 정부에셔 규바를 독닙국으로 디졉ᄒᄌ (독립1-1)
        e. 治天下 五十年에 不知왜라 天下事를 億世蒼生이 戴己를 願
          ᄒ나야 (가곡 10)

위의 예문에서 알 수 있듯이 「롤」도 「올」과 같이 인습에 의해 사용되었음에 불과함을 알 것이다. 통계상으로도 이 때는 「를」이 절대 다수로 사용되었으며, 「롤」이 쓰여도 홀소리고룸에는 아무 관계없이 사용되었다.
「올」이나 「롤」이 쓰이지 아니하고 「을/를」이 살아남게 된 것은 「·」 음가의 소멸에 기인한 것이다.

다) 「ㄹ」의 용법
이것은 「를」이 줄어진 것으로 보인다.

    (65) a. 눌 向ᄒ 깁푼 시름을 푸러 볼가 ᄒ노라 (가곡 163)
        b. 날 다려 ᄌ서이 일너든 너와 홈긔 놀니라 (가곡 28)

19세기에도 부림자리토씨가 유정위치자리로 사용된 예가 나타난다.

(66) c. 시동 완아롤 명ᄒ야 힝장을 졍졔ᄒ고 (인봉쇼 1-3)
　　 d. 봉황루 묘연ᄒ니 淸光을 눌을 줄고 (파연곡)
　　 e. 어즈버 江山風月을 누를 쥬고 이거니 (가곡 5)

(66d, e)의 예를 보면 이중부림말은 옛날부터 사용되었던 우리의 오
랜 말본이며, 뒤에 오는 부림자리토씨의 뜻은 선택을 나타냄을 확연히
알 수 있다.

6) 20세기 초 부림자리토씨의 용법

20세기에 들어와서 부림자리토씨는 「을」과 「를」의 둘만 쓰이게 되었
다. 이처럼 20세기에 들어와서는 19세기까지 쓰이던 「올」과 「롤」 및
「ᄅ」이 없어진 것이 특이한데, 아마 「ㆍ」음가가 완전히 없어졌기 때문
일 것으로 짐작된다.

가) 「을」의 용법
이 토씨는 폐음절 이름씨 밑에 쓰인다.

(67) a. '낭만적이다' 하고 비판을 나리웟다 (백조1-1)
　　 b. 기차는 남대문을 쩌나기 시작하였다 (백조1-1)
　　 c. 이와 갓치 여행하는 것을 무한히 깃버하였다 (백조1-1)
　　 d. 여러 사람이 모다 이쪽을 異常히 본다 (백조1-1)

나) 「를」의 용법
이 토씨는 개음절 이름씨 밑에 쓰인다.

(68) a. 살작 얼굴을 붉히고 고개를 숙인다 (백조1-1)
　　 b. 自然의 偉力 自然의 感化를 한참 說明하였다 (백조1-1)
　　 c. 單純한 人事를 한 후에 車에서 쒸어 나려 왓다 (백조1-1)

이 토씨의 자세한 사용법은 글쓴이의 「현대나라말본」과 「우리말 토씨 연구」의 제3장 '현대 토씨의 용법'으로 미루고 여기서는 통시적 연구가 목표이므로 이 정도의 설명으로 대신하고자 한다.

3. 위치자리토씨

3.1 위치자리토씨의 말밑

현대국어의 위치자리토씨에는 「에, 에서, 에게, 께, 한테, 에게서, 한테서, 에게로, 한테로, 께로, 더러」 등이 있으나, 「에, 에게, 께, 한테, 더러」의 말밑을 찾으면 나머지는 합성토씨이므로 다 해결되는 셈이 된다. 다만 「로」는 연유자리토씨를 다룰 때 같이 다루기로 하겠다. 따라서, 이들 다섯 토씨에 대해서만 그 말밑을 알아보기로 하겠다.

3.1.1 「에」의 말밑

「에」의 말밑을 밝히기 위하여는 신라향가와 고려향가의 차자표기에 의하지 않고는 안 되겠기에 이들 예에 의하여 그 말밑을 밝히기로 하겠다.

1) 신라향가에 나타난 위치자리토씨

(가) 「中」

  (1) 蓬次叱巷中宿尸夜音有叱下是 (慕竹旨郎)

(나)「良」

   (2) a. 東京明期月良夜入伊遊行如可 (處容)
       b. 阿邪也吾良遣知支賜尸等焉 (禱千手觀音)
       c. 哀反多矣徒良功德修叱如良來如 (風謠)
       d. 巴寶白乎隱花良汝隱 (兜率)
       e. 一等隱枝良出古 (祭亡妹)
       f. 阿也彌陁刹良逢乎吾 (上同)

(다)「良中」

   (3) 千手觀音叱前良中祈以支白屋尸置內乎多 (禱千手觀音)

(라)「矣」

   (4) a. 入良沙寢矣見昆脚烏伊四是良羅 (處容)
       b. 薯童房乙夜矣夘遣去如 (薯童)
       c. 今日此矣散花唱良 (兜率)
       d. 置等隱心音矣命叱使以惡只 (上同)
       e. 生死路隱此矣有阿米次伊遣 (祭亡妹)
       f. 此矣彼矣良落尸葉如 (上同)
       g. 舊理東尸汀叱乾達婆矣游烏隱城叱肹良望良古 (彗星)

(마)「衣」

   (5) a. 目煙廻於尸七史伊衣逢烏支惡知作乎下是 (慕竹旨)
       b. 月置入切爾數於將來尸波衣道尸掃尸星利望良古 (彗星)

(바)「希」

   (6) a. 紫布岩乎过希執音乎手母牛放敎遣 (獻花)
       b. 逸烏川理叱磧惡希良也持以支如賜烏隱心未際叱肹逐內良齊 (讚耆

婆郎)

(사) 「衣希」

(7) 誓音深史隱尊衣希仰攴兩手集刀花乎白良 (願往生)

(아) 「也中」

(8) 沙是八陵隱汀理也中耆郎矣皃史是史藪邪 (讚耆婆郎)

(자) 「未」

(9) a. 郎也慕理尸心未行乎尸道尸蓬次叱巷中宿尸夜音有叱下是 (慕竹旨郎)
    b. 郎也持以攴如賜烏隱心未際叱肹逐內良齊 (讚耆婆郎)
    c. 於內秋察早隱風未此矣彼浮良落尸葉如 (祭亡妹)
    d. 自矣心米皃史毛達只將來呑隱日 (遇賊)

(1)~(9)에 나타난 위치자리토씨의 예를 표로 보이면 다음과 같다.

(10)

토씨	中	良	良中	矣	衣	希	衣希	也中	未	비 고
횟수	1	6	1	7	2	2	1	1	4	

(10)에 의하여 보면 「矣, 衣, 希, 衣希」 등은 표음적 표기로 보이며, 「中, 良, 良中, 也中」 등은 훈차 내지는 약훈차적 표기로 보이는데[25] 고려향가에서는 어떠한가 보기로 하겠다.

---

25) 이에 대하여는 (40)에 가서 (31)과 함께 그 이유를 설명할 것이다.

2) 고려향가에 나타난 위치자리토씨

(가)「中」

    (11) a. 一念惡中湧出去良 (稱讚如來)
        b. 世呂中止以友白乎等耶 (請轉法輪)
        c. 衆生叱海惡中迷反群无史悟內去齊 (普皆廻向)

(나)「中置」

    (12) 身靡只碎良只塵伊去米命乙施好尸歲史中置然叱皆好尸卜下理 (常
        隨佛學)

(다)「衣」

    (13) 心未筆留慕呂白乎隱佛體前衣拜內乎隱身萬隱法界毛叱所只至去良
        (禮敬諸佛)

(라)「良衣」

    (14) 南无佛也白孫舌良衣無盡辯才叱海等 (稱讚如來)

(마)「阿希」

    (15) 法界惡之叱佛會阿希吾焉頓叱進良只 (請轉法輪)

(바)「良」

    (16) a. 此良夫作沙毛叱等耶 (禮敬諸佛)
        b. 手良每如法叱供乙留 (廣修供養)

(사) 「未」

(17) 曉留朝于萬夜未向屋賜尸朋知良閣尸也 (請佛往世)

(11)~(17)에서 쓰인 위치자리토씨를 표로 보이면 다음과 같다.

(18)

토씨	中	中置	衣	良衣	阿希	良	未	비 고
횟수	3	1	1	1	1	2	1	

다시 (10)과 (18)을 하나의 표로 묶어 보이면 다음과 같다.

(19)

토 씨	中	中置	良	良中	良衣	矣	衣	希	衣希	阿希	也中	未
신라향가	1	·	6	1	·	7	2	2	1	·	1	4
고려향가	3	1	2	·	1	·	1	·	·	1	·	1

(11) 다음에서도 잠깐 말하겠지마는 위의 12개의 토씨 중 어느 것이 위치자리토씨의 기저형인가를 밝혀야 하겠다. 글쓴이가 보기에는 표음적 표기로 쓰인 것은 「衣, 矣, 良衣, 希, 希, 衣希, 也中, 未」등인데, 「衣」와 「矣」는 「의」를 표기하기 위하여, 「良衣」는 「어의」를, 「阿希」과 「衣希」는 각각 「아희」와 「의희」를, 「希」는 「희」를, 「也中」는 「여의」 또는 「예」를, 「未」는 미음으로 끝나는 임자씨 밑의 위치자리토씨 「매」를 나타내기 위하여 쓰인 것으로 보인다. 이들에 대하여 「中, 中置, 良, 良中」의 넷 중 「中置」는 「어의도」(오늘날의 「에도」)를 나타내기 위하여 쓰인 것이오, 「良」는 뒤에 가서 다시 다루어지게 될 것이므로 결국 「中」와 「良中」 둘 중에서 어느 것이 위치자리토씨의 기저형인가를 밝혀야 하겠다. 글쓴이는 (19)에 나타난 12개의 토씨 중 위치자리토씨의 기저형은

「中」인 것으로 보고자 한다. 왜냐하면, 이규경의 <오주연문장전산고> 중에 어록변증설이 있는데 여기에 보면 「…我東吏讀於吏文便仝語錄…中 訓아의…」[26]라는 기록이 있다. 이것으로 보면 「아의」는 오늘날의 「가운데」나 「안」의 뜻을 가진 우리말이었는데, 이것을 이두로 써서 나타낸 것이 「中」임이 확실하기 때문이다. 그런데 「아의」는 두 음절이고 「中」는 한 자이니 본래 중국 한자는 단음절 문자로 되어 있는데 「中」한 자로 써 주면 남이 읽을 수가 없기 때문에 뜻도 표기해 주고 읽을 수 있도록 표기도 해 주여야 할 필요성에서 「아」를 약훈차 「良」로, 「의(희/히)」를 「中」로 생각하고 「아의」를 「良中」나 「良衣」로 표기하기도 하고, 또는 「의」에 중점을 두어 「衣」, 「矣」로도 표기하였는가 하면 「의」가 경우에 따라서는 ㅎ종성체언 밑에 나타나면 「希」로 각각 표기하였고 「아의」가 「아희」나 「의희」로 소리나면 「阿希, 衣希」 등으로 표기하기도 하였다. 그리고 「애/에」로 소리날 적에는 「良」로 표기하였고 앞 이름씨와의 발음 관계상 「여의」로 소리나면 「也中」로 각각 표기하였던 것이다. 그런데, 「良中」, 「亦中」, 「也中」나 「阿希」나 「良衣」, 「衣希」 또는 「衣」, 「矣」 중의 어느 하나를 위치자리토씨의 기저형으로 잡는다면 이들을 「中」로 표기하게 된 데 대한 설명이 궁해질 뿐 아니라, 이규경의 기록과도 어긋나게 된다. 더구나, 신라시대의 위치자리토씨를 보면 주로 「中」만이 많이 쓰였는데, 신라 경덕왕 14년(A.D. 755)에 된 <신라 화엄경(권 50)사경 조성기>에는 다음과 같이 「中」만이 나타난다.

(20) a. 元壽元年 太歲在仰 三月中 合杆用 三斥之兩 (延壽在銘新羅銀
　　　合杆)[27]

　　b. 經成內法者楮根中 香水散적 然後中若楮皮說那 (新羅苹嚴經造
　　　成記)

---

26) 이규경은 이조 헌종 때의 학자로 <오주연문 장전산고> 60권을 썼다.

27) 최범훈, 1978, 한자차용 표기방식의 단계적 발전에 대하여, 청주여자사범대학 논문집, 제7집, p.137에서 인용.

　　　　c. 經寫時中 밤淳淨爲內 新淨衣 禪水衣 臂衣, 是, 天冠等 莊嚴
　　　　　 令只者 (上同)
　　　　d. 經心內中一收舍利간入內如 (上同)[28]

　　따라서, 글쓴이가 보는 바에 따라야 위에서와 같이 합리적인 설명
이 가능하다. 그런데, 여기서 한 가지 문제로 삼는다면 「良」가 어떻게
위치자리토씨가 될 수 있었겠는가 의문이나, 김형수 교수에 따르면 이
두의 위치자리 표기인 「良」은 *-ra / *-rə > *-a / *-ə로 추정되며, 조어형은
*-ta / *-tə였으리라 추측된다.[29] 오늘날 경상도 사투리에서는 「-아」가 위
치자리로 쓰인다고 하고 다음과 같이 예시하였다.

　　　　(21) a. 나 어제 장아 갔다.
　　　　　　 b. 그 아(아이) 마당아 놀고 있다.
　　　　　　 c. 어제 처가아 갔다.
　　　　　　 d. 그 아 거랑아 놀고 있다.[30]

　　(21a-d)에 의하여 보면 신라향가나 고려향가에서 「良」이 「아」로 쓰였
을 것으로 보이나 향가에서 보면 「良」는 「良中」나 「良衣」를 대표하는
것으로 이때 이미 「애」나 「에」로 읽혔을 것으로 보인다. 그 이유는 향
가에서 「未」, 「米」에 대응할 개음절 밑에 쓰이는 토씨가 있어야 하기
때문이다.

　　그러면, 「中」는 앞에서 말한 바와 같이 진실로 실사였으며 그 뜻은
「가운데」나 「안」의 뜻을 나타낸 것이었겠는가가 문제인데 이에 대하여

---

28) 최범훈, 1981, 신라화엄경(권 50)사경조성기 해동, 경기어문학, 제2집, p.141 이하에
　　의함.
29) 사실 이두 「良」은 「어질다」의 「어」를 약훈차하여 쓴 것이므로 이제 홀소리고룸에
　　따라서 「아」로도 쓰였다. 따라서, 김 교수의 설을 전적으로 승인할 수는 없으나 오늘
　　날, 경상도 사투리에서 위치자리토씨로 「아」를 많이 쓰기 때문에 향가의 「良」가 「아」
　　였으리라고 추정해 보는 것이다.
30) 김형수, 1981, 한국어와 몽고어와의 접미사 비교연구, 서울, 형설출판사, pp.16~17
　　에 의함.

살피기로 하겠다.

이규경의 어록변증설에 의하면 「中」의 훈이 「아의」라 하였으니 「아의」를 이두로 나타내면 「中」일진대 「아의」가 「가운데」나 「안」을 나타내던 이름씨임이 틀림없고 <이두집성>에서도 다음과 같은 예를 볼 수 있다.

> (22) a. 是如爲白乎亦中 이다하삷온 여해＝~라 하여질 때, ~라
>   말한 경우에 (이두집성 p.119)
>   b. 爲白乎良中 하삷온 아해＝~한 경우에 (이두집성 p.165)
>   c. 爲白叱乎亦中 하삷온 여해＝~한 때에 (이두집성 p.169)
>   d. 爲乎亦中 하온여해＝~한 경우에 (이두집성 p.187)

(22a-d)에 의하면 「亦中」의 뜻은 「경우」와 「때」로 보아지고 「良中」는 「경우」로 보아지는데, 결국 「良中」, 「亦中」의 뜻은 「때」나 「경우」로 보아진다. 그러나, 다음과 같은 예에서 보면 반드시 그렇게는 보아지지 않을 것이다.

> (23) a. 내히 됴타 ᄒ고 ᄂᆞᆷ 슬흔 일 ᄒ디 말며 (변계량의 시조)
>   b. 부톄 이에 와 滅道ᄒ실 쑨뎡 우리 히도 스승니미실씨 (석
>   보 23-52)

(23a)의 「내히」는 「내(매김말)＋히」로 보면, 「히」는 실사로서 「어히(良中」의 「히」에 대응된다면 「에게」의 뜻으로 이해되고, (23b)의 「우리히도」도 「우리(매김말)＋히」로 보면 「히」는 실사로서 이것도 오늘날의 뜻으로도 쓰였던 자취를 (23a·b)에서 남기고 있는 것으로 보아지므로 글쓴이는 「中」를 실사로서 「가운데」나 「안」의 뜻을 지녔던 하나의 독립된 낱말이었던 것으로 보고자 한다.

그런데, 오늘날 중부 이북지방에서 쓰이는 「해」와 (23)의 「히」가 무슨 연관이 있지 않을까 할는지 모르나 그것은 말밑이 다르다.

(24) a. 이것은 내 해다.
　　　b. 네 해는 어디 있니?

이때의 「해」는 「것」 또는 「사물」의 뜻으로 쓰이고 있는데 이 말의 오래된 기록은 (25)의 밑줄 친 부분이 아닌가 한다.

(25) a. 二肹隱 吾下於叱古 (處容)
　　　b. 二肹隱 誰支下焉古 (處容)

(25a · b)의 「下」와 「良中(亦中)」의 「희」와는 벌써 그 표기가 다름으로써 근본적인 형태소가 다르며 따라서 그 뜻 또한 다른 것이다.

그러면, 「中」가 어떻게 변천하여 오늘날 「에」가 되었는가가 문제인데, 이것을 상고해 보면 아마 다음과 같이 변천했을 것으로 보인다(신라향가와 고려향가를 통틀어 그 변천을 보기로 하겠다).

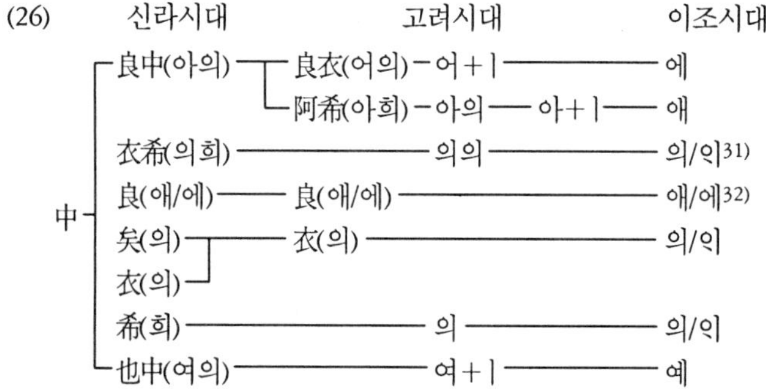

(26)이 의하면 「良中」, 「也中」에서 「中」가 「i」로 변한 셈이 되는데 「亦

---

31) 「의희」가 「의의」로 되고 다시 「의」나 「이」로 변천했을 것으로 보는 것은 홀소리고름에 의해 그리되었을 것으로 보기 때문이다.
32) 「良」가 위치자리토씨로 쓰였다면 그때의 음은 「어」였었는데 이것은 「으」와 발음이 비슷하였을 것이었는데 아마 「집어=집으」정도로 발음됨으로써 「의」와 가깝게 발음되었던 데서 그리 쓰였을 것이다. 그리고 「의」는 「에」로 변천하였을 것이다.

「中」가 「亦伊」 또는 「餘伊」로 표기한 예가 나타나는 것을 보면[33] 그렇게 변했을 것이며 더구나 「良衣」가 「어의＞어ㅣ＞에」로 바뀐 것도 「衣」가 「中」와 대응된다고 보면 아무 무리가 없을 것이다. 그리고 「阿希」가 「아희＞아의＞아ㅣ＞애」로 변했을 것으로 보는 것도 「良衣」와 견주어 보거나 「希」가 「희＞의」로 바뀐 것 등과 대비하여 보면 이해가 갈 것이다. 그런데 문제는 「中(아의)」가 어떻게 단음절 이두로서 「矣, 衣, 希」 등으로 표기되었겠는가 하는 것인데, 「어의」가 경우에 따라서는 홀소리고룸으로 인하여 「아이」나 「어희」, 「아희」 등으로 발음되었을 것인데, 둘째 음절이 「희」나 「희」로 된 것은 ㅎ종성체언의 영향이 아니었다면, 발음상의 이유로 그렇게 된 것이 아닌가 생각해 보면 「어의」의 중점이 첫째 음절에서보다 둘째 음절에 더 있었던 것으로 보여 그렇게 표기되었던 것은 아닌가 한다. 어떻든 「어의」가 둘째 음절 중심으로 표기되었던 것은 중세어에서 처소를 나타내던 낱말이 대체적으로 「에」로 되어 있었다는 것과도 무엇인가 상통하는 것으로 보아진다.

(27) a. 그에 精舍ㅣ 업거니 어드리 가료 (석보 6-22)
　　 b. 그 法이 이에 나쇼리소이다 (월석 2-49)
　　 c. 그 福이 뎌에 더으리니 (금강 46)

(27a-c)에서의 「그에, 이에, 뎌에」를 분석하면 「그(이,뎌)＋에」가 되므로 처소를 나타내는 말은 「에」가 되는 셈이다. 그런데 「에」의 홀소리 발음이나 「어의」의 「의」발음 사이에는 그리 큰 차이가 있었던 것 같지 않던 데서 「어의」의 「의」와 「에」가 어쩌면 등질적으로 다루어졌을 가능성도 전혀 없지 않았으리라 생각되기도 한다. 더구나 「어의」가 자꾸 말살이에서 쓰이다가 보니까 「의」가 중심인 것으로 인식되었을 것인데 그 자취를 바로 다음 예에서 볼 수 있다.

---

33) 박은용, 1979, 부사 및 부사형성접미사의 기능변이에 대한 Altai 제어와의 비교연구, 효대 연구논문집, pp.24∼31.

    (28) a. 호희롤 梓州ㅣ 사로라 (두언 2-1)
         b. 어느이다 노코시라 (악학궤범, 정읍사)

(28a·b)에서 밑줄친 「ㅣ」와 「이」가 바로 그것인데 「亦中」가 「亦伊」,
「餘伊」로 표기되었다고 해서 「中」가 「i」로 바뀌었으니 이 토씨의 중점
이 「亦」나 「餘」, 즉 「어」나 「여」에 있었던 것이 아니었겠는가 추정할는
지 모르나, 「衣」, 「矣」, 「希」는 물론 (28a·b)의 「ㅣ」와 「이」가 위치자리
토씨로 쓰인 것으로 볼 때 「어의」에서 위치자리토씨의 중점은 「의」에
있었다는 것을 확실히 알 수 있다. 특히 (28a·b)의 「ㅣ」나 「이」는 「어
의」의 「의」가 「ㅣ」(「亦中」가 「亦伊」로 표기된 것을 참조하면)로만 남아서 쓰
인 것의 증거로 보아지기도 하기 때문이다.
    이상과 같은 상고에서 (26)의 변천과정에 대한 설명은 크게 무리가
없을 것으로 생각된다.

3.1.2 '에게'의 말밑[34)]

「에게」는 오늘날 위치자리토씨로 쓰인다. 이 토씨가 어떠한 낱말에
서 왔는가를 알아보기 위해 다음의 예문을 살펴보자.[35)]

    (27) a. 吾良遣知支賜尸等焉 (禱千壽觀音)
         b. 느민 그에 브터 사로디 (석보 6-5)
         c. 龍이 그에 이쇼리라 (월석 7-26)
         d. 難陀이 그에 가신대 (월석 7-9)

(27a)의 「良」을 현대어 「에게」로 풀이하는 이도 있으나 필자가 보기
에는 향가에서는 오늘날의 「에게」에 상당하는 토씨가 있었던 것 같지

---

34) 이숭녕, 1967, 중세국어문법, 일조각, 서울, 148쪽.
35) 서재국, 1983, 신라향가의 어휘 연구, 계명대학교출판부, 대구, 26쪽.

는 않다. (27d)에서 보면 「그에」는 분명히 장소를 나타내는 낱말인데 이것이 그 뜻을 차차 잃어가며 소유자리토씨 「의」와 합하여 「의그에」가 되어 토씨로 굳어지면서 「의그에>이게」를 거쳐 오늘날의 「에게」로 발달된 것으로 보인다. 또한 「그에」는 「그어긔」가 「그에」와 「거긔」 두 가지 형태로 바뀌고, 「거긔」는 다시 축약되어 「게」로 바뀌었는데, 이 「게」가 소유자리토씨 「의」 다음에서 쓰이다가 「에게」로 발달한 것으로 보인다. 그렇다면 오늘날의 「에게」는 「의+그에/게」에서 발달한 것으로 볼 수 있다.

      (28) a. 더러본 거긔 *微妙*혼 이룰 나토오미 (석보 13-33)
          b. 그딋 거긔 불건 *義*룰 져브른니 (두언 7-27~8)
          c. 모딘 즁싱이 게 갓가빙 가게 ᄒ며 (월석 21-24)
          d. 내 *弟子*둘홀 네 게 *付囑*ᄒ노라 (월석 21-204)

    (28a, b)에서 보면 「거긔」가 완전한 낱말임을 알 수 있고, (28c)에서 보면 「이게」가 그대로 굳어져서 「이게>에게」로 발달되었다. 그리고 (28d)에서 보면 「네 게」가 「네게」로 되면서 「게」가 토씨로 바뀐 것이다. 그러므로, 위와 같은 사실로 볼 때 오늘날의 「(에)게」는 「거긔」의 뜻을 지녔던 「그어긔」에서 발달해 왔는데 「에게」의 「에」는 소유자리토씨 「의/의」에서 발달하였고, 「게」는 「그어긔」가 「그에」와 「거긔」로 바뀌었다가 「게」로 축약되면서 이루어진 것이다.[36)]

3.1.3 '께'의 말밑

    오늘날 「께」의 기저형은 「긔」였는데 이것도 말밑은 「그어긔」와 같은 계통이다.[37)] 다음에서 그 말의 쓰임을 살펴보자.

---

36) 이의 역사적 변천은 다음의 각 세기별 토씨의 체계조를 참조하기 바란다.
37) 허웅, 1975, 우리옛말본, 샘문화사, 서울, 229쪽.

    (29) a. 네 迦比羅國에 가아 아자바님끽 다 安否흡고 (석보 6-2)
        b. 如來끽 나ᅀᅡ가 (능엄 8-18)
        c. 軍士ㅣ 즈갓긔 黃袍니피ᅀᆞᄫᆞ니 (용비 25)
        d. 아ᄃᆞ닚긔 袞服니피ᅀᆞᄫᆞ니 (용비 25)
        e. 嫡子ㅅ긔 無禮홀씨 (용비 98)

(29c, d, e)에 의하면 「긔」는 그 앞에 사이시옷이 있기 때문에 이름씨임을 알 수 있는데, 그 뜻은 「그어긔>거긔>긔」로서 역시 「거기」임을 알 수 있다. 「긔」에 사이시옷이 와서 「끽」가 되고, 이것이 「쎄」로 바뀌고 다시 「께」로 바뀐 것이 현대국어의 토씨 「께」인 것이다. 이 「께」는 위에서와 같이 발달한 일면, 또 「게」에 사이시옷이 와서 「쎄」가 되고, 이것이 「께」로 변하여 된 것도 있다.

    (30) a. 화색비구니게 出家하ᅇᅣ (월석 10-23 A)
        b. 운뢰음왕불쎄 風流받ᄌᆞᄫᆞ며 (월석 17-62B)

(30a, b)에 의하면 「게」에 사이시옷이 와서 「쎄」가 되고 이것이 「께」로 발달한 것임도 아울러 알 수 있다. 따라서 현대국어의 위치자리토씨 「께」는 「끽」계와 「쎄」계의 두 계통에서 발달해 왔음을 알아야 한다.
  그러면 중세어 「끽」와 「쎄」는 그에 앞서 사용되었던 이두의 어떠한 표현과 관계가 있는지 살펴보자.

    (31) a. 本來琉璃筒一鎰合一重二兩**亦中**安邀爲白齊 (淨兜寺 造塔記)
        b. 此**亦中**犯罪事發後良中在逃爲在乙良 (大明律)
        c. 同宗之人乙用良收養作子長養爲乎**亦中**收養父母亦代子息無去乙
           (同上)
        d. 安邀處所奏請爲乎**亦中**僧矣元叱乎造排爲臥乎長城郡地白巖寺云
           云 (宣德六年監務官貼傳書)
        e. 僧矣身乙時**亦中**火香爲臥乎緣由 (同上)
        f. 矣兄韓瀣家來到爲由乎**亦中**矣兄方命誶命 (光海朝日記)
        g. 倭船三隻**亦中**理馬通事牽馬大等依前同騎 (海行總載)

h. 他人矢 枉法**良中** 臟物果 不枉法**良中** 臟物等乙 受贈爲有如可 悔過爲木主**亦中** 還給爲在乙良 官司良中 自告例以 同爲 並只 免罪齊 (大明律犯罪自首)

i. 同宗之人乙用良 收養作子長養爲乎**亦中** 收養母亦 佗子息 無去乙 (大明律立嫡子違法)

j. 遺棄小兒叱段 親生父母亦 難便棄置小兒是去有乙 時**亦中** 父母 俱存 民財富足爲在 人爲亦 貪利爲要 (大明律立嫡子違法)

k. 身役錢乙每名**良中** 一日六十文式以生徵使用人**亦中** 許給齊 (大明律私役部民夫匠)

l. 聘財乙良徵還給遺 女乙良 前夫**亦中** 還付爲乎矣(大明律婚姻)

m. 同女乙良 後夫**亦中** 准援齊 (上同)

n. 時或 他人**亦中** 傳借令是在乙良 必于 傳借文字分明爲良置… (大明律私借錢糧)

o. 又 他人**亦中** 傳借令是彌 及借用爲在人等 笞五十爲乎矣… (大明律私借官物)

p. 强盜**亦中** 被奪爲在乙良 勿論 (大明律倉庫不覺被盜)

q. 凡家女子乙 奴子**亦中** 交嫁 爲妻者杖八十遺 女家減一等齊 (大明律良賤爲婚姻)

r. 凡貢稅等乙 捧上爲乎第**亦中** 夏納貢稅乙良 五月十五日開倉… (大明律收糧違限)

s. 凡名倉庫亦 貢稅乙 捧上爲乎第**亦中**各納者乙用良 自量自槪乎 爲樣以 納上 (上同)

t. 其內**良中** 一牛乙良 得物人**亦中** 給賞爲遺…三十日以內良中 本主無去等得爲人亦中 全給齊… (大明律得遺失物)

u. 告人**亦中** 賞給爲乎事… (大明律收藏禁書及私習天文)

v. 主掌官亦 諸色匠人姓名乙 門官及侍衛官**亦中** 報狀爲良在等… (大明律官殿造作罷不出)

w. 上等馬乙 當騎爲在 差官**亦中** 駈官才只 中等下等馬乙 給付爲 在乙良… (多乘驛馬)

x. 吾矣妻乙他人**亦中** 價本捧上放賣爲等如…婦人 餘罪乙良 收贖 爲遺本夫亦中准受… (大明律縱容妻妾犯姦)

y. 犯罪人矢 家財半乙用良 篤疾之人**亦中** 給付養病齊 (大明律屛去人服食)

z. 被傷篤疾人**亦中** 付給資養爲乎事 (大明律鬪毆)

a´. 家産一半乙 被傷人**亦中** 給付齊 (上同)

　　b′. 姦夫**亦中**取財爲遣 (大明律犯**姦**)

　(31a-b′)까지의 예에서 사용된 「亦中」가 어떤 토씨로 사용되었는가를 표로 보이면 다음과 같다.

(32)

토씨　＼　용법	위치자리		주는자리	이름씨 (~한 때에)	비고
	위치	시간			
亦中	4	3	18	4	

　(32)의 29개 예에 따르면 위치자리토씨로 쓰인 것이 4개, 시간을 나타내는 말 다음에 쓰인 것이 3개, 주는자리토씨로 쓰인 것이 18개, 이름씨 「~한 때에」의 뜻으로 쓰인 것이 4개 있되 후자의 4개도 크게 보면 위치자리토씨로 볼 수 있을 것 같다. 그렇다면 「亦中」는 위치자리토씨와 소위 주는자리토씨의 두 가지로 쓰였는데, 주로 주는자리토씨로 쓰인 예는 다음의 (33)에서 확인할 수 있다. 그렇다면 이 토씨가 이두에서 어떻게 읽혔기에 중세어의 「쎄, 끠」계와 대응이 될 수 있는지 의문이나, 「亦中」는 아마 「이익, 이의」 또는 「이희, 이회」 등으로 읽혔을 것으로 추정된다. 왜냐하면 「亦」가 뒤에 임자자리토씨 「이」로 쓰인 것을 보면 「여=이어」에서 약음차 「이」를 빌어썼기 때문이다. 따라서 「이익」는 주는자리토씨로서 「익」 또는 「의」 및 「희」나 「회」로 줄어들었을 것으로 보이는데 그것은 옛글에서 그런 자취를 볼 수 있기 때문이다.

　　(33) a. 내익 됴타 ᄒᆞ고 ᄂᆞᆷ 슬은 일 ᄒᆞ디 말며 (변계량 시조)
　　　　 b. 부톄 이에 와 滅道ᄒᆞ실ᄯᆞᆫ뎡 우리 희도 스승니미실ᄊᆡ (섭
　　　　　 고 23-53)

　(33a, b)의 「희」가 그것인데 여기에서 「ㅎ」이 탈락되어 「익」가 되고 그 「익」에 「그어긔」의 줄임꼴 「그에」와 「거긔」가 합해져서 「익그에」와

「이거긔」에서 「이게」 또는 홀소리고룸에 따라 「의게」가 되고 이것이 오늘날의 「에게」가 된 것이 아닌가 한다. 그러니까, 향가나 이두에서는 위치자리토씨와 주는자리토씨를 「中」와 「亦中」로 각각 구분하여 썼는데 그 음은 「아의」, 「아희」와 「여의, 이이, 이희, 이의」 등으로 구별되다가 위에서와 같은 축약에 의하여 오늘날 「에」와 「에게」로 각각 발달된 것 같다. 그런데 「亦中」가 완전히 주는자리토씨로 쓰인 시기가 문제이나 「亦中」가 순수하게 주는자리토씨로 쓰인 예만 찾아볼 수 잇는 기록은 송순의 친필 분재기(分財記)에서이다.

> (34)　a. 隆慶六年壬申十一月初五日 子息等**亦中** 奴婢田畓乃家舍等乙 平
> 　　　　均分給… (송순 분재기)
> 　　　b. 年深老父 無久長之計 不多奴婢田畓及家舍等乙 子孫等**亦中** 各
> 　　　　衿分給爲在果… (上同)
> 　　　c. 家舍田垈乙良置式爲 奉祀人 **亦中** 專數永傳 令備票物 無有窘乏
> 　　　　爲乎矣… (上同)

(34a, b)에 의하면 「亦中」가 모두 주는자리토씨로 쓰였는데, 이는 우연이 아닐 것이다. 그러나 <이두집성(吏讀集成)> 등에 의하면 「亦中」가 순수하게 주는자리토씨로만 쓰인 것 같지는 않다. 따라서 「亦中」가 주는자리는 물론 때나 시간 등을 나타내는 위치자리에도 오랫동안 쓰였을 것으로 보이는데 여기서 단언할 수 있는 것은 「亦中」는 주는자리와 시간, 경우 등의 뜻을 나타내는 경우에 쓰였음은, 오늘날의 「에」가 경우에 따라서는 위치자리는 물론, 주는자리에도 쓰일 수 있다는 점을 통하여 추론할 수 있다는 것이다.

3.1.4 '한테'의 말밑

「한테」는 「흔＋디(곳)」에서 발달한 토씨인데 다음에서 그 예를 보기로 하겠다.

> (35) a. 各各 主 ᄒᆞᆮᄃᆡ 잇ᄂᆞ니 (능엄 4-52)
>   b. 대가 ᄒᆞᆮᄃᆡ 져그나 줌곳 자면 나브디 아니ᄒᆞ리라 (大家得些
>   睡明日不渴睡) (초노상 57A)
>   c. 령리ᄒᆞᆫ 그는 이러ᄒᆞᆫ 아부지한테 音樂을 비ᄒᆞ겠단 말은 편
>   지로도 안ᄒᆞ였다. (창조 8-76)
>   d. 申先生한대는 英語도 배ᄒᆞ고… (창조1-49 하단)

(35a, b)에서 보면 「ᄒᆞᆮᄃᆡ」는 「ᄒᆞᆫ+ᄃᆡ」임이 분명하다. 즉 「한 곳」 또는 「같은 곳」, 「함께」의 뜻인데, 이것이 후대로 오면서 차차 거센소리화하여 <창조>에 와서는 「한테」 또는 「한대」로 쓰이다가 1930년 이후부터는 「한테」로 굳어져서 오늘날에 이르고 있다. 그런데 「ᄃᆡ」가 「테」로 변한 데는 무슨 음성학적 이유가 있을 것 같으나 「ᄒᆞ나」가 ㅎ종성체언인 데서 암암리에 그 「ㅎ」이 작용하여 그렇게 발음된 것으로도 보인다.

3.1.5 '더러'의 밑말

이 토씨는 「ᄃᆞ리다」에서 발달한 것으로 완료형 「ᄃᆞ려」로 바뀌어 토씨로 발달하였다.

> (36) a. 부톄 目連이ᄃᆞ려 니ᄅᆞ샤ᄃᆡ (석보6-2)
>   b. 迦尸國 救ᄒᆞ신돌 比丘ᄃᆞ려 니ᄅᆞ시니 (월석7-7B)
>   c. 일로 혜여 보건대 므슴 慈悲겨시거뇨 ᄒᆞ고 目連이ᄃᆞ려 니
>   ᄅᆞ샤ᄃᆡ (석보6-11)
>   d. 내 너ᄃᆞ려 말솜 무러지라 (초노상 26A)
>   e. 네 가 쥬인ᄃᆞ려 무러 (초노상 69A)
>   f. 좌우다려 무ᄅᆞᄃᆡ 엇지 져리 분향ᄒᆞ고 분쥬ᄒᆞᄃᆞ뇨 (인봉쇼
>   1-31)
>   g. 고 약은 거시 날더러 드르라고 하는 말이야 (창조1-40)

(36a-d)까지는 「ㄷ려」로 나타나다가 (36e)에서는 「ㄷ러」로 되고, (36f)에서는 「다려」로 나타났다가 (36g)에서는 「더러」로 나타났다. 그런데 움직씨가 토씨로 바뀔 때에는 대개 그 굴곡형이 완료형 「아/어」로 되는데 그 이유는 이 씨끝은 그 다음에 오는 성분을 수식하는 구실이 있을 뿐 아니라 그 뜻은 완료이므로 거기에는 동작성이 중단되고 말기 때문인 듯하다. 그러나, 「하다」가 토씨로 될 때는 씨끝이 「고」가 되는데 이 때는 「고」가 연결의 뜻을 가지고 있기 때문에 이 토씨가 이음토씨로 된 것과 대비하여 보면 이해가 될 것이다.

이상에서 다룬 토씨에서 파생된 합성토씨 「에게, 에게서, 한테서, 에게로, 한테로, 께로」 등을 살펴보면 다음과 같다. 즉 「에서」는 「에」에 「이시어>이셔>셔>서」로 발달한 「서」가 와서 이루어진 토씨요, 「에게서」 역시 「에게」에 「서」가 합하여 된 것이며, 「한테서」 또한 「한테」에 「서」가 와서 된 것이다. 그리고 「에게로, 한테로, 께로」 등은 각각 「에게, 한테, 께」에 위치자리토씨 「로」가 와서 이루어진 합성토씨들이다.

3.1.6 '손ᄃᆡ'의 말밑

이 토씨는 본래 위치를 나타내던 이름씨였는데 차차 토씨로 굳어졌다가 19세기 후반부터 사라지고 말았다. 다음의 예를 살펴보자.

> (37) a. 金色光올 펴샤 그 사ᄅᆞ미 손ᄃᆡ 오샤 (월석 8-55)
>   b. 네 손ᄃᆡ 五百 銀 도ᄂᆞ로 다ᄉᆞᆺ 줄깃 蓮花ᄅᆞᆯ 사아 (석보 6-8)
>   c. 迦葉尊者ㅣ…阿闍世王ㄱ손ᄃᆡ 가니 (석보 24-6)
>   d. 믈읫 긔약ᄀᆞ티 아니ᄒᆞᆫ 사ᄅᆞᆷ을 약졍의 손ᄃᆡ 고ᄒᆞ야 힐문ᄒᆞ고(凡不如約者乙以告于約正而 詰之爲古) (여향 56)
>   e. 그집이 약됴에 얼우늬 손ᄃᆡ 고ᄒᆞ고(其衆告于約長) (여향 71)

(37a)의 「손ᄃᆡ」는 매김말 다음에 있으므로 이름씨임이 분명하고, (37b)

의 「손디」는 「네」 다음에 와 있으며, (37c)의 「손디」는 사잇소리 다음에 와 있으니 이름씨임이 분명하다. (37d, e)의 「손디」도 매김말 다음에 와 있다. 이와 같은 사실로 볼 때, 「손디」는 이름씨임이 틀림없는데, (37d, e)에서 보면 「손디」는 「于」에 해당하는 것으로, 이 한자는 「여기」를 뜻하는 한자이므로, 「손디」는 위치를 나타내던 이름씨에서 파생된 토씨이다.

3.2 위치자리토씨의 변천과정

3.2.1 신라향가에서의 위치자리토씨의 용법

향가에 나타나는 위치자리토씨에는 「中, 良中, 衣希, 良, 衣, 矣, 希, 未, 乃, 也中」 등이 있는데, 이들의 기저형은 「中」이었음을 제1장에서 이미 설명한 바 있다. 이제 이들 각각에 대하여 그 용법을 설명하여 보기로 하겠다.

(38) a. 蓬次叱巷中宿尸夜音有叱下是 (慕竹旨郎歌)
　　 b. 千手觀音叱前良中祈以支白屋尸置內乎多 (禱千手觀音)
　　 c. 誓音深史隱尊衣希仰支兩手執刀花乎白良 (願往生歌)
　　 d. 東京明期月良夜入伊遊行如可 (處容歌)
　　 e. 阿邪也吾良遣知支賜尸等焉 (禱千手觀音)
　　 f. 一等隱枝良出古 (祭亡妹歌)
　　 g. 阿也彌陀刹良逢乎吾 (上同)
　　 h. 目煙廻於尸七史伊衣逢烏支惡知作乎下是 (慕竹旨郎歌)
　　 i. 月置八切爾數於將來尸波衣道尸掃尸星利望良古 (彗星歌)
　　 j. 薯童房乙夜矣卯乙抱遣去如 (薯童謠)
　　 k. 今日此矣散花唱良 (兜率歌)
　　 l. 生死路隱此矣有阿米次伊遣 (祭亡妹歌)
　　 m. 此矣彼矣浮良落尸葉如 (上同)

n. 舊理東尸汀叱乾達婆矣游烏隱城叱肹良望良古 (彗星歌)
o. 紫布岩乎过希執音乎手母牛放敎遣 (獻花歌)
p. 逸烏川理叱磧惡希朗也持以支如賜烏隱 (讚耆婆郞歌)
q. 朗也慕理尸心未行乎尸道尸… (慕竹旨郞歌)
r. 朗也持以支如賜烏隱心未際叱肹逐內良齊 (讚耆婆郞歌)
s. 於內秋察早隱風未此矣彼矣浮良落尸葉如 (祭亡妹歌)
t. 自矣心米皃史毛達只將來呑隱日 (遇賊歌)
u. 無量壽佛前乃惱叱古音多可支白遣賜立. (願往生歌)
v. 沙是八陵隱汀理也中耆朗矣皃史是史藪邪 (讚耆婆郞歌)

위치자리토씨는 위치(38a), 시간(38i), 수여(38e), 「에서」(38f, g, n, o), 원인(38s) 등을 나타내고, 임자시가 「이」로 끝나는 것 다음에는 「也中」가 사용된다(38v). 그런데 위치자리토씨의 기저형은 「中(아의)」인데 「中」만 적어 놓으면 이것을 어떻게 읽어야 할지 읽는 사람이 모르므로, 그 발음을 뚜렷이 드러내기 위하여 「良中」, 「衣希」 등으로 표기하였는가 하면, 경우에 따라서는 「良中」가 「良」, 「衣」, 「希」, 「矣」 등으로 발음되매 발음 위주의 한자로 표기하기도 하였다. 그런데 임자씨의 받침소리가 「ㅁ」인 경우에는 위치자리토씨는 「매」로 소리가 이어나므로 「未」로도 표기하였고, 또 앞 임자씨의 받침소리가 「ㄴ」인 경우에는 「네/내」 등으로 소리가 나므로 「乃」로 표기하였는가 하면, 임자씨가 「이」로 끝난 것 다음에는 「이」모음동화에 의해 「아의/어의」가 「여의/여희」로 소리나므로 「也中」로 표기하였다.

또한 위치매김자리토씨에 「之叱」이 있는데, 이 토씨는 중세어의 「엣, 앳…」 등과 같은 토씨에 대응되는 것으로 보인다. 이 용법으로는 하나의 예만 발견된다.

(39) 月羅理影支古理因淵之叱行尸浪阿叱沙矣以支如支 (怨歌)

양주동 박사는 「之叱」을 「앳/잇」을 표기한 것으로 보고 있다.[38) 그렇다면 이 뜻은 「~에 있는」으로 풀이되어야 한다.39) 이렇게 보면 중세어의 위치자리토씨는 신라시대부터 폭넓게 쓰였음을 알 수 있다.

3.2.2 고려향가에서의 위치자리토씨의 용법

고려향가에서의 위치자리토씨는 다음과 같은 용례가 있다.

> (40) a. 一念惡中涌出去良 (稱讚如來)
> b. 世呂中止以友白乎等耶 (請佛往世)
> c. 衆生叱海惡中迷反群无史悟內去齊 (普皆廻向)
> d. 身靡只碎良只塵伊去米命乙施好尸歲史中置然叱皆好尸卜下里 (常隨佛學)
> e. 曉留朝于萬夜未向屋賜尸朋知良閪尸也 (請佛往世)
> f. 心未筆留慕呂白乎隱佛體前衣拜內乎隱身萬隱法界毛叱所只至去良 (禮敬諸佛)
> g. 南无佛也白孫舌良衣無盡辯才叱海等 (稱讚如來)
> h. 法界惡之叱佛會阿希吾焉頓叱進良只 (請轉法輪)
> i. 此良夫作沙毛叱等耶 (禮敬諸佛)
> j. 彼仍反隱法界惡之叱佛會阿希 (請轉法輪)

(40a)의 「中」는 「에서」로도 이해되며, 기타의 위치자리토씨는 오늘날의 「에」에 해당되는 것으로 이해된다. 그리고 (40i)의 「此良」는 「이에」가 아니고 양주동 박사는 「이에」로 읽고 있다. 그렇다면 여기의 「良」는 위치자리토씨가 아닌 셈이 된다. (40j)의 「之叱」는 여기서는 「잇」으로서 「의」로 풀이하고 있다. 그렇다면 매김자리토씨에 포함시켜야 하겠으나 형태로 본다면 위치자리토씨에서 다루어야 한다. (40)의 예문에서 보면 고려향가에서의 위치자리토씨는 「中, 中置, 未, 衣, 良衣, 阿希, 良」등 다양하게 표기되었으나, 「中」가 기저형이며, 「良衣, 阿希」는 「中」에 음

---

38) 양주동, 앞의 책, pp.628~629.
39) 김승곤, 1966, 15세기 조사 연구, 문호 제4집, 건국대학교 국어국문학회. pp.58~60.

을 표기하여 줌으로써 독자로 하여금 그 읽는 법을 알게 하기 위한 표기요, 「中置」는 합성토씨이며, 「衣, 良」는 한 음절의 음을 표기한 것이며, 「未」는 임자씨의 받침을 표기하기 위하여 사용한 것이다.

3.2.3 15세기 이후 위치자리토씨의 용법

1) 15세기 위치자리토씨의 용법

15세기 위치자리토씨에는 두 가지가 있는데 무정물이 위치말이 되는 경우와 유정물이 위치말이 되는 경우가 그것이다.

먼저 무정위치말에 쓰이는 위치자리토씨를 살펴보자.

가) 「애/에」, 「익/의」, 「예」의 용법 : 「애」와 「익」는 밝은홀소리로 끝난 이름씨 밑에 쓰이고, 「에」와 「의」는 어두운홀소리로 끝난 이름씨 밑에 쓰이어, 위치, 방향, 상태, 결과, 원인 등을 나타낸다.

    (41) a. 虛空애 올아 거르며 (석보 6-66)

        b. 이 生애 본 플을 무던히 너기노라 (두언 21-9A)

        c. 불휘 기픈 남ᄀᆞᆫ ᄇᆞᄅᆞ매 아니 뮐쎄 (용비 2)

        d. 알핏 福德에 더으뇨 (금삼 2-155)

        e. 龍公이 주구매 니르도록 수머시니라 (두언 20-37B)

        f. 부톄 여러 나라해 두루 ᄃᆞ니샤 (석보 87)

        g. 새 벼리 나지 도ᄃᆞ니 (용비 10)

        h. ᄒᆞᄅᆞᆺ 아ᄎᆞ미 命終ᄒᆞ야 (석보 6-5)

        i. 노폰 樓 우희 오ᄅᆞ시고 (석보 6-4)

        j. 目連이 耶輸ㅣ 宮의 가 보니 (석보 6-4)

        k. 東익 니거시든 (용비 28)

        l. 東녀긔 와 (법화 2-123)

        m. 狄人 서리예 가샤 (용비 4)

        n. ᄃᆞ리예 뼈딜 ᄆᆞᆯ 넌지시 치혀시니 (용비 87)

        o. 부톄 百億世界예 化身ᄒᆞ야 敎化ᄒᆞ샤미 ᄃᆞ리 즈믄 ᄀᆞᄅᆞ매 비

취요미 곧ᄒᆞ니라 (월석 1-1A)

p. 忉利天內예 三十三天이니 가온ᄃᆡ ᄒᆞᆫ 天이오 四方애 여듧곰
  버려 잇거든 (월석 1-31A)

　(41m-p)에서의 「예」는 임자씨 「i」로 끝난 경우에 「에」가 「i」에 동
화되어 「예」로 소리나기 때문에 표기된 것이다. 그런데 이 「예」는 홀소
리의 음·양에 관계없이 사용되었는데, 그것은 밝은홀소리의 이름씨 밑
에 「애」가 오지 않았기 때문이다. 여기서 하나 덧붙여 설명할 것은 「의/
의」는 위치자리토씨로 쓰이는데, 이는 신라향가의 「衣, 矢, 良」과 대응
되는 것으로, 중세어에서 위치자리토씨로서 반드시 「의/의」만을 취하는
임자씨도 있다는 사실이다. 이러한 임자말로는 다음과 같은 것들이 있
다.

　　(42) ᄀᆞ술(금상 2-12), ᄀᆞ울(두언 7-4), ᄀᆞᆶ(두언 15-99), 것(두언
　　　　　16-52), 곁(곁)(용비 43), 空(능엄 17-31), 곳(월인상 137), 宮
　　　　　(석보 6-4), 구무(두언 7-31), ᄢ(능엄 1-28), ᄂᆞᆰ(능엄 5-68),
　　　　　나모(두언 15-111), 南(능엄 1-70), 낮(용비 100), ᄂᆞᆺ(두언 15-
　　　　　30), 넉(훈언), 니마(금산 2-101), 닢(금삼 3-21), ᄃᆞ(석보 13-1),
　　　　　堂(월인 상-101), 독(능엄 8-88), 毒(월석 7-17), ᄃᆞᆺ(두언 8-20),
　　　　　돗(帆)(두언 20-40), 東(용비 48), 뒷간(월석 7-18A), 燈(월석
　　　　　9-109), ᄠᅳᆮ(월석7-69B), 드틀(석보 6-57), 籠(능엄 5-46), 樓(두
　　　　　언 15-105), 목(월석 8-34A), ᄆᆞᄅᆞ(두언 7-52), 말(10-10A), ᄆᆡ
　　　　　(월석 9-18B), 목(석보 6-51), 묏골(두언 8-54), 門(두언 15-21),
　　　　　뭃(능엄 2-87), 밑(용비 57), ᄇᆞᆯ(두언 16-52A), 밤(능엄 1-11),
　　　　　밧(월인 상-15), 방(석보 19-10), 빛(월석 10- 10A), 밭(석보
　　　　　6-37), 百(월석 17-57), 벼슬(두언 15-113), 瓶(월석 7-9A), ᄲᅠ
　　　　　글(월석 10-179), 봄(금삼 2-12), 브섭(두언 16-72A), 邪(능엄
　　　　　1-64), 象(월석 10-28B), 山(월인상 54), 서리(두언 15-29), 섭
　　　　　(월인 18-40A), 城(능엄 3-21), 솥(두언 16-64A), 술(두언 23-7B),
　　　　　시르(두언 21-35), 時節(두언 7-25), 아춤(금삼 3-70), 앒(능엄
　　　　　1-75), 우(능엄 1-75), 이슬(두언 15-40), 잇(두언 21-37), 자ᄅᆞ
　　　　　(능엄 8-88), 적(두언 16-3A), 집(석보 6-13), 차(次)(월석 1-101),

窓(두언 15-80), 처섬(능엄 1-20), 흙(두언 15-33), 海(능엄 5-73)

등이 있는데 이에 몇 개 더 늘어날 가능성이 있다. (41)의 「애」는 분명히 「로」로 해석이 되는데, 「애」가 된 것은 「~와 같이」의 뜻이 있는 것으로 보아 견줌의 뜻으로 쓰인 것으로 보인다.

이 위치자리토씨 「이/의」의 용법에서 특이한 점은 이 토씨 앞에서 이름씨가 특수굴곡하는 일이 있다는 것이다. 다음의 예를 살펴보자.

> (43) 「노ㄹ」 : 一切ㅅ 조ᅀᆞ르윈 길과 놀이 田地 險ᄒ며 조바 (능엄
>   5-68B)
>   東 녁 놀이 魴魚뛰노라 (두언 16-62B)
>   「ᄆᆞᄅ」 : 긴 놀애 집 몰러 激ᄒᄂ니 (두언 7-25)
>   집 몰러 벼리 ᄂ라 (두언 22-43)
>   「ᄢᅴ」 : 그 ᄢᅴ 提命 無量壽佛을 보ᅀᆞᆸ고 (월석 8-17A)
>   「나모」 : 이본 남기 새닢 나니이다 (용비 84)
>   남긔셔 날ᅙ딘댄 (능엄 3-25)
>   「구무」 : 바룴믈 시난 굼긔 드러이셔 (석보 13-10)
>   菩薩ㅅ 혼 터럭굼긧 光을 보면 (월석 38)
>   「불무」 : 造化ㅅ 붊긔 功名을 호리라 (두언 24-39)

이들 위치자리 특수굴곡 이름씨는 위치자리토씨로 모두 「이/의」만을 취하기 때문에 「애/에」와는 다르다.[40]

위치자리토씨 「에/이」와 「에/의」가 견줌의 뜻을 나타내는 경우가 있다. 다음의 예를 살펴보자.

> (44) a. 나랏말ᄊᆞ미 듕귁에 달아 (훈언)

---

[40] 이 특수굴곡 이름씨들은 16세기 'ᄒᆞᄅ, ᄀᆞᄅ, ᄢᅴ, 구무' 등이 보이며, 17세기에도 'ᄆᆞᄅ, ᄀᆞᄅ, 구무' 등이, 18세기에 'ᄒᆞᄅ, 나모' 등의 예가 자주 나타난다. 19세기에는 '나모, 구무' 등의 용례가 보이나, <독립신문>에 와서는 이러한 예가 완전히 사라졌다.

    b. 特은 ᄂᆞ미 무리에 ᄠᅡ로 다ᄅᆞᆯ 씨라 (석보 6-31)
    c. 여슷 根이 스러도라 가샤미 소리 드루매 ᄀᆞᆮᄒᆞ야 (능엄 6-29)

(44a-c)를 도식화하면 다음과 같다.

    (45) a. A이＋B에/애＋그림씨
         b. A은＋B에/애＋그림씨
           A와 B는 이름씨

이와 같이 비교 형식에서는 A는 B보다 우위에 있음을 나타내고 있다. 중세어 한문에서도 이와 같은 비교 형식이 있는데,「國之語音 異乎中國」은「A＋그림씨＋乎(於/于)＋B」로 도식화되는데, 우시지마[牛島德次]에서는「穰候之富 富於王室」과 같은 예를 들어, 좀더 나은 것을 비교하는 '우위비'라는 용어를 사용하고 있다.[41] 이러한 원리에 따르면 (44a)에서 '나랏말ᄊᆞ미'는 '듕귁'보다 우위에 있고, 또한 '듕귁에'보다 더욱 중점이 두어짐을 알 수 있다. 이러한 비교법을 필자는 우위비교법이라 부르기로 한다.

   나)「ㅣ」의 용법 : 이 토씨는「이/의」의「ᄋᆞ/으」가 줄어서 된 것으로 개음절 한자말 밑에 쓰이어 위치를 나타낸다.

    (46) a. 네 荊州ㅣ 오ᄆᆞ로브터 (두언 8-43A)
         b. 通州ㅣ로 가ᄂᆞ닐 보내노라 (두언 8-68A,B)
         c. 흔희롤 梓州ㅣ 사로라 (두언 3-1)
         d. 어느이다 노코시라 (악학궤범 정읍사)

(46b)를 보면「ㅣ」는「로」와 합하여 쓰였고, (46d)에서는「이다」전체

---

41) 牛島德次, 漢語文法論(古代篇), 東京, 大修館, pp.304-306.

가 위치자리토씨로 쓰였다. 이것은 아주 보기 드문 예로서 「디다」나 「의
다」가 「이다」로 된 것으로 보인다.

다) 「라셔」의 용법

    (47) a. 발제라셔 阿那律이 두려 닐오디 (월석 7-1B)
         b. 有蘇氏라셔 달기로 終의게 드려놀 (내훈 서3)

이것은 필자의 생각으로는 「이라셔」계의 토씨로 보아지나 출발점을
나타내는 뜻이 있으므로, 여기에서 다루기로 한다.

라) 「러셔」의 용법 : 허웅 박사도 <우리 옛말본>에서 말하고 있듯이
    이 토씨가 나타났는데, 「러셔」 모두를 토씨로 보아야 할는지,
    아니면 「셔」만을 토씨로 보아야 할는지는 의문이나, 필자는 이것
    을 하나의 토씨로 다룬다.

    (48) a. 比丘ㅣ 어드러셔 오뇨 (석보 19-60)
         b. 어드러셔 므슷일로 오시니잇고 (월석 8-92B)

「러셔」는 언제나 「어드러」 밑에서만 쓰이고 잇는데, 아마 「어드러러
셔」가 줄어서 「어드러셔」로 된 것일 듯 싶다. 그런데 이 토씨는 16세기
이후에는 잘 나타나지 않는다.

마) 합성토씨 : 위치자리토씨는 다른 토씨와 합하여 합성토씨가 된
    다. 이러한 것으로는 다음의 유형이 있다.

첫째, 「과애/와애」 등이 있다.

(49) a. 相과 不相과애 넘디 아니ᄒ나 (금삼 3-83)
    b. 通과 塞과애 여희디 아니혼 젼ᄎ로 (능엄 8-101)
    c. 이와 이 아니와애 나디 몯거니와 (능엄 2-60)

「과애」는 폐음절 임자씨 밑에 쓰이고, 「와애」는 개음절 임자씨 밑에 쓰인다. 그런데 「과에」나 「과익」, 「과의」 등은 쓰이지 아니함이 특이한 현상이다.

둘째, 「의셔/이셔」, 「애셔/에셔」, 「예셔」가 있다.

(50) a. 동녀긔셔 수므면 (석보 6-67)
    b. 사ᄅ미 지븨셔 치ᄂᆞᆫ 즁ᄉᆡ이라 (월석 1-92)
    c. 터럭 굼긔셔 혼 姓엣 諸佛名號ㅣ 나시니 (월석 10-281)
    d. 다ᄅᆞᆫ ᄀᆞ올힉셔 ᄲᅥ셔 흰ᄒᆞ애라 (두언 16-125)
    e. 梁園ㅅ바믹셔 술 醉ᄒᆞ야 (두언 16-125)
    f. 하ᄂᆞᆯ해셔 독이 사오나ᄫᅡ (석보 13-19)
    g. 虛空애셔 닐오디 (석보 6-24)
    h. 뎌 뉘예셔 天人 阿修羅 위ᄒᆞ야 (석보 9-53)
    i. 이 소리ᄂᆞᆫ 우리 나랏 소리예셔 열ᄫᅩ니 (훈정주해 15A)
    j. 므레셔 七寶나고 (월석 1-53)
    k. 이베셔 靑蓮ㅅ花 香내 나며 (월석 1-52)
    l. 십생온 축축흔 디셔 날 씨오 (석보 19-4)

(50a-l)에서의 합성토씨를 보면 위치자리토씨 「의, 익, 애, 예, 에」 등은 「셔」와 합하여 합성토씨가 되면서, 위치, 시발, 견줌 등을 나타낸다.

셋째, 「에ᄂᆞᆫ/에는」, 「익ᄂᆞᆫ/인」, 「애ᄂᆞᆫ/앤」, 「의ᄂᆞᆫ/읜」 등이 있다.

(51) a. 뒤헤는 모딘 즁ᄉᆡᆼ (용비 30)
    b. 오직 一切 補處菩薩 外예ᄂᆞᆫ 一切聲聞이며 (석보 9-55)
    c. 아ᄎᆞ믹ᄂᆞᆫ 虛空애 나아 노다가 (석보 13-10)

　　　d. 므리 왼 녀긘 덥고 올훈 녀긘 추더라 (월석 2-39)
　　　e. 알핀논 어드븐 길헤 (용비 30)
　　　f. 城耶ㅅ안해논 (두언 15-12)
　　　g. 眞實ㅅ解脫앤 (능엄 6-93)
　　　h. 미틔논 얼윈 벌에러니 (월인천강 상 70)
　　　i. 뎡바긕 우흰 (금삼 2-96)

(51b)에서 「예논」이 쓰인 것을 보면 이 때에도 합성토씨에는 홀소리 고룸이 제대로 적용되지 않았음을 확인할 수 있다.

넷째, 「애션/에션」이 있다.

　　(52) a. 부톄 나라해션 (월석 1-59)
　　　　 b. 中國에션 中國을 하눐 가온더라 ᄒ고 (월석 1-59)

다섯째, 「의도/이도」, 「애도/에도」, 「예도」, 「희도」와 같이 「도」와 합쳐지는 일이 있다.

　　(53) a. 알핀도 또 얼구를 現ᄒ샤 (능엄 6-36)
　　　　 b. 六合애도 精華롤 (용비 24)
　　　　 c. 雙城에도 逆徒롤 平ᄒ시니 (용비 24)
　　　　 d. ᄇᄅᆷ 비예도 또 올디로다 (두언 15-21)
　　　　 e. 부톄 이에 와 滅度ᄒ실뿐뎡 우리희도 스숭니미실씨 (석보 23-52)

여섯째, 「에ᅀᅡ」, 「애ᅀᅡ」, 「에나」와 같은 꼴이 있다.

　　(54) a. 이 날애ᅀᅡ 머리 좃ᄉᄫᆞ니 (월천 상 109)
　　　　 b. 그 後에ᅀᅡ 놀애 부르며 (월석 1-88)
　　　　 c. 내 몸 外예ᅀᅡ 므스글 앗기료 (월석 7-56)
　　　　 d. 법에나 업수믈 볼씨라 (월석 7-46)

　　　e. 내 法相에 이 後 아홉 劫에사 부톄 겨샤디 (월석 7-57)
　　　f. 이쁴 衆中에 훈 사룸도 모매나 무슨매나 게을움 내리 업더
　　　　라 (법화 1-106)

　일곱째, 「읜곳」, 「애다가/에다가」, 「읜다가/의다가」, 「애쑌」, 「애란」 등
이 있다.

　　(55) a. 오직 舍利佛ㅅ알풔옷 브리 업슬씬 (석보 6-33)
　　　　b. 엇뎨 시러곰 나룰 보내야 네 ㄱ새다가 두려뇨 (두언 25-27)
　　　　c. 大磨大師ㅣ 이대 계시다가 주그시거늘 熊耳山이다가 묻ㅅ
　　　　　오니 (남명 상-52)
　　　　d. 그뒷 나라홀 드러 八萬里 밧긔다가 더뎌 (석보 23-57)
　　　　e. 엇뎨 오직 사호매쑌 주거 울리오 (두언 25-3)
　　　　f. 利와 爵祿애란 저허 避ㅎ야 (내훈 1-35)

　바) 매김자리토씨로 쓰인 경우 : 위치자리토씨 「애/에, 애, 에, 예, 읜/
　　의」는 등에 사이시옷이 와서 매김자리토씨의 구실을 하는 일이
　　있다. 이러한 예로는 다음과 같은 형식이 있다.

　첫째, 「앳」 : 이는 개음절이나 폐음절 밑에 쓰여 다음 예와 같이 여
러 가지 뜻을 갖는다.

　　(56) a. 「~에서 나는」의 뜻으로 쓰임
　　　　　衆生돌히 虛空앳 소리 듣고 (석보 10-81)
　　　　b. 「~에 관한」의 뜻으로 쓰임
　　　　　음욕앳 이론 즐거부믄 격고 (월석 7-긔 312)
　　　　c. 「~으로 된」의 뜻으로 쓰임
　　　　　쏘 萬種앳 和晉과 抹香이어나 丸香이어나 (월석 17-긔 312)
　　　　d. 「~에는」의 뜻으로 쓰임
　　　　　즈믄 ㄱ룸애 므리 이시면 즈믄 ㄱ람앳 드리오 (금삼 2-50)
　　　　e. 「~모양을 한」의 뜻으로 쓰임

우는 새와 묏고지 흔 양ᄌ앳 보미라 (금삼 2-62)
f. 「~에 있는」의 뜻으로 쓰임
멋 힛롤 長沙앳 나그내 드외엣ᄂ니오 (두언 7-250)
g. 「~의」의 뜻으로 쓰임
種種앳 모딘 罪業을 길워 (석보 9-33)
석종앳 아히둘히 (월석 7-긔 177)
h. 「~에 대한」의 뜻으로 쓰임
너븐 福앳 果報ㅣ라 (월석 1-66)
i. 「~에서 하는」의 뜻으로 쓰임
帝釋은 西天마랫 釋迦婆因陁羅를 조려닐온 마리니 (월석 1-62)

둘째, 「와앳」 : 이는 임자씨를 「앳」에 연결시켜 주는 합성토씨로서 개음절 밑에 쓰이며, 뜻은 「~와에 있는, ~와의」로 된다.

(57) 身과 口와 意와앳 殺와 盜와 淫과는… (능엄 8-111)

셋째, 「앤」 : 이는 울림소리 사이에서 사용된다. 이것은 「~에 있는」의 뜻으로 쓰이는 경우 이외에는 별로 예를 찾지 못하였다. 그러나 「앳」과 같이 여러 뜻으로 쓰일 것이다.

(58) a. 「~떨어져 있는」의 뜻으로 쓰임
百步앤 여름 쏘냐 (용비 63)
b. 「~에 있는」의 뜻으로 쓰임
赤島안햇 움흘 (용비 5)

넷째, 「잇」 : 많은 예를 찾지는 못하였으나, 대개 「~의」「~에 잇는」의 뜻으로 쓰인다.

(59) a. 알픳 福德에 더으뇨 (금삼 2-144)
b. 열흔ᄂ칫 관쫑찡 菩薩ㅅ像올 (석보 6-87)

이상의 네 가지 토씨는 밝은홀소리를 가진 임자씨 밑에 쓰인다.

다섯째, 「엣」 : 어두운홀소리로 끝나는 임자씨 밑에 쓰인다.

    (60) a.「~에 있는」
        楚國엣 天子氣를(용비 39)
        쁘뎃 業이(석보 9-52)
      b.「~에 딸려 있는」
        小乘엣 사르미(석보 13-71)
        僧은 한 사르미니 다 聖人엣 사르밀씨(석보 6-76)
      c.「~의」또는 「~해서 하는」
        比喩엣 말쏘므로(석보 13-107)
      d.「~의 상태를 한」
        여러가짓 비체 고지(석보 17-35)
        數 업슨 비쳇 光明(석보 19-76)
      e.「~에서」
        龍王온 龍이 中엣 王이니(월석 1-46)
      f.「~에 쓰는 또는 ~에 대하여」
        이 경은 閻浮提ㅅ사르미 症엣 良藥이니(월석 17-긔 321)
        病엣 벼개롤 새지븨 브툐니(두언 15-32)
      g.「~동안에」
        七寶제쓴과 發성道쓴과 이트렛 法을 연탕ᄒ거든(월석 7-
        긔 211)
      h.「~을 가진」
        張姓엣 세찻 사르미며 李姓엣 네찻 사르미라 ᄒ논 마리니
        (금삼 2-65)
      i.「~의 위치(지위)에 있는」
        三界 第一엣 諸佛 찬嘆ᄒ시논 乘을 득고져 원ᄒ리도 이시
        며 (석보 13-37)
      j.「~에는」
        너추렛 여르미나니 (월석 8-320)

여섯째, 「앳」 : 대이름씨 「이, 그」 밑에 쓰이며 뜻은 「~에 있는」이 된다.

(61) 이앳 大衆이 (월석 8-긔 320)

일곱째, 「엣」 : 「이」로 끝나는 임자씨 밑에 쓰인다.

(62) a. 「~에 있는」
　　　 東海옛 도즈기 (용비 59)
　　 b. 「~로 된 또는 ~스런」
　　　 보배옛 고지 드라 (월석 7-긔 193)
　　　 智慧옛 사르미 얼우니 (월석 17-긔 312)
　　 c. 「~로 인한」
　　　 다숫 가짓 비엣 障부롤 입긔ㅎ야 (월석 10-긔 277)
　　 d. 「~에 뻐쳐 있는, ~까지 미치는」
　　　 萬里옛 하눌히니라 (금삼 2-50)
　　 e. 「~에서」
　　　 人間世옛 尊히 호미 重히 너기논 바논 (금삼 3-3)
　　　 武를 能히 호미 世옛 第一이라 (금삼 3-99)
　　 f. 「~에 사는 또는 ~환경에 있는」
　　　 치위옛 고기논 (두언 7-초당 卽事)
　　 g. 「~의」
　　　 前世生온 아랫뉘옛 生이 다 (월석 1-12)

여덟째, 「읫」 : 「~의」, 「 ~에 있는」, 「 ~에」의 뜻으로 쓰인다.

(63) a. 「~의」
　　　 그저긧 燈照王이 普光佛을 請ㅎᅀᆞᄫᅡ (월석 1-17)
　　 b. 「~에 있는」
　　　 무딋 거시며 (월석 1-21)
　　 c. 「~에 뛰어오르는」
　　　 물 우횟 대버믈 흔 소느로 티시며 (용비 87)

다음으로 유정위치말에 쓰이는 위치자리토씨를 살펴보자. 이 토씨는
위치자리토씨의 하나로서 위치자리토씨와 같이 다루어야 하겠으나, 중

세어에서는 그 수가 많아 따로 다루기로 한다. 이 토씨에는 「긔/끠, 이게/의게, 게, 호디, 드려, 희」 등이 있다.

가) 「긔/끠」 : 이 토씨는 극존칭에 사용되었는데 사잇소리가 오면 「끠」가 된다.

> (64) a. 天子끠 朝會ᄒᆞᄂᆞ다 (두언 15-80)
> b. 여러 님금끠 갓가이 ᄒᆞ놋다(두언 15-39)
> c. 네 迦比羅國에 가아 아자바님끠 다 安否ᄒᆞᅀᆞᆸ고 (석보 6-2)
> d. 淨飯王끠 安保 솗더니 (석보 6-3)
> e. 如來끠 나ᅀᅡ가 (능엄 8-18)
> f. 嫡子ㅅ긔 無禮홀ᄊᆡ (용비 98)
> g. ᄌᆞ걋긔 黃袍니피ᅀᆞᄫᆞ니 (용비 25)
> h. 부텻긔 와 (월석 18-46A)

「끠」와 「긔」의 기저형은 「긔」이고, 「끠」의 「ㅅ」은 사이시옷으로 개·폐음절로 끝나는 이름씨 다음에 쓰인다. (64f, g)에서 사이시옷이 이름씨와 「긔」 사이에 쓰인 것은 이 때까지도 「긔」가 이름씨로서 어느 정도 인식되었기 때문인 듯하다.

나) 「이게/의게」, 「게」 : 이 토씨는 「게」가 기저형이겠으나 「이」와 「의」는 본래 매김자리토씨였는데 이것이 「게」와 합하여 토씨로 쓰였다가 오늘날에는 「에게」가 되었다.

> (65) a. 龍이게 큰 慈悲롤 니르와다 (월석 10-336)
> b. 衆生이게 큰 法利를 施케 ᄒᆞ시니 (월석 18-17A)
> c. 神靈돌히게 니르고 (월석 9-69)
> d. 사롭中에 須陁洹斯陁阿那含阿羅漢이게 辟支佛이 第一곧ᄒᆞ야
>   (월석 10-49B)
> e. 一切 衆生의게 브튼 ᄆᆞᅀᆞᆷ 업수디 (월석 8-28B)

> f. 大愛道의게 ᄯᅩᄒᆞᆫ 恩惠를 잇ᄂᆞ니 (월석 10-170)
> g. 이 施主 오직 衆生의게 一切 즐거ᄫᅳᆫ 것만 주어도 (월석 17-74B)
> h. 回衆의게 恭敬호ᄆᆞᆯ 아디 몯ᄒᆞ며 (월석 17-75A)
> i. 雲雷音王佛ㅅ게 風流 받ᄌᆞᄫᆞ며 (월석 18-62B)
> j. 이 藥王菩薩本事品으로 네게 囑累ᄒᆞᄂᆞ니 (월석 10-58B)
> k. 이제 너희게 付囑ᄒᆞᄂᆞ니 (월석 18-15B)
> l. 舍利를 ᄯᅩ 네게 付囑하ᄂᆞ니 (월석 18-38A)

「의게」,「의게」 등은 홀소리고룸의 규칙을 지키고 있는데,「게」는 어두운홀소리 밑에 주로 쓰인다.

다)「희」,「ᄒᆞᄃᆡ」,「ᄃᆞ려」: 이들 토씨의 용법은 다음과 같다.

> (66) a. 부톄 이에 와 滅道ᄒᆞ실ᄲᅮᆫ뎡 우리희도 스숭니미실씨 (석보
>   23-52)
> b. 各各 主ᄒᆞᄃᆡ 잇ᄂᆞ니 (능엄 4-52)
> c. 그 ᄯᆞᆯᄃᆞ려 무론ᄃᆡ 그딋 아바니미 잇ᄂᆞ닛가 (석보 6-28)
> d. 世尊이 ᄯᅩ 文殊舍利ᄃᆞ려 니르샤ᄃᆡ (석보 6-28)
> e. 눔ᄃᆞ려 물어 닐어 (석보 9-21)

라) 합성토씨 : 유정위치자리토씨의 합성토씨로는「게셔」,「긔로」,「의게로ᄂᆞᆫ」,「ᄭᅴ와」,「ᄭᅴ셔」 등이 있다.

첫째,「게셔」,「의게로ᄂᆞᆫ」

> (67) a. 酥와 져즈로 밍ᄀᆞ론 거시니 쇠게셔 나니 져지오 (금삼 3- 78)
> b. 舍利 소사 나시고 샤ᄅᆞ믜게론 더러ᄫᆞᆫ 서근 내를 ᄀᆞ리ᄫᆞ며
>   (월석 18-39B)

둘째,「긔로」,「긔로ᄂᆞᆫ」,「ᄭᅴ와」,「ᄭᅴ셔」

> (68) a. 길흘 조차 부텨긔로 가는 저긔 (석보 6-37)

    b. 조걋괴론 三昧力을 나토샤 (월석 18-39B)
    c. 네 迦比羅國에 가아 아바닚긔와 아ᄌᆞ마닚긔와 아자바님내
       끠 다 安否ᄒᆞᅀᆞᆸ고 (석보 6-1)
    d. 우리둘히 大極大道元始天導끠와 仲仙百靈끠 엳줍노니 (월
       석 2-74)
    e. 부텻긔셔 十二部經이 나고 (월석 14-64)
    f. 부텻긔셔 十二部經이 나시고 (법화 5-155)

2) 16세기 위치자리토씨의 용법

위치자리토씨에는 「애/에」, 「익/의」, 「예」, 「외」, 「예셔/이셔」, 「애셔」,
「에셔」, 「익셔/의셔」 등이 있다.

가) 「애/에」, 「익/의」, 「예」의 용법

ⓐ 「애」와 「익」는 양성홀소리 밑에, 「에」와 「의」는 음성홀소리 밑에
각각 쓰이어 위치, 방향, 상태 등을 나타낸다.

    (69) a. 호ᄃᆞ래 두냥곰 졋갑 주고 (초박상 114)
       b. 삼장수애 블 혀라 가고신더 (雙花뎜)
       c. 너희 세희 듕에 이 늘그니 ᄒᆞ야 보라 ᄒᆞ야라(초노상 34A)
       d. 고로민는 미 훈 피레 두량식 주고 사 (초노상 13B)
       e. 간사로우며 패란애 말와 또 아름대로 됴뎡과 각ㄱ올 공ᄉᆞ
       잘 ᄒᆞ며 (여향 p.82)
       f. 오ᄂᆞᆳ바민 어듸 가 자고 가료 (초노상 9B)
       g. 이른 나릭 손이 친히 가 샤례ᄒᆞ라 (여향 p.47)
       h. 대문 밧긔 가 마자 드러오고 (여향 p.43)

ⓑ 「예」는 「익」홀소리나 「i」계 홀소리 밑에서 사용되었다.

    (70) a. 굴근 술위예 시러 가져 (초박상 25)
       b. 우리 光祿寺예 가 무러 (초박상 4)

　　　c. 이 외예 안부 무롬과 의심드왼 알 잇거든 질정ᄒᆞ야 (여향 p.38)
　　　d. 이바디예 함예ᄒᆞ야든… (여향 p.46)

　그런데 ⓑ와는 다름 홀소리로 끝난 이름씨 밑에서도 「예」가 쓰인 보기가 나타난다.

　　　(71) 막중이 ᄒᆞ여 벼로예 인는 황모 붇 보내소 (순김 5)

　이와 같은 표기는 실제 발음에 따라 이루어진 것으로 보이는데, 요즈음도 무심코 발음하면 「벼로예」로 나타난다.

　ⓒ 「애/이」, 「에/의」, 「외」는 견줌을 나타낸다.

　　　(72) a. 슬허 상케 홈을 례예 넘게 ᄒᆞ야 (소학언 6-16)
　　　　　b. 너브신 복이 하ᄂᆞᆯ외 ᄀᆞᄐᆞ샤 (박통상 1)

　16세기에도 15세기와 같이 견줌을 나타내는 예가 잘 나타나지 않는다. 그런데 「과/와」는 서로 견줌을 나타내는데 대하여, 「이/의」의 견줌은 그것이 붙는 이름씨가 견줌의 주체가 되는데 차이가 있다.

　나) 「애셔/에셔」, 「이셔/의셔」, 「예셔」, 「셔」의 용법
　이숭녕 박사의 <중세국어문법> p.102와 허웅 박사의 <우리 옛말본> p.400에 의하면 15세기에는 이들 토씨를 합성토씨로 보고 있다. 그러면, 이들 토씨가 언제부터 단순토씨화하였겠는가를 알아 보는 것이 중요한 일인데, 그 용법으로 살펴볼 때 16세기부터 단순토씨화한 것으로 보인다. 물론 형태면으로는 복합이지만 의미면으로는 하나의 개념을 나타내는 것으로 보인다.
　「애셔」와 「이셔」는 양성홀소리 밑에 쓰이고 「에셔」와 「의셔」는 음성

홀소리 밑에 쓰인다. 그리고 「예셔」는 「i」계 홀소리로 끝난 이름씨 밑에 쓰인다. 이 토씨는 정처, 견줌, 출발 등을 나타낸다.

> (73) a. 내 遼東잣안해셔 사노라 (초노상 8A) — 정처
> b. 關애셔 뚜미 언매나 갓가온가 먼가 (초노상 48B) — 정처
> c. 믈러갈 저기어든 쥬인이 쳥ᄒ야 계졀의셔 몰타라 ᄒ라(退
> 則主人請就階上馬) (여향 p.42) — 정처
> d. 문 밧기 몰 브려 밧긔셔 기들오고 유무 드리라(門外下馬 待
> 於外次乃通名) (여향 p.40) — 정처
> e. 강셔의셔 난 ᄀ장 샹등 친짓 총나못거픐실로 미존 쓴 우
> 회 (초박상 5) — 정처
> f. 져믄 사ᄅᆞᆷ은 오리예셔 너무 말오 나와 ᄀ튼 사ᄅᆞᆷ은 삼리
> 예셔 너무 마라 (여향 p.51) — 출발
> g. 이 친동싱 兩姨에셔 난 형뎨로니 (초노상 16B) — 출발
> h. 시급ᄒᆞᆫ 이리 잇거든 ᄒᆞᆫ 긔약 듕에셔 집갓가온 사ᄅᆞᆷ이 약
> 졍의손디 고ᄒᆞ아(急則同約之近者 爲之告約正) (여향 p.71)
> — 출발
> i. 너희 兩姨예셔 난 형뎨라 ᄒᆞ니(초노상 16A) — 출발
> j. 네 언제 王京의셔 ᄠᅥ난다(초노상 1A) — 출발

그런데, 「의셔/의셔」의 「의/의」가 줄고 「셔」만이 단독으로 쓰인 예로 보면 나)의 토씨들은 16세기에 특히 입말에서 단순토씨로 바뀐 듯하다.

그런데 「예셔」는 (73g)에서 보면 반드시 「이」로 끝나는 이름씨 밑에서 그렇게 나타나는 것이 아님을 알 수 있다. 즉 「이」로 끝나는 이름씨 밑에서도 「에셔」가 쓰인 것으로 보아 이때부터 「예셔」가 「에셔」로 차차 깨어져 갔음을 알 수 있다.

> (74) a. 다시 보고져 먼디셔 분샹 이제 모미 샹홀가 이려틀 견디
> 노라 (순김 73)
> b. 내 지비셔 주글 ᄠᅳ둘 머리 인노라 (순김 79)

(74a)와 (74b)를 견주어 보면, 「셔」와 「의셔」는 이미 이때 단순토씨로

쓰였음을 알 수 있다.

다) 합성토씨 : 위치자리토씨 「익, 에, 애, 의, 서」 등은 도움토씨와 합하여 합성토씨를 이룬다.

ⓐ 「익는」, 「의는」, 「엔」

  (75) a. 이버닉는 한 사르미 가되 여케 아모것도 업스니 뷘 유무
      ㅎ노라 (순김 84)
    b. 이 글희는 쓰려 ㅎ엿더니 보내시도 쇠 강복셩이도 ㅎ연니
     (순김 2)
    c. 수밍삭애 모둘 저긔는 과실와 수울와롤 세주리 ᄀ게 ㅎ고
     (여향 p.74)
    d. 온 후의는 긔별 몰라 ㅎ옵닉이다 (순김 191)
    e. 녀나믄 시졀엔 ᄌ데롤 브려 내 일홈 슨 명함 가지고 ᄀ르
     차 (여향 p.39)

「익는」, 「의는」, 「엔」은 어떤 시간적 위치나 공간적 위치를 지정하여 나타내 주는 구실을 한다.

ⓑ 「애나」, 「에나」
「에나」는 음성홀소리로 끝나는 이름씨 밑에 쓰이고, 「애나」는 양성홀소리로 끝나는 이름씨 밑에 대체로 쓰여 어떤 위치의 선택을 나타낸다.

  (76) a. 뉴워리 몯 가니 셧ᄭ래나 갈가 (순김 132)
    b. 자바니나 은구에나 잇다 (순김 81)

ⓒ 「에사」, 「의사」

  (77) a. 후에사 갑 주어서 됴ᄒ 지최롤 ᄒ여 오니… (순김 15)
    b. 유무도 ᄆᄉᄆ로 몯 셔 긔오니 ᄀ장 ᄒ린 저긔사 계오 ㅎ

노라 (순김 32)

「에사」, 「의사」는 어떤 위치나 시간 따위를 한정하는 뜻으로 쓰였음을 위의 예로써 알 수 있다. 이와 같은 뜻은 현대어에서도 마찬가지다.

    (78) a. 집에서야 해도 괜찮겠지?
        b. 네가 간 후에야 알게 되었다.

ⓓ 「에쁜/예쁜」

    (79) 셜와 동지예쁜 명함 고초와 조데를 브텨 답례호더 (여향 p.38)

「에(예)쁜」은 「에만」의 뜻으로 쓰였다. 즉 때나 장소의 한정을 나타낼 때 쓰였다.

ⓔ 「의도」

    (80) 편지호야 무롤 저긔도 쏘 그 곧티 호라 (여향 p.52)

「의도」는 「무엇 할 때나 장소에도 역시」의 뜻으로 쓰였다.

ⓕ 「에로」

    (81) 물총호며 며다 간술에로 하 가너 (순김 64)

이 예는 이것 하나만 나타났다.

ⓖ 「(의)서는」
이 토씨도 앞 ⓐ에서와 같이 어떤 장소의 지정을 나타낸다. 다시 말

하면 지정된 위치를 나타낸다.

> (82) a. 옥천셔는 이돌 보름날 나ㅎ니 아돌 나하다 ㅎ다 (순김 128)
>   b. 벼슬로픈 집의셔는 그 부형이 벼슬 밋고 즈데롤 ㄱ릇티디
>   아니ㅎ여 교만ㅎ며 (정속 p.20)

여기서 보면 「나ㅎ다」와 「나하다」가 혼용되고 있으니, 「·」의 음가
가 실제는 이때 벌써 상당히 흔들리고 있었음을 알 수 있다.

ⓗ 「셔도」

이 토씨는 이름씨에는 물론 움직씨에도 쓰여 「어떤 장소가 동작을
하는 데 있어서 역시 무엇무엇하다」의 뜻을 나타내었다.

> (83) a. 이버는 사랴셔도 ᄆᄉ믈 잡디 몯히여 (순김 60)
>   b. 여게셔도 어제 사ᄅ미 와 됴히 겨시더라 (순김 10)

라) 매김자리토씨로 : 위치자리토씨 「에/애, 예, 이/의」 등에 사이시옷
이 와서 매김자리토씨의 구실을 한다.

ⓐ 「엣」, 「앳」의 용법

> (84) a. 믈읫 향듕엣 긔약이 네가지니 (여향 p.2) ― 「~의」, 「~에
>   서 만든」의 뜻
>   b. 딕월이 댱샹앳 사름을 혀 동녘을 도라 처엄ㅎ던 례도 ㄱ
>   티 ㅎ고 (여향 p.78) ― 「~와」, 「~에 속하는」의 뜻

16세기에 와서는 「엣/앳」은 예가 적고, 「잇/읫」이 많이 나타난다.

ⓑ 「잇/읫」의 용법

> (85) a. 댱샹잇 사름을 셤기며 버들 딕졉ㅎ며 (여향 p.8) ― 「의」

　　　또는 「~에 속하는」의 뜻
　b. 이러툿 혼 허믈을 혼 긔약잇 사룸이 각각 제몸애 슬피며
　　(여향 p.18) ―「~에 들어있는」, 「~을 한」의 뜻
　c. 믈읫 줄혼 사룸과 댱샹읫 사룸이 일 업시셔… (여향 p.39)
　　―「의」 또는 「~에 속하는」의 뜻
　e. 혼 긔약읫 사룸이 죽고 ㅈ식이 져머 (여향 p.69) ―「~을
　　한」, 「~에 들어 있는」의 뜻

　　(84b)의 「앳」과 (85b · d)의 「잇」과를 비교하면 이때부터 「의」와 「애」 음가가 같았거나 같아져 가는 경향에 있음을 알 수 있다. 따라서 「앳」의 예는 잘 나타나지 않으나 「잇」의 예가 아주 많이 나타나며 아울러 「의」와 「에」의 음가가 같았던 데서 「엣」은 많이 나타나지 않으나 「읫」은 제법 나타난다는 이유를 알 수 있을 것 같다. 그런데, <순천 김씨 간찰>에 의하면 「엣/앳, 잇/읫」 등의 토씨가 하나도 나타나지 않는 것을 보면 당시 입말에서는 쓰이지 아니하였던 것 같다. 그리고, 이들 토씨의 뜻은 (84)와 (85)의 예문에서 설명되어 있는 바와 같다. 16세기에서는 「엣」의 예는 잘 나타나지 않는다.

　마) 유정위치자리토씨 「끠(긔)」, 「께」, 「(이/의)게」, 「에게」, 「ᄃ려」, 「(의)손티」

　ⓐ 「끠」, 「긔」, 「께」의 용법

　(86) a. 스승넚긔 글 듣ᄌᆞᆸ고 (초노상 3A)
　　b. 부못긔 효도ᄒᆞᅀᆞ오며 (초박상 100)
　　c. 허믈이 웃듬 쟝슈끠 인ᄂᆞ니이다 (소학언 6-4)
　　d. 孟子끠 묻ᄌᆞ온대 (맹해-勝文公上)
　　e. 션그미 오며 죵긔 내여꼬 뉴뎌기 미류기 기ᄃ리노라 (순김 166)
　　f. 아바님끠 보내요라 (순감 70)
　　g. 셔방님끠 올 제도 몯 보니 (순김 152)
　　h. 졍승께 가 니로덧타 (순김 4)

16세기에도 그 용법은 15세기와 같고 후대로 내려가면서 그 용법은 한결같다. 그런데, 이 토씨는 사람이나 동물에 두루 쓰였다. 그리고, 이 때 벌써 「께」가 나타났다.

ⓑ 「게」, 「의게」, 「익게」, 「에게」의 용법

    (87) a. 쇠사르미 쇠몰게 쇠채 아니 티면 (초박상 80)
         b. 사롬이 내게 긔탁호몰 잘 맛드며 (여향 p.7)
         c. 아기 나히던 어믜게 은과 비단을 상급ㅎ고 (초박상 113)
         d. 민망히 스앙의게 편지ㅎ뇌 (순김 20)
         e. 희경의게 속디 마오 (순김 13)
         f. 내 병 모르고 션그미게 내 모몰 의지코 (순김 40)
         g. 아드리게 유무 히여도 몰라 보더라 (순김 40)
         h. 내 거시나 동싱결에게 어더 머그나 머기 됴셔기나 근심
            마쟈 너겨도 와시며 (순김 80)

(86h)나 (87h) 등에 의하여 보면 입말에서는 16세기에 벌써 오늘날에 가까운 「께」나 「에게」 등의 토씨가 쓰였음을 확연히 알 수 있다.
   ⓒ 「끠, 익게, 의게」 등에 도움토씨가 와서 합성토씨가 되기도 한다.

㉠ 「끠나, 의게는, 게는」

    (88) a. 아즈바님끠나 의론히여 (순김 98)
         b. 대강의 내의게는 화혈호 이리 업세라 (순김 69)
         c. 네게는 호 여듧냥이 더 가느니라 (순김 61)
         d. 내게는 스시 셜오니 내 팔지 사오나왜라 (순김 166)

(88a)의 「끠나」의 「나」는 「끠」에 선정하는 뜻을 더하여 주고, (88b-d)의 「의게는」의 「는」은 「의게」에 지정의 뜻을 더하여 주고 있다. 그런데 「의게」 다음에 오는 지정도움토씨는 항상 「는」이 오고 「는」은 오지 않

음이 특이하다.

　　ⓛ「인게도」, 「게도」, 「끠도」

　　　　(89) a. 네 아드러게도 오술 지즈며 몰 히여 보내니 (순김 55)
　　　　　　b. 네게도 너 이시리라 (순김 70)
　　　　　　c. 뉴더기는 내게도 하 노호와 즉시로 주고져 호디 (순김 71)
　　　　　　d. 도쉬 스므궈니 묻형님끠도 열권 가니 대되 셜흔권 가너
　　　　　　　　(순김 64)

　　(89a)에서 「인게도」의 「도」는 「인게」에게 「역시」 또는 「모두」의 뜻을
더하여 준다. 그리고 (89b·c)의 「게도」는 「에게서도」의 뜻이오, (89d)
에서 「끠도」의 「도」는 「끠」에 「역시」, 「모두」의 뜻을 더하여 줌은 「인
게도」의 경우와 같다.

　　ⓓ「드려」의 용법

　　㉠「드려」는 개·폐음절에 관계없이 쓰였다.

　　　　(90) a. 혼 긔약잇 사룸드려 닐어 구완케 흐라 (여향 p.72)
　　　　　　b. 내 너드려 말솜 무러지라 (초노상 26A)
　　　　　　c. 네 가 쥬인드려 무러 (초노상 69A)
　　　　　　d. 너드녀 니른다 속저리야 슈지로다 (순김 83)
　　　　　　e. 네 아바니몬 보원수드려 주글반살반 돈니더니 (순김 57)

　　㉡「드려」에 도움토씨 「도」, 「란」 등이 와서 합성토씨가 되기도 한다.

　（ⅰ）「드려도」

　　　　(91) a. 네 오라비 네드려도 됴히 잇거스라 (순김 65)

　　　b. 늡 두려도 알폰 슷시글 아니코 인노라 (순김 41)

(ⅱ) 「두려란」

　　　(92) 싱원 두려란 니르디 말댜 (순김 41)

(91)은 「두려도」의 예를 보였고, (92)는 「두려란」의 예를 보였는데 「두려란」은[42] 보기드문 합성토씨이다. 「두려」의 합성토씨는 이 두 가지가 나타났는데 달리 더 있을 법하다(즉 두려만, 두려는…).

ⓔ 「(이/의)손디」의 용법

이것은 대부분 「의손디」로 나타나고, 「이손디」는 드물게 나타난다.

　　　(93) a. 아기내손디 쳠장 초 닐원날 가며 ᄒ노라 (순김 65)
　　　　　 b. 슈니 어미손디 답장 (순김 54)
　　　　　 c. 싱원늬손디 (순김 55)
　　　　　 d. 약정이 그 정실을 모든 사룸의손디 무러(約正詢其實狀于衆)
　　　　　　　 (여향 p.80)
　　　　　 e. 그집이 약듕에 얼우늬손디 고ᄒ고(其衆告于約長) (여향 p.71)

이들 예문에서 보면 「손디」는 「于」에 해당됨을 알 수 있다. 「于」는 어조사이나 장소를 나타내는 말임은 물론이다. 따라서, 그 뜻은 「是也」일 것이다. 이와 같은 일은 「이」 임자자리토씨 및 「에」 위치자리토씨의 말밑을 설명하는 데도 보조적인 근거가 된다고 생각된다. 이것의 말밑은 허웅 박사가 이미 지적, 설명한 바와 같이 위치의 이름씨였다.

이 토씨는, 이숭녕 박사는 15세기의 토씨로 인정하나 허웅 박사는 안옹근이름씨로 인정하였다. 그런데, 필자는 이를 굳이 16세기부터는

─────────────────

42) 「두려란」은 「두려는」을 그렇게 표기한 것이 아니겠는가하고 의심할 수 있으나 반드시 그러하지만은 않을 것 같다.

토씨로 인정하게 되었는데, 그 이유는 다음의 예문을 보면 알게 될 것이다.

> (94) a. 딕월이 마짜 잇짜가 그돌 ᄆ초매 약정의손디 고ᄒ야 그
>   버근 딕월을 맛디라(直月掌之罪可 月終則以告于約正而授其
>   次爲羅) (여향 p.2)
>   b. 믈윗 긔약ᄀ티 아니 혼 사ᄅᆞᆷ을 약정의손디 고ᄒ야 힐문ᄒ
>   고 허믈 스는 칙이 스라(凡不如約者乙 以告于約正而 之 且
>   書干籍爲羅) (여향 p.36)
>   c. 그 집이 약듕에 얼우늬손디 고ᄒ야(其家告干約長爲古) (여
>   향 p.71)
>   d. 네 일 漢人손디 글 비호거니 (초노상 6A)

이 토씨는 존칭과 비존칭에 두루 쓰인 듯하나, <순천 김씨 간찰>에 의하여 판단하여 보면 아마 비칭에 주로 쓰인 듯하다. 그런데 「(의/이)손디」는 도움토씨와 합하여 합성토씨를 만들지 않는 것이 하나의 특징이기도 하다.

　ⓕ 「ᄒᆞᆫ디」의 용법

> (95) 대가ᄒᆞᆫ디 져그나 줌곳 자면 러일 좀 나브디 아니ᄒ리라(大家
>   得些睡明日不渴睡) (초노상 57A)

16세기에는 예가 하나만이 나타났는데, 아마 실제 말살이에 있어서는 많이 쓰였을 것이나, 17~19세기의 문헌에서는 그 용례가 잘 나타나지 않다가 20세기 초에 와서 겨우 1~2개의 예가 나타난다. 물론 16세기에는 도움토씨와의 합성토씨도 잘 나타나지 않는다.

3) 17세기 위치자리토씨의 용법

이에는 공간적, 시간적 위치에 쓰이는 「애/에」, 「이/의」, 「예」, 「애셔/에셔」, 「이셔/의셔/의셔」 등과 유정물의 위치에 쓰이는 「끠」, 「게」, 「이게/의게」, 「드려」, 「손디」 등이 있는데 차례로 설명하기로 한다.

가) 「애/에」, 「이/의」, 「예」, 「애셔/에셔」, 「이셔/의셔/의셔」 : 이때는 홀소리고룸이 매우 혼란한 시기이므로, 15세기와 같이 정확하지는 않으나 그 명맥만은 유지되어 있는 것 같이 느껴진다.

ⓐ 「애/에」, 「이/의」, 「예」의 용법

㉠ 「애」, 「이」는 양성홀소리로 끝난 이름씨 밑에 쓰이고, 「에」, 「의」는 음성홀소리로 끝난 이름씨 밑에 쓰이어 위치, 방향, 상태, 비교, 원인 등을 나타내나, 「이/의」는 행위자를 나타내기도 한다.

(96) a. 어버이의 몽상애 다시 묘를 삼년곰 살고 (동국신속건 28)
　　 b. 틱긔 복듕의 이셔 여슷닐굽 둘애 니르면 얼굴이 이러 (언해두창 p.2)
　　 c. 주그매 분묘애 녀막사리 ᄒ여 (동국신속건 257)
　　 d. 어버이 늘그심애 공양이 절낙호미 만흐며 어버이 병 드르심애 구의ᄒ야 고티기롤 힘쓰디 아니ᄒ며 (경민 29A)
　　 e. 몸 츠고 입 다믈면 이는 틱듕에 치운 중이니 (언해두창상 145)
　　 f. 거의 죽기에 니르더라 (동국신속건 70)
　　 g. 그 아비 바믹 범의 자피믈 니버 (동국신속건 79)
　　 h. 홀론 브룸의 계상 우희 향함을 일헌더니 (동국신속건 3)

「예」는 「이」와 「i」계 홀소리로 끝난 이름씨 다음에 쓰임은 15, 16세기와 다름이 없다.

(97) a. 호갓 一期에 눈 멀 뿐 아니라 (선가상 31)
   b. 감초 오분 믈 호되예 여흡되게 달혀 먹고 (두창경험 p.39)
   c. 졔 밍글기를 호굴ㄱ티 시묘예 이실시졀ㄱ티 ㅎ야 (동국신속건 27)
   d. 가마괴만도 곧디 못ㅎㅁ로 이에 므러 가매 니ㄹ도다 (동국신속건 61)
   e. 거의 죽기에 니ㄹ더라 (동국신속건 70)

17세기에는 「예」는 그 용법이 차차 혼란해져 가고 있음을 알 수 있는데, 「이」홀소리 밑에서도 「에」가 쓰였는가 하면 「요」밑에서도 쓰였음은 위의 예문으로 알 수 있다.

그리고 이때는 「애」가 쓰이는 빈도가 점점 줄어든 것 같다.

ⓛ 「애/에」와 「이/의」는 비교를 나타낸다.

(98) a. 셜위ㅎ기눌 녜도의 넘게ㅎ며 (동국신속건 184)
   b. 슬허ㅎ몰 례예 너무 ㅎ더라 (동국신속건 15)
   c. 셜워 여위기를 녜예 넘게ㅎ야 주그니 (동국신속건 821)

ⓑ 「애셔/애서/에셔」, 「이셔/의셔/외셔」, 「예셔」의 용법

㉠ 「애셔/애서/이셔」는 양성홀소리 밑에 쓰이고, 「에셔/예셔/의셔」는 음성홀소리 밑에 쓰이어 모두 정처, 방향, 비교 등을 나타낸다.

(99) a. 셩안해셔 볼 나 졔 지비 니어 븓거늘 (동국신속건 20)
   b. 아기 비 소개셔 울거든 (언해태산 p.105)
   c. 효도ㅎ논 졍셩이 텬셩에셔 낫더니 (동국신속건 295)
   d. 이에셔 더 심ㅎ니 이시니 (두창경 p.19)
   e. ㅎ론날에 형톄 셔지예셔 자더니 (동국신속건 361)
   f. 使者ㅣ 호갓 ㄹ비 萬里에셔 도라오ㄴ다 (중두 5-45)
   g. 밧 겻터셔 ㅎ논 이롤 붉기 다 알 쩌시여눌 (두창경 p.18)
   h. 졔 자ㄴ 방의셔 목미야 ㄷ라 죽거늘 (동국신속건 38)

   i. 뒷 지븨셔 藥올 正히 미더니라 (중두 20-87)
   j. 그 우희셔 슬어 비러 ㄱᄅ디 (동국신속건 165)
   k. 그러나, 널이 히고 오라면 내죵애서 그매 도라 갈거시니 (가
     레 권56B)
   l. 이 날 밥 ᄣ예 부가의서 셩찬이며 쥬효롤 ㄱ초와 부의 죵
     재소과 탁ᄌ롤 당샹 구고 앏퓌셜ᄒ고 (가례 권42B)

위의 예에 의하면 「외셔」가 하나 나타났는데 혹 오기인지 모르겠다. 그런데 여기서 하나 덧붙여야 할 것은 다음의 토씨가 하나 나타났다. 참고로 예시하기로 한다.

(100) 臺階여셔 翊戴호몰 오로 ᄒ놋다 (중두 20-10)

(99k·l)에서 보면 「애셔」, 「의셔」가 「애서」, 「의서」로 나타나서 오늘날의 토씨에 한걸음 다가섰다고 볼 수 있다. 그리고 (100)의 「여셔」는 분명히 위치자리토씨인데 당시 이렇게 말할 수도 있었던 것 같다.

ⓒ 위치자리토씨는 다른 토씨와 합하여 합성토씨가 된다.

㉠ 「애ᄂᆞᆫ」

   (101) a. 송됴애ᄂᆞᆫ 오직 문노공이 당적 두우의 제도롤… (가례 권
      1 9A)
      b. 됴령의 셰즈스로 존홀디니라. 고쟈애ᄂᆞᆫ ᄌᆞ뎨부형을 죵ᄒ
        더니 (가례 권1 13A)

㉡ 「애만」, 「예도」

   (102) a. 오직 그 쳐소애만 나아가 ᄒ고 큰 졔ᄉ홀 저기어든 쳥ᄒ
      야 (가례 권1 9A)

      b. 그 관곽스이예도 쏘훈 맛당히 일로뻐 브을디니라 (가례
        권5 7B)

ⓒ 「의란」, 「의조차」, 「에야」, 「에아」, 「의셔만」

    (103) a. 뎡후옵고 부졔후ᄂᆞᆫ 방친쟈돌훌 우편의란 댱부ㅣ오 죄편
        의란 부녀ㅣ로더 (가례 권1 21B)
       b. 신혼의 뎡셩ᄒᆞ며 출입의조차 놀며 긔거애 뫼심이니 (가
        례 권2 14A)
       c. 만일에 가히 ᄀᆞᄅᆞ치디 몯ᄒᆞ게 되거든 그린 후에야 노ᄒᆞ
        고 (가례 권2 15A)
       d. 지블 업게 훈 후에아 말며 (정속 p.20)
       e. 명스 곧 아니면 댱샹의셔만 졔ᄒᆞ되 오직 고와비만 졔ᄒᆞ
        게 (가례 권1 8A)

ⓓ 「의다가」, 「의뻐」

    (104) a. 문노공이 가묘롤 셔경의다가 셰오고 다론 사롭은 다 셰
        오디 아니ᄒᆞᆫ고로… (가례 권1 8A)
       b. 당져긔 대신이 다 경스의다가 가묘롤 셰오더니… (가례
        권1 9A)
       c. 거의 녯 사롭의뻐 슈신졔가ᄒᆞᄂᆞᆫ 도와 근종튜원ᄒᆞᄂᆞᆫ 무움
        을 오히려 가히뻐 다시 볼거시오 국가의뻐 교화롤 슝샹
        ᄒᆞ며 빅셩을 인도ᄒᆞᄂᆞᆫ바 뜨데 혹 져그나 도오미 이시리
        다 (가례 서 4A)
       d. 므롯 후편의뻐 쥬션ᄒᆞ며 승강ᄒᆞ며 출입ᄒᆞ며 향패ᄒᆞᄂᆞᆫ 곡
        졀을 아라서… (가례 권1 7B)

  (104c)의 「의뻐」는 「의+뻐」로 보아야 하겠고, (104d)의 「의뻐」도 그
렇게 보아야 하겠으나, 아마 「의」 다음에 「쓰다」의 끝남꼴 「뻐」가 온 것
으로 보인다. 따라서, 이것은 완전한 토씨는 아니고 이런 구조에서 「의
써」가 발달할 것이므로 예로 보았다.

나) 유정위치자리토씨 「끠」, 「게」, 「인게/의게」, 「드려」, 「손터」

ⓐ 「끠」의 용법

17세기에는 「긔」는 나타나지 아니하고 「끠」만 나타나는 것을 보면, 이것이 그대로 하나의 형태로 굳어진 것 같다. 존칭에 쓰임은 물론이다.

> (105) a. 삼촌끠 인수나 ㅎ여라 (인선왕후언간)
>   b. 만난 거술 ㄱ초아 몬져 부모끠 받줍고 (동국신속건 56)
>   c. 스승님끠 글 비호고 (중노상 4)

ⓑ 「게」, 「쎄」의 용법

이 토씨는 사람과 동물 등에 두루 쓰이던 것으로 보인다.

> (106) a. 사름이 비록 아니홀노 로뻐 내게 더을디라도 (경민 16A)
>   b. 고ㅎ여 닙히려 ㅎ던 죄를 제게 닙히단 말이라 (경민 21B)
>   c. 이물쎄 실은 져근 모시뵈도 (중노상 14)
>   d. 大醫쎄 만히 은혜 갑파 샤례ㅎ기라 (중노상 202)

이 시대에 와서 「게」와 「쎄」가 나타나는 것을 보면 둘은 동시에 사용되었던 것 같다. 이와 같은 사실은 오늘날 「(에)게」와 「께」가 같이 사용되고 있는 것과 같은 현상이었을 것이다.

ⓒ 「인게/의게」의 용법

15세기부터 합성토씨로 보아 왔던 이 토씨를 16세기에 단순토씨로 본 이유는 문맥상으로 볼 때 그런 느낌이 들었기 때문이었다. 더구나 이 토씨는 그 용법이 오늘날과 같은 데도 그 이유의 일단이 있다. 그런데 이들은 홀소리고룸에 의해 사용되었으며 경우에 따라서는 「에게 대하여」 또는 「보다」의 뜻을 나타내기도 한다. 17세기에는 그 용법이 단순토씨로서 완전히 굳어졌다.

(107) a. 진짓 겨집의게 금단 フ톤 약이라 (언해태산 p.19)

     b. 扶指호니 두여 사롬의게 잇도다 (중두 5-17)

     c. 내 얻디 도적의게 더러이리오 (동국신속건 10)

     d. 제 아비 버믜게 자피여 가거늘 (동국신속건 20)

     e. 몰곤 무으믄 곧혼 사르믜게 비취엣도다 (중두 20-106)

     f. 모로매 느믜게 特出혼 材質을 奇拔ᄒ야ᅀᅡ ᄒ리라 (중두 5-94)

     g. 인(人)의계 후되연는 쟈는 본 싱부모를 위ᄒ며 (가례 권5 5A)

(107g)의 「의계」는 표기의 잘못으로 보인다.

ⓓ 「ᄃ려」의 용법

(108) a. 쥬인ᄃ려 니로디 무당을 맛기는 속긔로 비록 마디 못홀
       거시오 (두창경 p.23)

     b. 부군ᄃ려 니론대 부군왈 (태평광긔 1-4)

     c. 아비ᄃ려 고ᄒ야 굴오디 (동국신속건 93)

ⓔ 「(의)손디/손듸」의 용법

이 토씨는 「손디」 또는 「손듸」로 나타나는데, 수의변이형태로 보인
다. 그리고, 이것은 15세기에는 실사로 보아지므로 토씨로 다루지 아니
하였으나, 16세기부터는 토씨로 보아지므로 다루어 왔는데, 이것은 본
래 장소의 뜻을 나타내던 이름씨였다.

(109) a. 딕월이 마짜 잇짜가 그둘 ᄆ ᄎ매 약졍의손디 고ᄒ야 그
       버근 딕월을 맛디라(直月掌之羅可 月終則以告于約正而授其
       次爲羅) (여향 p.2)

     b. 믈읫 긔약フ티 아니 혼 사롬을 약졍의손디 고ᄒ야 힐문
       ᄒ고 허믈 스는 칙인 스라(凡不如約者乙 以告于約正而 之
       且書于約長爲告) (여향 p.71)

     c. 그 집이 약듕에 얼우늬손디 고ᄒ야(其家告于約長爲告) (여
       향 p.71)

d. 네 이리 漢人손듸 글 비호거니 (중노상 6A)

이 토씨는 존칭과 비존칭에 통용된 듯하다.

(110) 형아 아이야 네 술홀 몬져 보아 늬손디 타 나관디 (경민 39A)

17세기에는 그리 많은 예가 나타나지 아니하였다.

다) 합성토씨 : 유정위치자리토씨는 다른 토씨와 합하여 합성토씨가
된다.

ⓐ 「의게만」, 「의게랑」, 「의게셔」, 「의게셔도」, 「의게와」의 용법

   (111) a. 쥬인이 스스로 권당의게만 부호고 동관이며 벋의게랑 부
         티 말라 (가계 권5 59A)
      b. 몬져 종주와 밋 모든 부의게셔 존호 쟈롤 당의셔 뵈고
         (가례 권3 15A)
      c. 수쟈ㅣ 성복호고 녀시의게 니거든 녀시의게셔도 쏘 종주
         ㅣ 쥬ㅣ 될디니 (가례 권4 4B)
      d. 믈읫 즈ㅣ 부모의게논 빙호고 부모ㅣ 즈의게와 부ㅣ 쳐의
         게논 붓잡고 며느리 싀부모의게논 받들고 (가례 권5 29A)

ⓑ 「의게논」, 「게논」의 용법

   (112) a. 믈읫 즈ㅣ 부모의게논 빙호고 부모ㅣ 즈의게와 부ㅣ 쳐
         의게논 붓잡고… (가례 권5 29A)
      b. 며느리 싀부모의게논 받들고 싀부뫼 며느리게논 머릇문
         치고 형뎨의게논 붓자블디니 (가례 권5 29A)

유정위치자리토씨 중 합성토씨가 되는 것은 「의게」만이고, 「익게」와
「끠」, 「드려」, 「손디」 등은 되지 않는다.

4) 18세기 위치자리토씨의 용법

이에는 위치자리토씨와 유정위치자리토씨의 두 가지가 있는 바 전자는 공간적, 시간적 위치를 나타내는 이름씨에 쓰이고, 후자는 유정의 이름씨에 쓰이어 각각 위치를 나타낸다.

가) 위치자리토씨 「에/애」, 「의/이」, 「예」, 「에셔/에셔」, 「의셔/이셔」, 「예셔」

ⓐ 「에/애」, 「의/이」, 「예」의 용법

㉠ 이때는 거의 홀소리고룸이 없어진 시기이므로, 「애」냐 「에」냐 할 것이 못 되나 그래도 몇 개 예를 찾아보면 가능하기에 예시하기로 하는데, 이 토씨는 위치, 방향, 상태, 원인을 나타내고, 「이/의」는 출발을 나타내기도 한다.

> (113) a. 미월 보로매 미타블 넘ᄒ기를 일만 편으로 업을 ᄒ거눌
>   그디와 나와로 미사애 비방ᄒ더니 (왕랑)
>   b. 어롬눈 다 녹고 봄곳치 피도록애 님다히 긔별을 모르니
>   그롤 셜워ᄒ노라 (송강단가)
>   c. ᄇ람에 마조쳐 머믈리다 (한청 1-33)
>   d. 찌디여난 휘초리 져ᄀ티 늙도록애 그제야 또 ᄒ잔 자바
>   다시 현수ᄒ리라 (송강단가)
>   e. 말 ᄆᄎ매 송씨 즉제 도라 니져눌 (왕랑)
>   f. 이제 나라히 어즈러옴애 농이 득토고 범이 싸호ᄂ째예 (삼
>   역 2-50)
>   g. 梅窓 아젹 밧희 香氣예 줌을 찌니 (성산별곡)
>   h. 五千 션비 뒤히 셰니라 (팔세아 p.5)
>   i. 너일브터 내 겻희 쩌나지 말라 (삼역 p.2)
>   j. 王允의 집의 가셔 몰게 ᄂ리니 (삼역 p.2)
>   k. 呂布의 믓ᄀ의 셔시니 (삼역 p.11)
>   l. 이 몸 슈ᄒ야 오미 샹애 셔방을 존히 ᄒ니 (왕랑)

  m. 부쳐을 인간이 도로ᄒᆞ야 기틴 명이 셜혼 히어늘 년을 여
     순 히올 더ᄒᆞ야 (왕랑)

오기로 보아지나 「외」가 나타나기도 하였다.

  n. 지뵈 ᄀᆞ독ᄒᆞ얏는 쳐ᄌᆞ와 지믄 보빅왜… (왕랑)
  o. 옹쥬 생신이 우회 이롤 ᄀᆞ초펴니 (왕랑)

경우에 따라서는 「에」가 「에게」, 「에서」의 뜻으로 쓰인 예가 있다.

  p. ᄌᆞ손에 부쳐 권코져 ᄒᆞ야 (죵덕 7B)
  q. 내 십여 세예 쇼혹을 친뎡에 비홀시 (죵덕 6A)

㉡ 「예」는 「이」나 「i」계 홀소리 다음에 쓰였다.

  (114) a. 섈리 뎌 세계예 가시리니 (왕랑)
        b. 만뎌예 몱은 일흠이 석지 아니리라 (삼역 2-30)
        c. 술의예 두 부인이 잇다 (삼역 2-40)

㉢ 「예/에」는 비교를 나타낸다.

  (115) a. 량예 넘게 먹다 (항청 12-102)
        b. 지조에 낫더라 (삼역 3-6)

ⓑ 「에셔/애셔」, 「의셔/인셔」, 「예셔」의 용법

「애셔/인셔」는 양성홀소리로 끝난 이름씨 밑에 쓰이고, 「에셔/의셔」
는 음성홀소리로 끝난 이름씨 밑에 쓰인다. 그리고 「예셔」는 「ㅣ」로 끝
나는 이름씨 밑에 쓰이어, 정처, 출발, 비교 등을 나타낸다.

  (116) a. 소리 셜온 졈동새논 디논 ᄃᆞ래셔 울고 (빅련쵸 p.8)

 b. 봄내라 곳고리ᄂᆞᆫ 긴댓소개셔 울고 (빅련쵸 p.25)
 c. 내 산에서 ᄂᆞ리와 실오려 ᄒᆞ되 (삼역 2-35)
 d. 내쌜에서 목욕ᄒᆞ다 (한청 1-97)
 e. 내에셔(比我) (한청 8-113)
 f. 고기 묏부리예셔 뒤닐고 (빅련쵸 p.10)
 g. ᄆᆞᆯ 두루혀 ᄃᆞ리예셔 ᄂᆞ려 가니라 (삼역 p.28)
 h. 뒤히셔 사ᄅᆞᆷ이 부르되 (삼역 2-14)
 i. 종가ᄉᆞ우의 ᄌᆞ손이 쓸히셔 절ᄒᆞᄂᆞᆫ 네로디 (한듕 p.28)
 j. ᄆᆞᆯ 우히셔 좌우로 돌며 가다 (한청 4-92)
 k. 밤이면 션비 품의셔 자고 (한듕 p.24)
 l. 견양의셔 너르고 크다 (한청 12-2)
 m. 구로미 평상의셔 나도 (빅련쵸 p.42)

「애셔/이셔」와 「에셔/의셔」는 18세기에 홀소리고룸이 깨어졌으므로 양성·음성에 의한 구별·사용은 거의 없어져 가는 단계에 있었는데, 주로 「에셔」와 「의셔」로 통일되어 갔다.

나) 유정위치자리토씨 「ᄭᅴ/ᄭᅵ」, 「께/게」, 「ㅣ게」, 「의게」, 「손ᄃᆡ」, 「ᄃᆞ려」

ⓐ 「ᄭᅴ/ᄭᅵ」의 용법
존칭에 사용되었다.

 (117) a. ᄌᆞ모 부인ᄭᅴ 흑얌을 밧ᄌᆞ와 겨오시기 제ᄉᆞ의 참ᄉᆞ 아니
            ᄒᆞ오실 젹(한듕 p.12)
      b. 關羽ㅣ 승샹ᄭᅴ 뵈지 아니코 (삼역 2-3)
      c. 父母ᄭᅴ ᄃᆞ리 하직ᄒᆞ고 (팔세아 p.4)
      d. ᄌᆞ모 부인ᄭᅵ 흑얌을 밧ᄌᆞ와 (한듕 p.12)
      e. 죠참판공겨오셔 션인ᄭᅵ 더ᄒᆞ오시믈츌상ᄒᆞ오셔 (한듕 p.6)
      f. ᄆᆡ양 셰손ᄭᅵ도 그 고모 더졉ᄒᆞ라 면계ᄒᆞ오시고 (한듕
            p.302)[43]

---

43) 유정위치자리토씨의 합성토씨조를 참조할 것.

18세기에는 「그」가 하나 나타났는데, 아마 표기의 잘못으로 보인다.

　　g. 부텃그 울워러서 법을 공경ᄒ며 (왕랑)

ⓑ 「쩨/게」의 용법

이때는 「쩨」도 나타나는데, 이때의 「ᄉ」은 사이시옷이다. 이것은 사람과 동물에 통용된 것으로 존칭과 비존칭에 쓰였다. 그리고 이 토씨는 15세기에서 이미 그 말밑을 말하였거니와 「그어긔」에서 발달한 것이다.

　　(118) a. 몰쎄 쒸여 오르다 (한청 4-90)
　　　　　 b. 몰게 느릴 제 은 주고 (삼역 2-5)
　　　　　 c. 이참이면 계모부인에게 절ᄒ오셔 뵈ᄋᆞᆸ고 (한듕 p.12)

ⓒ 「ㅣ게」의 용법

　　(119) a. 쇠게 메오ᄂᆞ 술위채 (한청 2-49)
　　　　　 b. 쇠게 메오ᄂᆞ 멍에 (한청 12-51)
　　　　　 c. 百姓 사름이 뉘게 힘 어드료 (소아론 p.8)

이 토씨는 18세기에만 나타나는데, 아마 「이게/의게」의 「ᄋᆡ/으」가 줄어서 이 토씨가 된 듯하다. 그런데 이 토씨는 개음절 이름씨 밑에만 쓰이었다.

ⓓ 「의게」의 용법

　　(120) a. 너인들의게 부탁ᄒ시미 곤결ᄒ시니 (한듕 p.40)
　　　　　 b. 부텨의게 妻업고 仙女의게 지아비업고 (소아론 p.13)
　　　　　 c. 노희여ᄒᆞᄂᆞ 사름의게 몬져 말ᄒ다 (한청 7-24)

이때는 「인게」는 나타나지 아니하는데, 그것은 「ㆍ」음가의 소멸에 그 이유가 있는 것 같다. 그런데 이 토씨는 홀소리 밑과 폐음절 밑에 두루 쓰였다.

ⓔ 「손디」의 용법

    (121) 형아 아이야 네술홀 몬져 보와 뉘손디 타 나관디 양지조차
        ㄱ트손다 (송강단가)

이때 토씨는 이미 많이 나타나지 않는 시기가 되었다.

ⓕ 「ᄃ려」의 용법

    (122) a. 데일 귀시 왕랑ᄃ려 닐러 굴오디 (왕랑)
        b. 집사롬ᄃ려 니르시고 우르시며 (한듕 p.38)
        c. 뉴하주 ㄱ득 부어 돌다려 무른 말이 (관동별곡)

이때에 「ㆍ」는 그 음가를 잃고 말아서, 다른 토시 같았으면 「ㆍ」가 다른 홀소리로 바뀌는데 이 토씨만은 이때에 「다려」로 바뀌지 않음이 특이하다. 그리고 이 토씨는 무생물에게도 사용되었다.

다) 합성토씨 : 위치자리토씨와 다른 토씨와의 합성토씨는 다음과 같다.

ⓐ 「에는」, 「애는」, 「예는」

    (123) a. 션죠의 계신쟈외에는 일병이 하교대로 시횡ᄒ라 ᄒ시니
        (명의록 2-20)
        b. 하ᄂ늘애는 굴온 원형니뎡이오 짜애는 굴온 츈하츄동이오
           사롬애는 굴온 인의녜디니 원형니뎡은 곳 네 가짓 덕이

　　　라 (죵덕 1A)
　c. 죠셕셩졍호신외예논 혼간 방의 지게룔 둣고 (한듕 사 p.326)

ⓑ 「에야」, 「에나」, 「에도」, 「의도」

　d. 이러한 연후에야 인심이 뎡호리라 호시다 (명의록 1-19)
　e. 네 샹운과 슈작호던 흉언은 샹운의 쵸스에나 츄안의 실
　　니여시니 (명의록 2-61)
　f. 지희의 편지에도 쏘호 긔관이라호고… (명의록 2-33)
　g. 지희의 편지에도 쏘호 풍패라 호니 (명의록 2-33)
　h. 널의도 득죄호고 효의도 져 린 스롭이 되니 (한듕 사
　　p.342)

ⓒ 「에셔논」, 「의셔논」

　i. 븐디 부왕 면젼에셔논 분명하오시논 것이라도 (한듕 이 p.116)
　j. 어룬 알퓌셔논 견마도 쑤짓디 못호논디 (한듕 이 p.152)
　k. 귈니셔논 완졍호여 겨오시던 양호야 (한듕 일 p.20)
　l. 아리셔논 공구 져허 만날 노심호셔 (한듕 이 p.118)
　m. 귈니의셔논 알니 업셔 인호여 (한듕 이 p.90)
　n. 디도의셔논 즈의롤 일치 마르쇼셔 (한듕 이 p.158)

ⓓ 「의셔붓터」

　o. 갑갑셜운 것시 우희셔붓터 츈방관지라도 병환을 어이
　　업시… (한듕 p.148)

ⓔ 「의셔도」

　p. 션인 경게디로 됴회 머리니셔 보내옵고 집의셔도 쏘한
　　션인 경계룔 밧즈와… (한듕 일 p.2)

ⓕ 「의샤」

    q. 팔월의샤 션디 왕긔 뵈오니 (한듕 일 p.82)

ⓖ 「의논」

    r. 신이 샹시에 후겸과 홍낙임 집밧긔논 왕니홀 곳이 업습
      고 (명의록 2-51)
    s. 샹셔롭지 아니혼 일의논 참셥게 ᄒ시고 (한듕 이 p.148)

(123a-g)까지의 합성토씨에는 「에논」, 「애논」, 「예논」, 「에야」, 「에나」, 「에도」, 「의도」, 「에서논」, 「셔논」, 「이셔논」, 「이셔븟터」, 「의셔도」, 「의야」, 「의도」, 「의논」 등이 있다.

라) 유정위치자리토씨와의 합성토씨

ⓐ 「게논」, 「의게논」, 「게도」

    (124) a. 니게논 지조롤 감ᄒ신 일이 업더니 (한듕 일 p.72)
        b. 뎡쳐의게논 녜소 인정으로 싱각ᄒ면 (한듕 일 p.76)
        c. 니게도 우이ᄒ라 권ᄒ오시니 (한듕 사 p.302)

ⓑ 「의게나」, 「이게ᄀ지」

    d. 뎡쳐의게나 니집화을 완협고쳐 ᄒ나 (한듕 사 p.308)
    e. 니관과 니인의게나 프시고 지어니게ᄀ지 프시미 몃몃번
      인 줄 알니오 (한듕 p.150)

ⓒ 「의게도」, 「이게도」

    f. 아러 사롬의게도 밋브게 말솜ᄒ시고 (한듕 이 p.118)

   g. 이긔시게도. 그리 뎌ᄉ로이 구으니 (한듕 이 p.184)

ⓓ「의게ᄭ지」

   h. ᄌ녀의게ᄭ지 ᄒ여 계오시니 (한듕 p.160)
   i. 부모 교훈이 어린 아희게ᄭ지 밋츤 듯ᄒ니라 (한듕 일 p.16)

ⓔ 「의게셔」

   j. 너의 옥당의 쏘ᄒ 닌한의게셔 낫다 ᄒ니 그러ᄒ즉 네 연
      즁의 알왼 말이… (명의록 1-52)

ⓕ「긔ᄂ」,「긔는」

   k. 셰자긔ᄂ 그러치 아니ᄒ오셔 (한듕 이 p.122)
   l. 인원뎡셩냥모긔는 오일의 일차식ᄒ고 (한듕 일 p.44)

ⓖ「긔도」

   m. 원손긔도 뵈오려 주야로 왕ᄂ이ᄒ라 ᄒ시니 (한듕 일 p.56)
   n. 미양 셰손긔도 그 고모 뎌졉ᄒ라 면계ᄒ오시고 (한듕 사
      p.302)

ⓗ「긔와」,「긔만」

   o. 뎡셩냥 셩모긔와 션희궁긔 봉셔ᄒ시고 (한듕 이 p.160)
   p. 당신긔만 도라 보ᄂ이라 ᄒᄂ줄노 격노ᄒ시고 (한듕 p.572)

(124a-p)까지를 보면「게ᄂ」,「의게ᄂ」,「의게나」,「이게ᄀ지」,「의게
도」,「(의)게도」,「의게ᄭ지」,「게ᄭ지」,「의게셔」,「긔ᄂ」,「긔는」,「긔도」,
「긔와」,「긔만」 등이 있다.

5) 19세기 위치자리토씨의 용법

가) 위치자리토씨 「에」, 「이/의」, 「예」, 「에셔/의셔」, 「에다」

ⓐ 「에」, 「이/의」의 용법

19세기도 18세기와 마찬가지로 홀소리고룸을 찾아볼 수 없으나 겨우 그 명맥은 유지하고 있었다. 이들 토씨는 방향, 위치, 상태, 원인 등을 나타내었다.

(125) a. 지게를 辰朝애 열고셔 하눌 빗츨 보리라 (춘요음)
　　　 b. 松林에 눈이 오니 柯枝마다 곳이로다 (가곡 p.5)
　　　 c. 一葉片舟에 시른 거시 므스것고 (어부사시사)
　　　 d. 경무ㅅ쟝끠셔 필경 이 일을 자쎄이 몰으기예 일이 그러
　　　　 케 쳐치가 된 게니 (독립 1-1)
　　　 e. 먼 소히 다 갇ᄂ니 (어부사시가)
　　　 f. 언셔텹 굿히 공경히 인현왕후 친히 밍굴ᄋ옵신 비단으로
　　　　 부친… (신한첩서문)
　　　 g. 이 다숫 밧긔 또 더ᄒ야 머엇ᄒ리 (오우가)
　　　 h. 믈 우희 兩兩白구는 오락가락ᄒ여라 (가곡 p.16)

19세기에는 「애」가 잘 쓰이지 않는 시기였다. <독립신문>에서는 쓰이지 않았기 때문이다.

ⓑ 「예」의 용법

「이」나 「i」계 홀소리 밑에는 「예」가 쓰인다. 이것도 인습에 의해 사용되었지, 실제로는 19세기에는 이미 쓰이지 아니하는 실정에 있었다.

(126) a. 規則은 잇셔 무어셰 쓸는지 몰오겠더라 (독립 1-1)
　　　 b. 이 시가 연못셰 물과 그 고기를 깃버ㅎ야 (독립 1-4 잡보)
　　　 c. ㅎ믈며 이의예 노부뫼 누시의 강님ㅎ시니 (인봉쇼 1-32)
　　　 d. 옥빅예 향은을 부여 주샤니 (낙성 1-271)

<고산시가>에서는 어느 정도 「예」가 규칙적으로 쓰이고 있으나 기타의 것에서는 거의 그렇지 않다. 고로 이 「예」도 1896년 이후에는 소멸한 것으로 보아야 할 것이다. 그런데, 「의」와 「에/의」는 견줌을 나타낸다.

　　　 e. 독립국에 동등이 되야 의교와 니치를 미국 정부에서 즈
　　　　 유로ㅎ고 (독립 1-40 논설)
　　　 f. 광치 봉틸의 더ㅎㄴ이다 (인봉쇼 1-33)
　　　 g. 지품이 됴감의 지ㄴ며 (인봉쇼 1-1)
　　　 h. 아롬다온 기질은 옥의 더ㅎ고 (낙셩비룡 1-266)

19세기에도 「의」의 사용빈도는 현저하게 줄어든다. 위치자리토씨는 결국 「에/의」로 통일되어 왔음은 17세기부터의 일이다. 그것은 「·」의 음가가 차차 소멸되어 간 데 그 이유가 있다고 보아진다.

ⓒ 「에셔/의셔」, 「의셔」의 용법

(127) a. 蜀에셔 우는 시는 漢나라를 글여 을고 (가곡 p.92)
　　　 b. 길거리에셔 장신ㅎ눈이 이 신문을 가져다가 노코 (독립
　　　　 1-1 광고)
　　　 c. 출ㅎ로 안즌 곳의셔 긴 밤이나 시오즈 (가곡 p.7)
　　　 d. 대균쥬 폐하 압희셔 테죠ㅎ라 (독립 1-35)
　　　 e. 명중의셔 몸을 쇼쇼쩌다라 (인봉쇼 1-27)
　　　 f. 이 셕상의셔 흥을 붓치며 (인봉쇼 1-5)
　　　 g. 어듸셔 외기러기는 울고울고 가ㄴ니 (견희요)

19세기에 와서 「에셔」는 「에서」로 통일되고, 「의셔」는 「의셔」로 완

전히 통일되어 갔는데, 이와 같은 일은 <독립신문>에서 그러하다. 그리고 「예셔」는 나타나지 않는다. 그리고 이 토씨는 완전히 정처를 나타내는데 「셔」가 다시 등장하기도 한다.

ⓓ 「에다」의 용법

(128) a. 김성창이가 은 가락지 혼 짝을 길에셔 엇어셔 경무셔에다 두엇으니 (독립 1권 95호 잡보)
  b. 아라사 사룸을 어거도 ᄒ고 동등한 ᄉ이에도 ᄃ졉과 신이 잇셔 (독립 1권 96호 논설)
  c. 더러운 물건들을 기쳔에다 버려셔 (독립 1권 99호 잡보)

이 토씨는 오늘날 입말에서는 많이 쓰이고 있다.

ⓔ 「에」는 도움토씨와 합하여 합성토씨가 된다.

㉠ 「에는」, 「에ᄂ」

(129) a. 대군쥬 폐하끠 지가를 물은 후에는 무론 샹하 귀쳔ᄒ고 그 법률을 순종ᄒᄂ 거시 곳 즈긔 몸을 보호ᄒᄂ 거시오 (독립 1권 3호 p.91)
  b. 이십오년 젼에ᄂ 불란셔에 황뎨가 잇셔 (독립 1권 44호 잡보)
  c. 이번에는 절벽이 대단히 문어져셔 인마가 다니기 미우 어렵다더라 (독립 제1권 8호 p.30)

㉡ 「에나」

d. 몇히 후에나 잘 될가 ᄒ엿든 여망도 업서질 터이니 (독립 제1권 29호 p.113)
e. 오날혼 한 혁동은 몃날만에나 갈닌넌지 (독립 제1권 55호 p.218)

ⓒ 「에만」

　　f. 인싱들은 다만 이 셰샹에만 쳔홀쓴 아니라 (독립 제1권
　　　31호 p.121)
　　g. 다만 즈긔 몸에만 밋칠 쑨 아니라 (독립 1권 3호 p.9)
　　h. 그 사룸은 다만 즈긔 몸에만 히롭게 혼 쑨 아니라 (독립
　　　1권 11호 p.41)

ⓓ 「에다가」

　　i. 그 산에다가 해마다 나무를 심어 큰 리를 보고 (독립 1권
　　　26호 p.101)
　　j. 크게 셕탑을 모으고 셕탑에다가 일흠들을 식일 줄노 의
　　　론이 되었다더라 (독립 1권 39호 p.153)
　　k. 죠션 학도들이 이런 칙에다가 논셜을 지어 일년에 네 번
　　　씩 이러케 긔지ㅎ는 거슨… (독립 1권 93호 p.369)

ⓔ 「에도」

　　l. 이 학문을 안 후에도 본러 심지가 그론 사룸은 못된 일
　　　ㅎ는 사룸이 만히 잇는디 (독립 1권 4호 p.13)
　　m. 죠션과 일본은 니웃나라이라. 쟝스ㅎ는 일에 관계가 만
　　　히 잇고 졍치샹에도 일이 만히 잇스니 (독립 1권 6호
　　　p.21)
　　n. 즈긔 집에도 유익지 안코 나라에도 무용지인인즉… (독
　　　립 1권 11호 p.41)

ⓕ 「에라도」

　　o. 빅셩의 고락을 물으며 슈십년 전에라도 어굴홈이 잇스면
　　　졍쇼ㅎ라고 ㅎ여 (독립 1권 62호 p.246)

ⓢ 「에라야」

    p. 무슴 학문이던지 혼 가지식 셩취를 혼 훈에라야 나라히
        쓸치고 (독립 1권 81호 p.321)

ⓞ 「에샤」, 「에야」

    q. 삼기 망치산 밋히 관공 샤당이라고 셜시ᄒ여 이번에샤
        맛첬논디 (독립 1권 22호 p.86)
    r. 그거슬 안 담에야 그걸 힝홀 묘리가 잇스며 (독립 1권 13
        호 p.49)
    s. 졍동 신문샤에 왓단 말을 ᄌ셰히 안 후에야 드러오라고
        ᄒ미 (독립 1권 3호 p.10)
    t. 무러 보아 대강 합의한 후에야 하인으로 쟉졍하고 (독립
        1권 17호 p.65)

ⓩ 「에셔브터」, 「에ᄭ지」

    u. 남대문 안 큰길에셔브터 죵노 큰 길가에ᄭ지 니외국 샹
        민의 가가들을 헐되 (독립 1권 82호 p.326)

ⓒ 「끠로는」

    v. 쳥혼 손님들 잇는 밧끠로는 목칙으로 울타리를 ᄒ야 (독
        립 1권 100호 논설)

위에서 다룬 합성토씨는 20세기에 들어서서 특히 현대국어에서는 아
주 다양하게 나타난다.

ⓕ 「에셔」는 도움토씨들과 합성토씨가 된다.

㉠「에셔는」

> (130) a. 각국에셔는 사롬들이 남녀 무론ᄒ고 (독립 1권 1호 p.1)
>   b. 정부에셔는 빅셩의 일을 알게 ᄒ고 (독립 1권 5호 p.17)
>   c. 이러 거시 눕의 나라에셔는 금ᄒ는 법이라 (독립 1권 7
>   호 p.26)

㉡「에셔도」

> d. 리치를 좃차 셜명ᄒ면 정부에셔도 슌ᄒ 인민의 말을 더
>   욱 두렵게 넉일 터이니 (독립 1권 3호 p.9)
> e. 각국에셔도 별ᄉ를 보내야 황데끠례물들을 만히 보내더
>   라 (독립 1권 5호 p.181)
> f. 군부에셔도 이거슬 본밧기를 브라노라 (독립 1권 22호
>   p.87)

㉢「에셔만」,「의셔만」

> g. 이거슨 특키 정부에셔만 독일 일이 아니라 아모라도 죠
>   션 독립ᄒ는 거슬 죠하하고 (독립 1권 38호 p.149)
> h. 어리셕은 인민들의 돈을 쎗되 쟝구를 문밧긔셔만 치고
>   문안에셔는 춤아 치지 못ᄒ고 (독립 1권 106호 p.422)

㉣「에셔든지」

> i. 청국사롬은 미국에셔든지 빅셩들이 오는 거슬 죠하 아니
>   하고 (독립 1권 20호 p.77)

㉤「에셔라도」

> j. 우션 죠션 안에셔라도 아러 사롬들이 웃 사롬을 밋고 (독
>   립 1권 36호 p.141)

  k. 죠션학교에셔라도 우리말 훈디로 ᄆᆞ옴을 먹고 날마다 훈
   가지식이라도 더 알고 (독립 1권 80호 p.317)

 ⓗ 「셔는」

  l. 외국셔는 죵즈 밧치 짜로 잇서 (독립 1권 48호 p.189)
  m. 영국셔는 고금도를 츠지ᄒᆞ고 스퍼ᄒᆞ다더라 (독립 1권 4
   호 p.13)
  n. 외국셔는 관찰ᄉᆞ와 원ᄀᆞᄐᆞᆫ 것과 정부 속에 잇는 관원들
   을 빅셩을 식여 쏍게 ᄒᆞ니 (독립 1권 4호 p.13)

 ⓢ 「셔도」

  o. 죠션셔도 얼마 아니 되야 빅셩들이 쳥인 내어 쫓잔 말이
   잇슬른지도 모르겠더라 (독립 1권 20호 p.77)

 ⓞ 「셔야」

  p. 대군쥬 폐하의 높흐신 디위와 권셰를 낫츄고 젹게 ᄒᆞᄂᆞᆫ
   거시니 외국셔야 이런 대신이 잇스면… (독립 1권 67호
   p.265)

 ⓩ 「에셔브터」

  q. 남대문 안 큰길 가에셔브터 죵노 큰길가에ᄭᆞ지 니외국
   샹인의 가가들을 헐되 (독립 1권 82호 p.326)

 (130a-q)에서 다룬 합성토씨에는 「에셔는」, 「에셔도」, 「의셔만」, 「에
셔만」, 「에셔든지」, 「에셔라도」, 「셔는」, 「셔도」, 「셔야」, 「에셔브터」 등
이 있다.

나) 유정위치자리토씨 「끠」, 「끠」의 용법

이 토씨는 「긔」, 「끠」 두 가지로 나타나나, 아마 이때는 「끠」가 정상적인 것 같다. 그 이유는 다음의 예와 설명을 보면 알 것이다.

> (131) a. 군슈와 슌검이 샹관끠 실례ᄒ여도 (독립 1-1 잡보)
>   b. 부모끠 비스ᄒ고 늄상으로 도라오다 (인봉쇼 1-9)
>   c. 차진 따흘 셔반아 왕후긔 드리고 (독립 1-40 논설)

전술한 대로 「끠」의 「ㅅ」은 사이시옷인데 이때는 이것이 된소리 표기로서 작용하였다. 따라서 「끠」가 「끠」로 나타나기도 하였으니 그 보기는 다음과 같다.

> d. 王皇끠 술와 보쟈 ᄒ더니 다 몯ᄒ야 오나라 (몽천요)

이때는 「끠」와 「긔」의 두 가지가 나타나나, 「끠」의 「ㅅ」은 된소리 표기를 위한 것이오 사이시옷이 아니다. 그것은 음운의 변천과도 부합할 뿐만 아니라 앞 「끠」가 「끠」로도 나타나는 것과 대비할 때 그렇게 보아지기 때문이다.

ⓑ 「쎄」, 「게」의 용법

> (132) a. 나무도 바희 돌로 업는 뫼혜 미게 좃긴 가톨의 안과 (가곡 p.143)
>   b. 생딜부 정경부인 김시게 ᄒ오신 답봉셔 (언간의 연구보 22)
>   c. 五江城 祗神과 南海龍王之神께 손곳쵸와 告헐 졔 (가곡 p.106)

ⓒ 「의게」, 「게」의 용법

> (133) a. 늑히 미션의게 일이셔 더ᄒ고 (인봉쇼 1-2)

  b. 세상 사롬의게 ᄒ고스븐 말 잇스면 (독립 1-1)
  c. 제 부모 쳐ᄌ의게 화를 젼ᄒ는 바니 (독립 1-2)
  d. 다른 사롬들게 뇌물을 밧고 식힌다더라 (독립 1권 24호 잡보)

이때는 「이게」는 없어지고 「의게」, 「게」만 나타나는데, 이것은 18세기부터의 일이다.

 ⓓ 「ᄃ려/다려」의 용법

  (134) a. 일본셔 즈션ᄃ려 홀금을 내라 ᄒ되 (독립 1-3 잡보)
     b. 미션ᄃ려 왈 니 비록 어스 벼슬을 ᄒ야 (인봉쇼 1-29)
     c. 좌우다려 무ᄅᆞ디 엇지 져리 분향ᄒ고 분쥬ᄒᄃ뇨 (인봉
      쇼 1-31)

19세기에 와서 「ᄃ려」는 「다려」로 바뀌었다.

 ⓔ 「손디」의 용법

  (135) a. 날아 시지 마라 닭의손디 비젓노라 (가곡 p.177)
     b. 날 ᄉ랑ᄒ든 情을 뉘손디 옴기신고 (가곡 p.177)

19세기에 나타나는 이 토씨는 아마 전해 오는 시가를 그대로 기록하였기 때문에 나타난 것이지 그 당시에 쓰였던 것을 아니었을 것으로 보인다. 따라서 20세기 초에는 완전히 자취를 감추게 되는 것이 아니겠는가 생각된다.

 끝으로 하나 덧붙일 것은 15세기에 「에」가 유정위치자리토씨로 쓰인 예가 하나 나타났기에 예로 보이고자 한다.

  c. 時節 그른 ᄇ룸비 難이어나 ᄀᆞᆹ難이어나 ᄒ거든 뎌 王

둘히 一切有情에 慈悲을 내야 가두엣던 사롬 노코 (월석 9-16)

이와 같은 예는 18세기의 위치자리토씨 「에」도 그러했다. 따라서, 19세기의 예에는 그리 많이 나타나지 아니하는 것을 보면 위치자리토씨와 유정위치자리토씨는 각각 그 분화를 굳혀 가는 시기가 아닌가 여겨진다.

ⓕ「에게」는 도움토씨와 합성토씨를 만든다.

㉠「의게논」, 「의게는」

    (136) a. 무법혼 빅셩의게논 법관이라고 ㅎ엿슨즉(독립 1권 1호 p.17)
        b. 그런 모음이 곳 그 사롬의게논 악긔가 되는 거시라(독립 1권 14호 p.53)
        c. 군수들이 빅셩의게는 죠금도 히를 끼치지 안코(독립 1권 제16호 p.62)

㉡「의게도」

    d. 쳥국 인민의게도 히가 대단히 잇는 거슨 오날눌 경국을 보면 가히 알 일이라 (독립 1권 9호 p.33)
    e. 동리 사람들의게도 토식혼 일이 만탁고 ㅎ엿더라 (독립 1권 17호 p.66)

㉢「의게만」

    f. 그 히가 다만 혼 사롬의게만 빗칠 쑨 아니라 (독립 1권 6호 p.21)
    g. 그 쓴돍을 다만 당쟈의게만 알게홀 쑨 아니라 (독립 1권 13호 p.49)
    h. 다만 즈긔의게만 유죠홀 쑨 아니라 젼국에 큰 리가 잇스리라 (독립 1권 14호 p.53)

㉹「게로」, 「의게로」

    i. 정말 공쥬 누이사논 사음붉립폐 셰즈 프레드럭씨게로 혼
       인을 수월초 구일에 정말 셔울 코펜헤근셔 힝ㅎ엿는데
       (독립 1권 4호 p.14)
    j. 안경슈씨의게로 보내거드면 안경숙씨가 사온샤로… (독
       립 1권 39호 p.153)
    k. 남셔 슌검 김덕비가 그 쳥인을 붓드러 쳥국슌수 왕옥인
       의게로 보내엿다더라 (독립 1권 75호 p.298)

㉺「의게던지」

    l. 어느나라 사롬의게던지 약홈을 보이지 말지어다 (독립 1
       권 53호 p.206)

㉻「의게와」

    m. 쳥국 북양 대신의게와 원셰기의게와 동변 병비도 도태
       의게 구원을 쳥하러 가다가 (독립 1권 67호 p.266)
    n. 너부에셔 각 찰수들의게와 각 군슈들의게 훈령ㅎ여 (독
       립 1권 24호 p.93)
    o. 각국 데왕들의게와 셰계에 유명흔 공신들의게 피죠션국 국표
       식인 훈쟝 ㅎ나식을 보내시면… (독립 1권 49호 p.193)

위에 예시한 합성토씨에는 「의게논」, 「의게는」, 「의게도」, 「의게만」,
「게로」, 「의게로」, 「의게던지」, 「의게와」 등이 있는데 특이한 것은 「에
게」계의 토씨가 여기서는 나타나지 아니한다는 것이다. 위치자리토씨
에서는 「에셔」가 많이 나타난 것과 비교하여 보면 오늘날의 「에게」의
「에」와 「에셔」의 「에」는 「의」와 「에」로 무엇인가를 구별하려는 의식이
작용한 듯하나, 「끠」와 비교하여 보면 「끠」가 「의」로 되어 있는 데서 「의
게」가 주로 많이 쓰였던 것은 아닌가 한다.

ⓖ「끠」는 도움토씨와 합성토씨가 된다.

㉠「끠와」

> (137) a. 덕국 황데끠와 뎡부 관인들의게 거륵ᄒᆞᆫ 대졉을 밧고 (독
> 립 1권 39호 p.154)

㉡「끠도」

> b. 대군쥬 폐하끠도 대단히 현란ᄒᆞᆫ일이 만히 싱기는 거시
> 뉘 말슴이 올흔지 통쵹ᄒᆞ시기 어려운지라 (독립 1권 79
> 호 p.313)

㉢　「끠로」

> c. 안경슈씨끠로 독립협회 보조금을 보내시요(독립 1권 40
> 호 잡보)

(137)의 합성토씨에는「끠와」,「끠도」,「끠로」의 셋이 나타났으나 이
것보다 더 많을 것으로 생각된다.

6) 20세기 초 위치자리토씨의 용법

가) 위치자리토씨「에」,「에서」

여기서도 위치자리토씨는 현대어에서와 같이「에」,「에서」두 개로
굳어진 것이 특징인데 이와 같은 일은「·」의 음가가 소멸했을 뿐만
아니라,「의」의「에」와「ᅵ」의「애」화 등에 기인한 것으로 보인다.

ⓐ 「에」의 용법

「에」는 위치, 방향, 원인 등을 나타낸다. 그리고 비교는 나타내지 않는다.

> (138) a. 오늘 KC에 갈가? (백조 2-2)
>   b. 내가 어른이 되기 전에 꼭 해야 할 일이 무엇인가를 먼저 말씀해야할 것입니다 (백조 2-60)
>   c. 나는 격언 고대로 「밝아 벗은 몸」으로 세상에 왔습니다 (백조 2-60)

ⓑ 「에서」의 용법

이때는 「의셔」는 없어지고, 「에셔」는 「에서」로 변천되어, 오직 「에서」만이 나타난다. 그리하여, 이것은 정처, 출발만을 나타낸다.

> (139) a. 저기 저 하날에서 춤추는 저것이 무어? (백조 1-1)
>   b. 앞江에서 日常 불으는 우렁찬 소리 (백조 1-1)

ⓒ 「에」와 「에서」는 도움토씨와 합성토씨를 만든다.

㉠ 「에는」

> (140) a. 이런 겨름에는 各各 데몸에 가딘 器官을 利用하야 (소년 1-1 p.18)
>   b. 안에는 나라 파난 덕댜가 있고 밧게는 틈을 보난 교린이 있으되 (소년 1-2 p.14)
>   c. 이믜 오날 汽車에는 타고 가난 수 업슨즉 실여도 한밤은 여긔서 새울 터이라 (소년 2-3 p.23)

㉡ 「에로」, 「에든지」

> (141) a. 처음에 생각하기는 海賊의 집에로 가면 오죽 몹시 굴니

오 하야 매우 걱정을 하얏더니 (소년 2-3 p.35)
b. 그들은 生前에든지 死後에든지 非ㅅ한 사람이라 (소년 2-2 p.39)

ⓒ 「에나」

(142) a. 山에나 들에나 언덕모에나 내ㅅ가에나 어른 아해 업시 새옷 입고… (소년 1-1 p.14)
b. 우리 건너 自立山에나 올나가서 오래간만에 놉흔 곳에 놉흔 바람을 쏘이고 (소년 1-1 p.15)
c. 그럼으로 이 近處는 牧畜에나 適當하외다 (소년 2-1 p.49)

ⓓ 「에도」

(143) a. 우리나라 俗談에도 도야디가 元文을 알고 두더디가 地理를 안다 하디 안나냐 (소년 1-1 p.16)
b. 튭도 튜고 검무도 듀고 그외에도 여러가디 대표를 부리오 (소년 1-2 p.21)
c. 그러면 프랑스 이때에도 그러한 特期가 있서나냐 (소년 2-2 p.16)

ⓔ 「에만」

(144) a. 한 時節에만 그 關繫가 있을뿐 아니라 (소년 1-11 p.9)
b. 웨 낫에는 숨어 잇고 밤에만 나나 (소년 1-1 p.59)
c. 놉흔 곳과 압길에만 着眼留心하여야 하나니라 (소년 2-4 p.24)

ⓕ 「에라도」

(145) a. 일한 뒤에라도 남아 알까 하야 걱덩하다 십히 하얏더리 (소년 1-2 p.73)
b. 아모의 눈에라도 보이난 斑斑한 저 血點은 웃지하고…

(소년 2-1 p.46)

c. 꿈에라도 川水에 귀를 싯고야 말앗나니 (소년 2-1 p.41)

㉵ 「에서는」

(146) a. 이 대권안에서는 뎨일 덕은 고로가댱 통애를 밧고 잇섯
소 (소년 1-2 p.24)

b. 우리나라에서는 日光이 빗치지 안난 곳이면 열흘 스무날
눈이 그대로 잇난 수가 잇스되 (소년 2-1 p.50)

c. 이 소금은 우리나라에서는 거의 다 바다물을 고아서 그
짠 건지만 取하야 (소년 2-4 p.47)

◎ 「에서도」

(147) a. 그 中에서도 甚한 것은 먹을ㅅ것 겨름이라 (소년 1-1 p.19)

b. 이 편에서도 쏘한 수건을 내여 둘으면서… (소년 1-2 p.30)

c. 旅舍에서도 손을 부치지 아니한다하면 (소년 2-3 p.23)

㉽ 「에서만」, 「에서부터」, 「에서와」

(148) a. 天圓이라 함은 눈에서만 드러내인 달못이오 眞實은 아니
올시다그려 (소년 1-1 p.64)

b. 空氣는 地上에서부터 里假量까지 잇난데 (소년 2-4 p.48)

c. 적어도 六百里는 언덕에서부터 相隔하게 될 듯 하외다
(소년 2-3 p.37)

d. 官家에서와 村中에서 山歙을 노아 (소년 2-2 p.27)

㉾ 「에서나」

(149) a. 여러분 或 山에서나 들에서나 물ㅅ가에서나 언덕모에서
나 그림과 갓흔 풀을 보시거든 (소년 1-2 p.47)

　　　b. 藝藝한 衆生을 病海에서나 普渡할지니 그러치도 못하거
　　　　 든… (소년 2-2 p.38)

나) 유정위치자리토씨 「끠」, 「게」, 「의게/에게」, 「한데/한대」, 「다려/더러」

ⓐ 「끠」의 용법

이 토씨는 존칭에 사용되는데, 개·폐음절 이름씨 밑에 두루 쓰인다.
1933년 맞춤법 이후에는 「께」로 통일된다.

　　　(150) a. 여러분끠 (창조 7 끝광고)
　　　　　　b. 自己 父親끠 海州 엇던 친구를 차자 보러 간다… (창조
　　　　　　　 1-28)
　　　　　　c. 저는 몸과 마음을 先生님끠 밧치겟습니다 (창조 1-35)

ⓑ 「게」, 「의게/에게」의 용법

「게」와 「의게/에게」는 다른 세기와는 달리 변이형태로 나타나게 되
는데, 유정의 이름씨에만 사용된다.

　　　(151) a. 그럼 이번은 자네게 물려 주지 (창조 6-3)
　　　　　　b. 喜卿은 네게 對하야 同情과 共感이 잇고나 (창조 1-32)
　　　　　　c. C는 K의게 하로만 더 누어 이스라고 注意를 한 뒤에 (창
　　　　　　　 조 6-8)
　　　　　　d. 새의 主人의게 무슨 責任이 이스랴 (창조 6-72)
　　　　　　e. 特別附錄을 만드러 여러분의게 提供하는 바이올시다 (창
　　　　　　　 조 6 특별부록서문)
　　　　　　f. 그러면 안으랴고 기두르는 이에게 살뵈려 안기듯 (백조 1 -1)
　　　　　　g. 친히 칼로 싹거 惠善에게 华쪽을 權ᄒ고 (백조 1-1)
　　　　　　h. 녀자에게 미친 것을 보니 우습기도 하거니와 (조선문단
　　　　　　　 1-22)

「에게」는 20세기에 와서 비로소 나타나는데 「의게」가 「에게」로 바뀌

어 된 것이다.

ⓒ 「에게」는 도움토씨와 합성토씨와 된다.

㉠ 「에게나」, 「에게만」, 「에게까지」, 「에게와」

> (152) a. 남에게나 나에게나 조흘 일을 할째에는 財物을 費用치
>   말나 (소년 2-4 p.6)
>   b. 博愛의 情을 다른 사람에게까지 밋쳐 (소년 2-2 p.8)
>   c. 사랑하난 情을 다른 사람에게까지 밋쳐 (소년 2-2 p.8)
>   d. 다른 偉人들에게와 갓히 와싱톤의 偉大한… (소년 2-2
>   p.39)
>   e. 官家에서와 村中에서 出歛을 노아 여러 동모들에게와 나
>   에게까지 盤費를… (소년 2-2 p.27)

㉡ 「에게서」

> (153) a. 이 民族 뎌 民族에게서 쌔아서 모흔 것인 故로 (소년 1-1
>   p.56)
>   b. 人民은 先代前人에게서 繼承한 社會의 文化福利를… (소
>   년 2-2 p.10)
>   c. 國民의게서 이 神聖한 世傳財産을 쌔아슬 수 업스며 (소
>   년 2-2 p.39)

㉢ 「에게는」, 「에게논」

> (154) a. 딤生에게는 무엇이 不足하고 사람에게는 무엇이 勝하야
>   그러한다 네 말을 드러 보댜 (소년 1-1 p.22)
>   b. 그들에게는 다를 것이 活路가 아니라 이것이 곳 活路다
>   (소년 2-4 p.52)
>   c. 썰니버에게논 은뎝시 우에 짜로 됴고마한 소반을 올녀
>   놋코 (소년 1-2 p.23)

㉣ 「에게도」

> (155) a. 우리 나폴레온에게도 自由・平等・博愛를 理想境으로 한
>   「나폴레온 天下」… (소년 1-2 p.13)
>   b. 여러분은 親戚에게도 權하고 親知에게도 權하야 (소년
>   1-2 p.80)
>   c. 權族(班家僧徒)에게도 地稅를 課하야 (소년 2-1 p.26)

㉤ 「에게로」, 「에게든지」

> (156) a. 戈戰을 둘너답고 페터에게로 來附함애 (소년 1-2 p.53)
>   b. 商界의 覇權은 이에게로 도라가리라 (소년 2-2 p.22)
>   c. 아모에게든지 그 本質을 쌔앗기지 마러라 (소년 2-3 p.1)

ⓓ 「다려/더러」의 용법

> (157) a. 情 몰으는 지어미야 날다려 안존치 못하다고 (백조 1-18)
>   b. 그째 누님은 절더러 이야기를 하여 주엇지요 (백조 2-16)
>   c. 고 약은 거시 날더러 드르라고 하는 말이야 (창조 1-40)

「다려」는 다시 20세기 초에 와서는 오늘과 같은 「더러」로 바뀌어 나
타난다. 따라서 「드려」는 「다려」로 바뀌었다가 다시 「더러」로 바뀌어
오늘에 이르고 있다. 그런데 「더러」가 「나, 저, 너」 등과 같은 대이름씨
밑에 쓰일 때는 그 대이름시 받침 「ㄹ」이 덧난다. 이와 같은 일은 본래
「더러」가 남움직씨 「드리다」에서 왔기 때문인데, 이와 같은 현상은 남
움직씨에서 온 토씨의 경우는 다 해당된다.

ⓔ 「한데/한대」의 용법

> (158) a. 령리혼 그는 이러혼 자긔 아부지한데 音樂을 비호겠단
>   말은 편지로도 안 하였다 (창조 8-76)

b. 申先生한대는 英語도 배호고 (창조 1-49)

여기서는 「한데」, 「한대」로 나타나는데 다음을 보면 「한테」도 이때 같이 사용되었음을 알 수 있다.

ⓕ 「한테」는 도움토씨와 합성토씨가 된다. 이러한 예로 「한테는」이 나타난다.

(159) 이것이 썰니버한테는 몹시 고로워 견뎔 수 업서 (소년 1-2 p.29)

4. 견줌자리토씨

4.1 견줌자리토씨의 말밑

견줌자리토씨에는 각 세기에 따라 「이라와」, 「의론」, 「두고」, 「과」, 「과로」, 「ㄱ티」, 「마곰」, 「두곤」, 「도곤」, 「맛감」, 「맛」, 「만지」, 「만콤」, 「의여서」, 「보다(담)」, 「처럼」 등 다양하게 나타나는데 다음에서 이들 하나하나에 대하여 그 말밑을 살펴보기로 하겠다.

4.1.1 「이라와/ᄋ라와」의 말밑

「이라와」는 「이다」의 골곡형 「이라」에 「와」가 와서 이루어진 견줌자리토씨이며 「ᄋ라와」는 「이라와」의 변이형태로 보인다.

(1) a. 봀비츠로 莊嚴호미 日月라와 느러 (석보 9-8)
   b. 貪欲앳 브리 이 블라와 더으니라 (월석 10-14B)

c. 다론 ᄀ올히 녯 ᄀ올히라와 됴토다 (두언 8-35)
d. 그 뫼히 구름 ᄀᆮ호야 ᄇᆞᄅᄆ라와 샐리 고선산애 가니라 (월석 7-32A)
e. 비 사ᄅ미 쌰미라와 더으고(梨勝頼) (두언 20-9)

(1a-d)의 예를 가지고 보면 「이라와」는 「이라」에 견줌자리토씨 「와」가 와서 이루어진 것임을 알 수 있다. 그런데, 이 토씨는 18세기부터는 나타나지 않았으나, 「라와」로 쓰일 때는 그 앞에, 「ㄹ」이 덧나는 수가 있다. 즉, 「널라와 시름 한 나도(청산별곡)」에서와 같다.

4.1.2 「ᄋ론/으론」의 말밑

이 토씨는 연유자리토씨에 받침 「ㄴ」이 더하여 이루어진 것으로 보이는데 뜻은 「보다」와 같으나 견줌의 「에서」와의 뜻도 있는 것 같다.

(2) a. 스믈흔 時節에 열흔 제론 衰호며(二十之時예 衰於十歲호며) (능엄 2-8)
    b. 各別히 勞力호ᄆ론 더으니라(由勝別勞心) (금삼 4-30)

(2a·b)만으로써는 「으론」이 어떤 낱말에서 왔는지 쉽사리 알 수 없으나 아마 「으로+ㄴ」으로 이루어진 토씨인 것으로 보인다. 왜냐하면, (2a·b)에서 보면 형태상으로 유사할 뿐 아니라 뜻으로 보아도 그렇게 보아지기 때문이다.

4.1.3 「두고/두곤/도곤」의 말밑

이 토씨는 중세어에서부터 나타나는데 말밑은 「두다(置)」에서 왔다고 생각된다. 다음에 그 예를 보기로 하자.

> (3) a. 모미 히요미 서리두고 더으니 (금삼 2-122)
>   b. 웃 사룸두고 더은 양호야 (석보 9-14)
>   c. 다아 衰호면 受苦로빅요미 地獄두고 더으니 (월석 1021)
>   d. 아리두곤 두자히 놉고 (초노상 26B)
>   e. 피졉 나가니도곤 편코 됴이 이시리잇 (계축상 17)
>   f. 녀산이 여기도곤 낫단 말 못호려니 (관동별곡)

(3a-f)에서 보면 「두고」가 「두곤」 또는 「도곤」으로 바뀌어 오다가 20
세기 초부터 그 자취를 감추고 나타나지 않는다.

4.1.4 「과/와」, 「과로」의 말밑

「과」와 「와」는, 어느 것이 그 기저형인가를 먼저 알아본 다음에 그
말밑을 밝히기로 하겠다.

> (4) a. 祖父母及父母果夫矣祖父母及父母等之…伯父母果伯叔妻在父母果
>   父矣同生妹在姑果吾矣兄果長妹果母矣父母果尊之謨殺爲行乎事
>   (大明律十惡一事曰惡道)
>   b. 祖父母果父母果夫矣祖母果父母果乙訴學爲旀 (大明律十惡一七曰不幸)

(4a·b)에서 보면 「果」는 개음절 이름씨 아래서나 폐음절 아래에서
쓰이고 있는 점을 보면, 「과(果)」가 견줌자리토씨의 기저형임을 알겠고,
다음으로 중세어에서 「ㄹ」받침이나 「ㅣ」 다음에서는 「과」의 「ㄱ」이 탈
락되었는데 이와 같은 사실은 「과」가 견줌자리토씨의 기저형임을 알
수 있는 증거로 볼 수 있다.

> (5) a. 엄과 혀와 입시울와 목소리옛 字는 中國 소리예 通히 쓰느
>   니라 (훈언)
>   b. 나모와 곳과 果實와는 (석보 6-40)

(5a·b)에서 보는 바와 같이 「과」가 견줌자리토씨의 기저형임을 알
수 있으나 후대로 오면서 개음절 이름씨 다음에 「과」가 사용된 예를
많이 볼 수 있는데, 이와 같은 사실은 「과」가 기정형임을 뜻하고 복고
적 언어 사실의 재현으로 볼 수 있을 것이다.

    (6) a. 그 フ릇 수과 フ티 사당을 너허 (언해두창상 17)
       b. 혈지일은 쩌리는 거시 우과 フ다 (馬解上 49)
       c. 녜과 같이 흐니라 (태평광긔 1-19)

기저형이 「과」인 이 토씨는 본래 어떠한 낱말이었을까? 이것을 밝히
기 위하여 다음 예를 보기로 하자.

    (7) a. 부텨와 즁괏 그에 布施ᄒ며 (석보 13-44)
       b. 罪와 福괏 이리며 (석보 6-73)
       c. 金과 水와 風괏 輪이 잇ᄂ니 (능엄 8-29)
       d. 사롬과 하늘왓 福이 報ㅣ 뉘 몬져리오 (금삼 3-89)

(7a-d)에서 보면 「과」에는 모두 사이시옷이 와 있다. 이 사이시옷은
이름씨에 오거나 아니면 뒷가지, 앞가지 등에 오는 것이 중세어의 언어
사실임을 안다면 「과」는 이름씨임에 틀림없다. 더구나, 이두에서 보면
「果乙, 果等之」이 나타나는데 여기서 「等」은 이름씨 「들」을 나타낸다.
그러므로 「果」를 이름씨로 보지 않을 수 없다. 따라서 「과」는 본래 연
결을 나타내던 이름씨였다고 보아진다.

끝으로 「과로」는 어떠한 낱말에서 발달하여 왔는가 하는 의문에 대
하여 필자는 「과+로」로 이루어진 것으로 본다. 왜냐하면, 뜻으로 볼
때 그렇게 이해되기 때문이다.

    (8) a. 내 이 더러운 손과로 ᄒ 가지라 (능엄 2-18)
       b. 自在天의 能히 一切를 내노라 홈 혜용과로 곧도다 (능엄 10-53)

c. 文字와로 서르 스뭇디 아니홀씨 (훈언)

(8a·b·c)의 「과로」의 뜻을 풀이해 보면 「과＋로」로 이루어져서 단순 토씨로서의 구실을 하고 있음을 알 수 있다. 이때의 「로」는 연유자리토씨로 보아진다. 그런데 「과로」는 16세기부터는 잘 나타나지 않으면서 견줌의 뜻으로는 쓰지 아니한다.

(8) a. 아슥미며 벋과로 회동ᄒ며 (여향 p6)
　　 b. 그디와 나와로 미샹애 비방ᄒ더니 (왕랑)

4.1.5 「같이」의 말밑

이 토씨는 처음에는 「ᄀ티/ᄋ티」로 나타나더니 18세기부터는 「ᄌ치, ᄀ치, ᄀᆮ티, ᄌ티, 가치, 갓치, 것치」 등으로 나타나다가 <한글맞춤법통일안>에 와서 「같이」로 통일되었다.

그런데 이 토씨는 「ᄀᆮ다」에서 발달해 온 것은 말할 필요도 없다. 사실 「ᄀᆮ다」의 기저형은 「ᄀᆮᄒ다」인데 이것이 줄어서 「ᄀᆮ다」로 된 것이다.

(9) a. 그리 전년ᄀ티 됴히 거두면 (초노상 54B)
　　 b. 님의 노ᄑ샨 은과 덕과ᄂ 하늘ᄀ티 노ᄑ샷다 (감군은)
　　 c. 일 영장과 제를 혼굴ᄋ티 가네대로 ᄒ고 (동국신속건 58)
　　 d. 정화수에 ᄆ라 즐게 쩍ᄌ티 ᄒ야 귓궁긔 붓텨 (두창경 p45)
　　 e. 죵ᄌ치 부리다 (한청 7-108)
　　 f. 죡박ᄀ치 일마리 (한청 8-29)
　　 g. ᄒ다가 혼굴ᄌ티 져 부텨를 아니 렴ᄒ면 (왕랑)
　　 h. 그디ᄂ 샹례 공양호몰 부모ᄀᆮ티 ᄒ야 (왕랑)
　　 i. 平生에 養志誠孝를 僧子갓치 ᄒ리라 (가곡 p.15)
　　 j. 우레것치 소리난 님을 번기것치 번쩍 만나 (가곡 p.97)

「ᄀ티」는 「ᄋ티」, 「ᄀᆮ티」, 「ᄌ치」, 「ᄀ치」, 「ᄀᆮ티」, 「갓치」, 「것치」 등

다양하게 나타나는데 특히「것치」는 노래에서 멋있게 나타내고자 쓰였던 것 같다. 왜냐하면, <가곡원류>에서 나타났기 때문이다.

4.1.6「처럼」의 말밑

이 토씨는 조선시대에는「쳐로」로서 사용되었는데「처럼」이 나타난 것은 <백조>에서이다.

> (10) a. 우리ㅣ님 ᄉ랑 긋쳐 갈 제 더 보시쳐로 니으리라 (고시조)
>   b. ᄇ람에 플쳐로 반ᄃ시 누울 거시니(風草必偃) (學圃 4)
>   c. 네 나를 外人쳐로 看顧치 말나(你呢別當外人看顧我罷) (華解 下 12)
>   d. 어리광대처럼 힘없이 넘어집니다 (백조 1-2)
>   e. 호랑나비처럼 훨훨 나라듭니다 (백조 1-27)
>   f. 달콤한 비애가 안개처럼 이 어린넉슬 휩싸들으니 (백조 1-2)
>   g. 호랑나비와처럼 훨훨 나라듭니다.
>   h. 나와처럼 하시오.

(10a-f)에서 보면「쳐로」나「처럼」은 토씨임이 분명한데 (10c · g · h)에서 보면 어찌씨로도 보인다. 이와 같은 사실에서 보면 본래「처럼」은 유사함을 나타내던 어찌씨「쳐로」에서 발달한 것으로 보인다. 이것이 후대로 오면서 그 형태가 바뀌어서 오늘날의「처럼」으로 발달한 것이다.

4.1.7「만큼」의 말밑

중세어에서 오늘날의「만큼」에 해당되던 토씨는「만, 마곰, 맛감, 맛, 맛싼, 만지, 마콤, 만콤」등 다양하게 나타났는데 다음에서 그 어례를 보고 말밑을 밝혀보기로 하겠다.

(11) a. 일쳔 쏜 거시 호 무저비만 ㄱ투니 업스니라 (초박상 23)
     b. 손ㄱ락만 큰 즈타날 딩즈애 ㄱ쇄 공작의 짓 고잣고 (초박
        상 58)
     c. 환 밍ㄱ로디 머귀 여름 마곰 호야(爲丸如桐子) (구급간이방
        1-9)
     d. 룡안마곰 굵고 ㄱ장 몱고 조호니와 (초박상 39)
     e. 초여두랜 날 자브니만 곧디 몯호니라 (언해도창상 10)
     f. 밥과 물만 마시고 (동국 신속건 14)
     g. 茅쳠 쵼자리의 밤듕만 도라오니 (속미인곡)
     h. 쏫마콤 믿두라 믈근 술의 ㄱ라 먹지나 (두창경 p.63)
     i. 대강 두티 七八寸맛감 호면 임의 溫氣롤 믈리텨(가계해 7-
        24)
     j. 軍을 조차 돈니건디 열히 나므니 能히 分寸맛 功이 업스려
        마는 (증두시 5-29B)
     k. 道上無源水을 반만싼 디혀두고 (노계, 누항사)
     l. 육두구 호낫 굽고 유향 콩낫만지ㄱ른 밍ㄱ라 미음에 플어
        머기라 (언해두창상 133)
     m. 죠션짜만콤 기름진 짜히 업논디 (독립 1-26호)

  (11a·b)의 「만」과 (11e)의 「만」은 「만큼」의 뜻이나 (11f)의 「만」은
17세기부터 단독도움토씨의 뜻으로 분화하기 시작하여 결국 견줌자리
토씨 「만」은 견줌자리토씨로서의 「만」과 단독도움토씨로서의 「만」으로
분화되어 오늘에 이르고 있다. 그리고 (11c·d)의 「마곰」은 특히 (11c)
의 「爲丸如桐子」에서의 「如」에 해당될 뿐만 아니라 그 뜻이나 월에서의
위치 등으로 볼 때 분량의 뜻을 나타내던 이름씨에서 발달한 토씨로
보인다. 그리고 이것이 사람이나 지방에 따라서 (11h)와 같이 「마콤」으
로도 쓰이고, (11i)에서 처럼 「맛감」으로도 쓰였으며, (11j)의 「맛」으로
도 쓰였을 것으로 보인다. 그리고 (11k)에서는 「만싼」으로도 쓰였고,
(11l)에서는 만지」로도 쓰였는데 이것은 <백조>에서 쓰인 「만치」의 기
저형으로서 「마곰」계에서 분화한 것으로 보인다.

(12) 그 즐겁고 아름단이만치 그만치 쓰리고 압팟다 (백조 1-5)

최후로 「만콤」이 <백조>, <소년> 등에서 나타났다가 1936년 표준말 사정에 의하여 「만큼」으로 통일되어 오늘에 이르고 있다. 이것의 정통적인 변천과정을 보면 「마곰＞만콤＞만큼」으로 된 것 같다.

4.1.8 「보다」의 말밑

이 토씨는 <독립신문>에서 처음 나타나는데 아마 움직씨 「보다」에서 발달하여 오면서 월에서 몇 차례 변형에 의하여 이루어졌다고 생각된다.

(13) a. 이것을 보다가 저것을 보니, 저것이 낫다.
     b. 이것을 보다 저것을 보니까 저것이 낫다.
     c. 이것 보다 저것을 보니까 저것이 낫다.
     d. 이것보다 저것이 낫다.

(13a)에서 (13b)로, (13c)에서 (13d)로 바뀜에 따라 「보다」가 토씨로 바뀌고 말았는데 이것은 움직씨의 으뜸꼴이 그대로 토씨화한 점이 다른 토씨의 경우와 다르다. 이 토씨는 아마 <독립신문>에서 나타나는 것으로 볼 때, 순전히 입말에서 사용되어 오다가 언문일치 운동으로 기록에 나타나기 시작한 듯한데 <백조>에서는 「보담」이 나타나는 것으로 보면 사람에 따라 그렇게도 사용하였던 것 같다.

(14) 목숨보담 더한 純潔을 일흔 것이 슯헛엇다 (백조 2-50)

「보담」은 현대도 서부 경남 등지에서는 입말에서 많이 쓰이고 있는데 그 지방에서는 물론 사람에 따라 쓰이고 있다.

4.1.9 「의여서」의 말밑

이 토씨는 <봉선화가>에서 나타나는데 아마 오늘날 견줌자리토씨
「에서」의 변이형태가 아닌가 생각된다.

> (15) 꽃 앞에 나아가서 두 빛을 비교하니 쪽잎의 푸른 물이 쪽의
>   여서 푸르단 말이 아니 오를손가(봉선화가)

아마 <훈민정음>에서 나타났던 견줌자리토씨 「에」에 「서」가 와서
「에」가 「에서」로 되고 이것의 변이형태가 「의여서」로 나타난 듯하다.
왜냐하면, 그 월의 구조가 같기 때문이다.

> (16) a. 國之語音異乎中國=나랏말쌋미 듕귁에 달아
>   b. 靑出於藍 靑於藍=푸름이 쪽에서 나나 (푸름은) 쪽에서 푸
>   르다.

(16a)의 밑줄은 「듕귁에」의 「에」에 「서」가 더하여 이루어진 것임을
서로 대비해서 알 수 있기 때문이다. 즉 「듕귁에 달아」도 「듕귁에서 달
아」로 하여도 하나도 의미상 잘못은 없을 것으로 보인다.

4.1.10 「맛다나」의 말밑

이 말은 지금도 경상도 사투리에서 쓰이고 있는 말인데 그 뜻은 「같
이」나 「대로」인 것으로 이해되는데 「말」 밑에만 쓰임이 특이하다.

> (17) 果然 그의 말맛다나 海雲臺에 갓다온 일은 잇다. (백조 2-133)

이 「맛다나」는 아마 「대로」의 뜻인 말로서 어느 지방의 사투리가 아

니었던가 하는데, 왜냐하면, 지금도 서부 경남에서는 「맛다나」로 쓰이고 있기 때문이다. 따라서 본래는 어찌씨였을 것으로 보인다.

4.2 견줌자리토씨의 변천과정

4.2.1 15세기 견줌자리토씨의 용법

견줌자리토씨에는 비교자리토씨와 비유자리토씨의 둘이 있는데, 전자에는 「과/와」, 「과로/와로」, 「이라와/ᄋ라와」, 「ᄋ론/으론」, 「두고」, 「에」, 「에셔」가 있고, 후자에는 「이」가 있다.

1) 「과/와」의 용법

ⓐ 「과」와 「와」는 비교를 나타내되, 전자는 폐음절 이름씨 밑에 쓰이고, 후자는 개음절 이름씨 밑에 쓰인다.

    (18) a. 軍陣이 놈과 다ᄅ샤 (용비 51)

         b. 軍容이 녜와 다ᄅ샤 (용비 51)

         c. 微塵과 ᄀ르ᄒ야 (능엄 5-68)

         d. 一切種智와 ᄀ르ᄒ시니라 (원각 1-2: 54)

         e. 닐옴과 서르 ᄀ르ᄒ니라 (능엄 2-117)

ⓑ 「과」는 이름씨가 「ㄹ」이나 「ㅣ」로 끝나면 「ㄱ」이 탈락하여 「와」로 된다.

    (19) a. 世間앳 이론 눌와 다뭇 議論ᄒ느뇨 (두언 21-23)

         b. ᄂ양ᄌ는 아힛 時節와 엇더뇨 (능엄 2-5)

         c. 눌와 보리오 (두언 6-15)

         d. 軍容이 녜와 다ᄅ샤 (용비 51)

  e. 四方 極樂 世界와 곧ᄒᆞ야 (석상 9-21)

다만 ㅎ종성체언과 어울리면 「과」는 「콰」로 된다.

  f. 힘과는 하ᄂᆞᆯ콰 ᄀᆞ토ᄃᆡ (월석 1-8)
  g. 몰애와 돌콰로 풀와 茱疏ㅣ 아니 날씨 (능엄 6-92)
  h. 보ᄂᆞ 즘게와 보비ᄶᅡ콰 보비모술 오들 보ᄂᆞᆫ디니 (월석 8-
    15A)

ⓒ 「과/와」는 공동의 뜻으로 사용된다.

  (20) a. 無邊現홈과로 덥 ᄃᆞ외야 (능엄 10-50)
    b. 無量數佛ㅅ無數化身이 觀世音大勢至와 샹녜 行人의게 오시
      리라 (월석 8-44A)
    c. 阿彌陀佛이 큰 光明을 펴샤 行者이 모ᄅᆞᆯ 비취시고 諸菩薩
      둘콰로 소ᄂᆞᆯ 심겨 迎接ᄒᆞ시거든 (월석 8-48b)
    d. 觀世音大勢至無數菩薩와로 行者ᄅᆞᆯ 讚嘆ᄒᆞ야 (월석 8-48B)
    e. 굴ᄀᆞᆫ 比丘八千人과 ᄒᆞᆫᄃᆡ 잇더시니 (석보 9-1)

지금까지 다루어 온 「과」와 「와」는 그 기저형이 「과」임은 이미 토씨
의 말밑을 밝힐 때 설명하였다.

2) 「과로/와로」의 용법

이 토씨는 형태면으로 보면 합성토씨와 같으나, 그 구실이 단순토씨
로 보이므로 여기에서 다룬다. 이것은 비교와 여동의 뜻으로 쓰인다.

  (21) a. 내 이 드리운 손과로 ᄒᆞᆫ 가지라 (능엄 2-18)
    b. 自在天이 能히 一切ᄅᆞᆯ 내노라 홈 혜욤과로 곧도다 (능엄
      10-53)
    c. 몸과 모ᄉᆞᆷ과로 다ᄅᆞ도다 (능엄 2-46)

　　　　　d. 身은 觸과로 한가지다 (능엄 6-57)

이 토씨는 16세기 이후로는 잘 나타나지 않으면서, 여동 이외에 「과」
가 「로」에 앞 임자씨를 연결하는 구실을 하게 된다. 편의상 여기 예시
하겠다.

　　　　　e. 아ᅌᆞ미며 벋과로 화동ᄒ며 (여향 p.6)
　　　　　f. 덕과 업과로 서ᄅᆞ 권 아니 호미오 (여향 p.14)
　　　　　g. 그듸와 나와로 미상야 비방ᄒ더니 (왕랑)

이 「과로」는 19세기, 20세기로 오면서 거의 나타나지 않는다.

3) 「이라와/ᄋᆞ라와」의 용법

「ᄋᆞ라와」는 홀소리와 「ㄹ」밑에서 「ᄋᆞ」가 줄어지나, 「이라와」의 「이」는
줄어지지 않는다. 「ᄋᆞ」가 줄어진 「라와」는 「누, 이, 너」 등의 밑에서는
「ㄹ」이 덧난다. 그리고, 이들은 홀소리고룸과는 아무 상관없이 쓰인다.

　　　(22) a. 뵶비ᄎ로 莊嚴호미 日月라와 느러 (석보 9-8)
　　　　　　b. 貧欲앳 ᄆᆞ리 이 블라와 더으니라 (월석 10-14B)
　　　　　　c. 그 뫼히 그름 ᄀᆞᆮᄒ야 ᄇᆞᄅᆞ므라와 ᄲᆞ리 古仙山애 가니라
　　　　　　　 (월석 7-32A)
　　　　　　d. 눗비치 희요미 누니라와 더으니라 (두언 1-5)
　　　　　　e. 다ᄅᆞᆫ ᄀᆞ올히 넷 ᄀᆞ올히라와 됴토다 (두언 8-35)

여기의 「ᄋᆞ라와」와 「이라와」는 임의적 변동으로 보아진다. 왜냐하면,
형태론적으로 구별할 만한 아무런 근거를 찾을 수 없기 때문이다.

4) 「ᄋᆞ론/으론」의 용법

이 토씨는 홀소리고룸에 의해 구별·사용되었는데 개음절 밑에서는

「론」만이 쓰인다.

> (23) a. 스믈힌 時節에 열힌 제론 衰ᄒ며 (능엄 4-30)
>   b. 各別히 勞力호ᄆ론 더으니라 (금상 4-30)

5) 「두고」의 용법

이 토씨는 개폐·음양 홀소리에 관계없이 쓰인다.

> (24) a. 모미 힌요미 서리두고 더으니 (금삼 2-122)
>   b. 웃 사름두고 더은 양ᄒ야 (석보 9-14)
>   c. 다아 衰ᄒ면 受苦로ᄫㅣ요미 地獄두고 더으니 (월석 1-21)
>   d. 光明이 힌 둘두고 더으니 (월석 1-26)
>   e. 能히 바롤두고 기프며 (월석 21-78)

6) 「에」, 「에셔」의 용법

> (25) a. 여슷 根이 스러도라 가시미 소리드루매 ᄀ득ᄒ샤 (능엄 6-27)
>   b. 特은 ᄂᆞ미 므리예 ᄠ로 다랄 씨라 (석보 6-13)
>   c. 福이 바릌래셔 깁도다(福深於海) (두언 3-16)
>   d. 水勢이 火에셔 사오나와 (능엄 4-18)
>   e. 슰바당 드위혀메셔 샌ᄅ니 (능엄 1-11)
>   f. 우리나랏소리예셔 열보니 (훈언)
>   g. 土勢ㅣ 水예셔 사오나와 (능엄 4-18)
>   h. 나랏말쓰미 듕귁에 달아(國之語音異乎中國) (훈언)

이 「에/에셔」는 견줌자리토씨로 보아야 할 것인지 의문이나, 형태는 위치자리토씨이고, 구문은 견줌월의 형식을 하고 있으므로 견줌자리토씨로 다루기로 한 것이다.[44] 그런데, 일본 학자 「우시지마(牛島)」에 의하

---

44) 이에 대해서는 위치자리토씨 「에」조에서 이미 다룬 바 있으나, 여기서 다시 다루기로 한 것이다.

면 비교에는 이동비교(異同比較)와 대비비교(對比比較) 두 가지가 있는데, 대비에는 우위비와 열위비 및 무대비의 셋이 잇다고 하고, 우위비를 공식화하여 「A＋그림씨＋於(乎)＋B」로 나타내고 「穰候之富富於王室」과 같은 예문을 들어 설명하고 있다.[45] 이에 의하면 「國之語音(A)＋異(그림씨)＋乎＋中國(B)」와 「福(A)＋深(그림씨)＋於＋海(B)」는 「우시지마」의 공식에 일치하므로 이 때의 「에」와 「에서」는 견줌자리토씨로 보아야 할 것으로 생각되며, 이 때의 임자말인 「나랏말쏨」이나 「福」은 「中國」이나 「海」에 비하여 우위에 있거나 대비의 중점이 여기에 있음을 알아야 한다. 따라서, <훈민정음> 서문에서 보면 세종대왕의 주체사상이 확실히 나타나 있음을 알 수 있다.

7) 「이」의 용법[46]

(26) a. 漏잇는 因이 어느 바륵 제 몸 볼교미 곧흐리오(有漏因이
　　　　爭如直下면明白己리오) (금삼 2-143)
　　 b. 부톄 百億世界예 化身흐야 敎化흐샤미 드리 즈믄 ㄱ릭매
　　　　비취요미 곧흐니라 (월석 1-서문)
　　 c. ㄱ느로몬 隣地의 빼혀미 곧고(細似隣地木片) (금삼 4-3)
　　 d. 相에 住흐야 布施호몬 明이 다옴 이쇼미 곧고(住相布施논
　　　　猶明之有窮흐고) (금삼 2-37)
　　 e. 分別흐는 綠心이 塵 여희면 性 업논디 客이 곧고(分別綠心
　　　　이 離塵無性훌디 若過客耳오)

　(26a-e)는 그 내용상으로 보면 모두 비유로 되어 있는데, 「우시지마」의 연구에 의하면[47] (26a-e)의 월의 구조는 「유연관계의 상사(有綠關係의 相似)」를 나타내는데 이것들의 구조를 공식화하면 다음과 같다.

---

45) 牛島德次, 앞에 든 책, pp.304~306 참조.
46) 이 문제에 관하여 「이」 임자자리토씨의 용법에서 간단히 설명한 바 있으나 여기서는 본격적으로 설명하기로 하겠다.
47) 牛島德次, 앞에 든 책. pp.304~306 참조.

(27) a. A＋似＋B
     b. A＋如＋B

(27a)의 경우는, A는 B와 유사함을 나타내는데 이때의 풀이말은 「似」 이외에 「類, 猶」 등이 쓰인다. (27b)의 경우는, A는 B와 같다는 비유적 관계를 나타내는데 풀이말은 「如」 이외에 「若, 猶, 猶如, 譬如」 등이 쓰인다. 그런데, (26a-e)에서 괄호 안의 한문을 보면 풀이말이 모두 「似, 如, 猶, 若」 등으로 되어 있는데, 이런 한문을 우리말로 번역해 놓은 것을 보면 모두 「A는 B이 ᄀᆮ다」의 형식으로 되어 있다. (26a)에서 보면 「漏잇는 因이」와 「어느 ᄇᆞᆯ 제 몸 볼교미」와를 비유하고 있고, (26b)에서는 「부톄 百億世界예 化身ᄒᆞ야 敎化ᄒᆞ샤미」와 「ᄃᆞ리 즈믄 ᄀᆞᄅᆞ매 비취요미」를 비유하고 있다. 그리고 (26c)의 「ᄀᆞᄂᆞ로몬」은 「隣地의 ᄲᅦ혀미」와 유사함을 나타내고, (26d)에서는 「相애 住ᄒᆞ야 布施호ᄆᆞᆫ」과 「明이 다ᄋᆞᆷ 이쇼미」를 비유하고 있으며, (26e)에서는 「分別ᄒᆞ는 綠心이 塵 여희면 性 업ᄂᆞᆫ디」와 「客」을 비유하고 있다. 이와 같은 사실은 마치 오늘날의 이중부림 문제와도 관련이 있는 것이다.

     (28) a. 정순이가 코가 같다.
          b. 어린이가 키가 같다.

(28a · b)에서 각각 「정순이가」가 임자말이라면 「코」는 견줌말이 되고, 「어린이」가 임자말이라면 「키」는 견줌말이 됨과 같다.

따라서, (27b)를 가지고 보면 「부톄 百億世界예 化身ᄒᆞ야 敎化ᄒᆞ샤미」는 임자마디로서 임자말이라면, 「ᄃᆞ리 즈믄 ᄀᆞᄅᆞ매 비취요미」는 견줌말인 것이다. 이것은 그 내용이 완전히 비유로 되어 있는데 「月人千江之曲」의 풀이를 위와 같은 비유로써 한 것이다. 그러므로, 글쓴이는 중세어에서 비교법과 비유법을 분명히 구별하고 이 두 가지를 합하여 견줌법이라 부르고자 한다.

4.2.2 16세기 견줌자리토씨의 용법

1) 「(이/으)라와」의 용법

> (29) a. 널라와 시름 한 나도 자고 니러우니노라 (청산별곡)
>   b. 다룬 사루물 친히 너겨 형뎨라와 더 ᄒ리 잇ᄂ니 (정속 p. 11)

(29a)에서 「너」의 받침 「ㄹ」은 덧난 것인데, 이것은 그 실사가 「나, 너 이…」 등과 같은 대이름씨가 올 때 언제나 그러하다. 이것은 (29b)를 보면 이해가 될 것이다.

2) 「으로」의 용법

형태는 연유자리토씨이나 그 쓰인 문맥의 뜻으로 보면 「보다」로 해석하여야 하겠기에 여기에서 다루기로 한다.

> (30) a. 약정으로 아래 사룸은 동녘ᄃ리로 오ᄅ고 녀님은 사룸은 셔녁ᄃ리로 오ᄅ라 (여향 p.77)
>   b. 약정으로 아래 사룸은 션녁을 우 삼고 녀남은 사룸은 동녁을 우 사ᄆ라 (여향 p.77)

3) 「으론」의 용법

> (31) a. 여히므론 아즐가 여흟므론 결삼뵈 ᄇ리시고 (서경별곡)

「ᄋ론/으논」의 예는 15, 16세기 밖에는 나타나지 않는데, 16세기의 「으논」은 「으론」의 임의적 표기형으로 생각된다.

4) 「두곤」의 용법

    (32) a. 니르던 드리니 아히두곤 ㄱ장 됴타 (초노상 38B)
        b. 흔말 어둠두곤 더으니 (초노상 43B)
        c. 아리두곤 두 자히 놉고 (초노상 26B)

15세기의 「두고」는 16세기에는 「두곤」으로 나타나는데, 17, 18세기에는 「도곤」으로 나타난다.

5) 「과/와」의 용법

    (33) a. 명함으로 우와 곧티 호더 (여향 p.39)
        b. 나와 곧툰 사롬이 다 몰 탯거든 (여향 p.45)
        c. 네 닐오미 너 뜯과 곧다 (초노상 11A)
        d. 녀ᄂ 일과 다ᄅ거니 (순김 69)

(33d)의 「일과」를 보면 이때부터 「ㄹ」밑에서 「ㄱ」이 탈락되는 현상이 없어지기 시작하였음을 알 수 있다.

6) 「ㄱ티/ㅇ티」의 용법

「ㅇ티」는 「ㄹ」이나 「이」 밑에서 「ㄱ」이 탈락된 것으로 볼 수 있으나 반드시 그렇지 아니하다. 아마 「ㄱ」 탈락현상이 이 때부터, 특히 입말에서는 「ㄹ」 밑에서 「ㄱ」은 탈락되지 아니하였다.[48] 이 토씨는 <노걸대>와 <박통사언해>에서 많이 나타난다. 그런데 「ㄱ티」는 어찌씨에서 발달한 것이다.

---

48) 이음자리토씨를 참고하면 분명히 입말에서는 물론 글말에서도 「ㄹ」 밑에서 「ㄱ」이
    탈락되지 아니하였음을 알 수 있다. 즉, 「ㄹ」 밑에서 「ㄱ」 불탈락은 16세기부터 시
    작되었음을 알 수 있다.

(34) a. 그리 젼년ㄱ티 됴히 거두면 (초노상 54B)
　　 b. 님의 노프샨 은과 덕과는 하늘ㄱ티 노프샷다 (감군은)
　　 c. 내 몰이 닐이 비러 오니 브롬놀ㅇ티 쾌ㅎ니 (초노상 19B)
　　 d. 모디 것명디ㄱ티 고오니 (순김 131)
　　 e. 바니미야 이제 네ㄱ티 편ㅎ니라 (순김 15)

여기에서 보면 「ㅣ」밑에서 「ㄱ」탈락현상이 일어나지 아니하였음을 알 수 있다. 따라서, 홀소리 「이」와 「ㄹ」밑에서 「ㄱ」이 탈락하지 않는 현상은 16세기부터 비롯되었음을 알 수 잇다. 그런데 「ㄱ티」는 「ㄷ티」 (여향 pp.38~39) 등과 같은 표기도 나타난다.

7) 「만」의 용법

이 토씨는 견줌자리토씨로 보느냐 도움토씨로 보느냐 문제이나, 그 기능상으로 보면 견줌자리토씨로 다루는 것이 좋을 듯하여 여기에서 다루는데, 그 의미상으로는 견줌은 물론 단독의 뜻도 나타낸다.

(35) a. 일쳔 쓴 거시 혼 두저비만 ㄱ트니 업스니라 (초박상 23)
　　 b. 손ㄱ락만 큰 즈타날 딩즈애 ㄱ쇄 공작의 짓 고잣고 (초박
　　　　상 58)
　　 c. 죠고맛 직조 몸애 둠만 ㄷ디 못ㅎ니라 (정속 p.20)
　　 d. 쪼 그ㄱ티 호디 두쇠 거름만 조차가다가 손이 읍ㅎ거든
　　　　가디 마른디 (여향 p.43)
　　 e. 내 아래 사룸이어든 잔만 붓고 절 ㅎ디 말라 (여향 p.54)
　　 f. 댱샹잇 사룸은 쑤러 반만 답례ㅎ고 져기 댱샹애 사룸은
　　　　그 업더리믈 기들워 답례ㅎ라 (여향 p.75)

(35a-c)까지는 견줌을 나타내고, (35d-f)까지는 단독의 뜻을 나타내고 있다.

8) 「마곰」의 용법

이 토씨는 오늘날 「만큼」의 최초 형태로 보아지는데, 16세기에는 그

리 많이 나타나지 않는다.

(36) 룡안마곰 굵고 ᄀ장 묽고 조ᄒ니라 (초박상 39)

이 「마곰」은 본래는 이름씨였음은 두말할 여지도 없다(제1장 토씨의 말 밑조 참조).

9) 「게셔」의 용법

이 토씨는 보기에 따라서는 「게+셔」로 된 합성토씨인데 다음에서는 견줌의 뜻으로 쓰이고 있다.

(37) 나와 ᄀ튼 사ᄅᆞᆷ과 내게셔 져기 져믄 사ᄅᆞᆷ과 내게셔 ᄀ장 져
    믄 사ᄅᆞᆷ 아니라 (여향 p.37)

이 예는 여기에서 나타나는데 그 뜻은 견줌의 기준점을 나타내는 듯 하다.[49]

4.2.3 17세기 견줌자리토씨의 용법

1) 비유자리토씨 「이」의 용법

이 토씨에 의한 견줌법은 17세기까지 나타나고 18세기부터는 없어진 다. 엄밀히 말하면 이는 비교자리토씨이다.

(38) 어미 주근 닐웬마니 이운 남기 엇쑤시 어믜 얼굴이 ᄀ거늘
    제 집 가온데 주어 위완기를 사라실 적ᄀ티 ᄒ더라(母亡七日
    忽見枯木 似母形置室中 奉之如生) (동국신속건 52)

---

49) 「이」비유자리토씨는 16세기에 나타나지 아니한다.

이 견줌법은 15세기의 비유법이다. 「남기」는 부림말이요, 「얼굴이」는 비유(비교)말이다. 따라서 오늘날 소위 이중임자말에서의 두 번째 임자말은 견줌말이 됨은 이와 같은 역사적 사실에 기인하는 것이다.

2) 비교자리토씨

가) 「이라와」의 용법

   (39) a. 안녁 조존纖이라와 궁궐엣 잔閥는 보드라오미 소오미라와
         느도다 (중두 20-33)
      b. 묽盛賊의 서르 조초미 법과 일히라와 심ᄒ니 사른믈 먹거
         니 (중두 4-71)
      c. 서른미 일라와 甚ᄒ미 잇ᄂ니 (중두 2-70)

이 때에는 「라와」보다는 「이라와」가 많이 쓰인 듯하다. 그러나 이 토씨는 18세기 이후에는 나타나지 않는다.

   나) 「도곤」의 용법 : 16세기에는 「두곤」으로 나타나더니, 이때부터는 「도곤」으로 나타나서 19세기까지 사용되었다.

   (40) a. 피접 나가니도곤 편코 됴이 이시리이다 (계축상 17)
      b. 골픈 제 혼입 어더 먹으며 브론제 혼몰 어듬도곤 나으니
         라 (중노 p.78)
      c. 이젼 수도곤 마음이 비ᄒ다 (중노 p.256)

   다) 「과/와」의 용법

   (41) a. 그 ᄀ른 수과 ᄀ티 사당을 너허 (언해두창상 17)
      b. 네과 ᄀᆺ티 ᄒ니라 (태평광긔 1-19)

여기서는 이상하게도 「와」가 쓰여야 할 자리에 「과」가 쓰였다.

라) 「ᄀ티/ᄋ티」, 「ᄌ티」의 용법 : 17세기에도 「ᄋ티」가 나타나는데, 「ᄀ」 탈락현상에 기인하는 것이다.

    (42) a. 일 영장과 제를 호굴ᄋ티 가녜대로 ᄒ고 (동국신속건 58)
         b. ᄀ올 여루믈 호굴ᄋ티 어데 해 ᄒ시ᄂ뇨 (중두 5-51)
         c. 부모의 샹해 앉던 디를 보고 믄득 목메여 공경호믈 겨신
           적ᄀ티 ᄒ더라 (동국신속건 14)
         d. 시묘 살며 슬허호믈 몬졋 거상ᄀ티 ᄒ더라 (동국신속건 15)
         e. 나갈제 고ᄒ고 도라와 뵈요믈 산제ᄀ티 다ᄒ더라 (동국신
           속건 26)
         f. 정화수에 ᄆ라 즐게 쩍ᄌ티 ᄒ야 셧궁긔 붓텨 (두창경 p.45)

여기 마지막 예에서는 「ᄌ티」가 나타나기 시작하였는데 이것이 18세기에 가서는 다양하게 나타난다.

마) 「만」의 용법 : 이 토씨는 16세기까지는 토씨로 보지 않을 수도 있으나 이 책에서는 16세기부터 토씨로 다루어 왔다.[50] 이 토씨는 17세기에 비교는 물론 단독의 뜻을 나타내는 도움토씨로도 쓰였다. 그리고 18세기부터는 정도와 단독의 뜻을 나타내는 도움토씨로 변한다.

    (43) a. 사라 이쇼미 주금만 ᄀᆮ디 몯ᄒ니라 (동국신속건 30)
         b. 수이 주금만 ᄀᆮ디 몯ᄒ다 (동국신속건 51)
         c. 초여ᄃ랜 날 자브니만 ᄀ디 몯ᄒ니라 (언해두창상 10)
         d. 네 니 ᄀ존 방문만 ᄀᆮ디 몯ᄒ니라 (언해두창하 60)
         e. 여위여 쎠만 이셔 병 드럿ᄉ더니 (동국신속건 22)
         f. 밥과 믈만 마시고 (동국신속건 14)

바) 「마곰」, 「마콤」의 용법

    (44) a. 환을 녹두마곰 밍ᄀ라 (언해두창상 10)

---

50) 허 웅, 앞에 든 책, p.283.

　　　b. 잉도마곰 비뵈여 됴혼 술의 혼 환식 플어 머기라 (언해두
　　　　창상 13)
　　　c. 잉도마곰 환 지어… (언해태산 p.108)
　　　d. 도터쏘리 귿틀 딜어 피 내어 ᄆ라 낫마곰 미뵈여… (언해
　　　　두창 p.56)

이때에 이 토씨는 「마콤」으로도 나타나는데 이것은 오늘날의 「만큼」
의 옛말이 되는 것으로 보인다.

　　　e. 풋마콤 믿드라 믈근 술의 ᄀ라 먹거나 (두창경 p.63)

이 토씨는 18세기에는 잘 나타나지 않다가 19세기에 나타난다.

　사) 「맛감」, 「맛」의 용법 : 이것은 17세기에 토씨로 쓰였다. 15세기
에도 많이 나타났으나(월석 10-368~369), 그때는 「만한」의 뜻으로 쓰였으
므로 필자는 토씨로 보지 아니하였으나, 16세기는 물론 17세기에는 토
씨로 보지 않으면 안될 것 같아, 다루기로 한다.

　(45) a. 대강 두터 七八寸맛감 ᄒ면 임의 溫氣롤 믈리터 (가례해 7
　　　　-24)
　　　b. 딕셕 노픠 혼자맛감 ᄒ라 (가례해 8-18)

이 토씨는 결국 「맛곰」, 「맛콤」과 같은 계통의 것으로 보이나, 다소
다른 데가 있다. 그리고 이 토씨는 17세기에만 쓰이고 자취를 감추었다.
이때에는 「맛」도 나타낸다.

　　　c. 單을 조차 ᄃ니건디 열희 나므니 能히 分寸맛 功이 업스려
　　　　마ᄂᆞᆫ (중두 5-29B)

　아) 「만지」의 용법 : 이 토씨도 「맛감」과 같이 17세기에만 쓰였다가

한동안 자취를 감추는데, 20세기 초에 와서 「만치」가 나타남으로써 「만치」는 「만지」의 거센소리화현상으로 이루어진 것임을 알 수 있다. 이 토씨는 이름씨에서 발달한 것이다.

> (46) 육두구 ᄒᆞ낫 굽고 유향 콩낫만지 ᄀᆞᄅᆞ 밍ᄀᆞ라 미음에 플어
>   머기라 (언해두창상 133)

4.2.4 18세기 견줌자리토씨의 용법

18세기 견줌자리토씨에는 「도곤」, 「과/와」, 「ᄀᆞ치/ᄀᆞ지/갓치」, 「ᄀᆞ티/ᄀᆞ티」, 「만」, 「보다가」, 「우서」, 「쳐로/쳐라」, 「만치」 등이 있다.

가) 「도곤」의 용법 : 이 토씨는 17세기와 그 형태가 같다. 15세기의 우위견줌자리토씨 중 「(이)으라와」, 「으론」은 없어지고, 이것 하나만 남게 되었다.

> (47) a. 그도곤 북녁 짜히 사룸은 물에 싸호지 못ᄒᆞ고 (삼역 3-42)
>   b. 이도곤 ᄀᆞ존디 ᄯᅩ 어디 잇단말고 (관동별곡)
>   c. 녀산이 여기도곤 낫단 말 못ᄒᆞ려니 (관동별곡)

나) 「과/와」의 용법 : 등위견줌자리토씨도 15세기의 「과로/와로」는 이때는 여동격으로 변하여 합성토씨로 바뀌고, 「만」은 정도의 도움토씨로 바뀌면서 일면은 견줌의 구실도 하고 있다. 그리고, 「이」는 완전히 나타나지 아니한다.

> (48) a. 孔明이 니로되 諸葛亮과 ᄀᆞ흔 이는 술의예 싯고 (삼역 3-15)
>   b. 성내여 눔과 싸호려 ᄒᆞ다 (한청 8-95)

이 토씨는 18세기에 이르러「곧다, 다르다」등 앞에 쓰일 때만 견줌의 뜻을 나타내고, 그 외의 경우에는 이음토씨로 쓰이며, 때에 따라서는 공동의 뜻으로 쓰이고 그 구실이 완전히 오늘날과 같게 굳어졌다.

다)「ㄱ치/ᄀ치/갓치」,「ᄀ티/ᄀ티」의 용법 : 위의 전자는 입천장소리화된 것이오, 후자는 입천장소리화되지 아니한 것이다.

    (49) a. 죵ᄀ치 부리다 (한청 7-108)
        b. 나를 쥬옥ᄀ치 ᄉ랑ᄒ여 길럿더니 (삼역 p.30)
        c. 꼿츨 믄져 즐거운 일ᄀ치ᄒ오시고 (한듕 p.42)
        d. 죡박ᄀ치 일마리 (한청 8-29)
        e. 구슬ᄀ치 일마리 (한청 8-29)
        f. 그디는 샹례 공양호몰 부모ᄀ티 ᄒ야 (왕랑)
        g. 날갓치 혼용 나약ᄒ 사람이 다시어이 이시리오 (한듕 p.508)
        h. ᄒ다가 ᄒ클 ᄀ티 져 부텨를 아니 렴하면 (왕랑)

위의 예문에서 보는 바와 같이 입천장소리화한 것은 18세기 전반에 걸쳐 다 나타난다. 따라서, 이 토씨는 현대어 토씨에 한걸음 접근하였다.

라)「만」의 용법 : 이것은 앞에서도 말한 바와 같이, 정도와 견줌의 토씨로 쓰였다.

    (50) a. 日出을 보리라 밤듕만 니러ᄂ니 (관동별곡)
        b. 茅쳠 춘자리의 밤듕만 도라오니 (속미인곡)
        c. 세월이 더 가면 니 정신이 이쩌만도 못ᄒᆯ 닷ᄒ기… (한듕
           p.2)

바)「보다가」의 용법

    (51) a. 마마게오셔 져 아희 효양을 니젹보다가 더 낫게 바드시오

리이다 (한듕 p.526)
b. 유보다가 가흉ㅎ오셔 (한듕 p.576)

이 토씨는 뒤에 와서 「보다」로 나타나는데 오늘날 경상도 사투리에서 쓰이고 있다.

사) 「의셔」의 용법

(52) 내 비록 부녀지간이나 소쳔은 아비의셔 즁ㅎ니 내 아모리 무
식ㅎ 녀편니라도… (한듕 p.536)

아) 「쳐로/쳐라」의 용법

(53) a. 탓홀더 업서 목젼은 이러트시 흐린 사롬쳐로 지니야 가기
한유ㅈ튼 괴이ㅎ 놈을 죄명을 업시ㅎ야시니… (한듕 p.538)
b. 비는 모양쳐로 그ㅼ 션친 쳐지의 셩심을 격노ㅎ시게 ㅎ올
터히 아니라 (한듕 p.560)

「쳐로」는 「쳐라」로도 나타나는데 예시하면 다음과 같다.

c. 영모긔 샹소롤 ㅎ니 션왕하교쳐라 만일 영묘게오셔 튜승
슈작ㅎ다ㅎ오시고 셰손긔 미안ㅎ오시더면 화식이어나 지
경의 밋츠리오 (한듕 p.584)
d. 나쳐라 이리도 져이 안ᄂ니야 쏘뉘 잇시리오 (한듕 p.588)

자) 합성토씨 : 「만치」는 도움토씨와의 합성토씨로 나타난다.

(54) ᄌ쵸로 져희게 은혀가 잇지 원은 호발만치도 업스니 (한듕
p.558)

4.2.5 19세기 견줌자리토씨의 용법

19세기의 견줌자리토씨에는 「도곤」, 「보다」, 「의여서」, 「과/와」, 「갓치/가치/것치/ㄱㅊ치」, 「만」, 「만큼」 등이 있다.

가) 「도곤」의 용법 : 이 토씨는 주로 <가곡원류>에서만 나타나는 것을 보면 옛날의 인습으로 그저 이어 사용한 것이지, 19세기에 널리 쓰이던 것은 아닌 듯하다. <독립신문>에 와서는 없어진다.

> (55) a. 쓴 나물 뎃친 거시 고기도곤 맛시 이세 (가곡 p.29)
>   b. 九折羊腸이 물도곤 어여웨라 (가곡 p.42)
>   c. 죽기 셜웨란들 늙기도곤 더 설우랴 (가곡 p.70)

나) 「보다」의 용법 : 이 토씨는 입말에서 널리 사용되었던 것 같은데, 18세기에 「보다가」가 <독립신문>에 와서는 「보다」로 나타내기 시작한다.

> (56) a. 녀편네가 사나희 보다 조곰도 나잔 인스 ᄉᆞᆼ이 아닌듸 ㅣ (독립
>   1-7)
>   b. 두 사름의 쳔거로 식인 사름보다 일을 낫게 홀 터이요 (독
>   립 1-4)
>   c. 한문으로 쓴것보다 더디 보고… (독립 1-1)

다) 「의여서」의 용법 : 이 토씨는 「이다」의 굴곡형이 굳어진 것인데, 「봉선화가」에서만 나타났다.

> (57) 꽃 앞에 나아가서 두 빛을 비교하니 쪽잎의 푸른 물이 쪽의
>   여서 푸르단 말이 아니 오를손가 (봉선화가)

라) 「과/와」의 용법 : 18세기부터 「같다, 다르다…」 등의 비교를 나타내는 말 앞에서만 대비를 나타내던 「과·와」는 19세기에는 그 도를 더

하여 그것이 더 확고해졌다.

    (58) a. 시방 텬하 형세가 이왕과 달나 (독립 1-2)
        b. 이와 비록 ᄀᆞᆺ흔 유가 망녕되히 의를 비반ᄒᆞ다. 의론ᄒᆞ니
          (독립 1-3)

    마) 「갓치/가치/것치/ᄀᆞᆺ치/ᄀᆞ치」의 용법 : 이 토씨는 19세기에는 완전히 입천장소리화한 것만이 나타나는데, 그 표기가 다양해졌다.

    (59) a. 우리는 耳目 聰明 男子로되 聾瞽ᄀᆞ치 ᄒᆞ노라 (가곡 p.16)
        b. 平生에 養志誠孝를 僧子갓치 ᄒᆞ리라 (독립 1권 2호 논설)
        c. 우레것치 소리난 님을 번기것치 번쩍만나 (가곡 p.97)
        d. 죠칙에 ᄒᆞ신 말슴ᄀᆞᆺ치 세계지인이 다 형뎨라 (독립 1권 2
          호 논설)

이 「것치」는 「ᄀᆞᆺ치」를 좀 멋있게 나타낸 것이다.

    바) 「만」의 용법 : 18세기와 같이 19세기에도 「만」은 비교와 단독의 뜻을 나타내었다.

    (60) a. 萬乘쓴이 이만 ᄒᆞ랴 (만흥 4)
        b. 늬 本是 남만 못ᄒᆞ여 희올 일인 바이 업늬 (가곡 p.24)
        c. 크기 동희만 ᄒᆞ고 (낙셩 1-252)
        d. 한강을 ᄒᆞ임만 갓지 못ᄒᆞ지라 (인봉쇼 1-41)

    사) 「만콤」, 「만큼」의 용법 : 17세기까지 「마곰」 또는 「마콤」으로 쓰이던 이 토씨는 19세기에 와서는 「만콤」, 「만큼으로 변함으로써 현대어에 완전히 가까워졌다.

    (61) a. 그 안희가 남편만콤 학문이 잇고 지식이 잇스면 집안 일

이 잘 될 터이오 (독립 1-16)
b. 죠션짜만큼 기름진 짜히 업눈디 (독립 1-26)
c. 가란혼 사롬만큼 편히 못사눈사롬이 만혼지라 (독립 1권
106호 논설)

아) 합성토씨 : 견줌자리토씨 「와」, 「보다」는 다른 토씨와 합하여 합성토씨가 된다. 이러한 토씨로는 「보다는」과 「만도」가 있다.

(62) 「보다는」
a. 그거슬 보거드면 지금 죠션 륙군이 이왕보다는 빅배가 낫고 (독립 1권 38호 p.149)
b. 크기가 아세아보다는 젹으되 다른 대륙보다는 크고 (독립 1권 40호 p.157)
c. 죠션이 영국보다는 크고 비리시보다 아홉갑절이 크고 (독립 1권 24호 p.93)

(63) 「만도」
필경 싯츤 엇지 되는고 녯적만도 못 흐게 되는지라(독립 1권 48호 p.189)

4.2.6 20세기 초 견줌자리토씨의 용법

20세기 초의 견줌자리토씨에는 「보다」, 「보담」, 「과/와」, 「갓치」, 「처럼」, 「만치」, 「만」, 「맛다나」 등이 있다.

가) 「보다」의 용법 : 이 토씨는 우위견줌자리토씨이다.

(64) a. 그놈이 나의 누님의 원수라 함보다도 나의 원수입니다 (백조 1-40)
b. 사랑보다 더 큰 信仰이 이 세상에 또 어대 잇슬가요 (백조 2-18)

그런데 이때는 「보담」도 나타난다.

        c. 목숨보단 더한 純潔을 일흔 것이 슯헛엇다 (백조 2-50)

나) 「보다/보담」의 합성토씨 : 이러한 형태로는 「보다도」와 「보담은」
등이 있다.

    (65) 「보다도」
        a. 그들은 밥보다도 돈보다도 벼슬보다도 美色보다도 自由를
           重히 아러서 (소년 1-2 p.73)
        b. 學生들은 他國語文을 學習하난 것 보다도 自國精神부터 硏
           修하얏더라 (소년 1-2 p.74)

    (66) 「보담은」
        다 죽난 것보담은 사람만이라도 사라나난 것이 올타 하야
        (소년 2-2 p.26)

다) 「과/와」의 용법

    (67) a. 하얀 百合 우에 더진 것과 갓다하엿다 (백조 1-1)
        b. 죽은 사람과 갓치 안저 이섯다 (백조 1-1)
        c. 그의 눈에 활동사진과 갓치 나타나는 것이다 (백조 1-1)
        d. 天使와 만난 그는 天使에게 아름다운 音樂을 들너 밧엇다
           (백조 1-29)

이 「과/와」는 15세기부터 20세기까지 별 변천도 없이 내려왔음은 이
로써 알 수 있다. 다만 앞에서도 언급하였지마는, 17세기에 「와」가 쓰
일 자리에 「과」가 쓰이는 일이 조금 있었을 뿐이었다.

라) 「갓치」의 용법

> (68) a. 올치 이러면 貢緞갓치 고흔 물결이 찰낙 찰낙 나의 몸을
>   씨담어 쥬노라 (백조 1-2)
>   b. 銀고리갓치 둥글고 밋그러운 혼자 이약이를… (백조 1-1)
>   c. 치마 쏴락갓치 달잠거 떨이는 잔살물결이 소리업시… (백
>   조 1-1)

여기서 보면 19세기 나타났던 「갓치」는 20세기 초에도 사용되었는
데, 이것이 오늘날 그 말밑을 밝혀 쓰는 토씨 「같이」로 변하였다.

마) 「처럼」의 용법 : 이 토씨는 20세기 초에 처음 나타나는데, 아마
서울지방의 사투리가 언문일치운동의 결과, 월에 나타난 듯하다. 본래
는 어찌씨였다가 토씨로 발달한 것으로 보인다.

> (69) a. 어리광처럼 힘업시 넘어집니다 (백조 1-2)
>   b. 호랑나비처럼 훨훨 나라듭니다 (백조 1-27)
>   c. 달콤한 비애가 안개처럼 이 어린 넉슬 휩싸들으니… (백
>   조 1-2)

바) 「맛다나」의 용법 : 「맛다나」는 어찌씨에서 발달해 온 것으로 입
말에 주로 쓰이면서 오늘날 사투리로 쓰이고 있다.

> (70) 果然 그의 말맛다나 海雲臺에 갓다온 일은 잇다 (백조 2-133)

사) 「만치」의 용법 : 이 토씨는 풀이씨에 쓰이는 것이 특이하다. 도
움토씨로 볼 만하나 여기서 다룬다.

> (71) 이것이 이별을 의미하는 것일 쌔에는 그 즐겁고 아름다운이
>   만치 그만치 쓰리고 압앗다 (백조 1-5)

아) 「만콤」, 「만치」, 「만」의 합성토씨 : 다음과 같은 형태가 있다.

> (72) 「만콤이라도」
> 말삼은 터럭만콤이라도 小說的 修飾을 더하지 아니한… (소
> 년 2-1)

> (73) 「만치라도」
> 心身을 快暢하게 하야 조곰만치라도 健康을 傷하난… (소년
> 2-2 p.6)
> 自他의 사이에 조곰만치라도 繫累가 업고 (소년 2-4 p.15)

> (74) 「만치도」
> 攝生이란 것은 毫末만치도 모르난 나는 번연히 고칠 수 잇난
> 것을 제몸이란 것을 도라다 보지 아니하기로 하야 (소년 2-2
> p.52)

> (75) 「만은」
> 그 크기가 큰 솔개만은 하고 그 소래 북을 티난 것 갓고(소
> 년 1-2 p.25)

> (76) 「만도」
> 忠誠스러운 婢僕이 난것만도 오히려 못하지 아니한가(소년
> 2-2 p.19)

5. 연유자리토씨

5.1 연유자리토씨의 말밑

이 토씨에는 「으로, 오로/우로, 록, 으로셔, 오로셔/우로셔, 로뻐」 등
이 있는데 이들 전체의 말밑을 밝히기 위하여는 「으로」와 「으로셔」의

말밑을 먼저 밝혀야 하겠기에 다음에서 이것부터 차례로 밝혀보기로 하겠다.

5.1.1 「으로」, 「으로써」의 말밑

먼저 향가의 예부터 보기로 하자.

   (1) a. 逸烏川理叱磧惡希 (讚耆婆郎)
        b. 手良每如法叱供乙留法界滿賜乎佛體 (廣修供養)
        c. 心未筆留慕呂白乎隱佛體前衣 (禮敬諸佛)
        d. 淨戒叱主留卜以支遣只 (懺悔業障)
        e. 煩惱熱留煎將來出來 (請轉法輪)
        f. 曉留朝予萬夜未 (請佛住也)
        h. 舊留然叱爲事置耶 (普皆廻向)

  (1a-h)까지의 「烏」나 「留」는 다만 표음적 표기이기 때문에 이것들로 써는 「으로」의 말밑을 알 수 없으나 여기서 하나 유념하여야 할 것은 (1b)의 「乙留」가 폐음절 이름씨 밑에 사용되었다는 것이다. 이것에서 아마 「으로」의 「으」의 근원을 찾을 수 있을 것이 아닌가 한다. 어떻든 (1) 로써는 「으로」의 말밑을 알 수 없으므로 다시 이두와 중세어를 가지고 그 말밑을 찾아볼 필요가 있다. 이에 따라 먼저 <대명률>에서는 어떻게 표기되어 있는가를 보기로 하자.

   (2) a. 有事人矣財物乙爲爲曲法以決斷爲在乙良 (刑律 官吏爲財)
        b. 一半以科罪爲乎事 (刑律 官吏爲財)
        c. 趣便以進來問當不冬爲旀 (各例律 職官者犯罪)
        d. 仰官亦所屬官乙非理以侵逼爲去等 (各例律 職官有犯)
        e. 官吏等亦公事以犯罪爲去等 (各例律文武官犯公罪)

  (2a-e)에서 보면 <대명률>에서는 한결같이 「으로」는 「以」로 나타나

는데 <대명률>의 부록 이두약해에서는 「以」는 「으로」로 읽는다고 해놓고 이것을 한자의 뜻 그대로 「-을 가지고」의 뜻으로 사용된다고 설명해 놓았다. 그러면 「로」는 본래 이름씨였는지 움직씨였는지 단정하기 어려우나, (2b)에 의하여 보면 아마 「가지다」의 뜻을 가졌던 이름씨였을 것으로 생각된다. 더구나, 다음의 예를 보면 더 그렇게 느껴지게 된다.

> (3) a. 般若智로 뻐 얼굴 삼고 萬行 고즈로 뻐 문올 사ᄆ니…(般若
>   智로 以爲質ᄒ고 萬行花로 以爲文ᄒ니) (금삼 2-30)
>   b. 空生이 일로 뻐 물즈오ᄆᆫ 비록 ᄯᅩ 本來金이라도 내죵애 노
>   교ᄆ로이ᄂ니(空生이 以 此問者ᄂ 雖復本來金이라도 綜以銷
>   로 成就ᄒᄂ니) (금삼 2-8)
>   c. 善男善女로 뻐 닐오ᄆᆫ 다 내 아로ᄆᆯ 긏이도다 (금삼 2-8)

(3a-c)에서 보면 오늘날의 「로써」는 본래 「로+뻐>로뻐>로써」로 변천한 것인데, 「로」가 만일 움직씨였다고 하면 움직씨인 「뻐」가 어떻게 이것과 합하여 하나의 토씨가 될 수 있겠는가 의심스럽다. 우리말에서는 움직씨가 토씨로 되려면 줄기가 완료형으로 되거나 아니면 이음씨 끝 「고」로 되어야 하는데 「으로」가 움직씨라면 그 형태가 위에서 말한 것과 어긋나며 움직씨의 줄기가 그대로 토씨가 되는 예는 아직 하나도 발견하지 못하였다. 더구나, 「으로」에 「ㅅ」이 와서 「으롯」형이 나타나는데 이것이 「을 가지고서」의 뜻으로 이해되며 또 「으록」으로도 나타나서 연유자리토씨로 구실하니 이와 같은 형태적인 변이 사항을 보더라도 움직씨로 보기는 어렵다.

> (4) a. 虛無自然ᄒᆫ 큰 道理ᄂ 하ᄂᆯ롯 몬져나니 (월석 2-70)
>   b. 八地롯 웃 三地中엣 修道智ㅣ 能히 긋ᄂ니라 (원각상 1-2
>   =181)
>   c. 二禪으롯 우흔 이 世界 여러번 고텨 ᄃᆞ와야ᅀᅡ (월석 1-38)

이와 같은 언어사실은 위치자리토씨 「에/애」에 사이시옷이 와서 「엣/앳」 등이 되어 이들이 매김자리토씨와 같은 구실을 함과 비슷한 사실로 볼 수 있지 않을까 한다.

   (5) a. 鴨江앳 將軍氣를 (용가 39)
       b. 긼갯 百姓이 (용비 57)
       c. 楚國엣 元子氣를 行幸ᄋᆞ로 마ᄀᆞ시니 (용비 39)

여기에서 보는 바와 같이 「에/애」가 「엣/앳」이 되었다고 해서 위치자리토씨가 아닌 다른 토씨가 된 것이 아님을 보아도 「으롯」이 「으로」와 그 기능에 차이가 없음도 아울러 이해가 될 것이다.

   그러면 「으로」의 「으」는 소위 고룸소리일까? 「로」가 이름씨라면 어떻게 「으」가 고룸소리일 수 있겠는가? 글쓴이는 (1b)에서의 「乙留」를 특히 유의하여 「을로>으로」로 바뀌어 온 것이 아닐까 한다. 「로」가 「가지다」의 뜻인 이름씨이므로 그 앞에 대상이나 선정을 나타내는 이름씨를 취할 수 있고 같은 닿소리 두 개가 잇달아 소리날 때에는 그 중의 하나가 탈락되는 것은 우리말에서 쉽게 찾아볼 수 있는 언어사실이다. 그러므로, 「을로」가 「으로」로 바뀔 가능성이 전혀 없지 않다.

   그렇다면 「으로써」는 「으로+뼈(움직씨)>으로+써>으로써」로 된 것이다. 즉 「이름씨+움직씨」로 되어 발달한 합성토씨이다. 그러므로, 오늘날 「으로써」 대신에 「으로」를 많이 사용하는데 그것은 편리한대도 그 이유의 일단은 있겠으나 「으로」와 「써」가 같은 뜻을 가진 말이기 때문이라 생각된다.

5.1.2 「록」, 「롯」, 「오로」의 말밑

「오로」는 「으로」의 변이형태로 보아지나, 「록」과 「롯」은 다소의 상고가 있어야 할 것 같다.

(6) a. 받 님자히 과호야 줌싱도 孝子홀씨 일록 後에 疑心 마오 자
  져가라 (월석 2-13)
b. 이 迷人아 오눌록 後에 이 길홀 넓디 말라 (월석 21-119)
c. 어딘 工匠이 녜록 져그니(良工古昔少) (두언 18-19)
d. 文章은 다 날록 몬졔로다(文章並我先) (두언 20-6)
e. 일록 몬져 四品將軍이러니(先是四品將軍) (육조, 상 35)
f. 八地롯 웃 三地中엣 修道智ㅣ 能히 긋ᄂ니라(八地己上三地中
  修道智能斷) (원삭상 1-2, 181)
g. 쏘 닐오디 八地롯 웃 菩薩身中에 자핀 煩惱니(復云八地己上
  菩薩身中所煩惱) (원각상 1-2, 181)
h. 六塵오롯 아랜 다 알폴 例호야 아랄디니라(六塵己下皆例前
  智) (원각상 2-2, 142)
i. 처섬 이에셔 사던 저고로 오눐낤 ᄀ장 혜면 (석보 6-74)
j. 左쪄고로 돌며 右쪄고로 올모며 (금상 3-6)
k. 안흐로 깃고 밧고로 슳ᄒ니 (금상 3-33)

(6a-e)까지는 「록」의 보기요, (6f-h)까지는 「롯」의 보기요, (6i-k)까지는 「
오로」의 보기인데, 글쓴이가 보기에는 「오로」는 앞 이름씨에 의하여 쓰
였던 「으로」의 변이형태로 보이고 「록」과 「롯」도 「으로」의 변이형태인데
그 뜻이 「으로」와는 다른 것으로 보인다. 왜냐하면 (6f-h)의 예에서 보면
「록」은 「己」의 번역으로 나타나는데, 그렇다면 「己」의 뜻과 용법을 살피
지 않을 수 없다. 「모로바시」의 <대한화사전> 권4 「己」조에서 보면 「己」
는 「뿐, 단정, 국한」의 뜻이 있음과 동시에 「가지고」의 뜻도 있음을 설명
해 놓았다. 따라서 「롯」과 「록」은 서로 변이형태로 보이며 뜻은 「단정」
이나 「확정」을 나타내되, 구실은 「으로」를 나타내는 것으로 보아야 할
것 같다. 따라서 (6a)의 「일록」은 「이것에 한정한 것을 가지고 (이것으로만)
후에 의심 말고 가져 가라」의 뜻이오. (6b)도 「이 迷人아 오늘로써만 후에
길을 밟지 말라」로 해서하여야 한다. 그리고 (6f)도 「八地로써만 웃 三地
中에 있는 修道智가 능히 끊느리라」로 풀어야 하고 (6g)도 「또 말하되, 八
地를 가지고서만 웃 보살 신중에 잡힌 번뇌니」로 풀어야 할 것이다.[51]

5.1.3 「으로서」의 말밑

이 토씨는 「로」에 「이시어>이셔>셔>서」로 변천한 「서」가 합하여
이루어진 것이다. 다음에서 그 형태 및 뜻의 변천을 역사적으로 살펴보
기로 하겠다.

    (7) a. 西湖ᄂᆞᆫ 玉泉으로셔 흘러 오ᄂᆞ니 (초노상 134)
        b. 내 高麗王京으로셔 브터 오라 (초노상 1A)
        c. ᄒᆞᄅᆞ 사이로셔 다 머기면 (두창경 7)
        d. 氏는 元來 未來禮의 頭目으로셔 多數한 弟子를 가졌섯다 (폐
           허 1-78)
        e. 예술적 表現으로서 가장 審美性 及 必然性에 부하여 (폐허
           1-84)

15세기에는 「셔」가 위치자리토씨로 쓰이었는데, 이것이 「로」 다음에
와서 (7a · b)와 같이 출발의 뜻을 나타내고 (7c)와 같이 동안이나 경과를
나타내며 (7d)의 「으로셔」는 자격이나 신분의 뜻으로 볼 수 있고 (7e)는
완전히 자격 또는 신분의 뜻으로 바뀌게 되었는데 「으로서」가 출발이나
경유의 뜻에서 자격 · 신분의 뜻으로 바뀐 시기는 아마 19세기 후반부터
인 것으로 생각된다. 그렇기에 20세기 초부터 이 토씨는 오로지 자격 ·
신분의 뜻으로 쓰였지 않았나 생각된다. 그러면, 본래 출발, 경과의 뜻을
나타내던 토씨가 어찌하여 신분 · 자격의 뜻으로만 쓰이게 되었는가 하는
문제인데, 대개 토씨의 의미변천을 보면 본래 「로서」에 희미하나마 자격
의 뜻도 내포되어 있었기 때문이었으리라 생각되는데, 시간이 흐름에 따
라 이 뜻이 우세하게 되어 오직 이 뜻으로만 굳어지게 된 것으로 보인다.
그러면, 왜 「로서」에 출발, 경우, 자격 등의 뜻이 내포되게 되었는가 하면
「로」 자신의 뜻 때문이기도 하나 「이시어>이셔>셔」의 뜻이 크게 작용
한 것으로 보인다.

---

51) 허 웅, 앞에 든 책, p.353에서는 「록」의 「r」은 강세를 나타낸다고 하였다.

5.2 연유자리토씨의 변천과정

5.2.1 신라향가에서의 연유자리토씨의 용법

이에는 「烏」 하나가 나타나는데 아마 음차적 표기로 보인다.

    (8) 逸烏川理叱磧惡希 (讚耆婆良)

<고가연구>에 의하면[52] 「逸烏」를 「일로」오 읽고 「自此」로 풀이했는데 「로」가 오늘날은 「로부터」로 쓰여 출발자리를 나타내나, 여기서는 형태에 중점을 두어 연유자리토씨로 다루기로 하였다. 따라서, 신라향가에 있어서의 「로」는 연유는 물론 출발도 나타내는데 사용되었음을 알 수 있다.

5.2.2 고려향가에서의 연유자리토씨의 용법

신라향가에서는 「烏」가 나타나더니 고려향가에서는 「留」가 나타난다.

    (9) a. 間王冬留讚伊白制 (稱讚如來)
        b. 淨戒叱主留卜以支乃遣只 (懺悔法輪)
        c. 無明土深以埋多煩惱留煎將來出米 (請轉法輪)
        d. 曉留朝于萬夜未向室賜示朋知良閪尸也 (讚佛往世)
        e. 大悲叱水由潤良只不冬萎玉內乎留叱等耶 (恒順衆生)
        f. 舊留然叱爲事置也 (普皆廻向)
        g. 心未筆留慕如白乎隱佛體前衣 (禮敬諸佛)
        h. 手良每如法叱供乙留法界滿賜仁佛體佛佛周物叱供爲白制 (廣修供養)

---

52) 양주동, 1965. 고가연구. 서울, 일조각. p.351 참조.

(9)의 「留」는 대부분 연유를 나타내나, (9d)의 「留」는 「로부터」 또는 「에서」의 문맥적 뜻으로 이해된다. 그리고 (1f)의 「留」도 「로부터」의 뜻으로 이해된다. (1h)의 「乙留」는 오늘날의 「을로」에 대응되는 것으로 보인다. 이와 같이 풀이해 보면 연유자리토씨 「루」는 연유는 물론 「로부터」의 뜻을 나타냄을 알 수 있다. 그러나, 이유나 원인의 뜻을 나타내는 예는 볼 수 없다.

5.2.3 15세기 이후의 연유자리토씨의 용법

1) 15세기 연유자리토씨의 용법

이에는 「으로/ᄋ로」, 「오로」, 「로」, 「으록」, 「롯」 등이 있다.

가) 「으로/ᄋ로」, 「오로」, 「로」의 용법

    (10) a. 일로부터 天上에 나리도 이시리니 (석보 9-37)
        b. 罪業이 일로부터 날쎄 (석보 13-76)
        c. 竹園으로 오더니 (석보 6-24)
        d. 우ᄒ로 凡世에 니르게 ᄒ고 (석보 6-76)
        e. 제 나라ᄒ로 갈 쩌긔 (석보 6-43)
        f. 묽겨리 안ᄒ로 소ᄉ면 (금삼 3-67)
        g. 楚國엣 天子氣를 行幸ᄋ로 마ᄀ시니 (용비 39)
        h. 갈ᄒ로 베혀도 긋디 아니 ᄒ놋다 (금삼 2-14)
        i. 天命을 疑心ᄒ실쎄 꾸므로 뵈아시니 (용비 13)
        j. 그 ᄢᅴ 木蓮이 種種方便으로 다시곰 술ᄫᅡ도 (석보 6-11)
        k. 부텻 道理로 衆生 濟渡ᄒ시ᄂᆞᆫ (월석 1-9)
        l. 宮女로 놀라샤미 宮監이 다시언마론 (용비 17)
        m. 左ㅅ녀 녀고로 돌며 右ㅅ녀고로 을모매 (금삼 3-6)
        n. 안ᄒ로 깃고 밧고로 슬ᄒ니 (금삼 3-33)

(10a-n)까지의 예를 가지고 보면 연유자리토씨는 연장, 방향, 이유,

출발 등의 문맥적 뜻으로 쓰인다. 그런데 「오로」는 앞 이름씨나 그 받침에 의해 동화되어 나타난 변이형태로 보이는데, 「녁으로」발음하는 것보다 「녁오로」로 발음하면 훨씬 수월하기 때문인 것으로 보인다. 더구나 「오로」는 홀소리고룸이 잘 지켜지지 않는 것으로도 그렇게 인정할 수 있을 것으로 보인다.

나) 「으록」, 「롯」의 용법 : 이 토씨는 음양 개폐 두 홀소리 밑에 쓰이며, 「록」은 시간에, 「롯」은 위치에 주로 쓰이는 듯하다. 그런데 「롯」은 견줌과 시발을 나타내기도 한다.

(11) a. 이 迷人아 오늘록 後에 이 길흘 넓지 말라 (월석 21-119)
　　 b. 일록 後에 疑心 마오 (월석 2-13)
　　 c. 일롯 四方ᄋ로 十萬億 부텻 짜홀 디나가 (월석 7-62B)
　　 d. 四百十八롯 前ᄋ (능엄 7-40)
　　 e. 하늘롯 몬졔며, 짜ᅙ롯 後ㅣ라 (두언 3-126)
　　 f. 華嚴에 十地롯 前엔 (능엄 6-40)
　　 g. 이 신법ᄋ롯 우히라 (금삼 2-53)
　　 h. 四禪으롯 우흔 말쏘미 업슬씨 (능엄 9-18)
　　 i. 二禪으롯 우흔이 말쏘미 업슬씨 (석보 13-12)
　　 j. 二禪으롯 우흔이 世界 여러번 교텨 두외야 (월석 1-76)

다) 합성토씨 : 연유자리토씨는 다른 토씨와 합성토씨를 만든다.

(12) 「으로셔」, 「오로셔」, 「과로/와로」
　　 a. 如來로셔 세존에 니르니 (석보 9-5)
　　 b. 日月燈明佛이 三昧로셔 나르샤 (석보 13-65)
　　 c. 비흔 거시 十方ᄋ로셔 오니 (석보 9-82)
　　 d. 舍利佛의 入定으로셔 니러 옷 고티고 (석보 6-59)
　　 e. 나랏 처ᅀᅥ므로셔 오매 (두언 16-16-189)
　　 f. 蓮고지 고즈로셔 여름 여르미 ᄀᆮ훌씨 (석보 13-66)
　　 g. 相이 밧고로셔 오ᄂᆞ디 아니라 (금삼3-64)

　　h. 陝西 짜호로셔 나오니까 (박통상-145)
　　i. 滅와 道와로 精氣 사마 (능엄 10-64)
　　j. 술위와 보비로 꾸묜 뎡과로 즐겨 布施ᄒ야 (석보 13-37)
　　k. 몰애와 돌콰로 플와 茱蔬ㅣ 아니날씬 (능엄 6-92)

(12a-k)에서 보면 「로셔」는 경유나 출발을 나타내고, 「으(ᄋ)로셔」도 역시 출발이나 「부터서」의 뜻으로 쓰이었으며, 「와로/과로」는 「으로써」의 뜻이나, 경우에 따라서는 이유로도 볼 수 있을 것 같다.(3j)

　　(13) 「으로도」
　　　　a. 子期의 聰明으로도 (금삼 3-13)
　　　　b. 放逸혼 지조로도 (두언 10-75)

　　(14) 「오뢰어나」, 「ᄋ로ᅀᅡ」
　　　　a. 부디어나 손토보뢰어나 佛像을 그리ᅀᆞᆸ더니 (석보 13-104)
　　　　b. 風騷로ᅀᅡ 서르 (두언 16-117)
　　　　c. 모미 아로ᄆᆞ로ᅀᅡ 觸이 이실씬 (능엄 3-54)
　　　　d. 이 각시로ᅀᅡ ᄒ릴씬 (월셧 7-15B)

　2) 16세기 연유자리토씨의 용법

16세기의 연유자리토씨에는 「ᄋ로/으로」, 「오로/우로」, 「ᄋ로셔/으로셔」 등이 있었다.

　가) 「(ᄋ/으)로」의 용법 : 이 토씨는 홀소리 고룸에 따라 「ᄋ로」는 양성홀소리 밑에 쓰이고, 「으로」는 음성홀소리 밑에 쓰인다. 그리고 이들 토씨는 다음과 같이 여러 뜻을 나타내었다.

　　(15) a. 문 밧긔 셔쩐 양으로 ᄒ라 (여향 p.77)-현상
　　　　b. 약정으로 아래 사룸은 (여향 p.77)-비교
　　　　c. 말로 되면 부쪽ᄒ리라 (초박상 23)-연장

    d. 비호는 물이 구이나 ᄒ더니 날이며 돌로 ᄀ다ᄃ마 文章을
       호디 (소학언 6-9A)-마다(누적)
    e. 믈 샐이고 쓸며 應ᄒ며 對홈으로 브터 뻐 감으로 그 효도
       ᄒ며 손슌ᄒ며… (소학언 6-12A)
    f. 옥쳔소는 엇디ᄒ고 스굴로 언제 가려 ᄒ눈고 (순김 52)-방향
    g. 아바님도 이제 본 여그로 가니라 (순김 46)-장소

  (15a)의 「으로」는 「대로」의 뜻을 나타내며 (15b)는 견줌의 뜻을, (15c)
는 연모, (15d)는 누적, (15e)는 시발의 뜻을, (15f · g)는 방향, 장소 등
을 각각 나타낸다.

  나) 합성토씨 : 「(ᄋ/으)로는」 도움토씨와 합하여 합성토씨가 된다.

  (16) 「로사」
    a. ᄌ디 안팟근 시월로사 셜워 히여 가리라 (순김 62)
    b. 자내 나도로니 ᄀ올로사 아모거시나 ᄒ로 쇠 나도 하 션
       사니 ᄀ이 업시 가난ᄒ니 아모것도 몯 보내니 (순김 48)

  15세기의 「ᅀᅡ」는 16세기부터 「사」와 「ᅀᅡ」의 둘로 나타나는데, (16
a · b)에서와 같이 간찰에서 「사」로 나타난 것을 보면 이때 입말에서는
「사」로 쓰였고, 「ᅀᅡ」는 15세기부터의 관습에 의하여 글말에서 쓰인 것
으로 보인다.[53)]

  (17) 「과로」
    a. 아ᄉᆷ이며 벌과로 화등ᄒ며 사괴여 놀 사름을 잘 굴히야
       ᄒ며 (여향 p.7)
    b. 덕과 업과로 서ᄅ 권아니 호미오 (여향 p.14)
    c. 긔약이 맛디 아니ᄒᆫ 죄는 덕과 업과로 서ᄅ 권티 아니홀
       일와… (여향 p.12)

---

53) 「그가 몰 ᄇ라 멀어ᅀᅡ 드러 잘 거시라(여향 p.43)」에서 보면 글말에서는 「ᅀᅡ」로 그
   냥 쓰이고 있다.

(17a-c)에서의 「과」는 앞 임자씨를 「로」에 연결시켜 주는 구실을 하고 있다. 「과로」는 15세기에는 「여동격토씨」로 보았으나, 그렇게 보아서는 (17b·c)에서 보는 바와 같이 뜻이 맞지 않는 일이 있으므로, 16세기부터는 그렇게 보기는 곤란하다. 따라서 앞 임자씨를 「과」가 「로」에 이어주는 구실을 하므로 합성토씨로 보아야 한다.

(18) 「으로브터」
    벋디란 거슨 그 덕을 벗삼느니 님굼므로브터 샹인네 니르히
    뉘 아니벋들 주뢰ᄒ며 덕글 일우리오 (정속 p.31)

(18)의 예를 보면 오늘날의 「로부터」는 16세기부터 출발한 듯하다. 왜냐하면, 15세기에는 이런 합병토씨가 나타나지 않기 때문이다.[54]

(19) 「으로다가」
    ᄒᆞᆫ 괴약잇 사름으로다가 볼디니 편지ᄒᆞ야 무롤 저귀도 쏘
    그 ᄀᆞᆮ티 ᄒᆞ라 (여향 p.52)

이것은 하나가 나타났는데 오늘날의 「로부터」는 16세기부터 출발한 듯하다.

다) 「오로/우로」의 용법 : 이것은 <노걸대>, <박통사언해>에서 주로 많이 나타나는데, 아마 이것은 이름씨의 홀소리나 그 받침에 의한 동화로 그리된 것으로 보아지므로 입말에서 「ᄋᆞ로/으로」와의 수의변이 형태로 여겨진다.

(20) a. 당시론 五百里 우ᄒᆞ로 잇ᄂᆞ니 (초노상 10B)
    b. 네 므슴모로 비ᄒᆞᄂᆞᆫ다 (초노상 6)
    c. 우리 앏푸로 나아가 (초노상 10A)

---

54) 「을론」, 「르로」는 부림자리토씨 p.84 ⓒ, ⓓ 참조.

     d. 모로매 지부로 오고라 (초노상 44B)
     e. 이 훈둥엣 므른 열닷량 우후로 풀오 (초노상 9A)

이 토씨는 도움토씨와의 합성토씨를 이루지 않음이 특징이다.

라) 「오로셔/으로셔」, 「로셔」의 용법 : 이 토씨는 15세기에는 합성토씨였으나 16세기부터는 단일개념을 나타내는 단순토씨로 쓰였다. 그리고 이 토씨는 「로＋셔(이시어＞이셔＞셔)」로 이루어진 것으로 시발, 경유, 방향, 연유들을 나타낸다.

    (21) a. 西湖는 玉泉으로셔 흘러 오느니 (초노상 134)
        b. 내 高麗 王京으로셔 브터 오라 (초노상 1A)
        c. 믈읫 遼東으로셔 간 나그내둘히 넌뎌 브리디 아녀 (초노상
          11B)
        d. 제 므슴모로셔 즐기는 거슨 (초박상 139)
        e. 高麗짜호로셔 오니 (초노상 75A)
        f. 스므날로셔 스므닷샛ᄭᆞ장 (순김 130)[55]
        g. 아모의 ᄲᆞ론 현되로셔 한ᄢᅢ 먹고 아모는 현되로셔 현ᄢᅢ 자
          세 뎌거 보내소 (순김 44)

이상의 예에서 보는 바 임의적 변이형태로 보이는 「오로셔」가 나타나는데, 이것은 15세기에도 있었다. 「오로셔」의 「오」는 동화현상에 의한 것으로도 볼 수 있겠는데, 시발(출발)을 나타냄을 (21f)로셔 분명히 알 수 있다.

16세기에도 「(ᄋᆞ/으)로셔」는 도움토씨와 합성토씨를 이루지 아니하였다.

3) 17세기 연유자리토씨의 용법

17세기 연유자리토씨에는 「ᄋᆞ로/으로」, 「오로」, 「ᄋᆞ로셔/으로셔」, 「록」,

---

55) 「로셔」는 「노셔」로 표기된 예도 있다.
    ·겨집븨게 범바텨 형데예 니르러 글노셔 나라홀 다스리ᄂᆞ니라 (정속 p.16)

「ᄋ롭서/으롭서/오로뻐」 등이 있었다.

가) 「ᄋ로/으로」, 「오로」의 용법 : 이 토씨는 다음의 예가 보이는 바
와 같이 여러 가지 뜻으로 쓰였다.

(22) a. 닌니는 날로 더브러 ᄒᆞᆫ 가지로 ᄒᆞᆫ디셔 살아 (경민 14B)-중첩
     b. 힝역 처엄이나 내죵이나 보원탕을 뻐 웃드므로 마다 고티
        라 (언해두창상 80)-차례
     c. 남그로 얼굴 ᄆᆡᇰᄀᆞ라 (동국신솟건 229)-재료
     d. 갈ᄒᆞ로 죽디 몯ᄒᆞ면 목ᄆᆡ야 주구리라 (동국신속건 40)-기구
     e. 심통ᄋ로 뻐 댓여르믈 ᄲᆞᆷᄒᆞ면 번드기 밧긧 것 求ᄒᆞ믈 닛
        고 (중두 17-1B)-수단
     f. 일로 보습건댄… (선가상 9)-수단
     g. 그ᄅᆞᆺ소로 그 피를 바ᄃᆞ되 (두창경 p.62)-기구
     h. 독ᄒᆞᆫ 귀운오로 더운 긔운을 조차 받게 ᄒᆞᆫ 이리라 (언해두
        창 p.89)
     i. 쥬럼 밧고로 날회여 거ᄅᆞ며 (태평광긔 1-34)-위치

이 「오로」는 15세기부터 17세기까지 쓰이다가 18세기 이후부터 전
혀 나타나지 아니한다.

「ᄋ로/으로」와 「오로/우로」는 아무런 문법적 차이점을 찾을 수 없기
때문에 하나의 수의변이형태로 보아진다. 또 다음과 같이 이름씨가 「나
죄」인 경우는 연유자리토씨가 「로」로만 나타난다.

     j. 아춤나죄로 제ᄒᆞ며 나가며 (동국신속건 36)
     k. 아춤나죄로 뵈고 나며 (동국신속건 305)

이것은 「외로」로 보아 합성토씨로 볼 수도 있으나, 「나죄」가 하나의
이름씨이므로 그렇게 보지 않기로 하였다.

그리고 「나모, 구무, …」 등 다음에 이 토씨가 오면 그들은 다음과

같이 변한다.

　　　h. 남고로뻐 아븨 어믜 얼굴을 사겨 (동국신속건 60)

　나)「♀로셔/으로셔」의 용법 : 이 토씨는 다음 예문이 보이는 바와
같이 여러 가지 뜻으로 쓰인다.

　　　(23)　a. 녹두분 흔냥반 ▽로 밍▽라 춤기름에 ▽라 귀 아프로셔
　　　　　　　두눈엥엇즈로 둗거이 브르라 (언해두창하 69)-시발
　　　　　b. 힝역 도돈 날로셔 닐웨 여드래 아흐래 날▽지 고름되는
　　　　　　　사흘이라 (언해두창상 59)-시발
　　　　　c. 흐르 스이로셔 다 머기면 (두창경 p.7)-기간
　　　　　d. 남진이 뒤흐로셔 샐리 브르면 왼녀크로 머리 도ᄂ니는 ᄉ
　　　　　　　나히오 (언해태산 p.30)-시발
　　　　　e. 東萊로셔 앗가 도라와습ᄂ (첩해 1-21B)-시발

　17세기에는「오로셔」는 나타나지 않는다.

　다)「록」의 용법 : 이 토씨는 16세기에는 나타나지 않다가, 17세기의
<중간 두시언해>에 와서 나타나는데, 이것은 아마 15세기의 잔재로
보아진다.

　　　(24)　a. 어딘 버든 네록 서르 사괴노라 (중두 20-88)
　　　　　b. 文章은 다 날록 몬제로다 (중두 20-11)

　이 토씨는 18세기부터는 나타나지 않는다.

　라)「(♀/으/오)로뻐」의 용법 :「(♀/으/오)로뻐」는 입말에서는 이미 토씨
화한 것 같아서 여기에서 다루기로 한다.

(25) a. 편을 밍ᄀ라 다스슬 쓰라 대념의 오시 만흐모로 **뻬라** (가
　　　　례 권5 32B)

　　　b. 이제 다른 영당으로 **뼈** 니ᄅ느니라 (가례 권1 10B)

　　　c. 신듀(神廚)룰 그 東의 짓고 담으로 **뼈** 두ᄅ고 각별이 싸門
　　　　을 흐야 미양 세딜러 달아 두라 (가례 권 10B)

　　　d. 블근 깁 ᄇ로 **뼈** 명정을 호되 너비ᄂ 온복이오 샹품 이샹
　　　　은 이홉 자히오 (가례 권5 21B)

　　　e. 이경을 승상호모로 **뼈** 본을 삼고 그 시힝 홀 제 니ᄅ러
　　　　ᄂ… (가례 서4A)

　　　f. 앏 쳠하로브터 집듕 뉴의 올라 북면흐야 웃스로뼈 블러
　　　　세 번 웨여 닐오ᄃ l 아므ᄂ 복흐라 흐야 (가례 권5 2A)

　　(25a-f)에서 보면 「으로뼈」는 18세기에 하나의 토씨로 굳어진 것 같
고, 특히 (25a)의 「으로뼈＋이라」가 합하여 된 것으로도 알 수 있겠다.
이런 예는 ＜가례＞ 권4의 25B에서도 「뷔 구고씌 뵈디 몯흐얏는 연고로
뻬라」와 같이 나타난다. 더구나 「…니ᄅ니 일로뻰 연괴라(가례 권4 11A)」
에서의 「ㄹ로뻰」은 「ㄹ로뼈＋인」의 준꼴이다. 이와 같은 기록은 이때는
「연고로뻬라」를 하나의 날숨무리(호기군)로 말하였다는 것의 증거가 된
다고도 볼 수 있기 때문이다. 그리고 「오로」는 그 앞말의 받침이 입술
소리일 때 주로 나타나므로 「ᄋ/으」가 이에 동화되어 「오/우」로 발음된
데서 그렇게 표기된 것 같다. 따라서 「ᄋ로/으로」의 수의변이형태로 볼
수 있다.

　　마) 합성토씨 : 「으로」는 다른 토씨와 합하여 합성토씨를 이룬다.

　　(26) 「로뼈는」, 「으로브터」
　　　　a. 무왕이 텬지 되시니 ᄎ례로뼈는 쥬공이 뭇이 되시ᄂ디라
　　　　　(가례 권1 16B)

　　　　b. 고조로브터 이하룰 제호더 다만 제홀 제 풍셩흐며 (가례
　　　　　권1 8B)

　　　　c. 동으로 면흐야 겨시거든 텽녑호로브터 바르 그쳐 (가례 권1 8B)

    d. 아직 십오 이샹으로브터 그 능히 효경과 논어룰 통ᄒ야
       (가례 권3 2A)
    e. 그 집의셔 시ᄒᆡᆼᄒᄂᆞᆫ 거스로브터 니ᄅᆞᆫ건댄 (가례 서21B)

   여기에서 보면 「으로뻐」는 단순토씨로 보아야 할 것으로 보이며, 「로뻐ᄂᆞᆫ」은 합성토씨로 보지 않을 수 없을 것 같다.

    (27)「로브터뻐」,「으로조차」,「으로나뻐」
      a. 쇼종의 조로브터뻐 ᄂᆞ라와 닐오미라 (가례 권1 16B)
      b. 군녀룰 다ᄉᆞ릴 거시라 스로브터뻐 우ᄒᆞᆫ 지치 되고 (가례
         권1 44A)
      c. 녜며 디며 신을 알게 ᄒᆞ고 일로브터뻐 가모로 가히 뻐 밍
         지며 슌ᄌᆞㅣ며… (가례 권2 25B)
      d. 면을 니ᄅᆞ는 쟈ᄂᆞᆫ 박그로조차 와시니 맛당히 어버의 양ᄌᆞ
         빗쳐 편안ᄒᆞ신가 몯ᄒᆞ신가 알려 호미라 (가례 권2 11A)
      e. 각각 긴흘 두어 몬져 ᄒᆞᆫ 그ᄐᆞ로뻐 완의 두로기룰 ᄒᆞᆫ불을
         ᄒᆞ야 도로 우ᄒᆞ로조차 제게 뻬고… (가례 권5 12A)
      f. ᄌᆞ례나 혹셔니(吏)나 죵으로나뻐 ᄒᆞ라 (가례 권5 5A)

   (27f)의 「으로나뻐」는 완전한 합성토씨로는 볼 수 없으나 이것이 후대에 와서는 「으로써나」로 바뀌게 되는데 그 첫 보기로써 여기에 예시한 것이다.

    (28)「뻐곰」
      a. ᄒᆞ나흘뻐곰 길복의 임이라 ᄒᆞ고 ᄒᆞ나흔뻐곰 흉복의임이라
         ᄒᆞ니 이 그 ᄀᆞᆺ디 아니홈이 세 가지라 기녜애뻐곰 심의속
         임 제도를 두 너븐 머리 우ᄒᆞ로 향ᄒᆞ다 ᄒᆞ여시니 (가례 권
         1 41A)
      b. 묘소에 필연 ᄉᆞ당니 이셔뻐곰 묘제룰 본ᄒᆞ게 ᄒᆞ연난가 ᄒᆞ
         노라 (가례 권1 36B)
      c. 집ᄉᆞ쟈ㅣ 조고 앏퍼 다쥬플 브어뻐곰 쥬인룰 주어든가
         (가례 권1 28B)

d. 그 후에 드듸여뻐곰 규네되여 댱의 니르러… (가례 권1 14B)

여기서의 「뻐곰」은 합성토씨로 보기 어려우나 (28a)의 「가네애뻐곰」
을 가지고 보면 합성토씨로 볼 수 있지 않을까 하는 생각이 들어 여기
에 예시하기로 한 것이다. 합성토씨로 보지 않을 경우에는 「뻐」는 움직
씨이다.

4) 18세기 연유자리토씨의 용법

18세기 연유자리토씨에는 「으로/오노」, 「ᄋ로셔/으로셔」, 「로뻐/으로
뻐」가 쓰였다.

가) 「으로/노」의 용법 : 이 토씨는 「노」로도 표기되었는데, 이마 이때
는 「로」는 「노」로도 발음된 듯하다.

예문에서 보는 바와 같이 다양하다.

    (29) a. 산힝 두 넉흐로 버러가다 (한청 4-104)-방향

          b. 삼칠 후 집으로 드러노니 증됴모 니시겨오셔 보오시고 (한
              듕 p.4)-방향

          c. 즈름길로 가다 (한청 7-91)-수단

          d. 南으로 가면 무슴 省이라 ᄒ여 잇ᄋ뇨 (팔세아 p.15)-방향

          e. 鶴 즘싱이 귀훈 소리로 우러늘 (파레야 p.10)-수단

이 때에는 「ᄋ로」는 이미 없어지고, 「으로」 아니면 「로(노)」만이 쓰였다.

          f. 디쳔ᄒ오신 일을 진실노 깃거ᄒ오셔 (한듕 p.42)-방편

          g. 닌 못 니져 ᄒ기는 날노 심훈디라 (한듕 p.84)-점층

나) 「(으)로셔」의 용법 : 이 토씨는 17세기부터 단순토씨로 보아지므
로 다루어 왔는데, 18세기에는 「ᄋ로셔」는 나타나지 아니하고 주로 「(으)

로셔」만이 쓰이였다. 이 토씨는 출발, 비교, 자격 등을 나타낸다.

    (30) a. 험훈 디로셔 느리다 (한천 7-61)-시발
        b. 원족은 밧그로셔 디접ㅎ여 보니고 (한듕 p.24)-위치
        c. 눈이 푸르고 나로셔 붉고 거룩훈 지조에 낫더러 (삼역
           3-6)-비교
        d. 아문으로셔 믈러 갈제 呂布ㅣ 몰투고 (삼역 p.26)-통하여
        e. 브르든 봄소리를 혀 먼골로셔 오고 (빅련쵸 p.14)-시발
        f. 이십이 겨유 넘을 어린 놈으로셔 졔 감히 영묘긔 봉셔롤
           알외야 (한듕 p.550)-자격

이 때에는 「오로셔」는 전혀 나타나지 않는다.

다) 「로뻐/으로써」의 용법 : 18세기에는 「뻐」가 「써」로도 나타난다.

    (31) a. 吳超의 군ㅅ로써 中國에 어양 써 당흠 ㄱ흐면 머리 경홀만
           밋지 못ㅎ리라 (삼역 3-21)
        b. 일로써 (한청 8-126)
        c. 일로 뻐(以此) (한청 8-126)

그러나, 경우에 따라서는 「뻐」가 여전히 「以」의 뜻으로도 쓰였다.

라) 합성토씨 : 연유자리토씨와 다른 토씨와의 합성토씨

    (32) 「으로붓터」, 「으로브터」
        a. 화란이 궁싱으로붓터 나며 변괴쳑완으로 닐위온자리 (명
           의록, 하찬집텽 전교 二 A)
        b. 하교ㅎ신 후로붓터 모든 흉적의 쇠 날로 급ㅎ야 닌한이
           세 가지 일을 굿ㅎ야 (명의록 10A)
        c. 낫이면 밧 갈고 밤이면 글 닑어 표의 째로브터 이믜 경눈
           홀 뜻을 품었다가 (종덕 p.6)

　　d. 교샹은 그 위표로브터 이믜 이믈ᄒᆞ고 졔인홀 ᄆᆞ옴이 잇거
　　　놀 (죵덕 4A)

(33) 「으로도」
　　a 비록 닌한의 흉흠으로도 샹시의 ᄯᅩ호 엇지 이런 의리롤 모
　　　로리오마ᄂᆞᆫ (명의록 46A)
　　b. ᄯᅳᆺ이 크고 편 일흠으로도 ᄯᅳᆺ이 ᄯᅩ호 깁고 머니 희라 (죵덕
　　　2A)

(34) 「으로ᄂᆞᆫ」, 「으로는」
　　a. 부형의 형세롤 의지ᄒᆞ야 안흐로는 훈겸의 보지 ᄀᆞ만한 당
　　　이 되며 밧그로ᄂᆞᆫ 양후와 지희 서로 죽쟈 ᄒᆞᄂᆞᆫ 벗이 되고
　　　(명의록 2-42B)
　　b. 우흐로ᄂᆞᆫ 미들 터히 업는지라 (명의록 2-43B)

(35) 「의게로」
　　션희궁ㆍ너인 친척의게로 말미암아 미득ᄒᆞ오셔 (한듕 일 p.32)

(36) 「로나」
　　귀쥭너가 이 일노 무함ᄒᆞ다가 못 되니 ᄯᅩ 져일로나 무함할
　　가 ᄒᆞ여 (한듕 사 p.312)

　이상에서 다룬 합성토씨를 보면 「으로븟터/으로브터」, 「으로도」, 「으
로ᄂᆞᆫ/으로는(한듕 사 p.308)」, 「의게로」, 「로나」 등이다.

5) 19세기 연유자리토씨의 용법

19세기의 연유자리토씨에는 「으로」, 「으로써/으로뼈」, 「으로셔」 등이
있어서 쓰였다.

가) 「으로」, 「으로뼈」, 「으로셔」의 용법 : 「으로뼈」는 19세기로 오면
서 「으로써」로도 나타나 현대어와 일치하기에 이른다.

    (37) a. 졍돈 독립신문샤로 와서 돈을 미리 내고 (도립 1-2 광고)-
        위치

      b. 혼즈로 조차 빅을 통ᄒ니 (낙셩 1-257)-가지고

      c. 金波에 비를 타고 淸風으로 멍에 ᄒ며 (가곡 P.20)-감

      d. 공고혼 장인으로 슴즈룰 그 우희 삭여 (인봉쇼 1-5)-시킴

이때에도 「으로」는 하나 둘만 나타날 뿐 잘 나타나지 아니한다. 이로써 보아도 「(으)로」는 18세기부터 굳어진 것이 확실하다. 그리고 이때도 「노」가 많이 나타나는데 표기상의 문제이다.

      e. 신문을 둘노 졍ᄒ든지 일년 간으로 졍ᄒ여 (독립 1-2 광
        고)-기간

      f. 진실노 산희 갓튼 후혼 덕을 갑기 어렵도다 (인봉쇼 1-42)

      g. 풍진 즁분ᄒ미 눌로 더ᄒ고 (인봉쇼 1-2)-마다(축적)

      h. 일노써 죠칙이 여러번 ᄂ리시고 (독립 1-2)-원인

      i. 윤숙은 슴가 것츤 글 혼댱으로써 대략망뎡 비고혼 졍곡을
        펴 (인간의 연구보 29)-가지고

      j. 셰월노써 긔약지 못혼거시니 (인봉쇼 2-72)

      k. 경이 일노서 딤을 닛디 말라 (낙셩 1-272)-월인

      l. 슝사이 너비 구ᄒ야 낭즈로써 셩취ᄒ니 (낙셩 1-264)-하여
        곰

      m. 이법이 비록 돈으로써 빅셩을 구ᄒ여 (인봉쇼 1-43)-수단

      n. 왕태휴 직명을 거즌 닐크ᄅ리쥰용으로써 디리홀차로 일본
        으로셔 병졍을 다리고 나와 거스케 혼다 ᄒ얏스니 (독립
        1권 84호 p.333)

표기상으로 「노써」, 「노서」, 「노써」 등이 나타나는데, 이름씨의 받침이 「ㄹ」일 때는 반드시 「노」가 된다.

나) 「으로셔」의 용법 : 이 토씨는 궁중에서나 상류사회에서만 쓰이고 일반에게는 특히 입말에서는 쓰이지 아니한 듯하여, 궁중소설이나 상류층의 글월에서 나타나는데, 그 문맥적 뜻은 시발을 나타낸다.

(38) a. 두쌱만 듁문이 반기ᄒ고 안흐로셔 장상 직흰 노복과 노리
총망이 ᄂᆞ와 (인봉쇼 1-4)
b. 분별이 그지업서 ᄒ며 김셩으로셔 두 번 흔 편지 보고 난
디 오난 편지라 (인간의 연구보 24)
c. 리쥰용으로써 티리훌 차로 일본으로셔 병정을 다리고 나
와 거스케 흔다 ᄒ얏스니 (독립 1권 84호 p.333)

다) 합성토씨 : 연유자리토씨와 다른 토씨와의 합성토씨

(39) 「노는」, 「으로는」
a. 지혜잇는 정치가에셔 ᄒ는 일노는 싱각지 안노라 (독립 1
권 p.21)
b. 은전으로는 수천만원 가량이더라 (독립 1권 18호 p70)
c. 눈으로는 긔계 업시는 볼 슈 업스나 (독립 1권 19호 p.73)

(40) 「로의」
만민이 우로의 덕턱을 무릅셔 원굴홈이 업거놀 (독립 1권 24
호 잡보)

(41) 「으로도」
평민으로도 훌 수업이 만히 잇스니 (독립 1권 32호 p.125)

(42) 「으로만」, 「노만」
a. 다만 국문으로만 쓰는 거슨 (독립 1권 p.1)
b. 샹하 빈부 분간 업시 흔 법률노만 다스리기를 브라노라
(독립 1권 16호 p.61)
c. 다만 한담 셜화로만 이약이를 ᄒ랴 (독립 1권 44호 논셜)

(43) 「으로나」
a. 사롬이 아모 물건으로나 믄드럿다고 귀신이 될 묘리가 잇
스며 (독립 1권 14호 p.53)
b. 가난ᄒ드리도 겸잔흔 사롬으로나 보여야 훌 터이라(독립
1권 20호 p.77)

(44) 「노브터」
    a. 빅셩의 힘에 펴니홈을 좃차 방붙친 날노브터 한달 안에
      슈리ᄒ고 (독립 1권 85호 p.338)
    b. 지금 반령훈 날노브터 일년까지는 철도를 각국 인민들과
      허락지 안홀터이니 (독립 1권 98호 p.389)

위에 예시한 합성토씨에는 「노는」, 「로의」, 「으로도」, 「로만(노만)」, 「으로나」, 「노브터」 등이다.

6) 20세기 초 연유자리토씨의 용법

20세기 초에는 연유자리토씨 「으로」, 「으로써」, 「으로서」의 셋이 쓰였다.

가) 「으로」의 용법 : 「으로」는 폐음절 밑에 쓰이고 「로」는 개음절 밑에 쓰이면서, 위치, 방향, 상태 등을 나타낸다.

(45) a. 두 사람은 다시 窓 새로 沼路의 景色을 바라본다 (백조 1-4)
    b. 장미가 동동쩌서 이 가삼으로 저가삼으로 오고가는 듯하였다 (백조 1-4)
    c. 다시 比行하는 車를 타고 南大門으로 행하였다 (백조 1-6)
    d. 그만 無意識的으로 다라나는 車를 멍하니 바라보고 이섯다 (백조 1-5)

그런데 이 토씨는 「노」로도 나타난다.

    e. 無意味한 傳說노써…或野外演說노써… (소년 7-28)

이때의 「노」는 이름씨의 받침이 「ㄹ」일 때 쓰였다.

나) 「(으)로써」의 용법 : 19세기까지만 하여도 「으로뻐」, 「으로써」의 두 가지로 표기되더니, 20세기에 와서는 「으로써」로 통일되었다. 「으로써」는 폐음절 밑에 쓰이고 「로써」는 개음절 밑에 쓰이어 수단, 기구, 방편 등을 나타낸다.

(46) a. 特殊한 知識으로써 하지 않으면 理解키 어렵다고 (폐허 1-80)
     b. 눈물과 피로써 一切와 싸오온 사람 (폐허 1-64)
     c. 道念은 其嚴肅한 權威로써 예술을 속박하려 하면 (폐허 2-6)

다) 「(으)로서」의 용법 : 「으로서」는 폐음절 밑에 쓰이고 「로서」는 개음절 밑에 쓰인다. 그런데, 19세기까지만 하여도 시발을 나타내었는데 20세기에 들어오면서 자격을 나타내게 되었다.

(47) a. 氏는 元來 「未來社」의 頭目으로서 多數한 弟子를 가졌섰다
        (폐허 1-78)
     b. 朝鮮人으로서 아직 이것을 모른다는 것은… (폐허 1-79)
     c. 예술적 표현으로서 가장 審美性에 부하여 (폐허 1-84)

라) 합성토씨 : 연유자리토씨는 도움토씨와 합성토씨를 만들어 「출발, 역시, 지정, 단독, 선택」 등의 뜻을 나타낸다.

(48) 「로부터는」
     a. 다들 됴와서 그로부터는 暫時도 몸에 쩌이디 안크(소년 1-1 p.46)
     b. 그 뒤로부터는 눈에 쮜우난 대로 冊이면 다 읽엇스나(소년 2-2 p.34)
     c. 이로부터는 날마다 마당 한 가운데서 쮜며 굴며 온갖대됴를 다부려보인즉(소년 1-2 p.22)

(49)「로부터」
 a. 이로부터 十二三日ㅅ 동안을 날마다 날마다 南方으로만 行
    船을 하야가니(수년 2-3 p.38)
 b. 댠나비가 곳 손을 내밀어 머리로부터 꽉 뒤였소(소년 1-2
    p.29)
 c. 우리나라 새 문화는 이나라로부터 가져올 것도 만흘쑨더
    러 다나쓰나…(소년 2-1 p.16)
 d. 쌍으로부터 우흔 다 空ㅣ니 사람이 空氣 가운데 잇슴이
    물고기가 水中에 잇슴과 갓흔디라(소년 1-2 p.36)
 e. 더욱 襁褓속으로부터 兵馬 사이로 도라다니기로 하야(소년
    1-2 p.50)

(50)「으로는」
 a. 귀 크기로는 아프리카 大陸內地에 사난 딜내프이니(소년 1
    -1 p.29)
 b. 王은 武力으로는 雄을 유롭파 中原에 일커럿스나(소년 2-2
    p.16)
 c. 사람이 그것만으로는 心滿意足할 수 업슨즉(소년 2-3 p.4)

(51)「으로도」
 a. 자라기는 크기로도 限이 업고 넓기로도 限이 업기 깁기로
    도 限이 업난 저 바다ㅅ 가에서 못하얏노!(소년 2-1 p.76)
 b. 歲月(타임)의 힘으로도 웃디하디 못한다(소년 1-2 p.40)

(52)「로만/으로만」
 a. 그 속 알기 前에는 것흐로만 그 사람됨을 論評티 못할 거
    이니(소년 1-1 p.29)
 b. 文字는 말할 것도 업고 言語로만 말할지라도(소년 2-1 p. 13)
 c. 手足은 놀닐 생각 말고 입으로만 쇠소리 새소리 음기렸으
    나(소년 2-3 p.52)

(53)「으로만도/노만도」
 a. 얼마 아니 되야 두 集으로 만도 不足해매 쏘 두 集을 느
    려…(소년 2-1 p.14)
 b. 이 한가디 일노만도 可히 그 全班을 엿볼너라(소년 1-1 p.51)

(54) 「으로던지」
　　　 어느편으로던지 向하던지 마치 한가지로 凹入하난 것을 보면
　　　 (소년 2-4 p.50)

6. 매김자리토씨

6.1 매김자리토씨 「의」의 말밑

글쓴이는 일찍이, 이 토씨는 셋째가리킴 대이름씨(3인칭 대명사) 「이」
의 소유형인 「의(矣)」에서 왔다는 것을 주장한 바 있다.56) 이제 이에 대
하여 새로운 자료 등에 의하여 다시 살펴보기로 하겠다. 먼저 향가에서
의 예를 보기로 하겠다.

　　(1) a. 耆郞矣只史是史藪耶 (讚耆婆郞)
　　　　 b. 郞耶慕以支如賜烏隱 (上同)
　　　　 c. 心未際叱肹逐內良齊 (上同)
　　　　 d. 哀反多矣徒良 (風謠)
　　　　 e. 直等隱心音矣命叱使以惡只 (兜率)
　　　　 f. 三化矣岳音見賜烏尸聞古 (慧星)
　　　　 g. 仰頓隱面矣改衣賜乎隱冬矣也 (怨歌)
　　　　 h. 自矣心米 (遇賊)
　　　　 i. 心未筆留 (禮敬諸佛)
　　　　 j. 今日部伊冬衣南无佛也白孫舌良衣 (稱讚如來)
　　　　 k. 吾矣身 (隨喜功德)
　　　　 l. 吾衣修叱孫丁 (上同)
　　　　 m. 於內人衣善陵等沙 (上同)
　　　　 n. 皆吾衣修孫 (普皆廻向)

---

56) 김승곤, 1971, 토씨 /의/의 발달을 살핌-특히 그 계보의 모색을 위하여-, 한글학회
　　 50돌 기념논문집, pp.185～200 참조.

　　　　o. 吾衣身伊波人有叱下呂 (上同)
　　　　p. 吾衣願盡尸日置 (總結无盡)

　(1a-p)까지의 예에서 보면 매김자리토씨에 해당되는 것에는 「矣, 也, 未, 衣」의 넷이 있는데 「未」는 「口」받침을 가진 이름씨 다음에서 약음차 표기를 위하여 사용된 것으로, 「也」는 그 음이 「의」와 유사하기에 쓰인 것일 뿐만 아니라 예가 하나밖에 없다. 그러므로, 이것을 소유자리토씨의 기저형으로 보기 어렵다. 그러고 보면 결국 「矣」와 「衣」의 둘이 남는데 「衣」는 「矣」와 음이 같은 데서 표음적으로 표기된 것으로 보인다. 따라서, 「의」의 기저형은 「矣」가 되는 셈인데 그것을 증명할 수 있는 것은 이두에서의 용법이다.

　　　(2) a. 其矣(져의) (儒胥必知)
　　　　　b. 乙卯二月十五日宋良卿矣結番是乎導行乙用良 (淨兜寺 造塔記)
　　　　　c. 師矣啓以 (慈淑禪師凌雲塔碑)
　　　　　d. 他人矣四支乙截割爲旀 (大明律)
　　　　　e. 他矣奴婢乙自矣奴婢是乎樣以妄稱爲左乙良 (大明律)
　　　　　f. 臣矣父母賁在謀道謀邑地是白如乎 (攷事新書)
　　　　　g. 矣身若不直達則人無有知者矣 (癸丑錄)
　　　　　h. 矣徒父母一日 (宣德六年監勾官貼傳書)
　　　　　i. 矣徒等(의너등) (儒胥必知)
　　　　　j. 矣兄韓瀣家來到爲由乎亦中矣兄方命拿命 (光海朝日記)
　　　　　k. 吾矣妻乙他人亦中價本捧上放賣爲等如… (大明律縱容妻妾犯姦)
　　　　　l. 犯罪人矣家財半乙用良篤疾之人亦中給付養病齊 (大明律屏去人服食)

　(2a·b·c·d·e·f·k·l)에서는 「矣」가 이름씨 뒤에 와 있다. 이들 중 (2f)를 가지고 예를 들면 본래는 「臣矣 父母墳某道某邑地是白如乎」로서 그 뜻은 「신하 이것(이)의 父母…」로 되었던 것인데 「矣」가 그 본래의 뜻을 잃어가다 보니까 그만 「臣」에 붙어서 「臣矣 父母…」식으로 되면서 그만 「矣」는 소유자리토씨로 되었다. 그런데, 「矣」가 실사로서 「이

의, 이것의」의 뜻을 가졌던 말인 것을 확증할 수 있는 근거가 있는데, 그 보기가 바로 (2g·h·i·j) 등이다. (2i)에서 보면 「矣徒, 矣兄」에서 「矣」는 「이의, 이것의」의 뜻을 가진 말이며, 「徒」는 「너」로서 오늘날의 「우리네」할 때의 「네」에 해당되는 이름씨이고, 「兄」은 「형」이다. 따라서, 이들의 본 뜻은 「이의 무리들」, 즉 「이네 들」 또는 「이의형」이다. 더구나, 혹 제문이나 시가 등에서 「矣身」이란 말이 쓰이는데 그 뜻은 단순히 「이 몸」이 아니라 「이것의 몸」, 또는 「이 사람의 몸」이란 뜻이다. 즉, 「矣」는 말할이가 자기 자신을 들을이에 대하여 제삼자식으로 가리켜서 낮추어서 말할 때 쓰였던 말형식이다. 따라서 송강의 <사미인곡>에서 「이 몸 삼기실제」의 「이 몸」은 송강이 임금에 대하여 자기 자신을 삼자식으로 가리켜서 「이것의 몸」의 뜻으로 낮추어 한 말이다.

그러면, 「矣」는 어떠한 실사였겠느냐를 다시 밝혀야 하겠는데 이를 위하여 「오구라」의 말을 잠깐 인용하여 보자. 그는 『…이와 같이 「矣」는 원칙으로서 이름씨 밑에 붙어서 「의」의 뜻으로 쓰였으나, 후세에 이르러서 재귀이름씨(self)로 쓰인 듯하여 위의 이름씨를 받지 않고 초두에서 「矣」를 써서 「자기의」의 뜻을 나타내기에 이르렀다』 하고,

    (3) a. 矣家(자기 집에)一日留宿後(亂中雜錄)
        b. 甲辰年矣母(자기의 어머니가)身死之時(光海朝日記)

등에 있어서의 「矣」가 바로 그 용례[57]라고 하였다. 「오구라」는 우리말을 잘 모르기 때문에 「矣」를 재귀이름씨라 하였는데 그것은 잘못이다. 「矣」는 셋째가리킴 대이름씨의 가리킴꼴인 「이」의 소유자리이다. 이것이 단순한 매김씨 「이」였다면 이두로서 「是」나 「伊」로써도 나타낼 수 있고, 또 「이」음을 가진 다른 글자로써도 능히 나타낼 수 있는데 굳이 「矣」로 나타낸 것은 이것이 「이」의 소유형인 「의」이기 때문이다.

---

57) 小創進平, 1929, 鄕歌及び吏讀の硏究, p.429.

이러한 「의」가 「이」의 소유형인 언어의 자취는 중세어에서 많이 나타난다.

> (4) a. 臣下ㅣ 말 아니 드러 (용비 p8)
>   b. 쇠 머리 ᄀᆞ톨씨 (월석 1-27A)
>   c. 내 모미 長者ㅣ 怒를 맛나리라 (월석 8-98)
>   d. 뉘 弟子ㅣ다 (법화 7-135)
>   e. 龍온 고기 中에 위두ᄒᆞᆫ 거시니 (월석 1-27)
>   f. 病ᄒᆞ니 넉시 (석보 9-61)
>   g. 가시 樣 무르시고 (월석 7-13)
>   h. 아기 일훔을 (월석 8-83)
>   i. 아ᄃᆞ리 아비 쳔량 믈러 가듀미 (석보 13-36)

(4f)에서 「病ᄒᆞ니」로 되었는데 이것을 보면 「이」는 본래 대이름씨 「이」의 소유형이었음을 알 수 있고, (4g)를 가지고 보더라도 「가시」에 대해 「가싀」가 됨으로써 「樣」의 매김말이 된 것은 「가시 이의 樣」의 뜻으로 이해하게 하여 준다. 왜냐하면, 우리말의 성격상 「가시 樣」으로 하여도 하등의 잘못이 없는데 굳이 「가싀 樣」으로 한 것은 위에서와 같은 뜻을 꼭 나타나게 하고자 한데 그 까닭이 있다고 보아진다. (4a·b·c·d·e·h·i) 등도 이와 같이 해석할 수 있다고 하겠다. 더구나 중세어에서 보면 매김씨 「의」는 찾아볼 수 없고, 있다면 「이」뿐이다.

> (5) a. 이 苦ㅣ며 이 古集이며 이 苦滅이며 (월석 14-210)
>   b. 이 三世를 通ᄒᆞ니 (월석 14-211)
>   c. 부톄 天人大衆中에 이 법 니ᄅᆞ (월석 14-222)
>   d. 四衆中에 이 大乘經을 니르시니 (월석 14-231)
>   e. 이 經 니ᄅᆞ실ᄒᆞ 저긔 (월석 14-233)

(5)와 같은 사실 뿐 아니고 <이두집성>에 의하면 「矣」를 다음과 같이 풀이해 놓고 있다.

(6) a. 矣(音)의, 되(ui, toi)

　　　 (解) 자기를 의몸(矣身)이라고 하는 矣 또는 무엇무엇의 「의」

　　　 　　 … 등

　　 b. 矣身(音)의몸(úi-mom)

　　　 (義) 자기자신

　　　 (解) 존귀 앞에서 자칭하는 대이름씨

　　 c. 矣等(音)의들(úI-túI)

　　　 (義) 자기들

　　(6b)를 우리는 주의하여 살펴볼 필요가 있다고 생각한다. 「의몸(矣身)」
이라 할 때는 존귀한 사람 앞에서 자칭하는 대이름씨라 했는데, 사실
대이름씨는 「의몸」 전체가 아니라 「의」를 가리킨다고 보아야 한다. 따
라서 그 올바른 뜻은 「이의 몸」 또는 「이것의 몸」식으로 되는 것임에
유념하여야 한다. 왜냐하면, 「몸」이 대이름씨가 될 수 없기 때문이다.
더구나 (6c)를 보면 「의들(矣等)」의 뜻은 「자기들」이라고 하였으나 실은
「이것의 무리」 또는 「이의 무리」이니까 그 풀이를 쉽게 「자기들」로 한
것이다. 순수한 우리말의 「자기들」은 「저희들」이 있다. 따라서, 「의몸
(矣身)」을 「저의 몸」으로 보기는 어렵다. 「의몸(矣身)」이라 할 때는 존귀
한 사람 앞에서 「이것의 몸」이란 뜻으로 자신을 아주 낮추어서 쓰는
말임을 알아야 한다. 이와 같이 삼인칭 대이름씨 「이」도 남 앞에서 아
주 낮추어 말할 때 쓰임은 임자자리토씨 「이」의 말밑을 밝힐 때 이미
언급하였다.58) 즉, <무정>에서 자기 부인을 상대방에게 소개할 때 「이
가 내 아내요, 저 애가 내 딸이오(삼중당 문고, 무정상 p.11)라고 하여 아주
낮추어 말한 것을 보아도 「이」와 「의」는 짝이 되는 대이름씨임을 알아
야 하고, 「의」는 「이」의 소유형임을 깨달아야 할 것이다. 그리고 옛날
부터 「이」와 「의」는 비칭에 쓰였음을 알아두어야 한다.

---

58) 김승곤, 1979, 한국어 조사의 통시적 연구, 서울, 대제각, p.13 참조.

6.2 매김자리토씨의 변천과정

6.2.1 신라향가에서의 매김자리토씨의 용법

매김자리토씨의 기저형은 「矣」인데 이것이 삼인칭 대이름씨의 소유
형임은 이미 앞에서 언급하였다. 이제 그 용법을 보기로 하자.

(7) a. 耆郞矣只史是史藪耶 (讚耆婆郞)
    b. 三化矣岳音見賜烏尸聞古 (慧星)
    c. 自矣心米皃史毛達只將來呑隱日 (遇賊)
    d. 郞也持以攴如賜烏隱心未際叱肹逐內良齊 (讚耆婆郞)

(7a·c)의 「矣」는 마디에서 임자말의 구실을 하고 있는데 이 용법은
오늘날의 경우와 같다. 그런데 (7d)의 「也」가 어떻게 매김자리토씨로
쓰였는지 의문이나 아마 「인」로 음차된 데서 그러한 것으로 보인다.[59]

6.2.2 고려향가에서의 매김자리토씨의 용법

고려향가에서의 토씨 표기의 특징은 신라향가에서는 그 말밑을 가지
고 표기한데 대하여 소리 중심으로 표기했다는 점이다.

(8) a. 今日部伊冬矣南无佛也白孫舌良衣 (稱讚如來)
    b. 吾衣身不喩仁人音有叱下呂 (隨喜功德)
    c. 修叱賜乙隱頓部叱吾衣修叱孫丁 (上同)
    d. 於內人衣善陵等沙 (上同)
    e. 皆吾衣修孫一切善陵頓部叱廻良只 (普皆廻向)
    f. 病吟體爲白孫佛體刀吾衣身伊波人有叱下呂 (上同)
    g. 吾衣願盡尸日置仁伊而也 (總結无盡)

---

59) 양주동, 앞에 든 책. p.355 참조.

(8a-g)에서 보면 「衣」는 매김마디에서의 임자말 등 다양한 구실을 나타내고 있는데, (8a)의 「矣」는 소속을 나타내고, (8b)의 「吾衣」는 임자말의 구실을 나타내며, (8d)의 「人衣」의 「衣」는 소행의 뜻을 나타낸다. (8e)도 마디의 임자말 구실을 하고, (8g)의 「衣」는 소유 또는 성취 등의 뜻으로 쓰이고 있다.

6.2.3 15세기 이후의 매김자리토씨의 용법

1) 15세기 매김자리토씨의 용법

매김자리토씨에는 「의/이」와 「ㅣ」의 셋이 있으나, 기저형은 「의」로서 삼인칭 대이름씨의 소유형에서 발달한 것임은 이미 앞에서 언급한 바 있다.

가) 「의/이」의 용법 : 「이」는 양성 홀소리 밑에 쓰이고, 「의」는 음성 홀소리 밑에 쓰이어 여러 가지 문맥적 뜻을 나타낸다.

  (9) a. 혼 사르미 아슨미어나 (석보 9-60)-관계
     b. 귓돌외미 類라 (능엄 8-121)-소속
     c. 象이 소리 물쏘리…남지늬 소리 거지븨 소리 나힉 소리 간
        나힉 소리 法소리 法아닌 소리… (석보 19-28)
     d. 구담이 오슬 니브샤 (월석 1-5B)-소유
     e. 天地 衆生의 供養 바도미 (월석 9-5)-봉사
     f. 弟子의 힝져글 (월석 6-19)-성취
     g. 山익 草木이 軍馬ㅣ 드뵈니이다 (용비 98)-소재 또는 소생

또한 이 토씨는 안긴마디에서 임자자리의 구실을 한다.

  (10) a. 功이 너트며 기푸믈 조차 (석보 9-16)
      b. 須達이 밍ᄀ론 座애 올아 (석보 6-59)

    c. 避支佛의 몰롫 거시라 (석보 13-74)

나) 「ㅣ」의 용법 : 이 토씨는 이름씨가 홀소리로 끝날 때 쓰이는 토
 씨이다. 이 토씨는 「의/이」의 변이형태로 보아진다.[60]

  (11) a. 公州ㅣ 江南을 ᄌᆞᄒᆞ야 (용비 18)-소재
    b. 臣下ㅣ 말 아니 드러 (용비 8)-소산
    c. 相如ㅣ 뜯 (두언 15-35)-소유
    d. 쇠 머리 ᄀᆞ톨쎠 (월석 1-27A)-소속
    e. 내 모미 長者ㅣ 怒를 맛나리라 (월석 8-98)-소산
    f. 뉘 弟子인다 (법화 7-135)-관계

(11a·b·c·e)에서 보면 개음절 한자말 다음에서 「ㅣ」가 쓰였고,
(11d·f)에서 보면 개음절 이름씨 다음에 「ㅣ」가 와서 하나의 음절을
이루는 겹홀소리가 될 때 사용되었다.

2) 16세기 매김자리토씨의 용법

가) 「의/의」의 용법 : 이 토씨는 홀소리고룸에 의하여 구별·사용되
었다. 그런데, 16세기에는 홀소리고룸이 상당히 깨어져 있었다. 그리고,
이 토씨는 다음 예문에서 보이는 바와 같이 여러 가지 뜻으로 쓰였다.

  (12) a. ᄂᆞ미 어려운 이를 구ᄒᆞ며 (여향 p.7)-처지
    b. 한 긔약잇 사ᄅᆞᆷ이 거즛 모딘 득명을 시러 (여향 p.70)-행
     동주
    c. 다 긔약잇 거시 ᄃᆞ외리니 (초박상 14)-소유
    d. 사ᄅᆞᆷ의 뵈요믈 바도디 답례 말오 (여향 p.39)-행동주
    e. 이(易)의 병이 비로서 이틀이러니 (소학언 6-20)-발생
    f. 뎌의 어미ᄂᆞᆫ 아이라 (초노상 16B)-관계

---

60) 허 웅, 1975, 우리옛말본, p.355.

16세기에는 「애」가 매김자리토씨로 쓰인 예가 있는데 아마 「익」의 오기일 것으로 보인다.

    g. 존흔 사롬과 댱샹애 사롬은 절 말라 (여향 p.39)-소속
    h. 요괴로오며 간사로오며 패란애 일와 쏘 아롬대로 각 ㄱ을
       공사 잘흐며 (여향 p.82)-상태

(13) a. 네논 楊州ㅣ 쏘올히여 (신도가)
    b. 은스로 입 스흔 스지 머리옛 섭등지오 (초박상 56)
    c. 네 스숭이 엇던 사람고 (초노상 6B)

이 토씨는 대이름씨 「나, 너」 등에 붙은 경우를 제외하면, 그 사용되는 빈도가 훨씬 줄어들었다.

3) 17세기 매김자리토씨의 용법

가) 「익ㅣ/의」의 용법

(14) a. 산 스르미 쪄롤 피예 섯거 머기면 됴흐리라 (동국신속건 3)-
     소속
    b. 엄미 밥볼 알거눌 (동국신속건 50)-행위의 주체
    c. 효즈의 지븨 니르니 (동국신속건 27)-소유
    d. 도미의 아해 꼽더니 (동국신속건 9)-관계
    e. 아비 겨틱 뻐나디 아니흐고 (동국신속건 14)-소재
    f. 부모의 거상 니버 (동국신속건 22)-발생
    g. 어미 병이 디텻거늘 (동국신속건 22)-발생

이 토씨는 17세기부터는 홀소리고룸과 관계없이 사용되었는데, 위의 예가 보이는 바와 같이 여러 가지 의미로 쓰이었다.

나)「ㅣ」의 용법 : 이 토씨는 17세기에는 그리 분명한 뜻으로써 잘 나타나지 않는다.

   (15) a. 경비는 희쥐 사룸이라 (동국신속건 151)
        b. 요亽이 길쥐 손진시 일향에 은혜를 베픔으로써 (경민 33A)
        c. 녹亽 노亽뎜은 안쥐 사룸이니 (동국신속건 154)
        d. 향니 김평은 제쥐 사룸이니 (동국신속건 156)
        e. 亽비 논이는 광쥐 사룸이니 (동국신속건 160)

매김자리토씨는 합성토씨를 나타나는 예를 보지 못하였다.

4) 18세기 매김자리토씨의 용법

가)「의/이」의 용법 : 18세기에는 간혹「이」가 쓰이는 수도 있으나, 대체적으로「의」가 많이 쓰이었다. 그리고, 그 나타내는 뜻도 여러 가지이다.

   (16) a. 누른 쇼야지 쓰리오 (빅련쵸 p.187)-소속
        b. 랑군의 고쳐 솽씨러니 (왕랑)-관계
        c. 계집의 손가락 트는 것 (한청 3-16)-소속
        d. 모미 ᄇᆞ롬 쁘테 셔시니 ᄀᆞ는 버드러 터오 (빅련쵸 p.26)-소산
        e. 랑군이 부형의 법이 니어 네 힘을 보와 헤아리다 (삼역
          3-20)-준수
        f. 훈 ᄀᆞ으로셔 오는 기러긔 소리를 듣고 (빅련쵸 p.20)-소산
        g. 안 노숙의 렴불ᄒᆞ는 일올 비방ᄒᆞ더니 (왕랑)-행위자
        h. 솽씨의 혼을 옹쥬 얼굴의 이탈ᄒᆞ야 (왕랑)-소유

나)「ㅣ」의 용법 : 이 토씨의 용법은 17세기부터 차차 흐려지더니, 이때도 그리 잘 나타나지 않다가 19세기부터는 없어지고 만다.

(17) a. 張遼ㅣ 믈 쓸·리 오니 (삼역 2-16)
  b. 비록 荊州ㅣ 빅셩이 曹操의게 조츰은 져 군스의 위염의
    저허 항복혼 거시오 (삼역 3-42)

5) 19세기 매김자리토씨의 용법

「ㅣ」매김자리토씨는 18세기까지 쓰이고 19세기부터는 쓰이지 아니하고, 「인/의」만이 사용되었는데, 이들은 인습에 의하여 사용되어 왔으므로, 홀소리고룸과는 아무 상관없이 사용되었다. 그리고 그 나타내는 문맥적 의미는 다음 예문에서 보이는 바와 같다.

(18) a. 져희 당의 드러 됴히 저너미 무더혼 거시니 져희 형상을
    보니 (인봉쇼 1-25)-소유와 소산
  b. 당력 빅낙텬의 십스디 손이다 (인봉쇼 1-1)-관계
  c. 요손의 치롤 일위고져 흐나 (인봉쇼 1-7)-성취

다음과 같은 「에」가 「의」의 뜻으로 쓰인 예가 많이 나타난다.

(19) a. 정붕셔 빅싱에 일을 자세이 아시면 (독립 1-1)-소산
  b. 지금 니승원에 샹쇼를 보니 (독립 1-3)-소행
  c. 시골 사람들에만 말은 못 드러스나 (독립 1-3 잡보)-소산

19세기에는 「에」가 매김자리토씨로 많이 쓰였음을 알 수 있는데, 이와 같은 일은 비단 이때만의 일이 아니다. 아득한 신라시대부터의 일이다.

6) 20세기 초의 매김자리토씨의 용법

20세기로 접어들면서 매김자리토씨는 「의」 하나로 통일되어 여러 가지 뜻을 나타내기에 이른다.

(20) a. 나의 가슴은 군성거리여 견딜 수 업습니다. (백조 1-1)-소유

    b. 新婦의 고요히 휩싸는 치맛자락갓치 달잠거 썰이는… (백
      조 1-1)-소속
    c. 씃업는 沈默의 氣運은 온 宇宙에 充滿하엿다 (백조 1-3)-상태
    d. 一種의 알 수 업는 軟하고도 날카로운 表情이 어리워 잇
      스며 (백조 1-5)-소속

위에 든 예에서 나타내는 문맥적 뜻 이외에도 여러 가지 뜻을 나타낸다.[61]
그런데 특이한 것은 「의」가 움직씨 뒤에서도 사용되었다

    e. 一言으로 가리면 엄청나다의 感이 날 쑨이라 (소년 1-13)

이 때의 「의」는 「엄청나다」를 이름씨처럼 생각하고 사용한 것으로 보인다.

7. 부름자리토씨

7.1 부름자리토씨의 말밑

7.1.1 「하」, 「아/여」의 말밑

이들 부름자리토씨의 말밑을 밝히기 위하여 향가부터 예를 보기로
하겠다.

  (1) a. 郎也慕理尸心未 (慕竹旨郎)
     b. 雪是毛冬乃乎尸花判也 (讚耆婆郎)
     c. 放冬矢用室尸慈悲也根古 (島千手觀音)
     d. 哀反多矢徒良 (風謠)
     e. 月下 (願往生)
     f. 花良汝隱 (兜率)

---

61) 허 웅, 1955, 용비어천가 주석, 서울, 정음사, p.337.

g. 慧星也白反也 (慧星)
h. 世理都之叱逸烏隱第也 (怨歌)
i. 南旡佛也白孫舌良衣 (稱讚如來)
j. 灯炷隱須彌也 (廣修供養)
k. 伊於衣波最勝供也 (上同)
l. 佛道向隱心下 (常隨佛學)

(1a-l)에서 보면 향가에서 쓰인 부름자리토씨는 「也, 良, 下」의 셋이 있음을 알 수 있다. 그런데, 「也, 下」는 음차로 보이고, 「良」는 훈차로 보이는데, 「也」는 「입기 야」이므로, 부름자리토씨는 그저 입기운으로 나타낸 말이란 뜻이 된다. 그러므로 이것을 훈차로 나타낸 것이 「良」임은 말할 필요도 없다. 그러나, 「下」의 경우는 좀 다르다. 이 글자의 뜻은 상지대(上之對)이므로 「아래」라는 뜻이 있는가 하면, 「내린다」는 뜻도 있다. 그러므로, 부르는 이 자신을 낮추어서 부를 때의 말임을 알 수 있다. 따라서, 「여/야아」 등이 낮춤의 부름자리토씨라면 「하」는 자신을 낮춤으로써 상대방을 높이는 존칭의 부름자리토씨임은 주지의 사실로 인정하고 있다.[62] 그러니까, 「하」는 움직씨 「내리다」의 뜻에서 온 부름자리토씨요, 「也」는 중국에서도 부름자리토씨로 쓰였는데 「입기운」을 나타내던 일종의 느낌씨였다고 보아진다. 사람이 남을 부를 때는, 부르고자 하는 결정이 서게 되고, 그렇게 되면 입기운으로 소리를 내게 되는데 그것이 「아/야」가 되기 때문이다. 다음에서 중세어에서의 예를 보기로 하자.

(2) a. 님금하 아르쇼셔 (용비 125)
   b. 世尊하 아뫼나 이 經을 디녀 (석보 9-41)
   c. 如來하 우리 나라해 오샤 (석보 6-42)
   d. 大德하 사르미 다 모다 잇느니 (석보 6-58)
   e. 文殊舍利아 아라라 (석보 13-51)
   f. 瞿曇아 나는 一切生이 다 부톄 드외야 (석보 6-92)

---

62) 허 웅, 1955, 용비어천가 주석, 서울, 정음사, p.337.

g. 阿逸多야 또 사르미 눕두려 닐오디 (석보 19-11)

(2a-d)까지는 높여서 불러야 하기 때문에 「하」를 사용하였으나, (2e-g)까지는 낮추어서 부르니까, 「아」나 「야」가 되었다. (2e)의 겨우는 「야」로 되어야 할 것이나 「아」로 나타낸 것을 보면 「아」와 「야」는 변이형태임을 알 수 있다.

7.1.2 「이여」, 「이시어」의 말밑

이것은 그 외견적인 형태상으로 보아 「이다」의 굴곡형에서 발달하였다고 보아진다.

(3) a. 歌利王이여… (금삼 3-58)
    b. 鄭公이 四代옛 孫子ㅣ여 (두언 22-41)
    c. 聖女ㅣ여, 슬치 마라 (월석 21-21)
    d. 어딜셔 觀世音이여 (능엄 6-65)
    e. 아! 님이여 (백조 1-12)
    f. 하나님이시어, 저희를 보살펴 주옵소서 (필자)

(3b · c)에 의하여 판단하여 보면, 「ㅣ」가 들어가야 할 필요가 없는데도 굳이 「ㅣ」가 들어간 것을 보면 「이여」는 「이다」의 「이」에 「여」가 합하여 이루어졌다고 보아야 할 것이다. 더구나, (3f)의 「이시어」는 현대에 와서 많이 쓰이는 부름자리토씨인데, 이것은 우리가 「이다」에서 온 것임을 직접 느끼고 있다. 따라서 「이여, 이시어」는 「이다」에서 발달한 것으로 보아야 한다.

7.2 부름자리토씨의 변천과정

7.2.1 신라향가의 부름자리토씨의 용법

부름자리토씨의 존칭형은 「下」인데 비인칭 경우에는 「良」와 「也」가 쓰이기도 한다.

  (4) a. 月下伊低亦西方念丁去賜里遣 (願往生)
    b. 哀反多矣徒良功德修叱如良來如 (風謠)
    c. 巴寶白乎隱花良汝隱 (兜率)
    d. 郎也慕理尸心未行乎尸道尸 (慕竹旨郎)
    e. 雪是毛冬乃乎尸花判也 (讚耆婆郎)
    f. 放冬矣用室尸慈悲也根古 (禱千手觀音)
    g. 彗星也白反也人是有叱多 (彗星)
    h. 世理都之叱逸烏隱第也 (怨歌)

(4a)의 「下」는 중세어 「下」에 대응되는 것이며, (4b·c)의 「良」는 중세어의 「아」에 대응된다. 그리고 (4d-h)까지의 「也」는 「여」에 대응되는 것으로 보아진다. 일반적으로 「下」는 존칭에 쓰이는 부름자리토씨요, 「아/야」는 비칭의 부름자리토씨라 하나 여기서의 예를 가지고 보면 그런 것을 단정지을 수 없을 것 같다. 그러나 「良」는 「矣徒良」, 「花良汝隱」 등으로 쓰인 것으로 보면 비인칭인 것으로 보이고, 「也」는 감탄조의 부름자리토씨인 것으로 보인다.

7.2.2 고려향가의 부름자리토씨의 용법

이 토씨는 신라향가에서와는 좀 달리 「下」와 「也」의 둘이 있다.

  (5) a. 城上人佛道向隱心下 (常隨佛學)
    b. 南旡佛也白孫舌良矣 (稱讚如來)
    c. 伊於衣波最勝供也 (廣修供養)
    d. 衆生叱田乙潤只沙音也 (請轉法輪)
    e. 覺月明斤秋察羅波處也 (上同)

(5a-e)에서 보면 「下」나 「也」는 존칭부름자리토씨니 비존칭부름자리토씨니 하는 구분이 서지 아니하고, 「下」는 일반적인 부름자리토씨인 것 같고 「也」는 감탄적인 부름자리토씨로 보아진다.

7.2.3 15세기 후기의 부름자리토씨의 용법

1) 15세기 부름자리토씨의 용법

이 토씨에는 「하」, 「아/야」, 「(이)여」 등이 있다.

가) 「하」의 용법 : 이 토씨는 존칭에 사용되었는데 앞 임자씨의 개·폐음절에 관계없이 쓰였다.[63]

  (6) a. 님금하 아르쇼셔 (용비 125)
    b. 世尊하 아뫼나 이 經을 디녀 (석보 9-41)
    c. 如來하 우리 나라해 오샤 (석보 6-42)
    d. 大德하 사르미 다 모다 잇느니 (석보 6-58)
    e. 大王하 아르쇼셔 (월석 7-18)
    f. 父母하 出家혼 利益을 이제 흐마 得흐과이다 (석보 11-37)
    g. 부텨하 救흐쇼셔 (월석 7-24)

나) 「아/야」의 용법 : 이 토씨는 비존칭부른자리토씨로 「아」는 폐음절 밑에 쓰였고, 「야」는 개음절 밑에 쓰였다.

---

63) 김형규, 1968, 고가요주석, 서울, 일조각, pp.199~201에서는 「하」가 반드시 존칭의 부름자리토씨가 아니라 하고 있다.

(7) a. 文殊舍利아 아라라 (석보 13-51)
　　 b. 瞿曇아 나는 一切生이 다 부톄 두외야 (석보 6-92)
　　 c. 阿逸多야 ㅼ또 사ᄅ미 눔ᄃ려 닐오ᄃᆡ (석보 19-11)
　　 d. 阿逸多야… (월석 17-241)
　　 e. 大王아 네 일즉 업디 아니ᄒ야셔 (능엄 2-4)
　　 f. 光目아 네 大慈愍ᄒ야 (월석 21-58)
　　 g. 善男子아 네 (월석 21-58)
　　 h. 佛子 文殊아 모ᄃᆞᆫ 疑心을 決ᄒ고라 (석보 13-25)
　　 i. 長者야 네 이제 (월석 21-107)
　　 j. 堅牢야 네 큰 神力을… (월석 21-151)
　　 k. 得大勢야… (월석 17-79)

　(7g・h)에서 보면 개음절 밑에서도 「아」가 쓰이고 있다. 이와 같은 일은 왜 그런지는 몰라도 아마, 옛날에는 「아」가 주로 개・폐음절 밑에서 구별없이 사용되다가 후대로 오면서 홀소리 밑에서 충돌을 피하기 위하여 「야」가 쓰인 것으로 보인다.[64]

　다) 「이여」의 용법 : 이 토씨는 느낌부름자리토씨로 「이여」는 폐음절 밑에 쓰이고, 「여」는 개음절 밑에 쓰인다. 그리고, 이름씨가 한자말로서 개음절이면 「ㅣ여」가 그 밑에 쓰인다.

(8) a. 文殊舍利여 (석보 9-19)
　　 b. ᄂᆞᆫ 놀애여 鬼神 잇는 둣오몰 (두언 15-71)
　　 c. 歌利王이여… (금삼 3-58)
　　 d. 어딜셔 觀世音이여 (능엄 6-65)
　　 e. 決타 이 무루미여 (능엄 8-67)
　　 f. 鄭公이 四代옛 孫子ㅣ여 (두언 22-41)
　　 g. 우는 聖女ㅣ여 슬허 말라 (월석 21-21)
　　 h. 便安히 잇는가 高詹事ㅣ여 (두언 21-12)

　(8f・g・h)의 경우는 굳이 「ㅣ」가 들어가야 할 아무런 필요성도 느끼

____

64) 허 웅, 앞에 든 책, p.358 참조.

지 못하는데 굳이 「ㅣ」가 들어간 것에 대하여는 확실한 이유를 찾기 어려우나, 아마 이것도 「이여」에 해당하는 부름자리토씨가 아닐까 한다.

2) 16세기 부름자리토씨의 용법

가) 「하」의 용법 : 이 토씨는 문맥에 보면, 보통 존칭에 쓰인 듯하다.

    (9) a. 므슴 됴흔신 얼우신하 어듸 브리여 겨신고 (초박상 115)
        b. 형님하 小人이 어제 웃더긔 흔 명함 두숩고 오니 (초박상 116)
        c. 랑듕하 네 어듸셔 사는다 (초작상 22)
        d. 마숨 됴흔신 누의님하 네 나를 후시 흔불 밍ㄱ라 다고려
           (초박상 93)
        e. 너 주신하 즉재 날 위하야 사라 가라 (초노상 21A)
        f. 쥬신하 블 혀 가져 오고려 (초노상 25A)

나) 「아/야」의 용법 : 「아」는 폐음절 밑에 쓰이고 「야」는 개음절 밑에 사용되었다.

    (10) a. 이 버다 네 사흔논 딥피 너므 굵다 (초노상 19B)
        b. 아희야 네 사발 덥시 권즈 가져 (초노상 46A)
        c. 딩아 돌하 당금에 계상이다 (악장가사 p.34)
        d. 더러운 놈아 이봐 (초박상 117)

다) 「이여」의 용법 : 「이여」는 폐음절 밑에 쓰이고, 「여」는 개음절 밑에 쓰인다. 그리고 이것이 느낌자리토씨임은 15세기와 같다.

    (11) a. 나그내여 너난 坚 셩이 므스고 (초노상 44B)
        b. 당개여 이바 (초박상 32)
        c. 백의 일 세상이여 (유림가)
        d. 오나라 아이여 (초박상 47)

여기 (11d)에서 보는 바와 같이 「아ᅀ」는 「앗이여」로 되어야 하는데 「아이여」로 쓰였다. 이와 같은 사실은 「ᅀ」의 소멸이 임진왜란 이전부터 있었다는 사실이 된다.

3) 17세기 부름자리토씨의 용법

가) 「하」의 용법 : 17세기 이후에는 「하」가 별로 많이 나타나지 않는다. 그것은 문헌들이 실생활과 밀접한 관계가 있는 실용성의 것이 많기 때문이다. 그런데, 이 토씨는 필자가 준비한 문헌이 부족해서 그런지는 몰라도, 18세기 이후에는 거의 나타나지 않는다. 극히 제한적이지만, 다음의 예가 있다.

(12) 하놀하 아시거든 비최여 보쇼셔 (동국신속건 39)

나) 「아/야」의 용법 : 「아」는 폐음절 밑에 쓰이고, 「야」는 개음절 밑에 쓰인다.

(13) a. 아희야 네 사발덥시 탕권 가져 (중노 p82)
     b. 술 폴리야 (중노 p.112)
     c. 갑눈이야 진지 거시라 (중노 p.167)
     d. 큰 형아 네 이제 어듸 가눈다 (중노 p.12)
     e. 主人아 아직 가지 말라 (중노 p.55)

「야」는 모음충돌을 피하기(hiatus) 위해 「j+아>야」로 된 것은 물론이다.

다) 「(이)여」의 용법 : 이 토씨는 감탄을 나타내는 부름자리토씨로서 「이여」는 폐음절 밑에 쓰이고 「여」는 개음절 밑에 쓰인다.

> (14) a. 馬將軍이여 제 닐오더 (중두 4-63)
>   b. 되곶뎌 부는 나조히여… (중두 5-10)
>   c. 三軍人士卒이여 뉘 온번 사혼 짜를 디낸돌 알리오 (중두
>   5-101)
>   d. 애 丈夫ㅣ여… (선가상 10)

맨 끝의 예를 보면, 「ㅣ」가 필요 없는데도 와 있는 것을 보면 「이여」
로 쓰인 것으로 보아야 한다.

4) 18세기 부름자리토씨의 용법

18세기부터는 부름자리토씨인 「하」는 아주 나타나지 않으며, 겨우 「아
/야」, 「이여」만이 나타난다.

가) 「아/야」의 용법

> (15) a. 셔하당 식영뎡 主人아 내말 듯소 (성산별곡)
>   b. 형아 아이야 (송강단가)
>   c. 왕랑아 자늑야 (왕랑)

나) 「이여」의 용법

> (16) 됴홀셔 왕랑이여 샐리 섬에 오릭쇼셔 (왕랑)

이 토씨의 예는 많이 나타나지 않는데, 이와 같은 일은 오늘날과 비
교하여 볼 때 일상생활에서 별로 쓰이지 않았지는 않나 생각된다.

5) 19세기 부름자리토씨의 용법

「하」 부름자리토씨는 18세기부터 없어지더니, 19세기에는 「아/야」와
「(이)여」만이 남게 되었다.

가) 「아/야」의 용법 : 「아」는 폐음절 밑에 쓰이고, 「야」는 개음절 밑에 쓰였다.

    (17) a. 南人아 (가곡 p.8)

        b. 大鵬아 웃지마라 (가곡 p.13)

        c. 솔아 너는 얻디 눈시리룰 모르난다 (오우가)

        d. 가마귀 검다ᄒ고 白鷺야 웃지 마라 (가곡 p.13)

        e. 아희야 일즉 자다가… (하우요 2)

나) 「(이)여」의 용법 : 이들은 느낌부름자리토씨로서 「이여」는 폐음절 밑에 쓰이고, 「여」는 개음절 밑에 쓰인다.

    (18) a. 일기 미션이여 (인봉쇼 1-17)

        b. 우리 君親이 時節이여 (가곡 p.36)

        c. 어져 니 일이여 (가곡 p.9)

        d. 氷姿玉貫이여 (가곡 p.25)

6) 20세기 초 부름자리토씨의 용법

20세기 초에도 19세기와 같이 「아/야」, 「(이)여」만이 나타난다.

가) 「아/야」의 용법 : 「아」는 폐음절 밑에 쓰이고, 「야」는 개음절 밑에 쓰인다. 그리고, 물론 이들은 평칭이나 비칭에 쓰인다.

    (19) a. 시악시 사랑아 (백조 1-19)

        b. 오이씨 갓흔 어엽분 발아 (백조 1-19)

        c. 곳을 밧을 어엽분 님아 (백조 1-21)

        d. 情 몰으는 지어니야 (백조 1-18)

        e. 쎄여서 보니 거짓이고 헛되구나, 사랑의 꿈이야 (백조 1-20)

위의 맨 끝의 예에서 보는 바와 같이 이때는 「이야」도 나타나는데, 이것은 일종의 느낌부름자리토씨로 보아진다.

나) 「(이)여」의 용법 : 「이여」는 폐음절 밑에 쓰이고, 「여」는 개음절 밑에 쓰인다.

    (20) a. 오- 검이여 참 삶을 주소서 (백조 1-13)
         b. 아!! 아름다운 處女여 (백조 2-131)
         c. 우숨이여! 그대의 우숨이여! (백조 1-49)
         d. 이 黃金塔위에 愛人이여 (백조 1-52)
         e. 아! 님이여 (백조 1-12)
         f. 오! 님이여 (백조 1-13)
         g. 웃는 님이여 (백조 1-18)

위의 예 외에 「새하얀 그 얼굴이어?」에서 「이어?」는 느낌부름자리토씨로 보아야 하느냐 아니면 풀이자리토씨의 물음꼴로 보아야 하느냐 의문이나, 아마 느낌부름자리토씨로 보는 것이 좋을 듯하다. 그런데, 「이여」는 이때부터는 부름자리토씨보다는 느낌자리토씨로 변해감을 알 수 있다. 다음의 예를 들 수 있다.

    (21) 우리 나라보담 盛大함이여 한번 발을 冊肆에 드러노흐면 (소
         년 1-13)

 # 이음토씨의 말밑과 변천과정

1. 이음토씨의 말밑

이음토씨에는 낱말이음토씨와 마디이음토씨의 두 가지가 있는데 전자에는 「과/와, 이며, 이여, 호고, 이랑」 등이 있고, 후자에는 「마른는」, 「건마른는」, 「코」 등이 있다.

1.1 이음토씨의 말밑

1.1.1 낱말이음토씨의 말밑

낱말이음토씨 중에서 「와/과」는 견줌자리토씨의 말밑을 밝힐 때 이미 밝혔으므로 여기서는 재론할 바 없고, 「이며」와 「이여」[65]는 「이다」에서 왔음을 쉽게 알 수 있으므로 여기서는 「호고」와 「이랑」에 대해서만 그 말밑을 밝혀보기로 하겠다.

가) 「호고」의 말밑 : 이 토씨는 「호다」의 굴곡형이 이음토씨로 굳어

---

65) 「이여」에 관하여는 [1]의 <2> 참조.

진 것인데, 아마 입말에서 먼저 발달한 듯하다.

> (1) a. 夫人도 목수미 열둘ᄒ고 닐웨 기텨 겨샸다 (월석 2-13)
>   b. 하ᄂᆞᆳ들에 三百六十五度ᄒ고 ᄯ 度를 네헤 ᄂᆞᆫ호아 ᄒ나히니
>   (능엄 6-16)

(1a · b)에서 알 수 있듯이 「ᄒ고」는 「ᄒ다」에서 발달한 것인데 그 뜻은 「~과 그 위에 또」이므로 「과」나 「이며」보다는 뜻이 다소 강조되는 듯한 느낌이 드는데, 그것은 「ᄒ고」의 「고」 때문이다. 이에 대하여 「이며」가 나열적인 연결을 나타낸다면 「이여」는 감탄적 연결을 나타낸다.

> (2) a. 眷屬은 가시며 子息이며 <u>죠이며</u> 집안사ᄅᆞᆷ믈 다 眷屬이라 ᄒ
>   ᄂᆞ니라 (석보 6-10)
>   b. <u>죠이며</u> 臣下ㅣ며 百姓이 만ᄒ며 (월석 13-7A · B)
>   c. 張개<u>여</u> 李개<u>여</u> ᄒᆞᆫᄇᆞ로 다 닐온 마리라 (금삼 2-65)
>   d. 나랏 사ᄅᆞ미 굴그니<u>여</u> ᅘ그니여 우디 아니ᄒ니 업더라 (월
>   석 10-12B)
>   e. 德이여 <u>福이여</u> ᄒᆞ늘 나ᅀᆞ라 오소이다 (동동)

(2e)의 밑줄부분에서 보면 「이며」, 「이여」는 「이다」에서 왔다는 것이 확실하고―「ᄒ고」는 그 뜻에 의하여 판단하면 「ᄒ다」에서 왔음이 확실하다.

나) 「이랑」의 말밑 : 이 토씨는 16세기에 와서 <청산별곡>에서만 나타나는데 15세기의 「이란」에서 발달한 것으로 보인다.

> (3) a. 멀위랑 ᄃᆞ래랑 먹고 靑山애 살어리랏다 (청산별곡)
>   b. ᄂᆞᄆᆞ자기 구조랑 먹고 바ᄅᆞ래 살어리랏다 (상동)

(3)의 「이랑」도 역시 「이다」에서 「이란>이랑」으로 발달한 것으로 보

인다. 이 토씨는 16세기부터 오늘날까지 쓰이고 있다.

1.1.2 마디이음토씨의 말밑

가) 「컨마론」의 말밑 : 이것은 「ㅎ건마론」이 줄어서 된 토씨인데 완결된 월에 붙어서 뒤집는 뜻을 나타낸다. 경우에 따라서는 끝맺지 않은 월에 와서 어떤 조건을 나타내기도 한다.

    (4) a. 기퍼 測量호미 어려우니컨마론 頭頭에 샹녜 現露ㅎ니라 (금
         삼 3-27A · B)
       b. 비록 楊和의 히믈 비디 아니ㅎ나컨마론 桃花ㅣ 혼 양ᄌ로
         볼그니라 (금삼 4-3)
       c. 반ᄃ기 부톄 ᄃ외리라컨마론 우리 이 ᄀᆮ호 虛妄授記롤 쓰디
         아니호리라 (법화 6-80)
       d. 비록 그러나 컨마론 눈 알피어니 엇데ㅎ료 (금삼 2-62A · B)
       e. 象과 ᄆᆯ와 톳기와 세히컨마론 다ᄅ니 (금삼 5-19)

(4d)에서 보면 「컨마론」은 어찌씨로 보아지기도 한다. 사실 「ㅎ건마론」에서 이 토씨가 발달하였지마는 (4a)에서는 토씨로서 앞뒤 말을 뒤집고 있다. (4b) 또한 그러하다. (4c)에서는 끝난 월에 붙어 그 뜻을 뒤집고 있다. (4e)의 「컨마론」은 임자자리토씨 「이」 다음에 와서 어떤 조건의 뜻을 나타내고 있다.

나) 「마론」의 말밑 : 이 토씨는 완결된 월에 붙어서 뒤집는 뜻을 나타낸다. 경우에 따라서는 완결된 월이 물음월일 수도 있다. 그런데, 이 토씨는 어찌씨 「마론」에서 왔다고 보아진다. 더구나 「커마론」도 「ㅎ건 ＋마론」으로 이루어진 것으로 「ㅎ건」 자체가 어떤 조건적 뜻을 지닌 씨끝으로 끝나 있는데 여기에 어찌씨 「마론」이 붙어서 「컨마론」이 되었고, 「마론」은 또 「마ᄅ＋논」으로 이루어진 것으로 현대어에서의 어찌

씨의 조어법과 그 조어법이 흡사하다. 따라서, 「마ᄅ」는 이름씨로 보기
는 어렵고 어찌씨로 보아야 한다. 그런데, 혹 씨끝에서 왔다고 볼는지
모르나, 씨끝도 아득한 옛날에는 다 실사였을 뿐만 아니라, 씨끝이 토
씨로 된 예는 없다. 특히 현대어의 입말에서 「마는」이 월 앞에서 어찌
씨로 쓰이는 예가 많다.

     (5) a. 내가 참기는 참는다. 마는 그냥 있지는 않겠다.
        b. 다라도 잡수시오. 마는 나는 모르오

이제 중세어에서의 「마ᄅᆫ」의 예를 보자.

     (6) a. 그듸내 ᄍᆞ비ᅀᅡ 오도다마ᄅᆫ 舍利ᅀᅡ 몯 어드리라 (석보 23
           -53)
        b. 劫火ᄅᆞᆯ 몃마 디내야뇨마ᄅᆫ 사만이 ᄀᆞᆮ도다 (남명상-31)
        c. 엇뎨 모미 니ᄌᆞᆶ 주리 업스리오마ᄅᆫ 世間엣 艱難ᄒᆞ며…
          (월석 13-59)
        d. 도라올 期約은 엇뎨 오라리오마ᄅᆫ 여희ᄂᆞᆫ ᄠᅳ든 ᄆᆞᄎᆞ매 感
          激ᄒᆞ노라 (두언 8-20)

이 「마ᄅᆫ」은 「마ᄅᆞᄂᆞᆫ＞마ᄅᆫ＞마는」으로 변하여 오늘에 이르고 있다.

다) 「코」의 말밑 : 이 토씨는 「ᄒᆞ고」의 준 것인데, 이것이 오늘날에
와서는 「고」로 바뀌어 따옴토씨 또는 따옴표지로 불리고 있다.

     (7) a. 堅意ᄅᆞᆯ 測量호미 어렵도다코 房中에서 혜아리고 (법보상-17A)
        b. 출하리 주거도 죻디 아니호리라코 믄득 도적의 멱 잡고 박
          차… (동국신속건 73상)
        c. 奉行끠셔 이 樣子를 술오라코 닐러 왓던더 (첩해 8-5A)
        d. 다곰다곰 긔특다코 일ᄏᆞᆽᄂᆞᆫ더 (첩해 9-14B)
        e. 두어라 一般飛鳥ㅣ니 너오 나오 다르랴 (가곡 p.13)

f. 조선사람이라고 결코 조선말을 다 아는 것은… (한글 1권 2
  호, p.55)
g. 우리들의 父母는 悉皆라고는 할 수 업겟으나 (소년 1-26)

아마 「코」가 발음하기가 어려웠던 데서 「고」로 바뀐 것 같다. 그런데, 「고」가 결코 「ᄒ고」의 씨끝 「고」가 아님에 유념할 필요가 있다.

2. 이음토씨의 변천과정

2.1 신라향가 이음토씨의 용법

이음토씨에는 오늘날 「이며」에 해당되는 「也」가 있다. 다음에 그 예를 보기로 하자.

(1) 君隱父也臣隱愛賜尸母史也民焉狂尸恨阿孩古爲賜尸知民是愛尸知古
   如 (安民)

(1)의 풀이를 <고가연구>에 의하여 보면 「君은 어비어 君은 ᄃᆞ샬 어ᅀᅵ여 民은 얼흔 아히고 ᄒ샬디 民이 ᄃᆞ술 알고다」로 해 놓았는데, 여기에서 「여」는 현대어로 하면 「이며」에 대응되는 것으로 보아진다. 신라향가에서는 「과/와」는 나타나지 않는다.

2.2 고려향가 이음토씨의 용법

이에는 신라향가 때와 같이 「也」 하나가 나타났다.

(2) 灯炷隱須彌也灯油隱大海逸留去耶 (廣修供養)

이 이음토씨는 오늘날로 보면 「-이며」로 보아지나, 「-이여」로 보아도 상관없을 것 같다. 여기서도 「果」는 나타나지 아니하였다. 「也」는 마디를 이어 주는 이음토씨인 것으로 보인다.

2.3 15세기의 이음토씨의 용법

이음토씨에는 낱말이음토씨와 마디이음토씨의 둘이 있는데, 낱말이음토씨에는 「과/와, ᄒ고, 이며, 이야/이여」 등이 있고, 마디이음토씨에는 「마론, 컨ᄆ론, 코」 등이 있다.

2.3.1 낱말이음토씨 「과/와」, 「이며」, 「이여/이야」의 용법

가) 「과/와」의 용법 : 「과」는 폐음절 이름씨 밑에 쓰이고, 「와」는 개음절 이름씨 밑에 쓰이는데, 이들 이음토씨는 같은 성분들을 자리토씨에 이어 주는 것이 그 기능이다. ᄒ종성체언 밑에서 「과」는 「콰」로 된다. 그리고 「과/와」의 기저형은 「과」임에 대해서는 이미 앞에서 언급한 바 있다. 또 「과/와」는 공동을 나타내기도 한다.

(3) a. 엇데 뫼콰 내콰 간격홀 쑤니리오 (두언 8-59)
  b. 어제와 오늘왜 다 ᄒ노ᇇ 브룸 부놋다 (두언 8-59)
  c. 저와 남과롤 어즈려 (석보 9-32)
  d. 六塵과 六根과 六識과랄 모도아 (두언 13-77)
  e. 엇데라 옷과 밥과애 窮困ᄒ야 (두언 16-19)
  f. 여러 綠은 곧 根과 識과이 綠ᄒᄂ 여러가짓 法이라 (능엄 2-17)
  g. 몸과 ᄆ슴과로 몯 아로ᄆ (월석 9-46)

    h. 흐늘콰 짜쾌예 머리 격흐리라 (금삼 2-43)
    i. 가지와 닙과는 사오나톤 사ᄅ몰 가줄비시고 (석보 13-93)
    j. 仁과 智와도 사ᄅ미게 ᄯ 그러흐야 (금삼 3-50)
    k. 오직 天과 獄과쑌 아니언마론 (원각하 1-2-43)
    l. ·와 ㅡ와란 첫소리예 브터 쓰고 (훈언)
    m. 오직 부텨와 부텨와ᅀᅡ 能히…다 아ᄂ느라 (법화 1-145)
    n. 生과 멸와로셔 이숀 디 아니며 (능엄 3-17)
    o. 敎海와 짜해 ᄀ득흔 葛와 藤괘라도 블로 火爐ㅅ 우희… (금
       삼 5-30)
    p. 金과 銀쾌며 시혹 이 土와 木괘며 經을 이나뭇니피며 (능엄
       9-76)
    q. 눈과 돌과 ᄇᄅᆷ과 곳과며 흐늘히 길며 (금삼 3-17)

　이상에서 보인 바와 같이, 「과/와」는 이름씨를 이름씨에 이어 주되 이름씨를 「이, 롤, 애/의, 로, 이예, ᄂᆫ, 도, 쑌, 란, ᅀᅡ, 로셔, ㅣ라도, 이며, 이라」 등에 연결시켜 주는 구실을 하고 있다. 「이며」는 그 자신이 이음토씨인데 거기에 또 「과/와」가 와서 「괘며」식으로 쓰이고 있는데 이와 같은 일은 특이하다. 그리고 「과」는 「ㄹ」받침 밑에서는 「ㄱ」이 탈락한다. 위와 같은 여러 사실로 미루어 보면 「과」는 본래 이음토씨였고, 견줌토씨는 아니었던 것 같다.

　나) 「ᄒᆞ고」의 용법 : 이 토씨는 「ᄒᆞ다」의 굴곡형이 이음토씨로 굳어진 것인데, 아마 입말에서 쓰이던 것으로 짐작된다.

    (4) a. 夫人도 목수미 열둘ᄒᆞ고 닐웨 기터 겨샷다 (월석 2-13)
        b. 하ᄂᆞᆯ둘에 三百六十五度ᄒᆞ고 ᄯ 度를 네헤 ᄂᆫ호아 ᄒᆞ나히니
           (능엄 6-16)

　이 토씨는 「그 위에 또」라는 뜻이 있으므로, 일종의 힘줌이음토씨로 보아진다.

다)「이며」의 용법 : 이것은「이다」의 굴곡형에서 발달한 것으로 무엇을 죽 나열하는 뜻을 나타낸다. 이것이「과/와」와 다른 점은 그 의미에 있어서도 차이가 있지마는 그 연결에 있어서 다른 토씨에다 그 앞의 이름씨를 직접 연결시키지 않는 점이다. 즉,「이며이, 이며를, 이며는, 이며도, 이며와…」등의 형식은 나타나지 않는다는 것이다. 그리고「이며」는 폐음절 밑에 쓰이고「며」는 개음절 밑에 쓰인다.

    (5) a. 人間이며 天上이며… (월석 6-91)
       b. 眷屬온 가시며 子息이며 죠이며 집안사ᄅᆞᆷ믈 다 眷屬이라 ᄒᆞᄂᆞ니라 (석보 6-10)
       c. 罪니블 므듸며 너나몬 그지업슨 어려본 일와… (석보 9-16)
       d. 圓光이며 化佛이며 寶蓮花ᄂᆞᆫ 우희 니르듯 ᄒᆞ니다 (월석 8-45)
       e. 죠이며 臣下ㅣ며 百姓이 만ᄒᆞ며 (월석 13-7~8)

받침 없는 한자말 밑에서는「이며」는「ㅣ며」로 나타난다.

라)「이여」의 용법 :「이여」는 폐음절 밑에 쓰이고「여」는 개음절 밑에 쓰이는데, 그 뜻은 감탄 나열을 나타내면서, 나열하는 말마다에 이 토씨를 붙임이 특이하다.

    (6) a. 張개여 李개여 흔ᄇᆞ로 다 닐온 마리라 (금삼 2-65)
       b. 나롯 사ᄅᆞ미 굴그니여 혀그니여 우디 아니ᄒᆞ니 업더라 (월석 10-12B)
       c. 王이…네가짓 兵馬를 얻고자 ᄒᆞ샤 一千이여 一萬이여 無數히 얻고져 ᄒᆞ샤도 (월석 1-27)
       d. 德이여 福이라 호ᄂᆞᆯ 나ᅀᆞ리 오소이다 (동동)

이 토씨도「이며」와 같이「이다」에서 발달한 것으로 보이는데, 앞에서도 잠깐 언급했으나, 이 이음토씨는 부르는 뜻도 내포되어 있음이「이며」나 「과」와 다른 점이다.

2.3.2 마디이음토씨 「마론」, 「컨마론」, 「코」의 용법

가) 「마론」의 용법 : 이 토씨는 완결된 월에 붙여서 뒤집는 뜻을 나타낸다. 어떤 경우는 완결된 월이 뒤집음의 의문형으로 끝난 경우가 많은데, 그것은 「마론」이 뒤집음의 뜻을 가졌기 때문이다.

(7) a. 그듸내 ᄀᆞ비ᅀᅡ 오도다마론 舍利ᅀᅡ 몯 어드리라 (석보 23-53)

    b. 劫火롤 몃마 디매야뇨마론 사만이 ᄀᆞᆮᄒᆞ도다(남명상-31)

    c. 엇뎨 모미 니줄ᅘ 주리 업스리오마론 世間엣 艱難ᄒᆞ며…(월석 13-59)

    d. 엇뎨 正位 아니리오마론…殊勝境界 엇뎨 업스리오(월석 13-58)

    e. 도라올 期約은 엇뎨 오라리오마론 여희는 ᄠᅳ든 ᄆᆞᄎᆞ매 感激ᄒᆞ노라(두언 8-20)

나) 「컨마론」의 용법 : 이것도 그 용법은 「마론」과 같은데, 그 기저형은 「ᄒᆞ건마론」이었으나 이것이 「컨마론」으로 축약된 것이다.

(8) a. 기퍼 測量호미 어려우나컨마론 頭頭에 상녜 現露ᄒᆞ니라 (금삼 3-27~28)

    b. 비록 陽和의 히믈 비디 아니ᄒᆞ나컨ᄆᆞ론 桃花ㅣ 혼 약ᄌᆞ로 블그니라 (금삼 4-3)

    c. 반ᄃᆞ기 부톄 ᄃᆞ외리라컨마론 우리 이 ᄀᆞᆮᄒᆞᆫ 虛妄授記롤 쓰디 아니호리라 (법화 6-80)

위의 것은 마디 사이에 「컨마론」이 들어간 보기로 마디를 이루지 못한 말 다음에 쓰이는 일도 있다.

    d. 비록 그러나 컨마론 누 알퍼어니 넛데ᄒ료 (금산 2-62∼63)
    e. 象과 몰와 톳기와 세히컨마론 다르니 (금삼 5-19)

다)「코」의 용법 : 이것은「ᄒ고」가 준 것으로 토씨로 보기는 좀 이른 듯하나, 그 기능으로 볼 때 오늘날의 따옴토씨의 시작인 것으로 보이므로, 여기에서 다루기로 한다.

    (9) 堅意롤 測量호미 어렵도다코 房中에서 헤아리고 (법보상 17A)

2.4 16세기 이음토씨의 용법

2.4.1 낱말이음토씨「과/와」,「ᄒ고」,「ᄒ며」,「이며」,「이랑」,「이여」의 용법

가)「과/와」의 용법

    (10) a. 금독과 은독꽤 밧과 안히 틈 업슨 거셔 (초박상 80)
        b. 밤마다 먹는 딥과 콩이 대되 언머만 쳔이 드는고 (초노상 11B)
        c. 이러틋손 덕과 업과롤 긔약의 사롬이 각각 제 몸에 닷ᄀ며 (여향 p.9)
        d. 술고와 이사랏과 여러가짓 셩훈 과실홀 어름 다믄 그릇 안해 담가 두면 (초박상 10)
        e. 쏘 쎄 아손 면화 너희라 민셔방집과 슈오긔 지븨 일 ᄀ술히 동져고리 두어 (순김 61)
        f. 녀느 일과 다르거니 (순김 69)
        g. 술과 풍뉴와 ᄒ고 (순김 24)
        h. 이리사 ᄒ마어니와 져믄 사르미 그리 가르뜨더 어니 어흐로나 죵이 올홀 것고 (순김 70)

　　(10e·f·g)에서 보면 이때 벌써 「ㅣ」와 「ㄹ」밑에서 「ㄱ」탈락현상이 없어졌다는 것을 더 확실히 알 수 있다. 그리고 (10g)에 따르면 15세기에는 「과/와」가 앞 임자말을 부림자리토씨에 이어 주는 형태인 「과롤/와롤」이 있었는데 이런 형식의 합성토씨도 16세기부터 없어져 갔다는 것을 알 수 있다.

　　즉, 15세기에 같은 성분을 여러 가지 토씨에 연결시켜 주던 「과/와」는 16세기에 들어와서는 그런 방법이 차차 깨어지기 시작하여 다음에 보일 몇몇 토씨, 즉, 「ㅣ, 롤, 로, 논」 등에 연결시켜 주고 있다.

　　나) 합성토씨 : 「과/와」는 다른 토씨와 합하여 합성토씨가 된다.

(11) 「과논」, 「와논」
　　a. 은과 덕과논 하눌ㄱ티 노프샷다 (감군은)
　　b. 스므이튼날 나시논가 머흐리 나완논 가 보기논 여데 아니
　　　와시면 ㄱ장 슈샹ㅎ도쇠 (순김 20)

(12) 「과로」
　　a. 흔나흔 스론 덕과 업과로 서르 권호미오 (여향 p.2)
　　b. 덕과 업과로 서르 권 아니호미오 (여향 p.14)

(13) 「과롤」, 「와롤」
　　a. 아비와 형과롤 잘 셤기며 즈식과 아슥와롤 잘 ㄱ르치며…
　　　아슴이여 벋과로 화동ㅎ며 (여향 pp.6~7)
　　b. 이러튼순 덕과 업과롤 긔약의 사롬이 각각 제 몸애 닷그
　　　며 (여향 p.9)

(14) 「와사」
　　a. 네 오라비와사 너희 알리라 (순김 32)
　　b. 아모 이리나 잇거든 가 술와 말슴 드롬과 밋 청ㅎ야 블러
　　　시든 가미 다샹네 뵈슥오미라 (여향 p.38)

(15) 「괘」
    금독과 음독괘 밧과 안히 틈업슨거셔 (초박상 80)

(11a · b)는 「과는」 및 「와는」의 보기요, (12)는 「과로」의 보기요, (13)은 「과롤」, 「와롤」의 보기이며, (14)는 「와」 다음에 「사」가 와 있는 것인데 아주 드문 예이다. 그리고 (14b)는 「과」 다음에 이음씨 「밋」이 사용된 예이다. (15)는 「과」앞 이름씨를 임자자리토씨 「이」에 연결시켜 주기 위한 합성토씨이다.

다) 「ᄒ고」의 용법 : 「ᄒ고」는 개폐 두 음절 밑에 쓰인다.

    (16) a. 요ᄉ이 더위예 ᄌ식둘ᄒ고 병이니 엇디 인눈다 (순김 131)
        b. 아바님겨서 이감 부뎝 뻐니ᄒ고 유무 가ᄂ니 (순김 133)
        c. 요ᄉ이 엇디 아히ᄒ고 인눈다 (순김 148)
        d. 요ᄉ이 긔별 하 모ᄅ니 아희들ᄒ고 엇디 인눈고 (순김 48)

이 토씨는 그 앞에 도움토씨 「곰」을 취하는 일이 있다.

    (17) 두디긔 은ᄌ어 각 스믈콤ᄒ고 동튀 ᄒ나식 보내시닝이다 (순
        김 64)

이 예는 하나만 나타났는데 오늘날처럼 「하고도, 하고는, 하고까지, 하고만,…」 등도 나타날 법하나 잘 나타나지 않는다.

라) 「ᄒ며」의 용법 : 이 예도 잘 나타나지 않는데 오늘날의 「하면」이 16세기부터 비롯된 듯하다.

    (18) 믈총ᄒ며 며다 간슐에로 하 가ᄂ 두 지븨 열권삭 ᄒ니 도쉬
        스므궈니 믈형닶고도 열권 가ᄂ 대되 셜흔권 가ᄂ (순김 64)

마) 「이며」의 용법 : 「이며」는 폐음절 밑에 쓰이고, 「며」는 개음절 밑에 쓰였다.

      (19) a. 존혼 사롬과 져믄 사롬이 물이며 항녈이 믈윗 다숫 등이
            니 (여향 37)
          b. 新婦는 ᄌᆞ식이며 손ᄌᆞ둘히 다 시러곰⋯ (소학언 6-11)
          c. 벼개며 좃글 부처질 ᄒᆞ고 (소학언 6-8)
          d. 나지며 밤의 블으지져 (소학언 6-16)
          e. 아숨이며 번과로 화동ᄒᆞ며 (여향 p.6)

바) 「이랑」의 용법 : 이 토씨는 <청산별곡> 이외에는 잘 나타나지 않는데, 아마 입말에서는 쓰였을 것으로 짐작된다. 혹 이것이 15세기의 「이란」에서 발달해 온 것은 아닌가 여겨진다.

      (20) a. 멀위랑 ᄃᆞ래랑 먹고 靑山애 살어리랏다 (청산별곡)
          b. ᄂᆞᄆᆞ자기 구조개랑 먹고 바ᄅᆞ래 살어리랏다 (청산별곡)

사) 「야/여」의 용법 : 「야/여」는 16세기 이후의 기록에는 잘 나타나지 않는데, 오늘날 「떡이야 밥이야 많이 먹었다」처럼 쓰이는 것을 보면 실제 입말에서는 계속 쓰였을 것으로 생각된다.[66]

      (21) a. 나쟈 바먀 셔긔 나ᄂᆞ니 (초박상 135)
          b. 그 혈모은 부디 누희 추모로 나져 바며 머므디 말오 ᄇᆞᄅᆞ
          라 (초박상 26)

2.4.2 마디이음토씨 「마는/마ᄂᆞᆫ」, 「컨마론」, 「커니와」, 「사만뎡」, 「코」의 용법

가) 「마는/마ᄂᆞᆫ」의 용법 : 15세기의 「마론」은 16세기에 와서 「ᄆᆞᄂᆞᆫ」

---

66) 정인승, 1978, 표준문법, 서울, 교학사, p.102.

과 「마는」으로 바뀌었다. 그리고 이것은 15세기 때와 같이 반드시 마디 에만 붙지는 않는다.

> (22) a. 엇디 너를 스티이다 ᄒ리오마는 允이 이 멀옴이니라 (논어 子罕)
> b. 사라셔서ᄂ 다시 보면 그지ᄂ 홀가마는 (학봉언간)
> c. 가져가리이시면 아니보내랴마는 나왔고 올제도 요노미 유 무아니다오니 (순김 117)
> d. 죠죠ᄒᆞᆫ 이린들 니ᄌ랴마는 내 이리 죄 만히여 ᄉᄉ이리 하 어히 업손이리 만ᄒ니 (순김 67)
> e. 아ᄆ려나 어버니 아니 ᄒ랴마는 길 멀고 현마 ᄉ나히 효 근어눌 다ᄒ랴 (순김 61)

나) 「컨마론」의 용법 : 이 토씨는 16세기에 「컨마ᄅᆞᆫ」으로 나타나는 데, 예가 많이 나타나지 않는다.

> (23) a. 泰川이 놉다컨마ᄅᆞᆫ 하ᄂᆞᆯ해 몯 밋거시니와 (감군은)

다) 「커나와」

> (24) a. 보낼 거시사 아니 어드랴커니와 아기네 ᄃᆞ니노라 (순김 61)
> b. 너희 들다 엇셜다커니와 ᄉ셔란 그러ᄋ니라 (순김 69)
> c. 내 가도 굿 길가 ᄒ여 보내뇌커니와 년년 보내기 믿브디 아니ᄒ여 ᄒ뇌 (순김 72)

라) 「사만뎡」의 용법 : 이 예는 하나 나타났는데 실제 말살이에서는 많이 쓰였을 것으로 본다.

> (25) 내 가기사 ᄀ라사만뎡 몯 가로다 (순김 32)

이 토씨를 분석하면 「사(힘줌토씨)+만뎡」으로 된 것이다.

마) 「코」의 용법 : 이 토씨는 후대에 가서는 따옴토씨로 되는데 여기
서는 편의상 마디이음토씨로 다루어 두기로 한다.

> (26) 네 볼셔도 아니 주는가 너견마는 스시리 만하 잇더니 너도
>   병이 듕타코 나도 죽기젼 뜨디 만희여 아무리 되나쓰나 너
>   겨 보내니 브리기는 네게 잇거니와 ᄌ식ᄒ고 모다셔 일ᄒ려
>   다코 아니 보내여더니라 (순김 67)

2.5 17세기 이음토씨의 용법

2.5.1 낱말이음토씨 「과/와」, 「ᄒ고」, 「이며」, 「(이)랑」의 용법

가) 「과/와」의 용법

> (27) a. ᄀ룸과 뫼쾌 童謠호미 맛당ᄒ도다 (중두 20-92)
>   b. 落下애 비와 술위왜 드느니 (중두 5-27)
>   c. 위안과 집쾌 오직 다붓과 도틀라치로다 (중두 4-20)
>   d. 사룸과 믈와를 잇비호믈 아로라 (중두 5-72)
>   e. 소곰 장이며 ᄂ물 과실과는 입의 드리디 아니코 (동국신
>   속건 339)
>   f. 만일 고기와 ᄂ물 과실과늘 언거나 (동국신속건 292)
>   g. 舅와 生과의 和好호믈 당당히 브로미 업거니쓰녀 (중두 4-50)
>   h. 하늘과 ᄯᅡ쾌애 혼 ᄇᄉ왠 ᄯᅡ히로다 (중두 20-63)
>   i. 金과 玉과란 브리고라 (중두 4-53)
>   j. ᄀ룸과 바룰와는 네로브텨 오매 相會ᄒ고 (중두 20-106)
>   k. 하늘과 ᄯᅡ쾌는 ᄆᄎ매 어엿비 너길쁘디 업스리라 (중두 4-10)

이들 예문에서 보면 「과/와」는 같은 성분들을 「이, 를(늘), 의, 애, 란,
는/는」 등의 토씨에다 이어 주고 있는데, 대개는 <중간 두시언해>에서
나온 것인즉 15세기의 잔재라 할 수 있다. 그런데, <동국신속삼강행실

도>에 의하면 「과늘」이 나오는데 이것은 「과를」의 오기일 것이다. 그리고 17세기에는 「와」를 써야 할 자리에 「과」를 많이 사용하였는데 이것도 오기이다.

> l. 時節이 네과 달라 (첩해 3-13A)
> m. 그는 判事네과 代官돌히 마줌 죵용ᄒ여 (첩해 3-26A)
> n. 島主과 般長老ㅣ 뵈오며셔 (첩해 7-9B)

나) 「ᄒ고」의 용법 : 이 예는 16세기에는 많이 나타났으나 17세기에는 다음의 예밖에 찾지 못하였다. 그러나 18세기에는 나타나지 않으나 실제로 많이 쓰였을 것으로 추측된다. 왜냐하면, 후대에까지 이어 왔기 때문이다.

(28) 슉안에게ᄒ고 네게ᄒ고 ᄂᆞ호니 (인선왕후언간)

다) 「이며」의 용법 : 「이며」는 폐음절 이름씨 밑에 쓰이고 「며」는 개음절 이름씨 밑에 쓰이며, 「ㅣ며」는 개음절 한자말 밑에 쓰인다.

(29) a. 아ᄒᆡ 온 몸이며 머리 눗 아래 우흘다 싯쪄 뼈곰 티덕을
　　　　 업게 ᄒ하 (언해두창상 11)
　　 b. 헤아래 버리쓰는 거시 이 識情ㅣ며 生死조차 遷流ᄒ는 거
　　　　 시 이 識情ㅣ며… (선가상 32)
　　 c. 일즉 보니 열두서둘이며 혹 열닐곱 여둛 둘이며 혹 스믈
　　　　 넉둘 다숫둘애 나ᄒ리 인ᄂ니 (언해태산 p.130)

라) 「이랑」의 용법[67] : 이 토씨는 17세기에는 지적도움토씨로 쓰이고 있다.

(30) 싱강을 져므니랑 ᄒ냥 ᄒ고 늘그니랑 두냥을 디허 (언해태산 p.96)

---

67) 도움토씨 중 ② 2) 참조.

2.5.2 마디이음토씨 「코」, 「마는」의 용법

가) 「코」의 용법 : 이 토씨는 16세기에도 나타나고 이 때에도 나타난다. 그런데, 이 토씨는 본래 「ᄒ고」의 씨끝 「고」가 「ᄒ」와 합하여 된 것으로 따옴토씨의 구실을 하고 있다.

> (31) a. 하눌롤 ᄒ가지로 이디 몯홀 원쉬라. 출하리 주거도 졸디 아
>   니호리라코 믄득 도젹의 멱 잡고 박차… (동국신속건 78)
>   b. 奉行끠셔 이 樣子를 술오라코 닐러 왓던디 (첩해 8-5A)
>   c. 다곰다곰 긔특다코 일크줍ᄂ디 (청해 9-14B)
>   d. 그 안해라셔 어믜게   삼가디 아니혼다코 브리다 (동국신
>   속건 53)

나) 「마는」, 「마ᄂ는」의 용법

> (31) a. 엇뎨 蜀人兵卒이 三千人이 업스리오마는 部頌이 江山이 간
>   디 受苦ᄒ놋다 (중두 4-63)
>   b. 내 엇찌 즉제 죽디 아니ᄒ리오마는 ᄎ마 죽디 아니호ᄆ
>   남진의 신톄오나든… (동국신속건 43)
>   c. 도라가고져 너기옵더니마는 하 극진ᄒ시매 멈쳐 (첩해 6-
>   8A)
>   d. 가지가지 ᄉ양ᄒ오완마는 굿ᄒ야 두시니 (첩해 8-1B)
>   e. 잡ᄉ와 두어리마ᄂ는 선ᄒ면 아니올셰라 (가시리)

이 「마ᄅ」은 <내훈>에서부터 「마는」으로 바뀌기 시작하여 16, 17세기에 와서는 「마ᄂ는」 또는 「마는」으로 나타난다.

2.6 18세기 이음토씨의 용법

2.6.1 낱말이음토씨 「과/와」, 「이며」의 용법

가) 「과/와」의 용법 : 15~17세기와 별 차이가 없으나, 「와」가 쓰어야 할 자리에 「과」가 쓰이기도 하고, 15세기와 같이 모든 자리에 이름씨를 이어 주던 「괘, 과롤, 과이, 과란…」은 없어지고 완전히 오늘날과 같아진다.

> (32) a. 부모와 어룬의 말 준힝ᄒ다 (한청 6-33)
> b. 王과 부인이 깃거홀 제 (왕랑)
> c. 그디와 나와로 미샹애 비방ᄒ더니 (왕랑)
> d. 누른 장미고존 불근 장미곳과 디ᄒ엿도다 (빅련쵸 p.41)
> e. 인정과 세티을 가히 볼디라 (한듕 p.18)
> f. 늙은이과 점은이롤 볼모 두어라 (삼역 2-51)
> g. 의ᄉ만ᄒ 장슈과 위염 베프러 싸호ᄂ 뉴들이 이천이 남은
> 이라 (삼역 3-15)
> h. 곳비치 여틔며 기푸믄 몬제며 후에 퓌요미오 (빅련쵸 p.9)
> i. 동궁끠 입디ᄒ오셔 권휵ᄒ시고 녯글이며 녯ᄉ적을 아오시
> 게 (한듕 p.40)
> j. 담천으로 열ᄒ 증이며 샹한의 열이 나며 (언희납약 p.1)
> k. 슈긔과 담이 응결ᄒ 등이며 어린 아히 졋 토ᄒ기며 얼운
> 이 여이며 숡긔 홀리인 병들을 고티고 (언희납약 p.1)

나) 「이며」의 용법 : 이 때는 「ᄒ고」가 잘 쓰이지 않았던 것 같아서 잘 나타나지 않으나, 「이며」는 그 명맥을 이어 오고 있었다. 「이며」는 폐음절 이름씨 밑에 쓰이고, 「며」는 개음절 이름씨 밑에 쓰인다. 「이며」의 「이」는 비[i]계 홀소리로 끝난 이름씨 밑에서는 축약된다. 그리고, 이때부터 「ㅣ며」는 없어진다. 「ᄒ고」도 쓰였을 것인데 잘 찾아 볼 수 없었다.

2.6.2 마디이음토씨 「마는」, 「언정」의 용법

가) 「마는」의 용법 : 17세기까지는 「마ᄂᆞᆫ」이 나타났으나, 18세기에는 오직 「마는」만 나타난다.

>(33) a. 집안히 뉘 흠탄치 아니ᄒᆞ리오마는 우리집 가계는 자연간
>   핍셔 만하(한듕 p.6)
>   b. 신하다 감히 셥고 오리오마는 셥고셥도다(한듕 p.42)
>   c. 어이 살고져 ᄒᆞ리오마는 션인이 현필을 스오시고(한듕
>   p.66)
>   d. 당신이 ᄯᅩ한 엇디 싱셰지심이 계시리오마는 닌 ᄯᅳᆺ과 ᄀᆞᆺ
>   셔(한듕 p.82)

나) 「언정」의 용법 : 오늘날 따옴토씨인 「고」가 18세기에는 잘 나타나지 않다가 19세기부터 나타난다.

2.7 19세기 이음토씨의 용법

2.7.1 낱말이음토씨 「과/와」, 「ᄒᆞ고」, 「이며」, 「고」의 용법

가) 「과/와」의 용법 : 이 토씨의 용법은 18세기와 한결같다. 이름씨를 다른 토씨에 연결하여 주던 용법은 18세기부터 없어졌는데 이때도 역시 그러하다.

>(34) a. 내 버디 몇치나 ᄒᆞ니 水石과 松竹이라 (오우가)
>   b. 쇼싱과 다본현인이라 (인봉쇼 1-17)
>   c. 金烏와 玉兎들아 (가곡 p.9)
>   d. 淸凉山 六六峯을 아나니 나와 白鶴 (각곡 p.7)

나)「흐고」의 용법 : 이 토씨는 19세기에 비교의 뜻으로도 쓰이기 시작한다.

> (35) a. 죠션 국문흐고 한문흐고 비교흐면 (독립 1-1)
>   b. 영국흐고 불난셔흐고 디단이 시비가 잇슬 모양인디 (독립 1-1)
>   c. 인금 님군과 영국셔 님군 흐고 의논흐야 (독립 1-2)

다)「이며」의 용법 : 19세기에도「ㅣ며」는 없어지고 나타나지 않는데, 이것은 18세기와 다름이 없다.

> (36) 허리숨위오 흑면 황염이며 녀력이 절륜흐고 (인봉쇼 1-22)

라)「고」의 용법 : 이것은 형태상으로는 의문토씨와 같으나, 사실 그 기능에 있어서는 낱말이음토씨이다. 현재 경상도 사투리에서 많이 쓰이고 있는데, 이 토씨는「이다」에서「이고」로 굴곡하고 이것이 다시「고」로 되면서 이루어진 토씨가 아닌가 한다.

> (37) a. 두어라 一般飛鳥ㅣ니 너오 져오 다르랴 (가곡 p.13)
>   b. 그리고 못 보는 情이야 네오 니오 다르랴 (가곡 p.122)

여기 예문의「오」는「고」의「ㄱ」이 홀소리 밑에서 탈락한 것이다.

2.7.2 마디이음토씨「마\는/마는」의 용법

「마\는」은 한두개 나타날 뿐이니, 이 토씨도 19세기에 들어오면서 대체적으로「마는」으로 굳어지게 된다.

> (38) a. 그 모른 늠들은 욷는다 흔다마\는 어리고 하얌의 뜻의\는

　　　내 分인가 ᄒ노라 (만홍 1)
　　b. 심심은 ᄒ다마ᄂ 일 업술손 마히로다 (히우요 1)
　　c. 무어시 업스리요마ᄂ 니 못 니져ᄒ노라 (가곡 p.15)
　　d. 가기야 가더라마ᄂ 誠意節을 못 갈네라 (가곡 p.16)
　　e. 그러치마ᄂ 지금은 죠션 관인들이 나라법이 사샤 (독립 1
　　　권 97호 논설)

19세기에는 <가곡원류>에 와서 완전히 현대와 같이 「마ᄂ」으로 변한다. 그리고 다음과 같이 「마난」도 나타난 것이 있다.

　　f. 네 부친 초상에 한가지 죽기 무어시 어려우리마난 팔십
　　　노친 의지하실대 업고 (언간의 연구보 27)

2.8 20세기 초 이음토씨의 용법

2.8.1 낱말이음토씨 「과/와」, 「하고」, 「이며」의 용법

가) 「과/와」의 용법 : 「과」는 폐음절 밑에 쓰이고, 「와」는 개음절 밑에 쓰인다.

　　(39) a. 그 색시가라는 말과 하도 조른다는 말에 (조선문단 1-17)
　　　　b. 自己와 惠善은 겨우 23-4세 청년인 가닭이오 (백조 1-6)
　　　　c. 그리하고 詩와 小說을 쓰고 흡樂을 잘 하야 (백조 1-9)
　　　　d. 그는 이와 갓치 美와 才를 구비하였디마는 (백조 1-7)

이 「과/와」는 15세기에 가장 엄격하게 쓰였고, 그 중간에 특히 16, 17세기에는 「와」와 「과」사 혼동되기도 하여 15세기의 용법이 혼란해졌는데, 18세기부터는 현대어와 거의 일치하는 사용법이 굳어져, 20세기까지 이르고 있다.

나) 「하고」의 용법 : 15세기에 힘줌의 뜻으로 쓰이던 이 이음토씨는 20세기에 와서는 별로 그렇지 않은 듯하나, 경우에 따라서는 힘줌의 뜻으로 쓰이기도 한다.

> (40) a. 나하고 아즈머니하고 엇더켓든지 하여 볼 터이니 (백조 1- 37)
>   b. 女子高等師範學校에서 공부하는 尹貞順하고 申先生하고는
>   오래전부터 서로 사랑하엿섯지요 (창조 1-49)
>   c. 이것은 10원하고도 20전이외다 (필자)

다) 「이며」의 용법 : 「이며」는 폐음절 밑에 쓰이고 「며」는 개음절 밑에 쓰인다. 이 토씨의 용법은 15세기부터 별 변화가 없다.

> (41) 날신코와 綠의 가는 쌤의 윤곽이며 그 검은 눈썹과 밋 柔和
>   롭고도 날카로운 자란 눈이며 그리하고 이 모든 얼골의 表情
>   에서 오는… (백조 1-9)

이 「이며」는 차례에 따라 말을 이어 주는 이음토씨이다. 예를 들면, 다음과 같은 것이 있다.

> (42) 여러 가지를 兼全하기는 不可能한 事며, 쏘, 一個人의 判斷한
>   것보다 여러 사람의 判斷한 것이 比較的 精確할지니 (소년
>   1-29)

위의 예에서 「事며」를 「事하고」로 하여도 비문법적이 되고, 「事와」하여도 비문법적인 것을 보아도 알 것이다. 따라서 「과/와」는 동시성의 뜻이 있고, 「하고」는 「어떤 것을 하고 나서」의 뜻이 있으며, 「이며」는 차례에 따라 말을 이어주는 이음토씨임을 알 것이다.

라) 합성토씨 : 「과/와」와 「이며」는 합성토씨가 된다.

(43) 「와는」
    a. 우리나라와는 密接한 關繫가 잇서 (소년 1-1 p.39)
    b. 온갖 일이 다 所料와는 틀니고 編輯 하나 손이 덕어… (소
       년 1-1 p.82)

(44) 「이며는」
    오고 가간 路次마다 모래거던 굴녀가고 흙이며는 푸러가서
    (소년 1-1 p.34)

2.8.2 마디이음토씨의 용법

이에는 「만은」이 나타난다.

(45) a. 애 鳥儉知야 네 所望은 불상한 일이다만은 헛바람이다 (소
       년 1-1 p.10)
    b. 그는 이와 갓치 美와 才를 具備하엿지마는 그에게는 한가
       지 큰 遺感이 잇다 (백조 1-7)
    c. 惡善은 活潑한 女子이지마는 아직도 處女의 氣分을 가진이
       라 (백조 1-4)

20세기 초에 와서는 마디이음토씨 「만은」은 이음씨끝화되어 감을 알
수 있다.

Ⅳ 의문토씨의 말밑과 변천과정

1. 의문토씨의 말밑

중세어에서는 의문토씨에 「고」와 「가」의 둘이 있었는데 전자는 의문사 의문토씨요, 후자는 일반의문토씨이다. 이의 말밑을 밝히기 위하여 향가에서는 이들이 어떻게 쓰였나에 대하여 우선 알아 보고 중세어의 예를 보기로 하겠다.

(1) a. 二肹隱吾下於叱古二肹隱誰支下焉古 (處容)
    b. 奪叱良乙何如爲理古 (上同)
    c. 放冬矣用屋尸慈悲也根古 (禱千手觀音)
    d. 月下伊底亦西方念丁去賜里遣 (願往生)
    e. 四十八大願成遣賜去 (上同)
    f. 吾隱去內如辭叱都手如云遣去內尼叱古 (祭亡妹)
    g. 此也友物北所音叱彗叱只有叱故 (彗星)
    h. 於內仁衣善陵等沙不冬喜好尸置乎理叱過 (隨喜功德)
    i. 後句 伊羅凝可行等嫉妬叱心音至刀來去 (上同)

(1a-i)까지의 예를 보면 신라향가에서는 「古, 遣, 去, 故」의 넷이 있고, 고려향가에서는 「過, 去」의 둘이 있는데, 결국은 「古, 遣, 故, 去, 過」의 다섯이 된다. 아마 예문을 통하여 볼 때, 「古, 故, 過」는 의문사 의문토

씨인 것으로 보이며, 「去」는 일반의문토씨인 것으로 보이고, 「遣」는 이음토씨 「고」인 것으로 보인다.[68] 물론 「古」와 「遣」는 의문토씨와 이음토씨의 두 가지로 쓰였으나 그것은 그저 음차에 의한 것에 지나지 않은 것으로 짐작된다. 그런데 여기서 한 가지 덧붙일 것은 「去」는 사실 훈차로서 「가」인 것이다. 그러므로, 「가」의 이두는 「去」임이 확실하고, 「遣」는 이음토씨임이 확실하다. 따라서, 「古」와 「故」 및 「過」는 「고」에 대응되는 것으로 보인다. 그러면, 왜 「古」가 이음토씨로도 쓰였나가 문제이나 「遣」가 「爲遣」의 줄임꼴이라면 「二肹隱吾下於叱古」에서나 「手如云遣去內尼叱古」에서의 「古」는 「爲遣」의 줄임꼴인 「遣」로 쓰일 수 없는 문맥이기 때문인 것으로 짐작된다. 중세어에 있어서의 예를 보면 다음과 같다.

   (2) a. 그듸 子息 업더니 므슷 罪오 (월석 1-19)
     b. 엇던 因緣으로일후미 常不經고 (월석 17-82)
     c. 부톄 누고 (월석 21-195)
     d. 이 說法가 이 說法아니아 (금삼 4-37)
     e. 이 ᄯ리 너희 종가 (월석 8-94)
     f. 이 두 사ᄅ미 眞實로 네 항것가 (월석 8-94)

 (1)에서 「고」는 옛날 의문을 나타내던 이름씨로 보이며 「가」도 그러한 것 같다. 왜냐하면, (2)에서 이들은 모두 이름씨가 풀이말이 될 때에 한하여 쓰였기 때문이다. 그런데, 혹 이것이 「이다」의 굴곡형인 「이고」와 「이가」에서 「이」가 줄어서 된 것이 아니겠느냐고 할는지 모르나, 글쓴이는 그렇게 보지 않는데, 그 이유는 이두의 표기법을 존중할 뿐만 아니라, 오늘날도 경상도 사투리에서 다음과 같이 쓰이고 있기 때문이다.

---

68) 이두집성, 「遣」조 참조.

> (3) a. 이게 뭣고?
>   b. 이게 떡가?

더구나, 여기서 덧붙이고 싶은 것은 「고」나 「가」가 「이고」나 「이가」에서 「이」가 줄어서 된 것이라면 「是故」나 「是古」 등이 나타나야 할텐데 그런 표기가 전혀 나타나지 않는다는 사실이다. 더구나 (1)에서 보면 「古」는 「叱」밑에 와 있기 때문이기도 하다.

> (4) a. 가는 것을 어찌 하리오?
>   b. 이것을 내가 할까?

(4a・b)에서 「하리오」를 「하리이오」와 「할까」를 「하일까」의 준 형태로 보기는 어렵지 않을까 한다. 더구나 (4b)에서 「할까」는 「할＋가」에서 왔다고 본다면 「가」는 매김법 다음에 왔으니까 이름씨였을 것으로 볼 가능성이 전혀 없지도 않다. 더구나, 우리말에서는 이름씨가 씨끝이 되는 일이 있고 보면 그렇게 볼 가능성은 더욱 짙어진다.

> (5) a. 차가 오는데 아이들이 놀고 있다.
>   b. 그가 있는지 나는 모르겠다.

(5a・b)의 밑줄 친 「데」와 「지」는 본래 이름씨에서 온 씨끝이다.

2. 의문토씨의 변천과정

2.1 15세기 의문토씨의 용법

이 토씨에는 「고」와 「가」의 둘이 있는데, 전자는 의문사가 있는 의문

월에서 쓰이므로 의문사의문토씨라 부르고, 후자는 의문사가 없는 의문 문에서 쓰이므로 일반의문토씨라 부르기로 한다.

　　가) 「고」의 용법 : 「고」의 「ㄱ」은 홀소리 「이」나 「ㄹ」밑에서는 탈락 한다.

　　　　(6) a. 그듸 子息 업더니 므슷 罪오 (월석 1-19)
　　　　　　 b. 엇 던 因緣으로 일후미 常不經고 (월석 17-82)
　　　　　　 c. 어늬 이봄고 (능엄 2-48)
　　　　　　 d. 이 엇던 光明고 (월석 10-7)
　　　　　　 e. 그 엇던 짜코 (법화 5-165)
　　　　　　 f. 부톄 누고 (월석 21-195)
　　　　　　 g. 이 므스고 (금삼 2-41)

　　(1f · g)에 의하면, 홀소리 밑에서 「ㄱ」은 반드시 탈락하지 않는데, 이 것은 홀소리 충돌에서 오는 어형 파괴를 방지하려는데, 그 이유가 있는 것 같다.69)

　　나) 「가」의 용법 : 이 「가」도 홀소리 「이」밑에서 「ㄱ」이 탈락하기도 하고 아니하기도 한다.

　　　　(7) a. 이 說法가 이 說法 아니아 (금삼 4-37)
　　　　　　 b. 이제 소리아 아니아 (능엄 4-126)
　　　　　　 c. 이쓰리 너희 종가 (월석 8-94)
　　　　　　 d. 이 두 사르미 眞實로 네 항것가 (월석 8-94)
　　　　　　 e. 다숫 가짓 비치 너희 물 아니가 (두언8—56)
　　　　　　 f. 이젯 그리미 아니 이가 (두언 16-40)

　　(7a)에서 보는 바와 같이 홀소리 「이」밑에서 「ㄱ」이 탈락하는 일이

──────────────────────
69) 허　웅, 앞에 든 책. p.368참조

있다.

　다) 합성토씨 : 물음토씨는 이음토씨와 합하여 합성토씨를 이룬다.

　　(8) a. 幾見雲霜 이 凋萬木고마론 盤空礧檻ᄒ야 更青青ᄒ도다(남명하 72)
　　　　b. 幾度江風이 連日起오마론 未聞沈却釣魚船호라(남명상 40)[70]

　(8b)에서 보면 「이」 다음의 「고」의 「ㄱ」은 탈락되어 있다. 그리고, 이
와 같은 예는 한문토에만 보이는데 오늘날의 「그가 무엇을 할고마는」
의 「ㄹ고마는」에 그 자취를 남기고 있다.

2.2 16세기 물음토씨의 용법

　가) 의문사의문토씨 「고」의 용법 : 16세기 의문토씨 「고」의 용법은
15세기와 같다.

　　(9) a. 어듸 ᄆᆡ십릿 ᄯᅡ코 (초박상 23)
　　　　b. 어멋 바람고 (초박상 28)
　　　　c. 네 스승은 엇던 사름고 (초박상 97)
　　　　d. 숨人아 므슴 은고 (초박상 14)

　이 「고」는 ㅎ종성체언이 풀이말이 되면 「코」가 된다. 그리고 이 「고」
는 의문사가 있는 의문문에 쓰임은 이미 15세기의 의문토씨조에서 설
명하였다.

　나) 일반의문토씨 「가」의 용법 : 「가」는 의문사가 없는 의문문에서
쓰인다.

---

70) 허　웅, 앞에 든 책. p.404에 의거함

    (10) a. 수나희가 간나희가 (초박상 110)
        b. 그 상자리 젼이 너하가 (초노상 48B)
        c. 이 네 아슴가 (초노상 15B)
        d. 이 친동싱 兩姨가 이동싱 륙촌 兩姨가 (초노상 16B)

    위의 두 의문토씨는 특히 <박통사>와 <노걸대>에서 많이 나타난다. 이런 사실로 미루어 보면 이들 토씨는 입말에 많이 쓰였던 토씨였던 것 같다.

    다) 일반의문토씨 「여」의 용법 : 이 토씨는 16세기에만 나타나는데 아마 특수한 사투리였는지 모르겠다. 만일 15세기의 「ᄯᅡ＋녀」를 「ᄯᅡᆫ＋여」로 분석해 본다면 여기 「여」는 의문토씨로 볼 수 있으나 글쓴이는 「ᄯᅡ녀」 전체를 억양형씨끝으로 보기 때문에 이는 제외한다. 따라서 이것은 16세기부터 나타나서 오늘날의 의문토씨 「야」에 이어온 것 같다.

    (11) a. 삥근 시우게 삥근 니브레 삥건 할미 안해셔 조으는 거셔
          (초박상 79)
        b. 금독과 은독괘 밧과 안히 틈업슨거셔 (초박상 80)
        c. 쇠사ᄅᆞ미 쇠몰게 쇠채 아니 티면 몰 브리디 아니ᄒᆞ는 거
          셔 (초박상 80)

    이 토씨는 오늘날 전라도 사투리에서 쓰이고 있음을 보아 아마 그 사투리로 남게 된 것 같다.

2.3 17세기 의문토씨의 용법

    가) 「고」의 용법 : 이것은 의문사가 있는 의문절에 쓰이는데 개·폐 두음절 밑에 쓰였다.

(12) a. 므슴 꼼고 (태평광 1-31)
    b. 어늬 나라 신하고 (동국신속건 5)
    c. 뭇노라 大將은 누고 (중두 5-61)
    d. 아디 몸홀리로다 어느 니금 宮殿고 (중두 6-1)
    e. 뉘 이 나홀 기리 살 사람고 (중두 6-3)

나)「가」의 용법 : 이 토씨는 의문사가 없는 의문문에 쓰인다. 그런데「ㄱ」탈락현상은 이때는 잘 나타나지 않는다.

(13) a. 혹함이 ᄀ장 위티ᄒ니 가히 궁구티 아닐 것가? (언해두창상 48)
    b. 네 이 몰 흔 님자의 것가 (중노 p.155)
    c. 이 각각 치가 (중노 p.155)
    d. 내하ᄂᆞᆫ 본뎌 사리가 (중노 p.155)

2.4 18세기의 의문토씨의 용법

가) 의문사 의문토씨「고/오」의 용법 : 이는 의문사가 있는 의문문에 쓰인다.

(14) a. 엇진 말고 (한청 7-106)
    b. 누고 (한청 8-117)
    c. 랑이 닐오디 누구오 ᄒᆞᆫ대 (왕랑)
    d. 무슨 중요로온 일고 (왕랑)
    e. 명관이 날잡기ᄂᆞᆫ 므스 일고 (왕랑)

이 때는「ㄱ」탈락현상도 없고,「고」가 와야 할 곳에「오」가 오기도 하여, 상당히 현대에 가까워졌다.

    f. 랑이 닐오디 "누고오"ᄒᆞᆫ더 (왕랑)

여기서는 「누고」가 의문대이름씨요, 「오」가 의문토씨이다. 고로, 이 때의 「오」는 「ㄱ」탈락된 것이 아니다.

나) 일반의문토씨 「가」의 용법 : 이것은 의문사가 없는 의문문에 쓰였다.

(15) 이 지조분가 (한청 7-104)

이 때에는 예가 그리 많이 발견되지 않았다. 「고」보다는 「가」가 적게 쓰였던 것 같다. 이와 같은 현상은 「고」와 「가」의 구별·사용이 흐려지기 시작하는 시기인 것 같다. 그렇기 때문에 19세기 말에는 의문토씨는 잘 나타나지 않고 의문씨끝으로 바뀌어 간 듯하다.

2.5 19세기 의문토씨의 용법

가) 「고」의 용법 : 이 토씨는 입말에서보다도 시조나 가사 등에서 많이 쓰였던 것 같다. 그리고 홀소리 밑에서는 「ㄱ」이 탈락하여 「오」가 된다. 그리고 개·폐음절의 구별없이 쓰인다.

(16) a. 朔風도 츠도 찰샤 구즌비는 무음 일고 (가곡 p.40)
　　　b. 草河衛 어듸메오 (가곡 p.40)
　　　c. 一葉片舟에 시른 거시 므스것고 (어부사시사)
　　　d. 乾坤이 제곰인가 이거시 어드메오 (어부사시사)

나) 「가」의 용법 : 이 토씨의 경우는 「ㄱ」탈락이 잘 나타나지 않은 듯하다. 그리고 이 토씨도 개·폐음절 구분없이 사용되었다.

    (17) a. 엊그제 부든 바람 눈셔리 티단 말가 (가곡 p.50)
        b. 꿈아 어린 꿈아 왓는 님도 보낼것가 (가곡 p.71)
        c. 閣氏네 츠오신 칼이 一尺劍가 二尺劍가 (가곡 p.34)
        d. 우는 거시 벅구기가 프른 거시 버들숩가 (어부사시사)
        e. 구준비 개단 말가 흐리던 구름 걷다 말가 (우후요)
        f. 草野群賢이 다 이러나단 말가 (가곡 p.5)

2.6 20세기 초 의문토씨의 용법

가) 의문사 의문토씨의 「고」의 용법 : 20세기 초에 이 토씨는 의문법 씨끝으로 바뀌어 갔다. 또한 이 씨끝의 쓰임도 점차로 줄어든다.

    (18) a. 눈물이 어인 일고 (백조 1-64)
        b. 저 어인 美人인고 (백조 1-65)
        c. 지 어인 父子신고 (백조 1-67)

나) 의문사 의문토씨 「야/냐」의 용법 : 이 토씨는 20세기 초에 처음 나타났는데, 아마 입말에서 쓰였던 것 같다. 그런데, 이들은 변이형태로 보아진다.

    (19) a. 몇 將야 (창조 1-39)
        b. 누구야 (창조 5-62)
        c. 이거이 머야 (창조 5-42)
        d. 그 엇던 理由냐! 엇던 理由야! (창조 4-26)

다) 일반의문토씨 「가」의 용법 : 이것은 20세기 초에는 의문법씨끝으로 바뀌어 갔다.

    (20) a. 아무 通奇도 업시 간다는 말인가 (창조 1-8)

    b. 그러케도 몰나 준다 말인가? (창조 1-9)
    c. 王이 되단 말가 (백조 1-65)

라) 일반의문토씨 「요」의 용법 : 이 토씨는 20세기 초에 나타나는데 아마 입말에 쓰였던 의문토씨였던 것 같다.

    (21) a. 그동안 많이 變햇습니다. 그려 제가요 (창조 5-62)
         b. 우리 동모의 집에 잠간 …쏘요? (백조 1-33)

이 토씨는 지금도 입말에서 많이 쓰이는데 「요」는 액센트 여하에 따라 그 구실이 결정된다. 즉 올림조로 말하면 의문토씨가 되고, 내림조로 말하면 도움토씨로 된다. 특히 이 「요」는 일반의문토씨 「가」하고 같이 쓰이는 것도 특이하다. 그런데, 이 「요」는 「제가요」와 같이 임자자리토씨와 바로 쓰이어 월을 끝맺고 있으며, 「쏘요?」와 같이 어찌씨와도 쓰였다.

Ⅴ 도움토씨의 말밑과 변천과정

1. 지적도움토씨 「ᄋ란/으란」

1.1 「ᄋ란/으란」의 말밑

먼저 향가와 이두에서의 표기를 보기로 하겠다.

(1) a. 乾達婆矢遊烏隱城叱肹良望良古 (彗星)
    b. 奉王旨推問爲在人乙良所犯罪狀果… (名例律—應議者犯罪)
    c. 六品以下乙良檢察使按廉使… (名例律—職官有犯)
    d. 人吏乙良每季朔乙當爲 (名例律—文武官犯公罪)

(1a)의 향가에서는 「肹良」으로 나타나던 것이 (1b-d)의 이두에서는 「乙良」으로 나타나는데 이것이 중세어의 「으란」과 16세기의 「을란」 및 17세기의 「으랑」 또는 20세기의 「을랑」 등에 대응되는 것으로 보인다. 그렇다면, 「으란, 으(을)랑」 등의 기저형은 「肹良」인 것으로 본다면, 「乙良」은 「흘랑>을랑」으로 「ㅎ」이 탈락된 형태이다. 부림자리토씨의 말밑을 살필 때에 「肹」은 그 문맥적 의미로 보아 선정이나 대상을 나타내던 실사였을 것이라 하였는데, 「으란, 으랑」은 아마 어떤 대상을 더 분명히 조건을 붙여 지적하기 위하여 「란」 또는 「랑」을 덧붙여 만든 토씨

가 아닌가 한다. 이와 같이 보아지는 것은 다음 예문에서의 이들토씨의 문맥적 의미가 그렇게 느껴지기 때문이다.

(2) a. 요와 유와란 附書初聲之下ᄒᆞ고 (훈언)
b. 이제 져믄 져으란 아무 ᄆᆞᅀᆞᆷᄭᆞ장 노다가 (석보 13-171)
c. 됴ᄒᆞᆫ 고ᄌᆞ란 ᄑᆞ디 말오 (월석 1-18)
d. 오ᄉᆞ란 딕령이나 텰령이나 니브라 (여향 p.39)
e. 글란 네 ᄆᆞᅀᆞᆷ 노ᄒᆞ시라 (초노상 68A)

(2a-e)에서의 「(와)란, ᄋᆞ란/으란, ㄹ란」은 조건적 지적을 나타내는 것으로 보인다. 특히 (2d)의 「오ᄉᆞ란」할 때의 「ᄋᆞ란」은 어떤 대상을 조건을 내세워 지적하는 뜻이 농후하게 느껴진다. 그러므로 「(으)란」은 어떤 대상을 조건을 붙여 지적하는 뜻의 말에서 발달한 도움토씨로 보이는데 기저형에서의 발전과정은 「흘란(랑)>을란(랑)>으란(랑)」과 같았을 것이다. 따라서, 「으란」의 「으」를 고룸소리라 하는 것은 곤란하고 말하자면 기저모음이라고 불러야 할 것이다.

1.2 「ᄋᆞ란/으란」의 용법

1.2.1 신라향가에서 「으란」의 용법

이 토씨는 하나가 나타났는데 이것은 아마 「을랑」에 대응되는 것으로 보아진다.

(3) 乾達婆矣遊烏隱城叱肹良望良古 (慧星)

여기서 「肹良」은 자리로 말하면 부림자리인데, 「良」 때문에 제시의 뜻이 살아나는 것이다. 그런데, 보기에 따라서는 「肹良」의 문맥적 뜻은 구분으로도 볼 수 있다. 왜냐하면 다음의 예를 보면 그렇게 느껴지기 때문이다.

> (4) a. 너는 밥을랑은 먹고 떡을랑 가져가거라.
>   b. 널랑 쉬고 널랑 일하여라 (두 사람을 각각 보고).

(4)의 「흘랑」이 「흘」의 「ㅎ」이 탈락하여 「을랑」이 되어 오늘날까지 쓰여 내려오고 있는 것으로 보인다.

1.2.2 15세기 이후의 지적도움토씨의 용법

고려향가에서는 지적도움토씨의 용례가 나타나지 않기 때문에 이조어의 지적도움토씨의 용법을 다루겠다.

1) 15세기의 지적도움토씨의 용법

15세기의 지적도움토씨는 「ㅇ란/으란」, 「ㅇ라는/으라는」 등으로 나타나는데 전자는 후자가 줄어서 된 것이다.

> (5) a. 요와 유와란 附書初聲之下ㅎ고 (훈언)
>   b. 이제 져믄 져그란 아주 ᄆ숨ᄭ장 노다가 (석보 13-171)
>   c. ᄂᄆ란 분별 아니코 (석보 13-18)
>   d. 됴ᄒᆞᆫ 고ᄎ란 ᄣ디 말오 (월석 1-18)
>   e. 외라ᄂᆞᆫ 水精이 촌 ᄃᆞᆺᄒᆞ니롤 시부라(瓜爵水精寒) (두언 15-54A)
>   f. ᄀᆞᆸ 믈라ᄂᆞᆫ 皇陂롤 思億ᄒᆞ노라 (두언 16-11A)
>   g. 글란 ᄉᆞ랑티 아니코 (월석 7-17B)

(5)에 의해 보면, 「그」 다음에 「란」이 오면 이것은 「ㄹ란」으로 된다. 그리고 이 토씨는 임자말, 위치말, 부림말 등에 쓰였다. 그런데 이 토씨

에는 「ᄋ라ᄂ」이 없는 것이 특이하다. 그리고 이 토씨는 이름씨에만 쓰였던 것이 특징이다.

2) 16세기 지적도움토씨의 용법

16세기의 지적도움토씨에는 「ᄋ란/으란」이 있는데, 이들은 이름씨에만 쓰인다.

> (6) a. 오ᄉ란 딕령이나 텰령이나 니브라 (여향 p.39)
> b. 이 추니란 네 가져 가 (초노상 62A)
> c. 눌ᄒ란 너무 두겁게 말오 (초박상 31)
> d. 글란 네 므슴 노ᄒ시라 (초노상 68A)
> e. 잉무든 쟝글란 가지고 (청산별곡)
> f. 날란 싱각 마르오 (순김 65)
> g. 너일란 쟝만 하오 (순김 116)
> h. 쟈ᄅ란 크니란 뎡겨니 어미 그 뵈 몰 주고 오니 (순김 65)
> i. 오늘 뎜심이란 마고 나죄 세히 밥만 ᄒ여 두소 (순김 27)
> j. 이제란 원간 대집 죵으란 내 브려 두어든 자내 브리고 (순김 6)
> k. 사회둘란 알외디 말라 (순김 10)

이 때에는 「으라ᄂ」은 이미 없어진 듯하여 잘 나타나지 않는다. 그리고, 대이름씨 밑에서는 토씨가 「ㄹ란」이 됨은 15세기 때와 같다. 그리고, 「ㄹ」로 끝난 이름씨 밑에서는 「란」만이 나타나고, 다른 받침으로 끝난 이름씨 밑에서는 「으란」이 쓰였는데 「ㄹ」밑에서는 「란」만이 쓰인 것은 발음의 편의상 그러했던 것 같다. (1)의 「쟝글란」은 「쟝긔+을란」의 「긔」가 「그」로 되면서 나타난 형태인 것 같다. 그렇다면 현대의 「을란」이 지적도움토씨에서 발달한 것으로 보이는데 ,그 시발이 16세기인 것으로 추측된다. 그리고 (1g)의 「ᄒ다」가 「하다」로 표기되었는데 이것이 정확한 것이라면 16세기에 이미 「·」의 음가가 상당히 흔들리고 있었던 것으로 추측된다. 지적도움토씨는 다른 토씨와 합성토씨를 이루지 아니하는 것이 또한 하나의 특징이다.

3) 17세기 지적도움토씨의 용법

개음절 밑에는 「란」이 쓰이고, 폐음절 밑에는 「으란」이 주로 쓰인다.

(7) a. 나롤 주기고 내 아비란 주기디 말라 ᄒ니 (동국신속건 287)
 b. 대쵸란 ᄇ리고 즈의 조차 공심의 ᄃᄉ히 ᄒ며 머그라 (언희 납약 p.19)
 c. 글ᄒ기란 그디의 ᄆᄉ매 연저슈믈 붓그리노라 (중두 20-50)
 d. 窮ᄒ 사르므란 이 ᄲᆯ 怪異히 너기노라 (중두 20-50)
 e. 羽翼으란 高山 늘그닐 ᄉ랑ᄒ고 (중두 20-14)
 f. 政術란 사오나오몰 둘리 너기고 (중두 20-50)
 g. 글란 넘녀 말고 (두창경 p.89)
 h. 어버이 사라신제 셤길 일란 다ᄒ여라 (경민 P.39B)

위의 마지막 세 예를 보면, 대이름씨 「이, 그, 나…」 등 이외의 이름씨나 이름씨의 끝음절의 받침이 「ㄹ」인 것에는 「란」이 쓰이고, 대이름씨 「이, 그, 나…」 등이 올 때는 「ㄹ란」이 쓰인다.

또한 「으란」은 어찌씨에도 쓰였다

(8) 다만 셩이 닝훈 거시니 만히란 쓰디 말라 (두창경 p.5)

「으란」은 「(으)랑」으로도 나타난다. 아마, 수의변이형태일 것으로 보인다.

(9) a. ᄀ난 아기랑 세환을 저제 ᄀ라 머기고 (언해두창상 10)
 b. 맛당이 밧그랑 경케ᄒ고 안홀 졍냥케 홀디니 (언해두창상 81)

    c. 손발만 곱기고 능으랑 곱기디 말라 (언해두창하 89)
    d. 세설 머근 아희랑 둣푼을 뻐 (언해두창하 111)
    e. 그른 두냥을 반으랑 봇고 반으랑 놀로 쓰라 (언해두창하
      55)

4) 18세기 지적도움토씨의 용법

18세기에는 「으란」만이 나타난다. 그리고 이때는 어찌씨에 쓰인 예
가 나타나지 않았다. 대이름씨 「이, 그…」 등이 올 때는 「ㄹ」이 덧나 「ㄹ
란」으로 된다.

    (10) a. 글란 싱각마오 미친 일이 이셔이다 (속미인곡)
        b. 짝마즌 늘근 솔란 釣臺예 셰여 두고 (성산별곡)
        c. 나모른 디난 일란 牧笛의 붓혀 두고 (송강단가)

15세기부터 18세기까지 「ㄹ」로 끝나는 이름씨 밑에서는 고룸소리를
취하지 않음이 특징이다.

5) 19세기 지적도움토씨 「으란」의 용법

    (11) a. 년닙회 밥싸두고 반찬으란 장만마라 (어부사시사 하)
        b. 이 집으란 모든 닌니롤 분급ᄒᆞ야 (인봉쇼 1-30)
        c. 이제란 다시 젹당의 들지 말고 개과ᄒᆞ라 (인봉쇼 1-28)
        d. 가다ㄱ 올지라도 잇다ㄱ란 ㄱ지 말고 뮈다ㄱ 괼지라도 괴
          다ㄱ란 뮈지마쇼 (가곡 p.167)

이 토씨는 15세기에서부터 이름씨에만 붙는다고 하였으나 19세기에
와서부터는 이름씨, 어찌씨, 움직씨 등에 두루 쓰이게 되었는데, 이것은
오늘날과 일치한다.

6) 20세기 초의 지적도움토씨의 용법

19세기까지도 「으란」이었던 이 토씨는 20세기 초에는 「이란」으로 나타나는데, 그것은 언문일치 운동의 결과 입말에서 온 때문이라고 보아진다.

(12) a. 人生의 시절이란 길고 긴 醜陋! (백조 2-117)
　　 b. 未知의 그 나라란 聖潔의 동산 (백조 2-117)
　　 c. 가지고 온 것이란 情勢 하나뿐 (백조2-117)
　　 d. 차지러 온 것이란 眞理의 그것뿐 (백조 2-117)

「란」은 설명의 대상으로 내세우거나 아니면 대조를 나타내기 위하여 사용됨은 15세기부터 20세기까지 한결같다. 이때는 어찌씨 움직씨 등에 쓰인 예는 잘 나타나지 아니하였다.

2. 지정도움토씨 「은/는」

2.1 지정도움토씨의 말밑

이 토씨는 「은/온」, 「는/눈」, 「ㄴ」 등 다양하게 나타나나, 글쓴이는 「은」을 이 토씨의 기저형으로 보고 있다. 왜냐하면, 향가에서 「隱」으로만 나타나기 때문이다. 다음에서 예를 보고 그 말밑을 살펴보기로 하겠다.

(1) a. 君恩父也隱愛賜尸母史也 (安民)
　　 b. 二肹隱吾下於叱古二肹隱誰支下焉古 (處容)
　　 c. 美化公主主隱他密只嫁良置古 (薯童謠)
　　 d. 巴寶白乎隱花良汝隱… (兜率歌)
　　 e. 生死路隱此矣有阿米次肹伊遣 (祭亡妹歌)

    f. 吾隱去內如辭叱都毛如云遣去內尼叱古 (上同)
    g. 阿耶唯只伊吾音之叱恨隱潽陵隱安支尙宅都乎隱以多 (遇賊歌)
    h. 拜內乎隱身萬隱法界毛叱所只至去良 (禮敬諸佛歌)
    i. 灯炷隱須彌也灯油隱大海逸留去耶 (廣修供養歌)
    j. 造將來臥乎隱惡寸隱法界 餘音玉只出隱伊音叱如支 (懺悔業障歌)
    k. 善芽毛冬長乙隱衆生叱田乙潤只沙音也 (請轉法輪歌)
    l. 民焉狂尸恨阿孩古爲賜尸知 (安民歌)
    m. 手焉法界毛叱色只爲彌 (廣修供養歌)
    n. 吾焉頓叱進良只(請轉法輪歌)
    o. 吾焉頓部叱逐好友伊音叱多 (常隨佛學歌)
    p. 覺樹王焉迷火隱乙根中沙音賜焉逸良 (恒順衆生歌)

   (1)에서 보면 「隱」은 대체적으로 이름씨와 이름씨 사이에 오거나 이름씨와 풀이말에 와서 주로 그 앞의 이름씨로 하여금 지정말이 되게 하고 있다. 따라서, 월 안에서의 자리나 구실은 물론 그 문맥적 뜻으로 볼 때 지정의 뜻을 나타내던 이름씨였던 것으로 보인다. 「모로바시」의 <대한화사전>에 의하면 본래 「隱」은 「정함」의 뜻이 있다고 풀이하고 있다.71) 뿐만 아니라, 양주동 박사도 고가연구 p.247에서 「隱」을 「지정조사」라 하였다. 이와 같은 이유로 그 이름을 지정도움토씨라 한 것이다. 그런데 (1l-p)에서는 「焉」이 많이 보이는데, 고려향가에서는 주로 음차적 표기를 한 것으로 보아진다. 다음에는 중세어에서의 예를 보기로 하겠다.

   (2) a. 國온 나라히라 (훈언)
      b. 尼樓는 賢홀씨 (월석 1-80)
      c. 시미 기픈 므른 ᄀᆞ마래 아니 그츨씨 (용비 2)
      d. 머리 이션 보숩고 가까비 완 몯보ᅀᆞᄫᆞ리러라 (월석 7-55)
      e. 王이 ᄉᆞ랑ᄒᆞ샤미 두외야ᄂᆞᆫ 도ᄅᆞ혀 나ᄅᆞᆯ ᄇᆞ리ᄂᆞ다 (석보 11-
        29A·B)

---

71) 諸橋轍次, 1968, 大漢和辭典 第十一卷, p.970 十二 참조.

(2d)에서는 「은」이 「이셔」 다음에 쓰였고, (2e)에서는 「ᄃ외야」 다음에 와 있다. 이와 같은 일은 「은」이 「이셔」와 「ᄃ외야」를 지정하여 주는 말임을 알 수 있는데, 그러면 이와 같은 말은 어떤 씨일까? 아무리 생각하여도 풀이말과 어찌씨를 지정하여 주는 말은 이름씨밖에는 없을 것 같다. 왜냐하면, 이름씨가 이와 같은 말을 받아서 지정하는 뜻을 더해 주는 것으로 보이기 때문이다. 더구나, 이 말이 어찌씨나 움직씨로는 볼 수 없는데, 그것은 (2a·b)를 보아서 짐작할 수 있기 때문이다. 더구나 「은」이 매김씨나 이음씨가 아님은 다음의 예로 알 수 있다.

    (3) a. 聲聞緣覺은 아래 사겨 잇ᄂ니라 (월석 1-73)
       b. 大ᄂ 클 씨라 (월석 1-13)

2.2 지정도움토씨의 용법

2.2.1 신라향가에서의 지정도움토씨의 용법

이에 「隱, 焉」이 있는데 이 토씨의 기저형은 「은(隱)」으로서 개·폐음절의 이름씨 밑에 두루 쓰였다.

    (1) a. 君恩父也隱愛賜尸母史也 (安民)
       b. 二肹隱吾下於叱古二肹隱誰支下焉古 (處容)
       c. 美化公主主隱他密只嫁良置古 (薯童謠)
       d. 巴寶白乎隱花良汝隱… (兜率歌)
       e. 生死路隱此矣有阿米次肹伊遣 (祭亡妹歌)
       f. 吾隱去內如辭叱都毛如云遣去內尼叱古 (上同)
       g. 阿耶唯只伊吾音之叱恨隱㴱陵隱安支尙宅都乎隱以多 (遇賊歌)

(1a-g)에 의하면 「隱」은 문두에 와서 지정의 뜻을 나타내면서 현대어

에서와 같이 어떤 설명의 대상을 나타내거나, 또는 (1b)에서와 같이 구별의 기능도 한다. 그리고 임자말이 어떤 행동의 주체임을 지정하여 주기도 한다. 그런데 「隱」은 서로가 알고 있는 사실이나, 아니면 설명의 대상이 되는 어떤 것을 지정하여 문두에 지정, 제시할 때 쓰이는 것이 그 주된 구실이다.

2.2.2 고려향가에서의 지정도움토씨 「은」의 용법

이에는 「隱」과 「焉」의 둘이 나타났으나 어디까지나 「은」이 기저형이요, 「焉」은 표음적 표기인데 양주동 박사는 홀소리고룸에 의한 표기로 보고 있으나 반드시 그렇지는 아니하다.

> (2) a. 拜內乎隱身萬隱法界毛叱所只至去良(禮敬諸佛歌)
> b. 灯炷隱須彌也灯油隱大海逸留去耶(廣修供養歌)
> c. 造將來臥乎隱惡寸隱法界　餘音玉只出隱伊音叱如支(懺悔業障歌)
> d. 善芽毛冬長乙隱衆生叱田乙潤只沙音也(請轉法輪歌)
> e. 民焉狂尸恨阿孩古爲賜尸知(安民歌)
> f. 手焉法界毛叱色只爲彌(廣修供養歌)
> g. 吾焉頓叱進良只(請轉法輪歌)
> h. 吾焉頓部叱逐好友伊音叱多(常隨佛學歌)
> i. 覺樹王焉迷火隱乙根中沙音賜焉逸良(恒順衆生歌)

(2a-i)에서 보면 「隱」과 「焉」은 앞 임자씨가 개음절이거나 폐음절이거나를 막론하고 두루 쓰이는데 이들은 신라향가에서 쓰이던 것이 그대로 쓰이고 있는데, 그 구실은 역시 지정의 뜻을 나타냄으로써 문두에서 지정말을 만드나 (1)에서와 같이 구별을 나타내기도 한다. (1)에서는 ㅎ 종성체언의 「ㅎ」음을 표기해 주기 위하여 「恨」이 쓰이었다. 이 토씨는 임자씨에만 쓰여 임자말의 행동을 나타내고 있다.

2.2.3 15세기 이후의 지정도움토씨

1) 15세기 지정도움토씨의 용법

15세기의 지정도움토씨는 「은/온」, 「는/는」의 두 가지가 쓰였다. 이들 토씨의 기저형은 「은」인데, 「온」, 「는」과 「은」, 「는」 등은 홀소리고룸에 의하여 구별 사용되었고, 「는」은 「은」에 「ㄴ」이 더하여 이루어진 것이다.

가) 임자씨에 쓰임 : 임자씨에 쓰이어 여러 가지 성분이 된다.

먼저, 위치말에 와서 어떤 것이 존재하는 곳임을 지정하여 주는 용법이 있다. 다음과 같은 경우가 그 예다.

(3) 쏘 가온딘 가히 엇게엔 보얌 (월인천강 긔 70)

다음으로, 임자말에 와서 그 임자말을 지정하여 설명의 대상이 되게 한다.

(4) a. 文문은 글와리라 (훈언)
　　 b. 相샹온 서르 ᄒᆞᄂᆞᆫ 뜨디라 (훈언)
　　 c. ㄱᄂᆞᆫ 엄쏘리니 君군ㄷ字쫑 처엄 펴아 나ᄂᆞᆫ 소리 ᄀᆞ튼니 (훈언)

또한, 임자말에 와서 다른 것과의 구별(대비)을 나타낸다.

(5) a. 尼樓ᄂᆞᆫ 賢ᄒᆞᆯ씨 (월석 1-80)
　　 b. 쉬미 기픈 므른 ᄀᆞᄆᆞ래 아니 그츨씨 (용비 2)
　　 c. 불휘 기픈 남ᄀᆞᆫ ᄇᆞᄅᆞ매 아니 뮐씨 (용비 2)
　　 d. 天性은 볼ᄀᆞ시니 (용비 71)

여기서의 지정도움토씨 (5a)는 「尼樓」가 다른 사람보다 「賢하다」는 것을 말하고 있고, (5b·c)의 「믈」과 「낢」은 샘이 얕은 물과 뿌리가 얕은 나무의 구별(대비)을 나타내고 있다. (5d)의 「天性은」도 다른 자질과는 다름을 대비하여 구별하고 있다. 이에 대하여 임자자리토씨 「이」는 지칭 또는 한정을 나타내어 준다.

(6) a. 어린 百姓이 니르고져 훓배 이셔도 (훈언)
    b. 目連이 耶輪ㅅ宮의 가 보니 (석보 6-4)
    c. 셜본 人生이 어딧던 이 ㄱ튼니 이시리잇고 (석보 6-9)

(6a)의 「百姓이」는 모든 백성 중에서 어리석은 백성을, 특히 지칭 또는 선정(한정)하여 이른 말이오, (6b)의 「目連이」도 다른 사람이 아닌 「目連이」 바로 그 사람이란 뜻이며 (6c)의 「人生이」도 모든 인생 중에서 서러운 인생이라 지칭함으로써 선정, 국한한 것이다. 위의 (5)와 (6)의 예로써 보면 옛날부터 「은」과 「이」는 그 용법이 달랐음을 알 수 있다.

나) 특수굴곡 : 「ᄋᆞ/은」이 오면 특수굴곡하는 이름씨가 있다. 각 시대별 특수굴곡의 예를 보면 다음과 같다.

(7) 15세기
    「ᄒᆞᄅᆞ」: 홀론 아ᄎᆞ미 서늘ᄒᆞ고 (월석 2-51)
    「아ᅀᆞ」 : 아ᅀᆞᆫ 功名을 일버서셔 (두언 8-27)
    「나모」: 불휘 기픈 남ᄀᆞᆫ ᄇᆞᄅᆞ매 아니 뮐씨 (용비 2)

이와 같이 특수굴곡을 하는 이름씨에는 「ᄀᆞᄅᆞ, ᄆᆞᄅᆞ, ᄂᆞᄅᆞ, 여ᅀᆞ, 구무,불무, 녀느」 등이 있다.

(8) 16세기
    「ᄒᆞᄅᆞ」: 홀론 병이 듕커눌(소학언 6-11)

「ᄆᆞᆯ」 : 그 ᄆᆞᆯ론 어딘 이를 굴히며 몸을 닷가(번역소학9-14)

(9) 17세기
　「ᄒᆞᆯ」 : 홀론 호즈 ᄆᆞᆺᄒᆞ연거놀 아비와 그롤 읍프디 (동국신속
　　　　　건2)
　　　　　홀론 ᄒᆞᆫ대 세펄기 나 삼년채 닐곱 여듧 펄기 되니라
　　　　　(동국신속건35)
　「아ᅀᆞ」 : 네 아ᅀᆞ 밤마다 느려갈 적이면(인션 4-48) (왕후언간
　　　　　61)
　　　　　아비와 아ᅌᆞ 올오믈 어드니라 (동국신속건 314)

이때 「ᄀᆞᆯ」는 특수굴곡이 없어지고 말았다.

네 드론 서근 ᄀᆞᆯ는 每斤에 열닷돈식 ᄒᆞ니 (중노 p.40)

또 「아ᅀᆞ」는 다음과 같이 나타나기도 한다.

아ᅀᆞ는 반드시 형을 공경ᄒᆞ야 (경민 11A)

17세기에 와서는 특수굴곡현상은 이름씨에 따라서 나타나기도 하고 나타나지 않기도 하는데 토씨 「ᄋᆞᆫ/은」의 경우. 특수굴곡현상이 깨어져 가는 시기가 바로 이때이다.

(10) 18세기
　「ᄒᆞᆯ」 : 홀론 董卓이 평산에 잘 제 (삼역 p.26)
　　　　　홀론 呂布ㅣ 董卓을 조차 (삼역 p.77)
　　　　　홀는 그 비지 뷔롤 들고 짜흘 쓰다가… (죵덕권하 15b)

특수굴곡 이름씨의 예는 18세기까지만 나타나고 19세기부터는 나타나지 않는다.

다) 지정, 대비의 뜻 : 움직씨, 그림씨, 어찌씨 등에 쓰이며 지정, 대비의 뜻을 나타낸다.

(11) a. 웃드믈 사모니 늘거는 쓰니 가장 至極ㅎ더라 (두언 16-155)
  b. 므슴 사마는 決定히 感ㅎ야 (능엄 2-18)
  c. 머리 이션 보숩고 가까빙 완 몯 보ᅀᆞᇦ리러라 (월석 7-55)
  d. ㅎ다가 머린 곧 알ᄙᆞᆺ 몸과 (원각상 2-2~46)
  e. 이브터 므ᄎ매 니르리는 일후미 無色界라 (능엄 9-32)

라) 합성토씨 : 다른 토씨와 합성토씨가 되어 설명의 대상, 지정, 대비 등의 뜻을 나타낸다.

(12) 「과는」
  a. 가지와 닙과는 사오나ᄫᆞᆫ 사ᄅᆞᄆᆞᆯ 가줄비시고 (석보 13-47)
  b. 南齊와 唐과는 나랏일후미라 (월석, 서-11)
  c. 悟刹과 我身관 다 長애 업고 (원각하 3-1:75)

(13) 「에는」, 「의는」, 「의는」
  a. 모미 겨ᅀᅳ렌 덥고 녀르멘 츠고 (월석 1-26)
  b. 아ᄎ미는 虛空애 나아 노다가 나조힌 므레 가 자ᄂᆞ니 (석보 13-10)
  c. 므리 윈 녀긘 덥고 올ᄒᆞᆫ 녀긘 츠더라 (월석 2-39)

(14) 「애션」
  中國애션 中國을 하ᄂᆞᆯ 가온더라 ᄒᆞ고···부텻 나래해션 부텻 나라ᄒᆞᆯ 하ᄂᆞᆯ 가온더라 ᄒᆞ고 (월석 1-30)

(15) 「오로는」, 「ᄋᆞ로는」
  a. ᄒᆞ녀고론 깃그시고 ᄒᆞ녀고론 두리여 ᄒᆞ더시다 (월석 2-43- 4)
  b. ᄒᆞ녀고론 陛下ㅅ 쁘디 便安ᄒᆞ시고 (월석 2-71)
  c. 안ᄒᆞ론 想올 조차 이어고 밧ᄀᆞ론 境을 조차 둘ᄂᆞ니 (능엄 2-20)
  d. 부톄 火化ㅅ 法 밍ᄀᆞᄅᆞ샤ᄆᆞᆫ ᄌᆞ걋ᄀᆞ론 三昧力을 나토샤···舍

利 소사나시고 사ᄅᆞ미게론 더러본 서근 내롤 ᄀ리보며
(월석 18-39)

(16) 「셔는」
    a. 마ᅀᆞ래 사라션 ᄠᅳ들 行ᄒ호매 잇ᄂᆞ니라 (두언 8-63)
    b. 定力이 이디 몯ᄒ야션 能히 魔롤 뮈우디 몯다가 (능엄 9-
    64)

2) 16세기 지정도움토씨의 용법

가) 「은/온」, 「는/ᄂᆞᆫ」의 용법 : 전자는 폐음절 이름씨 밑에 쓰이어 그
이름씨로 하여금 임자말이 되게 하고, 후자는 개음절 밑에 쓰이어 그
이름씨로 하여금 임자말이 되게 한다.

(17) a. 주기린 주기고 드리린 드리고 (초박상 46)
    b. 이 ᄒᆞᆫ 등엣 ᄆᆞ론 열닷량 우으로 폴오 (초노상 9A)
    c. 뵛갑슨 ᄊᆞ던가 디던가 (초노상 9A)
    d. 너는 지그미 모몰 아니 브련ᄂᆞ냐 (순김 12)

「온」, 「ᄂᆞᆫ」은 양성홀소리 밑에 쓰이고 「은」, 「는」은 음성홀소리 밑에
쓰임은 물론이다.

나) 움직씨, 그림씨, 어찌씨에 쓰임 : 이들 낱말 밑에도 쓰여, 그들을
지정한다.

(18) a. 집의 이셔는 부형을 섬기며 (여향 p.8)
    b. 요ᄉᆞ이논 임히 집다히 긔별 몯드ᄅᆞ니 (송강언간)
    c. 이젠 엇디 져그니오 (초박상 7)

(18d)의 「ᄂ」은 「는/ᄂᆞᆫ」의 임의적 변이형태임은 물론이다. 그런데 여

기서 하나 덧붙일 것은 어떤이는 이 지정도움토씨는 그 앞에 오는 말을 주제말로 만든다고 하나, 이 토씨 앞에 오는 움직씨나 어찌씨도 주제말이 된다는 말인지 의심스럽다.

이 토씨가 이름씨, 움직씨, 어찌씨 밑에 오는 것은 그 뜻이 무엇을 지정해 주기 때문임을 알아야 한다. 달리 말하면, 무엇을 제시하거나 지정해 주기 때문이다.

다) 합성토씨 : 지정도움토씨는 다른 토씨와 합성토씨를 이룬다.

(19) 「에는/엔」, 「익는」, 「의는」
　　　 a. 나믄 시절엔 즈데롤 브려 (여향 p.39)
　　　 b. 이버닉는 한 사르미 가되 여게 아모것도 업스니 뷘 유무
　　　　　 ᄒ노라 (순김 84)
　　　 c. 스밍삭애 모둘 저긔는 과실와 수울와롤 세 주리 ᄌᆞ게 ᄒ
　　　　　 고 (여향 p.74)

(20) 「라는/란」
　　　 답례란 마론 져믄 사름이 가 뵈야든 얼운 사름이 와 답례ᄒ
　　　 닷 마리라 (여향p.43)

(21) 「의셔는」
　　　 벼슬 로픈 집의셔는 그 부형이 벼슬 밋고 즈데롤 ᄀᆞᄅ치디
　　　 (정속p.20)

(22) 「과는」, 「완는」
　　　 a. 은과 덕과는 하늘 ᄀᆞ티 노프샷다 (감군은)
　　　 b. 나완는가 보기는 여태 아니 와시면 ᄀᆞ장 슈상ᄒ도쇠 (순
　　　　　 김 20)

(23) 「익는」
　　　 이 글희는 ᄡ려 ᄒ엿더니 보내시도쇠 (순김 2)

(24) 「ᄂᆞᆫ도」
한 혜옴 혜니ᄂᆞᆫ도 차망되고 건돌둔사니만 ᄃᆞ리고 잇거니 아니 고로오라 (순김 69)

(25) 「의계ᄂᆞᆫ」
a. 내의게ᄂᆞᆫ 화혈ᄒᆞᆫ 이리 업세라 (순김 69)
b. 내게ᄂᆞᆫ ᄉᆞ식 다 셜오니 (순김 166 후면)

(26) 「셔ᄂᆞᆫ」
옥쳔셔ᄂᆞᆫ 이ᄃᆞᆯ 보름날 나ᄒᆞ니 (순김 128)

(27) 「ᄭᅥ장은」
스므날로셔 스믈 닷쇄ᄭᅥ장은 ᄉᆞ방 귀시니 다 동의간ᄂᆞᆫ 나리니 (순김 130)

(19a · b · c)는 「에/ᄋᆡ(의)+ᄂᆞᆫ」, (20)은 「라+ᄂᆞᆫ」,(21)은 「의셔+ᄂᆞᆫ」, (22)는 「과/와+ᄂᆞᆫ」, (24)는 「ᄂᆞᆫ+도」, (25)는 「의게+ᄂᆞᆫ」 (26)은 「게+ᄂᆞᆫ」, (27)은 「셔+ᄂᆞᆫ」, (28)은 「ᄭᅥ장+은」으로 된 합성토씨이다. 그런데 (22b)의 「완ᄂᆞᆫ」은 「와ᄂᆞᆫ」의 표기가 잘못된 것이다.

3) 17세기 지정도움토씨의 용법

17세기의 지정도움토씨에는 「ᄋᆞᆫ/은」, 「ᄂᆞᆫ/는」, 「ㄴ」 등이 쓰였다.

가) 「ᄋᆞᆫ/ᄂᆞᆫ」과 「은/는」의 용법 : 이들은 홀소리고룸에 의해서 구별 · 사용되었으며, 또한 「ᄋᆞᆫ/은」은 폐음절 밑에 쓰이고 「ᄂᆞᆫ/는」은 개음절 밑에 쓰였다. 그리고 「ㄴ」은 「ᄂᆞᆫ/는」의 수의변이형이다.

(28) a. 빅니 섯겨 나던 거ᄉᆞᆫ 업ᄉᆞ더 (인선왕후언간)
b. 뵛갑ᄉᆞᆫ 往年 갑과 ᄒᆞᆫ가지라 ᄒᆞ더라 (중노 p.15)
c. 뎌들은 진실로 잡사ᄅᆞᆷ 아니라 (중노 p.93)
d. 기ᄅᆞ마ᄂᆞᆫ 시뎨예 은입 ᄉᆞᄒᆞᆫ ᄉᆞ견엣 됴ᄒᆞᆫ 기ᄅᆞ마 구레니 (중

　　　　노 p.217)
　　　e. 구의논 인신을 밋고 (중노 p.162)
　　　f. 내하는 구윗 저울이라 (중노 p.230)
　　　g. 프르닌 노픈 棧道앳 대 몰랫고 (중두 20-36)
　　　h. 프르닌 이 烽火ㅅ니오, 희닌 사ᄅ미쪄로다 (중두 4-8)

이때는 위 예들이 보이는 바와 같이 홀소리고룸은 완전히 깨어졌다. 그리고 이상하게도 「는」은 별로 사용되지 아니하였고, 주로 「논」이 많이 사용되었다. 또 「ㄴ」도 그 사용빈도가 훨씬 줄어들었다.

　나) 이름씨, 움직씨, 어찌씨에 쓰임 : 이들 토씨는 이름씨, 움직씨, 어찌씨 등에도 쓰였다.

　(29) a. 오늘은 닛고 일즙 지달 쓰디 아니호라 (중노 p.82)
　　　 b. 딜녀는 다 내 동긔의 난 배니 (경민 12B)
　　　 c. 요ᄉ이논 퍽 낫ㅈ오신가 시브오니 (숙종언간)
　　　 d. 이번은 날포 든든이 디내옵다가 (숙종언간)
　　　 e. 새 거술 어더는 반두시 쳔호더라 (동국신속건 238)
　　　 f. 주그매 미처는 슬피 설워 흐기롤 삼년을 흐더라 (동국신속
　　　　 건 281)

지정도움토씨의 합성토씨에는 「로뻐는, 게는, 의게는, 애는…」 등도 쓰였으나 보기는 줄이기로 한다.

　4) 18세기 지정도움토씨의 용법

18세기에는 「ㄴ」이 잘 나타나지 않으나 「은/온」, 「는/논」은 홀소리고룸에 따라 또는 이름씨의 개·폐음절에 따라 구별·사용되었다.

　(30) a. 대논 믈근 브ᄅ믈 씌여 (빅련쵸 p.5)
　　　 b. 명관이 날 잡기는 므스 일고 (왕랑)

    c. 나는 잠간도 이런 이룰 보디 못하야시니 (왕랑)
    d. 우리 둘흔 명조끠 바닷는디라 (왕랑)
    e. 고즌 더온날 마자 봄비쵸 꾸미고 (빅련쵸 p.5)
    f. 테벽관원님은 비록 지상집 ᄀᆺ트나 (한듕 p.6)
    g. 늘근 죵은 일킃고 져믄 죵은 둘와 말ᄒᆞᆫ 괴로워ᄒᆞ셔 (한
      듕 p.8)

다음과 같은 예도 나타났으므로 아울러 예시한다.

    (31) 므ᄅ 우희 거의실론 져비의 비리로다 (빅련쵸 p.12)

「론」은 「실」의 받침 「ㄹ」이 「온」과 같이 「론」으로 발음되매 그렇게 표기된 듯하다. 아니면 특수 굴곡을 하는 이름씨로도 볼 수 있겠다. 그리고 지정도움토씨는 움직씨, 어찌씨 등에도 쓰였다.

    (32) a. 들을 제ᄂᆞᆫ 우레러니 보니ᄂᆞᆫ 눈이로다 (관동별곡)
        b. 머리를 언지 아니코ᄂᆞᆫ 감히 뵈옵디 못ᄒᆞ시고 (한듕 p.14)
        c. 별궁 드러오셔ᄂᆞᆫ 화긔를 일치아니ᄒᆞ시더니 (한듕 p.34)

5) 19세기 지정도움토씨의 용법

가) 「ᄂᆞᆫ/는」, 「온/은」의 용법 : 이들 토씨는 인습에 의해 사용되었을 뿐 홀소리고룸에 의한 구별은 없어졌다.

    (33) a. 뫼흔 길고길고 믈은 멀고멀고 (견희요)
        b. 그거슨 ᄆᆞ음이 정직ᄒᆞᆫ 사름이나 (독립 1-4 논설)
        c. 그 모론 놈들은 움는다 ᄒᆞ다마ᄂᆞᆫ (만흥 1)
        d. 보니고 글이는 情은 나도 몰나 ᄒᆞ노라 (가곡 p.9)
        e. 셩은 빅이요 명은 양이오 호ᄂᆞᆫ 긔랑이니 (인봉쇼 1-1)
        f. 아마도 변티 아닐 순 바회뿐인가 ᄒᆞ노라 (오우가)

g. 문서난 내 외가예 이시니 (언간의 연구 27)
h. 우리난 平地에 안저시니 (가곡 p.30)
i. 잘 시는 나라 들고 (가곡 p.6)
j. 우리는 첫지 편벽되지 아니훈 고로 (독립 1-1)

위 예에서 보면 「는」은 「난」으로도 나타나는데 이것은 확실히 「·」의 음가가 없어졌기 때문이다.

나) 움직씨, 어찌씨에 사용 : 이들 토씨는 움직씨, 어찌씨에도 사용되었다.

(34) a. 요스이는 날이 하 덥스오니 (언간의 연구보 25)
 b. 심심은 훈다마는 일 업슬손 마히로다 (하우요 1)
 c. 답답은 훈다마는 한가훌 손 밤이로다 (하우요 2)
 d. 이 거시 이에 즈손이 되야는 다힝홈이오 (신한텹서)

19세기에 와서는 「ᄋ/은」이 쓰였을 경우 15세기부터 18세기까지 있었던 받침소리 탈락현상은 전혀 나타나지 않는 것을 보면, 이때에 이 현상은 없어진 것 같다.

6) 20세기 초 지정도움토씨의 용법

20세기 초에 와서는 지정도움토씨는 「은/는」이 많이 나타난다.

가) 「은」과 「는」의 용법 : 「은」은 폐음절 밑에 쓰이고 「는」은 개음절 밑에 쓰이면서 지정의 뜻을 나타낸다.

(35) a. 나의 가슴은 군성거리여 견댈 수 업슴니다 (백조 1-1)
 b. 긋업는 沈默의 氣運은 온 宇宙에 充滿하였다 (백조 1-3)
 c. 汽車는 南大門을 더나기 始作하였다 (백조 1-4)

나) 움직씨, 어찌씨에 쓰임

> (36) a. 부자들 생각지는 마레 주시오 (백조 1-136)
>   b. 方策에서 놀면은 질거우리라 (백조 1-137)
>   c. 우리를 보면은 질거우리라 (백조 1-137)
>   d. 그러다가는 그 信仰이 적다고 하는데 對하여는 적지 안은
>   不快와 또 한엽흐로는… (백조 2-16)

3. 각자도움토씨 「곰」

3.1 각자도움토씨의 말밑

이 토씨에 대한 이두의 표기는 보이지 않는다. 따라서, 중세어의 예
에 의하여 그 문맥적 의미로써 그 말밑을 밝혀내는 도리밖에는 별 다
른 길이 없다고 생각된다.

> (1) a. 王이 혼 太子롤 혼 夫人곰 맛디샤 (석보 11-33)
>   b. 銀돈 혼낟곰 받ㅈ봉니라 (월석 1-9)
>   c. 四方이 各各 變ㅎ야 十方곰 드외면 四十方이 各各 變ㅎ야 十
>   方곰 드외면 四百方이 일리니 (석보 19-24)
>   d. 奢摩地와 三摩鉢庇와 神那와 세흘 各各 하나콤 닷고미 單修
>   ㅣ오 (능엄 8-54)
>   e. 네 弟子둘히 五百比丘옴 드려 이리 안자 느라 가니 (월석
>   7-21B)

(1a-e)에서 쓰인 「곰」의 뜻을 분석하여 보면 「곰」은 분명히 「각각」
또는 「씩」의 뜻을 지니는데 이들은 다 본래 이름씨에서 온 것임은 말
할 것도 없다. 혹 「곰」을 어찌씨가 아니겠는가 하고 의심할는지 모르

나, (1a·b)는 물론 특히 (1d)의 「콤」을 보면 그렇게는 보기 어려울 것 같다. 따라서, 글쓴이는 「곰」을 「각각, 각자」의 뜻을 지녔던 이름씨였다고 단정한다. 더구나, <고어사전>에 의하면[72] 「곰」을 뒷가지로 설명해 놓았는데, 그것은 뒷가지가 이름씨나 대이름씨에서도 파생되는 수가 있기 때문인데, 여기서는 뒷가지로 보기는 어려울 것 같다.

3.2 각자도움토씨의 용법

1) 15세기 각자도움토씨의 용법

이 토씨는 월에서의 쓰이는 자리로 볼 때 본래 「각각」의 뜻을 나타내던 이름씨에서 발달해 온 것으로 보인다. 「곰」은 「ㄹ」이나 「이」 밑에서 「ㄱ」이 탈락된다. 그리고, 이 토씨는 임자말이나 부림말, 위치말에 쓰인다.

> (2) a. 四方이 各各 變ᄒᆞ야 十方곰 ᄃᆞ외면 四十方이 일오 四十方이
>   各各 變ᄒᆞ야 十方곰 ᄃᆞ외면 四百方이 일리니 (석보 19-24)
>   b. 奢摩地와 三摩鉢庇와 神那와 세흘 各各 하나콤 닷고미 單修
>   ㅣ오 (능엄 8-54)
>   c. 네 弟子둘히 五百比丘옴 ᄃᆞ려 이리 안자 ᄂᆞ라 가니 (월석
>   7-21B)
>   d. 銀돈 ᄒᆞ낟곰 발ᄌᆞᄫᅵ니라 (월석1-9)
>   e. ᄒᆞᆫ 太子ᄅᆞᆯ ᄒᆞᆫ 夫人곰 맛디샤 졋 머겨 (석보 11-33)

(2)에서와 같이 ㅎ종성체언 다음에 오면 「곰」은 「콤」이 된다.

---

72) 남광우, 1971, 고어사전, 서울, 일조각.

2) 16세기 각자도움토씨 「곰」의 용법

  (3) a. 훈 드래 두량곰 졋갑 주고 (초박상 114)
     b. 위예 잇는 사룸으로 다 두 번곰 절ᄒ라 (여향 p.76)
     c. 믈읫 위예 잇는 사룸이 다 두 번곰 절ᄒ라 (여향p.78)
     d. 우리 ᄒ나히 둘콤 잇거 가 (초노상 37B)
     e. 여러 거름곰 즈늑즈늑ᄒ더 재니라 (초노상 12B)
     f. 열 사르미 훈숨곰 돌여치라 (초박상 42)
     g. 귀약훈 사룸 등에 둘바다 훈사룸곰 돌여딕월을 사모더 (여
        향 p.3)
     h. 두 디긔 은즈어 각 스믈콤ᄒ고 동퇴 ᄒ나식 보내시넝이다
        (순김 64)
     i. 보내여든 ᄲᅡ셔 훈 ᄀᆞ숨곰 눈화 쓰고 야쳥을 녀르미 훈 ᄀᆞ슴
        몰 도로 주거나… (순김 70)
     j. 보긔 아홉눈 세즈곰 녀허 달혀 자소 (순김 27)

  이 토씨는 주로 부림말로 쓰인 경우만 나타났는데, 합성토씨가 되지
못하는 것이 이 토씨의 특징이기도 하다.

3) 17세기 각자도움토씨의 용법

이름씨 밑에 쓰이어 「씩」의 뜻을 나타낸다.

  (4) a. 내 보고 상녜 두 번곰 절ᄒ니 (중두 17-3B)
     b. 머리 누른 癸兒ㅣ 날마다 西로 向ᄒ야 두어곰 몰타 활 혀
        구틔여 돌어ᄂ다 (중두 4-8)

  그런데 15세기에는 「ㅣ」홀소리 밑에서 「ㄱ」이 탈락되는 17세기에는
별로 그렇지 아니하다. 그리고 이 토씨는 18세기부터는 나타나지 않는
다. 오늘날 표준말에서도 전혀 쓰이지 않는 것을 보면, 이 토씨는 17세
기 말부터 사투리에서나 쓰이는 바가 된 것이 확실한 것 같다. 왜냐하

면, 현재 전라도 사투리에서는 쓰이고 있기 때문이다.

17세기까지 나타나던 「곰」은 18세기부터는 토씨로서는 나타나지 아니하고 뒷가지로만 나타나는데 그 계보를 살펴보면 다음과 같다. 즉 뒷가지 「곰>금」은 15세기부터 움직씨와 어찌씨 뒤에만 나타났다. (그러니까 순수 토씨로서의 「곰」은 17세기로서 막을 내린다.) 이 「곰」은 어떤 여운을 남기는 뜻을 나타낸다.

참고 뒷가지 「곰」
   ① 15세기의 뒷가지 「곰」
     a. 시러곰 어드운티 ᄀ초아 두리아 (두언 8-170)
     b. 種種方便으로 다시곰 술와도 (석보 6-6)
     c. 아ᄃ리 아비 나해셔 곱기곰 사라 (월석 1-47)
     d. 눌 보리라 우러곰 온다 (월설 8-87)
   ② 16세기의 뒷가지 「곰」
     a. 즈믄히를 외오곰 녀신둘 (정석가)
     b. 훈잔 ᄀᄃ기곰 먹고 (초노상 64A)
     c. 칙외 서셔 뻐곰 그 어디디 몯혼 사롬을 경계ᄒ라 (여
       향 p.8)
     d. 괴시란티 우러곰 좃니노이다 (서경별곡)
   ③ 17세기의 뒷가지 「곰」
     a. 사롬이 뻐곰 효도의 감동호미라 (동국신속건 82)
     b. 운이 ᄆ옴을 다ᄒ여 완호ᄒ고 쳐서 ᄒ여곰 주리미 업
       게 ᄒ니라 (동국신속건244)
     c. 사ᄅ미 漢ㅅ公主의 사라 시러곰 河를 건너 오믈 슬ᄂ
       다 (중두 5-33)
     d. ᄌ식이 복듕에 이셔 능히 도디 못ᄒ야 뻐곰 ᄀᄅ나며
       갓고로 나몰 닐위고 (언해태산 p.51)
   ④ 18세기 뒷가지 「곰」
     17세기까지는 「곰」이 나타났으나, 18세기부터는 「곰」은
     없어지고 「금」이 나타난다.
     a. ᄃ시금 羅衫을 뷔여 줍고 (이청 951)
     b. 다시금 王樓上 봄ᄇ름에 (아가 92)
     c. 다시금 타관금 퇴원침의… (이청 673)

⑤ 19세기 뒷가지 「곰」
　　　이 진실로 몱디옴 몱아시면 (오후요)

4) 「곰」의 소멸

「곰」은 「옴」으로 안 된다고 하였는데, 19세기에 와서는 「옴」이 되었다. 그리고, 이것은 겨우 하나밖에 예가 나타나지 아니 하였는데, 18세기와 같이 「곰」은 「금」으로 바뀌어 나타나면서 「곰」은 없어지게 되었다. 20세기 이후에 「곰」은 나타나지 않는다.

(5) 다시금 我東方 生靈이 熙華世를 보리로다 (박효관)

4. 유여도움토씨 「이나마」

4.1 유여도움토씨의 말밑

유여도움토씨는 움직씨 「남다(餘, 越, 過)」에서 발달하였는데 중세어에서는 유여의 뜻을 나타내다가 18세기부터는 불만의 도움토씨로 그 뜻이 바뀌어 오늘에 이르고 있다.

(1) a. 門人이 一千 나마 잇ᄂ니(門人一千有餘) (법보상 5)
　　b. 머리 조아 一千 디위 나마 절ᄒ고 (월석 23-82)
　　c. 길히 ᄀ장 험ᄒ야 십니나마 가되 민가롤 만나디 못ᄒ고 (태평광긔 1-33)
　　d. 玉 ᄀ툰 얼굴이 半이나마 늘거셰라 (속미인곡)
　　e. 이 짜른 동안이나마 그는 잠을 잔다느니보담 차라리 주리난장을 마진 사람 모양으로… (백조 2-48)

(1a·b)에서는 「나마」가 「남다」의 뜻이 있으나 (1c)부터는 차차 그 뜻이 줄어들다가 <태평광기>나 <속미인곡>에 가서부터는 차차 불만의 뜻으로 조금씩 바뀌어 오다가 18세기, 19세기, 20세기로 접어들면서 완전히 불만의 뜻을 지닌 도움토씨가 되어버렸다. 그 이유는, 옛날에는 띄어쓰지 아니하고 잇달아 글을 쓰다 보니, 그만 「나마」의 뜻을 잊어버리고 임자자리토씨가 있을 때는 임자자리토씨에 붙어서 읽거나 말하고, 임자자리토씨가 없을 때는 그 앞에 오는 이름씨에 붙여 읽다가 보니까 「나마」는 그대로 또는 임자자리토씨 「이」와 합하여 「이나마」가 된 것이다.73) (1d·e)가 그러한 보기인데 필자는 이때의 「이」를 본래부터 있었던 「이」라는 뜻에서 기저모음이라 부르고자 한다.74)

4.2 유여도움토씨의 용법

1) 15~16세기 유여도움토씨의 용법

이 토씨도 각자 도움토씨와 같이 향가나 이두에서 쓰인 예를 찾을 수 없는데, <훈민정음>이전에는 움직씨였기 때문이라 생각된다. 그리고 이 토씨는 15세기에는 「그 위에 더 있음」을 나타낼 때 쓰였다. 이것은 그 말밑이 말하고 있듯이 「남다(餘)<넘다>」에서 온 것이기 때문이다. 그러던 이 토씨가 후대에 오면서 「부족해서 미안하다」는 뜻으로 변하였으니, 의미면에서 본다면 정반대의 방향으로 바뀌었다고 할 수 있다.

    (2) a. 門人이 ―千나마 잇느니 (법보상-5)
       b. 머리조사 ―千디위나마 절ㅎ고 (월석 23-82)

---

73) 김승곤, 1982, 한국어 고름소리의 어원 연구, 한글 제 176호. pp.41-66참조
74) 이희승, 1959, 새고등문법, 서울, 일조각, pp45-46에서는 「이나마」의 「이」를 고름소리로 보고 있다.

(2a)는 임자말로 쓰였고, (2b)는 부림말로 쓰였다. 그런데 16세기에는 나타나지 않다가 17세기에 다시 나타난다.

2) 17세기 유여도움토씨의 용법

이것은 16세기에는 나타나지 않다가 17세기에 나타났으나, 아직 완전한 토씨가 아니고 움직씨로 보아지나 여기 예시하였다.

> (3) a. 길히 ᄀᆞ장 험ᄒᆞ야 십니나마 가되 민가롤 만나디 못ᄒᆞ고 (태평광1-33)
>   b. 셧녁 모집이 반나마 붓텃더라 (태평광 1-43)

3) 18세기 유여도움토씨의 용법

이 토씨는 그리 많이 나타나지 않는다. 그러나 뜻은 「유여」를 그대로 유지하고 있다. 「이나마」의 「이」는 본래는 임자자리토씨임을 제1장에서 이미 밝힌 바 있다.

> (4) 玉 ᄀᆞ튼 얼굴이 半이나마 늘거세라 (속미인곡)

사실 (4)의 「이나마」는 아직 완전한 토씨가 아니고 토씨화해 가는 과정에 있는 예로서 보인 것이다.

유여도움토씨 「나마」는 19세기와 20세기 초의 조사에서는 나타나지 않는데, 오늘날 쓰이고 있는 것을 보면, 사실은 그 때에도 쓰이고 있었는데 글쓴이의 조사가 부족하여 그러한지는 몰라도 잘 나타나지 않았으나 입말에서는 쓰였을 것은 분명하다. 이는 오늘날에도 이 토씨가 쓰이고 있음을 고려하여 나온 판단이다. 그렇기 때문에 좀더 충분한 조사를 할 필요가 있음을 덧붙인다.

5. 국한힘줌도움토씨 「믓/붓/봇」

5.1 국한힘줌도움토씨의 말밑

이들 토씨는 향가나 이두에서는 나타나지 아니하고 중세어에서 처음
나타난다. 이들 토씨는 그 뜻이나 용법이 서로 비슷하여 여기서 같이
다루기로 한다. 그런데, 이들은 그 의미 기능으로 볼 때, 변이형태인 듯
하나[75] 「붓」은 그 쓰이는 위치가 「믓」과 좀 다른 데가 있으나 그리 큰
차이는 없다.

  (1) a. 尊온 世界예 믓 尊ᄒ시닷 ᄠ디라 (석보서 5)
      b. 最後身온 믓 後人 모미니 (월석 1-31)
      c. 夫人이 술ᄫ샤디 꿈믓 아니면 어느 길헤 다시 보ᅀᄫ리 (월
         석 8-82A)
      d. 이 ᄀ튼 福利믓 不思議라 (월석 21-143)

  (2) a. 王붓 너를 ᄉ랑티 아니ᄒ시린댄커니와 (석보 11-30)
      b. ᄒ마 내 눈붓 업스면 내 보미 이디 몯ᄒ리니(旣無我眼 不成
         我見) (능엄 1-99)
      c. 꿈붓 아니면 어느 길헤 다시 보ᅀᄫ리 (월설 8-82)
      d. 한 劫ㅅ 녯 因붓 아니면 엇뎨 能히…(非多劫之原因安能) (상
         원사 권선문)
      e. ᄒ다가 ᄆᅀ맷 벋봇 아니면(若非志朋) (영가 하-128)

  (1)과 (2)에 의하여 보면 이들은 어찌씨였다고 보아진다. (1a・b・d)
의 「믓」은 「가장」의 뜻으로 이해되고, (1c)의 「믓」은 「오직」이나 「만」,
「곧」의 뜻으로 보아진다. 그리고 (2)의 「붓」과 「봇」은 「오직」 또는 「만」,
「곧」 등의 뜻으로 풀어도 괜찮을 정도로 보이나,[76] 16세기의 예에서

―――――――――――――――――――

75) 허 웅, 1975, 우리 옛말본, 서울, 샘문화사, p.392.

보면 「뭇」은 「가장」, 「곧」의 뜻으로 보아야 하고 「뵛, 봇」 뜻은 「곧」으로 보아야 옳을 것 같다. 다음의 예를 보면 「봇」은 「則」에 해당된다. 고로 어찌씨임이 확실하다.

> (3) a. 쥬인 절ᄒ거든 봇 답례ᄒ고(主人拜則答之) (여향 p.53)
>
> b. 정봇 듕ᄒ거든 비록 쥬인이ᄾ 오슬 고텨 닙지 아니ᄒ며 울디 아니ᄒ야두 쏘 오슬 고텨 닙고 울라(情重則雖主人不變不哭變而哭之) (여향 p.54)

이와 같은 어찌씨가 그 본래의 뜻을 잃어가매 언중들은 그만 그 앞말에다 붙여서 하나의 어절로 말하다가 보니 그대로 토씨화하고 만 것이다. 그리하여, 이들은 16세기에 「봇」하나만 나타나다가 17세기부터는 잘 나타나지 않는다.

5.2 국한힘줌도움토씨의 용법

1) 15세기 국한힘줌도움토씨의 용법

이 토씨들은 향가나 이두에서는 나타나지 않는데 그때는 이들이 실사였기 때문이다. 즉 이들은 어찌씨에서 발달해 왔다. 이 토씨는 그 뜻하는 바가 같기 때문에 함께 다루기로 하는데 허웅 박사는 변이형태인 듯하다고 하는데, 그 뜻이 같은 것으로 볼 때 그렇게 볼 수 있다.

> (4) a. 夫人이 술ᄫᅡ샤디 금뭇 아니면 어느길헤 다시 보ᅀᆞᄫᅳ리 (월석 8-82A)
>
> b. 이 ᄀᆞ튼 福利뭇 不思議라 (월석 21-143)
>
> c. 世尊하 ᄒ마 내눈봇 없스면 내 보미 어디 몯ᄒ리니 (능엄 1-99A)

---

76) 남광우, 앞에 든 책, 「뵛, 봇」조에서는 「곧, 만」의 뜻으로 풀이해 놓았다.

    d. 王봇 너를 스랑티 아니ᄒ시린댄커니와 (석보 11-30)
    e. ᄒ다가 ᄆ스맷 벋봇 아니면 (영가 하-128)
    f. ᄒ마 내 눈봇 업스면 (월석 8-95)

이 토씨는 주로 임자자리로 쓰이고 있다.

2) 16세기 국한힘줌도움토씨의 용법

    (5) a. 쥬인 절ᄒ거든 봇 답례ᄒ고(主人拜則答之) (여향 p.53)
       b. 정봇 듕ᄒ거든 비록 쥬신이아 오슬고텨 닙지 아니ᄒ며 울
         디 아니ᄒ야두 ᄯ 오슬 고 텨 닙고 울라(情中則雖主人下變
         不哭變而哭之) (여향 p.54)

(1)의 예문으로 보면 「봇」은 「則」이 있으면 나타나는 것으로 미루어 이 토씨는 어찌씨에서 발달한 것으로 보인다. 이 토씨는 17세기부터 20세기 초까지 전혀 나타나지 않는다. 따라서, 오늘날도 이 토씨가 쓰이지 않는 것을 보면, 아마 이 토씨는 16세기를 기하여 우리말에서 사라져 간 듯하다.

6. 불구도움토씨 「만뎡/언뎡」

6.1 불구도움토씨의 말밑

이 토씨는 오늘날의 「망정」, 「언정」에 해당되는 이름씨에서 발달해 온 것으로 보인다. 다음 예를 보면 그렇게 보아지기 때문이다.

(1) a. 밥 머굻 덛만뎡 長常 이 이룰 싱각ᄒ라 (월석 8-8B)

    b. 져믄 거시 모미 미셩히 도여아만뎡 아ᄆ려나 펴니곰 겨쇼셔 (송강자당언간)

    c. 조ᄒ며 더러우미 ᄆᅀᆞ매 이슈미언뎡 엇뎌 國土에 브트리오 (선가하-86)

    d. 부텨롤 性中을 向ᄒ야 되일디언뎡 몸 밧글 向ᄒ야 求티 마롤디어라 (선가하-85)

    e. 衆生이 ᄆᆞ숨 아라 저를 濟度ᄒ미 언뎡 부톄 能히 衆生을 濟度티 몯ᄒ시ᄂ니라 (선가하-86)

    f. 님과 나와 어러 주글 만뎡 (만전춘)

    g. 윤숙은 슴가 것츤 글 ᄒ댱으로ᄡᅥ 대략만뎡 비고혼 정곡을 펴 (언간의 연구보 29)

    h. 꿈속이 處事이라만졍 쟈로나 뵈게 ᄒ여라 (가곡 p.165)

(1a·f·g)에 의하여 보면 「만뎡」은 이름씨에서 온 토씨임이 분명하고, (1c·d·e)에 의하여 보면 「언뎡」도 이름씨일 것으로 보인다. 그런데, 이들 둘은 그 뜻이 서로 같은 「불구」의 뜻으로 이해된다. 그러다가 (1b·c·d·e·f·h) 등과 같은 위치에서 쓰이던 것이 힘을 얻어 후대로 오면서 점점 씨끝화하다가 오늘날에는 완전히 씨끝이 되고 말았다.

6.2 불구도움토씨의 용법

1) 15세기 불구도움토씨의 용법

이 토씨는 향가나 이두에서 나타나지 않는다. 왜냐하면, 그때는 이들은 실사였기 때문이다. 그런데 이 토씨의 뜻은 「~만이라도」로 풀이되는데 이름씨로 하여금 위치말이 되게 한다.

(2) 밥 머긇 덛만뎡 長常 이 이룰 싱각ᄒ라 (월석 8-8B)

이 토씨의 예는 그리 많지 않음이 특이하다. 그런데, 말밑으로 보면 이름씨였던 것으로 보인다.

2) 16세기 불구도움토씨의 용법

> (3) a. 내 가기사 ᄀ라사만뎡 몯 가로다 (순김 32)
>   b. 님과 나와 어러 주글만뎡 이밤 더듸 셰요이다 (만전춘)

여기서의 예를 보면 「만뎡」은 (1a)에서는 「사만뎡」으로 움직씨에 쓰였고 (1b)에서는 이름씨로서 매김법 다음에 쓰이고 있다. 그러니까, 16세기까지 「만뎡」은 이름씨로도 쓰였고 토씨로도 쓰이었음을 알 수 있다.

3) 17세기 불구도움토씨의 용법

17세기의 불구도움토씨는 「언뎡」으로 나타남이 15~16세기 때와 다르다. 이 토씨는 움직씨에 쓰이어 불구의 뜻을 나타낸다.

> (4) a. 조ᄒ며 더러우미 ᄆᄉ매 이슈미언뎡 엇뎌 國土에 브트리오
>   (선가하-86)
>   b. 衆生이 ᄆ슴아라 저를 濟度ᄒ미언뎡 부톄 能히 濟度티 몯ᄒ시ᄂ니라(선가하-86)
>   c. 오직 그 病을 더로미언뎡 그 法은 더디 아니ᄒ시니라(선가하-86)
>   d. 부터롤 性中을 向ᄒ야 되일디언뎡 몸 밧글 向ᄒ야 求티 마ᄅ디어다(선가하-85)[77]

이 토씨는 17세기에 나타나서 18세기에는 없어지고 만다. 그리고 그 뜻이나, 기능은 「만뎡」과 같기 때문에 불구도움토씨로 다루었다.[78]

---

77) <선가귀감>은 16세기의 것이라고도 하고 17세기 것이라고도 하여, 연대의 상고가 어려우나, 여기서는 17세기의 것으로 잡았는데, 그 이유는 영인본의 해제에 그렇게 되어 있기 때문이다.

3) 19세기 불구도움토씨의 용법

19세기에는 「망뎡」, 「만졍」의 둘이 나타나는데 이는 구개음화현상의 결과로 보아진다. 15세기의 「만뎡」이 16세기까지 이어오다가 17, 18세기에는 나타나지 않더니 19세기에는 「망뎡/만졍」으로 나타나서 불구의 뜻을 나타내어 준다. 움직씨, 어지씨 등에 쓰였다.

> (5) a. 윤숙은 숨가 것츤 글 혼댱으로뻐 대략망뎡 비고혼 정곡을
>   펴(언간의 연구보 29)
>   b. 꿈 속이 處事이라만졍 쟈로나 뵈게 ᄒ여라(가곡 p.165)

여기서는 분명히 마침법에 왔으므로 도움토씨로 보아진다. 오늘날의 씨끝 「ㄹ망졍」은 15세기의 「ㄹ만뎡」에서 왔다고 보아야 할 것이다.

이 불구도움토씨는 20세기 초에는 잘 나타나지 않는데 아마 씨끝으로 변한 것 같다.

7. 양보도움토씨 「인둘」 「이라도」

7.1 양보도움토씨의 말밑

> (1) a. ᄒ물며 어버인둘 내야 주며 가시며 子息이며 좋인둘 주며와
>   비논 사ᄅ물 주리여 (석보 9-23)
>   b. 塞外北狄인둘 아니 오리잇가 (용비 53)
>   c. 현 날인둘 迷惑을 어느 플리 (월인상-70)

---

78) 「만뎡」이나 「언뎡」은 본래 이름씨였는데, 이들은 항상 그 다음에 움직씨가 오지 않기 때문이며, 또 오늘날 경상도 사투리에서 「죽을망정」 등으로 쓰이고 있기 때문이기도 하다.

  (2) a. 엇뎨 구틔여 二千 무리라 비르수 戎馬의 氣運을 鎭壓ㅎ리오
     (두언 6-22)
    b. 한 字ㅣ라도 사매 가논 ㅎ얌직 ㅎ도다 (두언 16-22)

 (1)과 (2)에 의하여 보면 「인들」과 「이라도」는 그 의미상으로 볼 때나 형태상으로 보아 「이다」의 굴곡형에서 발달한 토씨로 보지 않을 수 없다. 이와 같은 사례는 현대어에서도 많이 볼 수 있다.

  (3) a. 아무리 착한 사람인들 그를 좋아하겠는가?
    b. 그는 무엇인들 하지 않는 것이 없다.

  (4) a. 내라도 그를 싫어할 것이다.
    b. 시장하면 무엇이라도 먹는다.

 (3)과 (4)에서 「인들」과 「이라도」는 「이다」에서 발달된 토씨로 보지 않을 수 없는데 보기에 따라서는 「인들」과 「이라도」는 잡음씨로 볼는지 모르나, 월을 분석하여 보면 이들 토씨가 온 성분은 풀이말이 아니다. 그러므로 이들은 토씨로 보지 않을 수 없다.

7.2 양보도움토씨의 용법

1) 15세기 양보도움토씨의 용법

이 토씨는 「이다」의 굴곡형에서 유래한 것이다. 이것을 토씨로 보는 이유는 이 자체로서는 아무리 보아도 풀이말로 볼 수 없기 때문이다.

  (5) a. ㅎ물며 어버인들 내야 주며 가시며 子息이며 죵인들 주며
     와 비논 사ᄅᆞᆷ물 주리여 (석보 9-23)
    b. 塞外北狄인들 아니 오리잇가 (용비 53)
    c. 현 날인들 迷惑을 어느 플리 (월인상-70)

        d. 쑤길 노핀돌 넌기 디라리잇가 (용비 48)
        e. 엇뎨 잢간인돌 놀라 저흐리오 (금삼 3-25)
        f. 그는 빈돌 엇뎨 自帝城을 저버리오 (두언 21-22)

이 토씨는 임자말, 부림말, 위치말 등에 쓰였다.

2) 16세기 양보도움토씨의 용법

    (6) a. 빅골미분인돌 단심잇돈 가시리잇가 (악장가사 p.34)
        b. 네 어딋 나그낸돌 알리오 (초노상 48A)

(6a)는 임자말이오, (6b)는 부림말로 보여진다. 이 토씨가 오는 월은
물음월이 된다는 것이 특징이다.

3) 17세기 양보도움토씨의 용법

이 토씨는 이름씨로 하여금 임자말, 부림말이 되게 하면서, 양보의 뜻
을 나타낸다.

    (7) a. 우린돌 술진 미나리롤 혼자 엇디 머그리 (경민 3-13)
        b. 군인 흐나흰돌 어디가 어드리 (선조언간)

17세기부터는 이 토씨를 찾기가 힘이 든다. 「이라도」는 현대어에서
는 많이 쓰이나 16, 17세기에는 잘 나타나지 않는다.

4) 18세기 양보도움토씨의 용법

18세기의 양보도움토씨는 「인돌/인들」의 두 형태가 나타난다. 「·」움
가 소멸에 기인한 것으로 보인다. 임자씨가 「이」로 끝나면 「인돌」의
「이」는 생략된다.

(8) a. 우린돌 술진 미나리롤 혼자 엇디 머그리 (송강단가)
    b. 눈물이 바라나니 말인돌 어이ᄒ며 (속미인곡)
    c. 千岩萬壑이 낮인돌 그러ᄒᆯ가 (성산별곡)
    d. 시비ᄒ면 당신도 웃고 맛당이 바드실 거시오 닌들 어이 개
       회ᄒ리요마는… (한듕 사 p.308)
    e. 닉 일신인들 ᄉ라 무엇ᄒ리요마는… (한듕 p.530)

4) 19세기 양보도움토씨의 용법

18세기까지 「인돌」로 나타나더니 19세기에는 「인들」로 나타난다.

(9) a. 夜光明光이 밤인들 어두우랴 (가곡 p.31)
    b. 닉 늙을져면 녠들 아니 늙을소냐 (가곡 p.12)

위 예의 차례에 따라 「인들」은 위치자리, 임자자리, 부림자리로 쓰어
있다.

5) 20세기 초 양보도움토씨의 용법

이 토씨는 19세기부터 「인들」로 나타나더니 20세기 초에도 그렇게
나타나서 오늘날까지 이어오고 있다.

(10) a. 마돈나 언젠들 안갈 수 잇스랴 (나의 침실로)
     b. 아득한 항구―ㄴ들 손쉽게야 버릴거냐 (떠나가는 배)

첫 번째 예는 위치자리, 두 번째 예는 부림자리로 쓰였다. 이 토씨는
오늘날에는 비특수도움토씨로서 구실하고 있다.[79]

---

79) 정인승, 1949, 표준고등말본, 서울, 신구문화사, p.171.

8. 매양도움토씨 「마다」

8.1 매양도움토씨의 말밑

이 토씨는 고려향가에서 나타나고 중세어의 구결에서는 「亇多」로 표기되어 나타난다.[80]

(1) a. 刹刹每如邀里白乎隱 (禮敬諸佛歌)
　　b. 手良每如法叱供乙留 (廣修供養歌)
　　c. 得賜伊馬落人來無叱昆 (隨喜功德歌)
　　d. 塵塵馬洛佛體叱利亦 (禮敬諸佛歌)

(2) a. 人人온 사룸마대라 (석보, 서6)
　　b. 海東六龍이 ᄂᆞᄅᆞ샤 일마다 天福이시니 (용비 1)
　　c. 곳과 여름괘 가지마다 다ᄅᆞ더니 (석보 6-60)

(1a·b)와 (2a·b)의 예에 의하여 판단하여 보면, 「마다」는 「每」의 뜻을 나타내던 이름씨였다고 보아진다. (1a·b)에서의 「每如」는 그 훈을 빌어서 썼는데 향가에서 훈을 빌어 썼던 대개의 토씨는 본래 이름씨였기 때문이며, (2a·b)에서 보아도 「마다」가 이름씨가 아니라면 (2a)에서 「사룸마대라」와 같이 「마다」와 「이다」가 합해질 수 없으며, 더구나 (2b)에서 보면 「마다」는 이름씨 「일」과 「天福」사이에 와서 토씨가 되었는데, 이것을 옛사람들의 생각에 의거 분석하면 「일 마다 天福」으로 될 것이다. 그리하여 「일」은 이름씨로서 「마다」를 꾸몄을 것이고, 따라서 「마다」가 임자말이오, 「天福이시니」는 전체가 풀이말로 인식되었을 것인데, 「마다」의 뜻이 희미해지면서 그만 「일」에 가서 붙음으로써 토씨로 바뀐 것이다. 그런데, 혹 (2c)를 보고 「마다」가 본래 어찌씨가 아니

---

80) 안병희, 1977, 중세국어 구결의 연구, 서울, 일지사, p.65.

었겠는가 추측할는지 모르나, 그것은 향가에서의 훈차에 의한 표기나 (2a·b)에서의 예를 가지고 볼 때 절대로 그렇지 아니하다. 더구나 현재로서도 (2b·c)의 경우, 「마다」 뒤에 토씨가 올 수 있다.

> (3) a. 海東六龍이 날으샤 일마다가 天福이시니
>   b. 꽃과 열매와가 가지마다가 다르더니

(3)과 같은 예를 가지고 보더라도 「마다」는 본래 「每」의 뜻을 나타내던 이름씨에서 왔다고 보아야 할 것이다.

8.2 매양도움토씨의 용법

1) 고려향가에서의 매양도움토씨의 용법

신라향가에서는 나타나지 않더니 고려향가에서 나타나는데 이에는 「馬洛」과 「馬如」의 두 가지가 나타나서 이름씨 밑에 쓰였다. 그러나, (28a)의 「手良每如」는 위치자리토씨에다 「마다」가 합하여 합성토씨로 쓰여 있다.

> (4) a. 手良每如法叱供乙留 (廣修供養)
>   b. 塵塵馬洛佛體叱刹亦刹刹每如邀里白乎隱 (體敬諸佛)
>   c. 得賜伊馬落人米無叱昆 (隨喜功德)

(4b·c)의 「馬洛」과 「馬落」이 「馬如」와 같은 토씨인지 왜 그렇게 표기했는지에 대하여는 앞으로 더 연구해 보아야 하겠으나, 양주동 박사는 「馬洛(落)」은 「마다」의 속어로 강세형이라 했으나,[81] 아직은 분명하지 않다. 「마다」를 「每」 한 자로 써도 될 것을 「馬如」의 두 자로 쓴 것은 뜻은 물론 그 읽는 법을 알게 하기 위하여 그러하다. 따라서 지금은

---

81) 양주동, 앞에 든 책, p.688.

「마다」로 말하나 그 당시는 「매다」로 읽었는지도 모를 일이다. 왜냐하면, 「每」의 음이 「매」이기 때문이다.

2) 15세기 매양도움토씨의 용법

가) 용법 : 이 토씨는 개·폐, 양음절로 끝난 이름씨 밑에 두루 쓰인다.

  (5) a. 海東六龍이 ᄂᆞᄅᆞ샤 일마다 天福이시니 (용비)
      b. 곳과 여름괘 가지마다 다ᄅᆞ더니 (석보 6-60)
      c. 人人온 사ᄅᆞᆷ마대라 (석보 서-6)
      d. 사ᄅᆞᆷ마다 ᄒᆡᅇᅧ 수비 니겨 날로 ᄡᅮ메 便安킈.. (훈언)

이 토씨는 이름씨에만 쓰이는데, 특히 「이다」와 연결될 때는 「마대라」로 축약된다.

나) 합성토씨 : 「마다」는 「셔」와 합하여 합성토씨가 된다.

  (6) 韋曲앳 고졸 依賴홀 줄 업도다. 집마다셔 사ᄅᆞᆷ믈 ᄒᆞ놀이놋다.
      (두언 15-6)

이 「마다」는 임자말, 부림말, 위치말 등에 쓰인다.

3) 16세기 매양도움토씨의 용법

  (7) a. 네 날마다 므슴 이력 ᄒᆞᆫ다 (초노상 92)
      b. 글마다 ᄒᆞᆫ 사ᄅᆞᆷ 돌여 딕월을 사모더 (여향 p.3)
      c. 사ᄅᆞ미 둘 초ᄒᆞᄅᆞ마다 몯거든 (여향 p.74)
      d. 翁主롤 내 날마다 가 (선조언간)
      e. 네 이 여러 ᄆᆞ쇼ᄃᆞᆶᅵ 밤마다 먹논 딥과 콩이 대되 언머만

견이 드논고 (초노상 11B)
f. 구의로 모술 집문마다 브룩매 분칠호고 써쇼디 (초노상 47B)
g. 오논 사룸마다 기워 보내소 (순김 52)

이 토씨는 임자말, 위치말, 부림말 등에 붙어서 「마다」의 뜻을 나타낸다.

4) 17세기 매양도움토씨의 용법

(8) a. 머리 누른 奚兒ㅣ 날마다 西로 何호야 두어곰 몰타 (중두 4-8)
b. 젓엄이를 식후마다 머기고 (언해태산 p.157)
c. 춤기름 혼 되룰 아히룰 날마다 머기면 (언해두창상 13)
d. 날마다 분을 사오니 볼셔 여러날이 되엿논디라 (태평광 1-9)
e. 밤마다 먹논 딥과 콩이 (중노 20)
f. 구의예셔 집문마다 브룸애 써쇼디 (중노 p.85)
g. 일마다 아니셔룬 이리 업스니 (인션왕후언간)

17세기에는 이 토씨가 오면, 월 성분은 임자말, 위치말이 된다.

5) 18세기 매양도움토씨의 용법

(9) a. 呂布이 그적이 貂蟬을 싱각호고 날마다 승상부에 드러도 혼
번 어더보지 못호고 (삼역)
b. 쇼혹을 보뇌여 겨오시니 날마다 션인긔 비호고 (한듕 p.30)
c. 즉시 나가시고 드러오신 적마다 전전이 경계호오시던 말숨
은 나로 다쓰지 못호며 (한듕 p.40)
d. 峯마다 미쳐잇고 굿마다 서린 긔운 (관동별곡)
e. 션인겨오셔 힝실이 남 다르오셔 날마다 시벽이면 수우의
뵈옵수오시고 (한듕 일 p.12)

6) 19세기 매양도움토씨의 용법

이 토씨는 임자씨에만 붙어서 쓰인다.

(10) a. 사룸마다 볼 만흔 칙이니 (독립 1-1)
　　 b. 草木昆蟲들은 히마다 回生커늘 (가곡 p.8)
　　 c. 벼슬을 져마다 ᄒ면 農夫 되리 뉘이시며 (가곡 p.52)
　　 d. 조곰식 날마다 말ᄒ야 조선인민이 우리말을 날마다 비호
　　　　거드면 (독립 1-11)

7) 20세기 초 매양도움토씨의 용법

(11) a. 野原一帶에 黃金天地를 만들엇다. 더구나 바람이 불 적마
　　　　다 (백조 1-5)
　　 b. 惡善도 英淳의 말에는 말마다 贊成하였다 (백조 1-5)

이 토씨는 15세기부터 20세기 초까지 변함없이 사용되고 있다. 이
토씨는 합성토씨가 되기도 한다.

(12) 이 마칠 짜마다는 「꿈갓다」, 「산詩로다」…하고 批判을 나리
　　　웠다 (백조 1-4)

9. 모두도움토씨 「도」

9.1 모두도움토씨의 말밑

현대문법에서는 「도」를 역시도움토씨로 부름이 일반적이나 필자는
이 토씨의 본래의 뜻과 현대에 있어서의 말이나 월 안에서 갖는 뜻에
따라 모두도움토씨라 부르기도 한다. 우선 향가에서의 예를 보기로 하
겠다.

(1) a. 吾隱去內如辭叱都毛如云遣去內尼叱古 (祭亡妹歌)
　　 b. 世理都之叱逸烏隱第也 (怨歌)
　　 c. 倭理叱軍置來叱多 (彗星歌)
　　 d. 月置八切爾數於將來尸波衣 (彗星歌)
　　 e. 隔句必只一毛叱德置毛等盡良白乎隱乃兮 (稱讚如來歌)
　　 f. 皆佛體置然叱爲賜隱伊留兮 (常隨佛學歌)
　　 g. 爲乙吾置同生同死 (恒順衆生歌)
　　 h. 佛體叱海等成留焉日尸恨懺爲如乎仁惡寸業置法性叱宅阿叱寶良
　　　 (普皆廻向歌)
　　 i. 吾衣願盡尸日置仁伊而也 (總結無盡歌)
　　 j. 病吟禮爲白孫佛體刀吾衣身伊波人有叱下呂 (普皆廻向歌)

　(1)에서 보면 「도」의 향가에서의 표기는 「都, 置, 刀」의 세 가지가 나타나는데 그중 기저형은, 필자의 생각으로는 「都」일 것으로 보이고, 「刀」는 「都」의 표음적 표기이며 「置」는 약훈차적인 표기인데 만일 「置」를 기저형으로 본다면 움직씨의 줄기가 토씨로 된 것이 되는데 우리말의 토씨로서는 그렇게 발달해 온 예가 없기 때문에 「置」를 기저형으로 보지 아니한다. 그렇다면 「도」는 본래 어떤 종류의 말이었겠느냐가 문제되는데 (1a)의 「辭叱都」에 의하여 판단하건대 이름씨였던 것으로 보인다. 왜냐하면, 그 앞에 사이시옷이 와 있기 때문이다. 따라서, 오늘날의 「도」는, 옛날에는 「모두」의 뜻을 나타내었던 「도(都)」가 토씨로 바뀐 것으로 생각된다.

　중세어에서의 예를 보기로 하겠다.

(2) a. 東山이 짜토 平ᄒ며 나모도 盛ᄒ더니 (석보 6-46)
　　 b. 阿羅漢ᄋ 得ᄒ리도 잇더라 (석보 6-69)
　　 c. 四衆을 머리셔 보고도 ᄯᅩ 부러 가 절ᄒ고 (석보 19-30)
　　 d. 岐山 올ᄆᆞ샴도 하ᄂᆶ 뜨디시니 (용비 4)
　　 e. ᄒ마 色도 空도 아니라 (능엄 2-25)

(2)에 의하면 향가에서나 중세어에서나 「도」는 그 용법이 같은데 (2)

의 문맥적 의미를 보면 「역시, 또」의 뜻으로 볼 수 있겠으나, 말이란
쓰이다가 보면 본래의 뜻에서 다소 멀어지는 수가 있어서 그런 것인데
(2a·e)에 의하여 보면, 「도」는 한 월 안에서 같이 쓰이고 있다. 따라서
(2a)의 경우는 「東山이 땅이 모두 평평하며 나무가 모두 성하더니…」의
뜻이었을 것이요, (2e) 또한 「이미 색과 공이 모두 아니다」의 뜻으로 이
해된다. 두 가지를 긍정하거나 두 가지를 부정하다가 보니까, 「역시」의
뜻으로 이해되는 것이지 결코 「도(都)」가 본래 「모두」의 뜻이었지 「역시」
의 뜻은 아니었다.

9.2 모두도움토씨의 용법

1) 신라향가에서의 모두도움토씨의 용법

이 토씨는 「都」와 「置」의 두 가지로 표기되어 나타나는데 이들 중
기저형은 「都」일 것으로 보인다. 왜냐하면, 오늘날의 「도」는 이름씨에서
온 것으로 보이는데 이름씨인 것은 「都」이기 때문이다. 그리고 이 토시
의 명칭을 「모두도움토씨」라 한 것도 「都」의 뜻을 따서 붙인 것이다.

> (3) a. 吾隱去內如辭叱都毛如云遣去內尼叱古 (祭亡妹歌)
>   b. 世理都之叱逸烏隱第也 (怨歌)
>   c. 倭理叱軍置來叱多 (彗星歌)
>   d. 月置八切爾數於將來尸波衣 (彗星歌)

(3a)의 「都」는 부림자리로 쓰였고, (3b-d)는 임자자리로 쓰였다. 이들
토씨는 그 자리에다 「모두」의 뜻을 더해 주는 구실을 하는 것이 특유
한 직능이다. 그리고 「置(두)」는 오늘날과 같이 특수하게 쓰였거나 아니
면 사투리적인 말일 것으로 보인다. 다음의 예를 보자.

(4) 나두야 간다. 이 젊은 나이를 눈물로야 보낼 거냐?

(4)에서 「도야」를 쓰지 아니하고 「두야」를 사용했는데 보기에 따라서는 강조의 뜻도 있다 하겠으나, 또한 사투리로도 볼 수 있다. 그러므로, (3)의 「都」와 「置」도 (4)와 같이 볼 수 있을 것이다. 이 두 자는 모두 뜻을 빌어 쓴 토씨이다.

2) 고려향가에서의 모두도움토씨의 용법

(5) a. 隔句必只一毛叱德置毛等盡良白乎隱乃兮 (稱讚如來歌)
    b. 皆佛體置然叱爲賜隱伊留兮 (常隨佛學歌)
    c. 爲乙吾置同生同死(恒順衆生歌)
    d. 佛體叱海等成留焉日尸恨懺爲如乎仁惡寸業置法性叱宅阿叱寶良 (普
       皆廻向歌)
    e. 吾衣願盡尸日置仁伊而也 (總結無盡歌)
    f. 病吟禮爲白孫佛體刀吾衣身伊波人有叱下呂 (普皆廻向歌)

(5a-e)에서는 「置」가 쓰이고 있으나, (5f)에는 「都」의 음차인 「刀」가 쓰이고 있다. (5a)의 「置」는 부림말로 쓰였고, (5b-f)는 임자말로 각각 쓰였다. 그런데 「命乙施好尸歲史中置 然叱皆好尸卜下里」에서 보면 어찌말에도 쓰였는데 여기서는 「희두」로 되어 위치자리토씨와 합해서 쓰어 있다.

3) 15세기 모두도움토씨의 용법

가) 용법 : 이 토씨는 임자씨, 풀이씨, 어찌씨 등에 쓰인다.

(6) a. 岐山 올마샴도 하눓 뜨디시니 (용비 4)
    b. 東山이 짜토 平ᄒ며 나모도 盛ᄒ더니… (석보 6-46)

c. 阿羅漢ᄋᆞᆫ 得ᄒᆞ리도 잇더라 (석보 6-69)

d. 四衆을 머리셔 보고도 ᄯᅩ 부러 가 절ᄒᆞ고 (석보 19-30)

e. 此ᄂᆞᆫ 言化如水ᄒᆞ며 思若神ᄒᆞ야 爲治大要 旣價所損則 時或用
이라도 亦不至於亂也이니라 (두언 6-12,13)

f. 져고마도 모ᄅᆞ리어며 (석보 13-42)

g. 닐웨롤 금죽도 아니ᄒᆞ야 (월석 1-52)

I. 世尊이 …柳山애 겨샤도 說法ᄒᆞ시며 (석보 6-41)

j. 아못것도 至極ᄒᆞᆫ 거시 精이라 (월석 서-18)

(6a·b·c)의 「도」는 「또한」, 「역시」의 뜻이오, (6d·e)의 「도」는 「양보」의 뜻이며, (6f·g)의 「도」는 「힘줌」, (6i)의 「도」는 「불구」, (6j)의 「도」는 「한가지」의 뜻을 각각 나타낸다. 또 다음과 같이 풀이씨의 줄기에 바로 붙는 일도 있다.

(7) a. 이 法이 뵈도 몯ᄒᆞ며 니르도 몯ᄒᆞ리니 (석보 13-41)

b. 보도 몯ᄒᆞ며 듣도 몯거니 (석보 24-28)

c. 소리 놉도 ᄂᆞᆺ갑도 아니ᄒᆞ샤 (월석 2-58)

d. 菩薩이...안ᄌᆞ시며 누ᄫᅩ샤매 夫人이 아ᄆᆞ라토 아니하더시니
(월석 2-26)

(7a-d)의 경우는 「줄기＋도」로 나타나나 「줄기＋디＋도」와 같은 속구조에서 「디」가 생략된 것으로 보는 것이 좋을 것이다. 이와 같은 일은 현대어에서도 찾아볼 수 있다.

(8) a. 그는 가도 오도 않는다.

b. 그는 곱도 밉도 아니하다.

이 경우는 「도」 앞에 씨끝 「지」가 줄어진 것임을 알 수 있다.

나) 합성토씨 : 다른 토씨와 합성토씨를 만든다. 이러한 예로는 다음과 같은 것들이 있다.

(9) 「와도」
　　仁과 智와도 사ᄅ미게 쏘 그러ᄒ야 (금삼 3-50)

(10) 「괘라도」
　　비록 하늘해 ᄀ득ᄒᆫ 敎海와 ᄲ해 ᄀ득ᄒᆫ 葛과 장괘라도 블근
　　火爐ㅅ 우희 ᄒᆫ 點ㅅ 殘雪이 ᄀᆮᄒ니 (금삼 5-30)

(11) 「에도」, 「의도」
　　a. 셜본 잀 中에도 離別 ᄀ튼니 업스니(석보 6-6)
　　b. 바미도 세 ᄲᅳᆯ 說法ᄒ시더다(월석 2-27)
　　c. 부톄 이에와 滅渡ᄒ실 ᄲᅮᆫ뎡 우리ᄒᆡ도 스승니미실ᄊᆡ (석보
　　　23-52)

(12) 「으로도」, 「ᄋ로도」
　　a. 有心으로도 ᄉ뭇디 몯ᄒ며 無心으로도 ᄉ뭇디 몯ᄒ리라
　　　(몽산 12)
　　b. 那律이 能히 보ᄆ로도 수이 보디 몯ᄒ리로다 (남명상-25)

(13) 「ㅣ라도」
　　a. 호 字ㅣ라도 시매 가난ᄒ얌직 ᄒ도다 (두언 16-22)
　　b. 머리며 누니며 손바리며 모맷 고기라도 비는 사ᄅ몰 주리
　　　어니 (석보 9-13)

　(9)-(13)과 같이 합성토씨를 이룰 때에도 「도」는 「한가지」, 「역시」, 「양
보(불구)」 등의 뜻을 나타낸다.

　4) 16세기 모두도움토씨의 용법

　가) 변이형태 : 「도」, 「두」

(14) a. 나도 봉심ᄒ야 성년ᄒᆫ 거시라 (초박상 33)
　　b. 비록 벼슬이셔두 서로 ᄀᆮ톤 사ᄅᆷ이어든 나호로 안치라 (여
　　　향 p.47)

> c. 비록 동향 사룸이라두 벼슬로 안치라 (여향 p.47)
> d. 비록 잠깐 편티 아니셔도 샐리 셔울로부터 사룸 브리소 (송
>   강언간)
> e. 아무리 셜워 히여도 아모 일도 도라 아니 보리라 (순김 66)
> f. 뉴더기는 네 볼셔도 아니 주는가 (순김 67)

15세기에는 「두」는 많이 쓰이지 아니하였으나 16세기에는 많이 나타
나는데, 이 토씨는 이름씨, 움직씨에 쓰였다. 그리고 「두」는 「도」의 강
조된 형태인 것 같다.

나) 합성토씨 : 「도」가 다른 토씨와 합하여 합성토씨가 되는 점은 15
세기와 비슷하다. 다음과 같은 형태가 있다.

(15) 「두려도」
     a. 네 오라비 네두려도 됴히 잇거스라 (순김 65 후면)
     b. 눕두려도 알픈 스시글 아니코 인노라 (순김 41)

(16) 「눈도」
     한혜옴 혜니눈도 차밍되고 건둘 둔사니만 두리고 잇거니 (순
     김 69)

(17) 「게도」
     a. 뉴더기는 내게도 하 노호와 즉시로 주고져 호딕 (순김 71)
     b. 실프리 삐 어더 보내면 네게 도니 이시리라 (순김 70)

(18) 「게셔도」
     여게셔도 어제 사룻미 와 됴히 겨시더라 (순김 10)

(19) 「익게도」
     네 아두리게도 오슬 지즈미 몯 히여 보내니 (순김 55)

(15)는 「두려＋도」, (16)은 「눈＋도」, (17)은 「익/의게＋도」, (18)은 「게

샤+도」로 된 합성토씨이다.

5) 17세기 모두도움토씨의 용법

가) 용법 : 이름씨, 움직씨, 어찌씨에 두루 쓰인다.

    (16) a. 힝역의 번갈ᄒ여도 츤믈 머기며 ᄀ장가티 아니코 (언해두
          창하 8)
      b. 이 여슷 증에는 약 아녀도 돈ᄂ니라 (언해두창상 94)
      c. 나히 여ᄃ니 남도록 죠고매도 게을이 아니터니 (동국신속
          건 28)
      d. 훈번도 지븨 오디 아니ᄒ더니 (동국신속건 17)
      e. 사랫ᄂ니도 유뮈 업고 (중두 4-21)
      f. 우리 밥도 머거다 (중노 p.102)

위의 예에서와 같이 움직씨, 그림씨, 어찌씨에 쓰일 때는 「역시」라는
뜻을 더해 주고, 이름씨에 쓰일 때는 임자말, 부림말이 된다.

나) 의미 : 뜻을 더하면서 비교를 나타낸다.

    (17) 큰 城은 구두미 쇠도 곧디 몯ᄒ고 (중두 4-12)

「도」의 합성토씨에는 「예도」, 「의게셔도」 등이 있다. 앞 위치자리토
씨조를 참조하기 바란다. (16c)의 「조고매도」는 「조곰애도」로 본다면 「애
도」가 합성토씨가 된다.

6) 18세기 모두도움토씨의 용법

    (18) a. 조곰도 긔수치 아니타 (한청 8-41)

    b. 우리 남미 옷도 굵근지언정 미양 더럽지 아니ᄒ니 (한듕 p.8)
    c. 갑옷닙고 싸흠 가온대도 네롤 일치 아니하였노라 (삼역 2-43)
    d. 듯거니 보거니 늦길 일도 하도 한샤 (사미인곡)
    e. 鴛衾도 ᄎ도 출샤 (사미인곡)
    f. 님이야 날인 줄 모르셔도 내 님조ᄎ려 ᄒ노라 (사미인곡)

위의 예에서 보는 바와 같이 「하도 할샤」 또는 「ᄎ도 출샤」와 같은 경우는 강조의 뜻도 아울러 나타낸다.

7) 19세기 모두도움토씨의 용법

(19) a. 우리도 主뫼옵고 重修ᄒ려 ᄒ노라 (가곡 p.8)
    b. 아마도 無夏無慮할 쏜 心田인가 ᄒ노라 (가곡 p.10)
    c. 그 부인이 한문을 잘 ᄒ고도 다른 것 몰으는 귀족 남ᄌ보다 놉흔 사름이 되는 법이라 (독립 1-1)
    d. 순검들도 이런 일을 붉히려니와 (독립 1-2)

(1d)에서 보면 「순검들토」가 안 되고 「순검들도」로 나타난 것을 보면 ㅎ종성체언의 「ㅎ」도 19세기에 와서는 없어진 듯하다. 그리고, 이 토씨는 이름씨, 움직씨, 어찌씨 등에 두루 쓰이었음은 전 세기와 같다.

8) 20세기 초 모두도움토씨의 용법

옛날부터 이것은 「도」와 「두」의 두 가지가 사용되어 왔는데, 「두」는 「도」의 힘줌꼴로 사용되었다.

(20) a. 두사람의 얼골에는 즐겁거도 설은 哀然한 表情이 어리워 있었다 (백조 1-5)
    b. 그의 눈에는 해빗도 검게 뵈이고 山도 검게 뵈이고 물도

　　　　검게 뵈이고 모든 것이 다 검게 뵈었다 (백조 1-6)
　　　　c. 말할 氣運도 업섯고 생각할 氣運도 업섯다 (백조 1-6)
　　　　d. 나두야 가련다 (떠나가는 배)

그리고 「도/두」는 이름씨, 움직씨, 어찌씨 등에 두루 쓰이었음은 다른 세기에서와 같다.

10. 위치도움토씨 「셔」

10.1 위치도움토씨의 말밑

이 토씨는 향가에서는 찾기 힘들고 중세어에서 처음 나타나는데, 그 말밑은 「이시다」이다. 즉 「이시어>이셔>셔」로 변하며 이루어졌는데, 본래의 뜻은 「있다」이었으나 그 형태가 변하면서 위치, 대비, 출발, 존재 등의 뜻을 나타내게 되었다.

　　(1) a. 셔울셔 당당이 보면 비치 업스리니 (두언 15-21)
　　　　b. 이 꿈ㅣ 이에셔 倍ᄒ며 (월석 21-26)
　　　　c. 이거시 고아 長常 먼 디셔 날시니라 (두언 15-21)
　　　　d. 孤논 져머셔 어버이 업슨 사ᄅ미오 (석보 6-13)
　　　　e. 眷屬 ᄃ외ᄉ바셔 셜본 일도 이러홀쎄 (석보 6-5)

(1)에서 보면 「셔」는 오늘날 「서」로 바뀌어 쓰이는데, 이름씨, 풀이씨, 어찌씨 등에 두루 쓰이는 것이 특징이다.

10.2 위치도움토씨의 용법

1) 15세기 위치도움토씨의 용법

이 토씨는 「자리, 출발점, 비교」 등을 나타내는 위치말에 쓰이어 그 뜻을 강조하며 풀이씨나 어찌씨에 붙어 어떤 상태의 유지를 나타낸다.82) 그런데, 이 토씨는 「이시어＞이셔＞셔」로 되어 이루어진 것인데 향가나 이두에서는 그 예를 찾을 수가 없고, 중세어에서 비로소 나타난다. 이 토씨는 임자씨, 풀이씨, 어찌씨 등에 두루 쓰인다.

  (2) a. 셔울셔 당당이 보면 비치 업스리니 (두언 15-21)
    b. 그 苦ㅣ 이에셔 倍ᄒ며 (월석 21-26)
    c. 그 罪ㅣ 쏘 뎨셔 너므리라 (법화 4-83)
    d. 이 거시 고아 長常 먼 디셔 날시니라 (두언 15-21)
    e. 머리셔 제 아비 보ᄆ (법화 2-196)
    f. 구루미 노피셔 나가디 아니ᄒᄂ니 (두언 15-17)
    g. 孤ᄂ 져머셔 어버이 업슨 사ᄅ미오 (석보 6-13)
    h. 眷屬 ᄃ외ᅀ밧셔 셜본 일도 이러ᄒᆞᆯ쎄 (석보 6-5)

이 토씨가 자리를 나타내는 이름씨에 쓰일 때는 항상 임자말은 그 자리에서 어떤 동작을 나타내는 움직씨가 풀이말이 되어야 문법적인 월이 되는데 그 까닭은 「셔」가 동작성을 나타내기 때문이다.83)

2) 16세기 위치도움토씨의 용법

이 토씨는 「이시어＞이셔＞셔」로 발달한 것임은 이미 앞에서 말하였

---

82) 허　웅, 앞에 든 책. p.376.
83) 특히, 현대말에서의 예를 보면 다음과 같다.
 a. 그는 집에서 공부한다.
 b. *그는 집에 공부한다.
 c. 그는 집에 있다.
 d. 그는 학교에 간다.

거니와 16세기에는 그 뜻이 이와 상당히 멀어진 듯한 느낌을 준다.

(3) a. 머리셔 ㅂ룯매 노피 하늘히 다핫고 (초박상 135)
　　 b. 머리셔 도라온 사룸이 잇거든 (여향 p.51)
　　 c. 혼자셔 이러구는 주룰 뉘 알고 (순김 72)
　　 d. 먼디셔 분상 이제 모미 샹홀가 이더틀 견디노라 (순김 73)
　　 e. 뉴더기 묻그미는 양즈도 몯 어더보고 션그미셔 동재나 히
　　　 여 주고 잇다 (순김 41)
　　 f. 궁훈제 일 업시셔 너희이 도로 ㅎ리러니 (순김 37)

이 「셔」는 어찌씨나 이름씨, 움직씨 등에 두루 쓰이는데 (3c · e)의 「셔」는 「에셔, 의셔」로는 되지 않는 점이 있기도 하나, 위치를 나타내는 토씨임은 틀림없다.(3a · b · d참조)

3) 17세기 위치도움토씨의 용법

가) 용법 : 이름씨에 쓰이어 위치, 출발점을 나타낸다.

(4) a. 명시 싀골셔 긔별 듣고 (동국신속건 43)
　　 b. 무춤내 진쥐 셩 가온디셔 주그니 (동국신속건 303)
　　 c. 그것 끠 대조던셔 온 돌의 왓ᄂ니라 (인선왕후언간 45)
　　 d. 내게 됴훈 山東셔 난 큰 구의ㅅ나기 깁과… (중노 p.174)

나) 의미 : 움직씨, 어찌씨에 쓰이어 완료의 뜻을 더하여 준다.

(5) a. 이미셔 나를 위ㅎ여 사라가다 (중노 p.37)
　　 b. 즈식 비르셔셔 홀연히 긔운이 ᄭ라디고 (언해태산 p.63)
　　 c. 아기 곧 나셔 믄득 입이 조리혀 (언해태산 p.147)
　　 d. 은긔나 셕뎡의나 달혀 먹고셔 씀내라 (언해태산 102)

4) 18세기 위치도움토씨의 용법

이름씨에는 물론 움직씨에도 쓰이는데, 18세기부터는 위치자리토씨와 씨끝으로 분화되어 버린다.

> (6) a. 놉흔 더셔 줄 미여 ᄂᆞ리다 (한청 7-961)
>   b. 익일의 인뎡뎐셔 진하를 바드실시 (한듕 p.38)
>   c. ᄂᆞ리ᄂᆞᆫ 비 다라도 ᄉᆞ힝 위ᄒᆞ여셔 (일동 p.148)
>   d. 졍션 줄이 ᄭᅳᆫ허져서 봉ᄒᆡᆼ 지판 발구ᄅᆞ고 (일동 p.149 하단)
>   e. 여러동ᄒᆡᆼ ᄃᆞ리고셔 듕뉴ᄒᆞ야 풍뉴ᄒᆞ고 (일동 p.117)
>   f. 경모궁 쥬갑되시ᄂᆞᆫ 날 ᄌᆞ련을 뫼옵고 가셔 뎐비ᄒᆞ오니 (한
>   듕 p.354)

(6a · b)의 「셔」는 동작성을 나타내는 위치자리토씨이며, (6c-f)에서의 「셔」는 완전히 씨끝으로 굳어져 버린 형태이다.

5) 19세기 위치도움토씨의 용법

19세기부터 이 토씨는 정처의 뜻으로만 변해간다.

> (7) a. 어듸셔 외기러기는 울고울고 가ᄂᆞ니 (견희요)
>   b. 이 ᄒᆞ날 아래셔 살을 일이 어려워라 (가곡 p.24)

여기서는 위치자리로 쓰였다.

6) 20세기 초 위치도움토씨의 용법

이 토씨는 이름씨, 어찌씨, 움직씨 등에 두루 쓰이는데, 이름씨에 쓰일 때는 정지, 출발의 뜻을 나타내고, 어찌씨에 쓰일 때는 정지 또는 위치의 뜻을 나타낸다, 그러나, 움직씨에 쓰일 때는 완료의 뜻을 나타내는 씨끝이 된다.

(8) a. 엇던 文學者는 「人生을 멀리서 바라보고 감히 손을 대이려
　　　고도 못하였다」 (창조 7-50)
　　b. 이것은 어디서 나왔느냐 (창조 7-50)
　　c. 너무 기뻐서 울었다 (필자)

11. 힘줌도움토씨 「ᄉᆞ」

11.1 힘줌도움토씨의 말밑

(1) a. 去隱春皆理米毛冬居叱沙哭屋尸以憂音 (慕竹旨郎歌)
　　b. 入良沙寢衣見脚烏伊四是良羅 (處容歌)
　　c. 一等沙隱賜以古只內乎叱等耶 (禱千手觀音歌)
　　d. 皀史沙叱望阿乃 (怨歌)
　　e. 此兵物叱沙過乎好尸日沙也內乎吞尼 (遇賊歌)
　　f. 阿耶法供沙叱多奈伊於衣波最勝供也 (廣修供養歌)
　　g. 於內人衣善陵等沙不冬喜好尸置乎理叱過 (隨喜功德歌)

(2) a. 사ᄅᆞ미ᅀᅡ 가ᄂᆞ니라 (석보 6-86)
　　b. 우리ᅀᅡ 부텨롤 좃ᄌᆞᄫᅡ 돌줍고 (법화 5-121)
　　c. 그듸내 ᄌᆞ비ᅀᅡ 오도다마론 (석보 23-531)
　　d. 相이 곧 相이 아니라ᅀᅡ 眞이 ᄃᆞ외ᄂᆞ니라 (금삼 3-23)
　　e. 이 물애 너믄 사ᄅᆞ미라ᅀᅡ 올타 (금삼 3-28)

　　(1)과 (2)를 대비하여 보면 「沙」는 「ᅀᅡ」에 대응되었던 토씨로 보아지
는데, 그 용법은 같은 것으로 보인다. 임자씨, 풀이씨, 어찌씨 등에 두
루 쓰이기 때문이다. 이 토씨는 강세나 제한의 뜻을 나타내던 일종의
강조사였던 것으로 볼 수 있는데, 그것은 (2b)의 월에 의한 위치로써
볼 때 그렇게 보아지기 때문이다. 뿐만 아니라, 현재에는 (3)과 같이 쓰
이고 있는데, 이와 같은 사실은 중세어나 향가에서의 용법과 별차이가

없기 때문이다.

    (3) a. 나도야 간다. 이 젊은 나이를 눈물로야 보낼거냐.
        b. 나야 미국도 가고, 서구에도 가지마는 너는 못간다.

    (3)에서 「야」가 만일 어찌씨에서 된 토씨라면 뜻도 서로 연결이 안될 뿐 아니라, 그 오는 위치가 어찌씨가 올 자리가 아니다. 따라서, 「ᄉᆞ」는 어떤 한정이나 강조의 뜻을 나타내던 말이었던 것으로 짐작되는데, 「ᄉᆞ>아>야」로 바뀌어 오늘날 쓰이고 있다.

11.2 힘줌도움토씨의 용법

1) 신라향가에서의 힘줌도움토씨의 용법

이에는 「沙」가 있는데 이름씨나 씨끝 뒤에 붙어서 뜻을 강조하는 구실을 한다.

    (4) a. 去隱春皆理米毛冬居叱沙哭屋尸以憂音 (慕竹旨郞歌)
        b. 入良沙寢衣見脚烏伊四是良羅 (處容歌)
        c. 一等沙隱賜以古只內乎叱等耶 (禱千手觀音歌)
        d. 皀史沙叱望阿乃 (怨歌)
        e. 此兵物叱沙過乎好尸日沙也內乎呑尼 (遇賊歌)

    (4a·c·e)의 「沙」는 임자말에 쓰였고, (4b)는 풀이말에, (4d)는 부림말에 각각 쓰였다. 그 용법은 중세어나 현대어와 거의 다를 바 없다.

2) 고려향가에서의 힘줌도움토씨의 용법

이에는 「沙叱」와 「沙」의 두 형태가 나타나는데 다음에 예문을 보기로 하겠다.

    (5) a. 阿耶法供沙叱多奈伊於衣波最勝供也 (廣修供養歌)
       b. 於內人衣善陵等沙不冬喜好尸置乎理叱過 (隨喜功德歌)

  양주동 박사는 「沙叱」나 「沙」를 각각 「ㅅᅀᅡ」와 「ᅀᅡ」로 풀이하고 있으나,[84] 글쓴이의 생각으로는 「沙叱」는나 「삿」이요, 「沙」는 그냥 「사」인 것으로 보인다.

3) 15세기 힘줌도움토씨의 용법

가) 용법 : 이 토씨는 이름씨, 어찌씨, 풀이씨 등에 두루 쓰인다.

    (6) a. 사ᄅᆞ미ᅀᅡ 가ᄂᆞ니라 (석보 6-86)
      b. 우리ᅀᅡ 부텨롤 좃ᄌᆞᆸ아 듣ᄌᆞᆸ고 (법화 5-121)
      c. 그제ᅀᅡ 히ᄃᆞ리 처엄나니라 (월석 1-42)
      d. 그듸내 ᄀᆞᆺ비ᅀᅡ 오도다마론 (석보 23-531)
      e. 相이 곧 相 아니라ᅀᅡ 眞이 ᄃᆞ외ᄂᆞ니라 (금삼 3-23)
      f. 이 量애 너믄 사ᄅᆞ미라ᅀᅡ 올타 (금삼 3-28)

  나) 합성토씨 : 「ᅀᅡ」는 「왜ᅀᅡ」, 「이ᅀᅡ」, 「을ᅀᅡ」, 「올ᅀᅡ」, 「예ᅀᅡ」, 「애ᅀᅡ」, 「로ᅀᅡ」, 「셔ᅀᅡ」, 「이라ᅀᅡ」, 「이라사」 등과 같은 합성 토씨를 이루기도 한다.

    (7) 「왜ᅀᅡ」
      a. 오직 부텨와 부텨 왜ᅀᅡ 能히 (법화 1-145)
      b. 報와 化왜ᅀᅡ 비르서 말 겨시니 (금삼 4-36)

    (8) 「이ᅀᅡ」
      a. 오직 보빗 고디ᅀᅡ 眞實이 ᄃᆞ외며 (법화 3-177)

---

84) 양주동, 앞에 든 책. p.734.

      b. 法엣 오시삭 眞實ㅅ 오시니 (청강곡상 기121)

(9) 「을삭」, 「올삭」
      a. 이 둘흘삭 더부르시니 (천강곡상 52)
      b. 먼 셔미 외로오몰삭 貧ᄒ야 보노라 (두언 16-43)

(10) 「예삭」, 「애삭」
      a. 내 몸 外예삭 므스글 앗기료 (월석 7-28)
      b. 이 날애삭 머리 좃ᄉᆞᄫ니 (천강곡상기 109)

(11) 「로삭」
      a. 모로매 이 각시로삭 ᄒ릴씩 (월석 7-15)
      b. 威神곳 아니면 모로매 業力으로삭가리니 (월석 21-25)

(12) 「셔삭」
      須菩薩 바횟 소배 便安히 안자셔삭 ᄃ릭ᅘᅧ 내 法身올 보ᄂ니
      라 (월석 21-206)

(13) 「이라삭」, 「이라사」
      a. 엇데 구틔여 三千 무리라삭 비르수 아戎馬의 氣運올 鎭壓
         ᄒ리오 (두언 6-22)
      b. 엇데 行호미라사 能히 이 經을 닐오디... (법화 5-4)

(13)에서 보면 「사」도 이때 쓰였음을 알 수 있다. 이 「사」는 오늘날
「야」로 바뀌어 쓰이고 있다.

(14) a. 너는 이것을 먹어야 한다.
     b. 얼굴이 고와야 한다.
     c. 시간은 빨라야 좋다.

(14)의 씨끝 다음에 와 있는 「야」는 「삭>아>야」로 바뀌어 쓰이고
있는 것인데, 「아」가 「야」로 된 것은 홀소리 충돌을 피하기 위한 데서

그렇게 된 것이다.

4) 16세기 힘줌도움토씨의 용법

16세기에는 힘줌도움토씨는 「사」, 「ᅀᅡ」, 「야」의 셋이 쓰였다. 이에는 「ᅀᅡ」와 「사」의 두 가지가 있는데 글말에서는 「ᅀᅡ」가 쓰이고 입말에서는 「사」, 「야」가 쓰인 것 같다. 왜냐하면, 편지글에서는 모두 「사」가 나타나기 때문이다.

가) 「ᅀᅡ」

    (15) a. 좃딥피ᅀᅡ 요ᄒᆞ니 (초노상 18A)
         b. 외ᄂᆞ니 잇닷 마리ᅀᅡ 니르려 (초노상 7A)
         c. 엇디 앗가ᅀᅡ 예 오뇨 (초노상 18)
         d. 그ᅀᅡ 잇ᄂᆞ니라 (초노상 13A)
         e. ᄀᆞ장 자기ᅀᅡ 二丈 기픠옴 ᄒᆞ거니와 (초노상 36A)
         f. 위 듣고ᅀᅡ 줌 드러지라 (한림별곡)
         g. ᄌᆞ석 나하ᅀᅡ 부모의 은혜를 안다 ᄒᆞᄂᆞ니라 (초박상 115)

이름씨가 폐음절인 때는 「이ᅀᅡ」가 나타난다. 그리고, 「ᅀᅡ」는 움직씨, 그림씨, 어찌씨 등에 두루 쓰임은 15세기와 같다.

나) 「사」

    (16) a. 요ᄉᆞ이사 긔온도 셩ᄒᆡ여 겨시다 (순김 9)
         b. 우리사 다 됴히 인노라 (순김 13)
         c. 내사 ᄌᆞ식글 어ᄂᆞ 달이 혜리 (순김 23)
         d. 내 가기사 ᄀᆞ라사만뎡 몯 가로다 (순김 32)
         e. 보낼 거시사 아니 어ᄃᆞ랴커니와 (순김 61)
         f. 이제사 계오 긔신ᄒᆞ여 가시ᄂᆞ니라 (순김 131)
         g. 쏠ᄌᆞ시기사 보미 쉽디 몯ᄒᆞ다 (순김 60)

「사」는 이름씨, 움직씨, 어찌씨 등에 두루 쓰였는데, 오늘날의 「사」
는 16세기에서 비롯된 듯하다. 이것은 입말에서 발달한 것으로 보인다.
이 「사」는 「삭>사, 야」로 바뀌어 왔는데 「사」는 주로 가리킴말, 어찌
말 등에 쓰여 있다.

　　다) 「야」

　　　　(17) a. 우리야 됴히 인노라 (순김 10)
　　　　　　 b. 아바니미야 이제 녜ᄀ티 편ᄒ니라 (순김 15)
　　　　　　 c. 초다엿쉐쯰야 갈 거시니 (순김 49)

이 「야」는 16세기에 「사」와 같이 동시에 쓰이었는바 오늘날의 「사,
야」는 이 때에 비롯되었음을 알 수 있다.

　　라) 합성토씨 : 「사」, 「야」는 다른 토씨와 합성토씨가 된다.

　　　　(18) 「의사」, 「에사」
　　　　　　 a. 내 죄로 즛보왓ᄃ나 주글 저긔사 이리 되거고나 (순김 73)
　　　　　　 b. 내 이리 박키된 후의사 누겨 사라셔 므슴ᄒ료 (순김 79)
　　　　　　 c. 후에사 갑 주어셔 됴ᄒ 지최롤 ᄒ여오니 (순김 15)
　　　　　　 d. 음식도 몯 먹고 유무도 ᄆᅀᆞᄆ로 몯 서 긔오니 ᄀ장 ᄒ린
　　　　　　　　저긔사계오 ᄒ노라 (순김 32)

　　　　(19) 「사만뎡」
　　　　　　 이리 병든 거시 즛식 ᄒ나히 아니 삼기도더라 내 가가기사 ᄀ
　　　　　　 라사만뎡 몯 가로다 (순김 32)

　　　　(20) 「와사」
　　　　　　 오라비와사 너희 알리라 (순김 32)

(21) 「로사」
　　　ᄌ디 안팟근 시월로사 설워 희여 가리라 (순김 62)

(22) 「야셔」
　　　자내 니저 둣다가 이제야셔 그러구시ᄂ가 (순김 104)

　(18)은 「의+사, 에+사」, (19)는 「사+만뎡」, (20)은 「와+사」, (21)은 「로+사」, (22)는 「야+셔」로 된 합성토씨이다. 사실 (18)의 「이사」도 「이 +사」로 된 것이다. 이 때의 「이」는 임자자리토씨이다.

5) 17세기 힘줌도움토씨의 용법

　17세기에는 「ᅀᅡ, 야, 아」 등이 쓰였는데, 이들은 「사>ᅀᅡ>아」 또는 「야」로 변하여 나타난다.

　　(23) a. 性이 나타ᅀᅡ 비롯 成佛ᄒ리라 (선가 p.19)
　　　　 b. 오늘이야 가히 면면히 먼 길을 싱각ᄒ다 (태평광긔 1-27)
　　　　 c. 오란 후야 씨야 닐오디 (태평광긔 1-52)
　　　　 d. 상한과 ᄀᆺ터야 부녇티 못홀 제 (두창경 p.28)
　　　　 e. 그제야 챠디 축문을 세 번 닐그라 (언해태산 p.138)
　　　　 f. 엇데 ᄒ야아 健壯ᄒ 사ᄅᆞᆯ 어더 (중두 4-29)
　　　　 g. 어데ᄒ야야 健壯ᄒ 사ᄅᆞᆯ 어더 (중두 4-38)

　이 시대의 「ᅀᅡ, 아, 야」의 용법과 기능은 15세기와 조금도 다름은 없으나, <선가귀감>에서는 「ᅀᅡ」가 나타나고, <중간 두시언해>에서는 「아」로, 기타의 것에는 「(이)야」로 나타난다.

　이 토씨는 이름씨, 어찌씨, 움직씨 등에 다 오는데 합성토씨에는 「에야」가 있다. 이것 이외에도 많이 있을 것이나 통계의 부족일 것으로 보인다. 그런데 (1c)의 「씨야」에서의 「야」는 씨끝화한 보기로 여겨진다.

6) 18세기 힘줌도움토씨의 용법

여기서는 「야」는 「사>ᅀᅡ>야」로 이루어진 것이오, 「사」는 본래의 형태가 그대로 나타난 것이다.

    (24) a. 그ᄃᆡ롤 기드려사 결단ᄒᆞ리라 (왕랑)
         b. 려山 眞面目이 어긔야 다 뵈ᄂᆞ다 (관동별곡)
         c. 東山泰山이 어ᄂᆞ야 놉돗던고 (관동별곡)
         d. 人心이 ᄂᆞᆺ ᄀᆞᆺᄐᆞ야 보도록 새롭거ᄂᆞᆯ (성산별곡)
         e. 그 ᄉᆞ이 셰미지ᄉᆞ야 엇디 다 긔록ᄒᆞ리오 (한듕 p.120)
         f. 겨믈게야 (한청 1-53)
         g. 샹이 ᄀᆞᄅᆞ샤ᄃᆡ 눈음을 오늘이야 비로소 반포ᄒᆞ얏ᄂᆞ니 (명
           의록 2-39)

위의 첫 번째 예에 의하여 보면, 「사」가 오늘날 경상도 사투리에 남아있는 역사적 자취를 엿볼 수 있게 하는데, 「야」는 풀이말 뒤에서는 씨끝화 했다.

7) 19세기 힘줌도움토씨의 용법

이 때에도 「사」, 「야」가 쓰이었다.

    (25) a. 네 병업시 성하여사 장사할 거시니 (언간의 연구보 27)
         b. 가마귀 검다ᄒᆞ고 白路야 웃지 마라 (가곡 p.13)
         c. 이제야 싱각ᄒᆞ니 님이 우러 보닉도다 (가곡 p.14)
         d. 뉘야 왼고 ᄒᆞ노라 (가곡 p.43)
         e. 情 밧게 못 일을 監誓ㅣ야 ᄒᆞ야 무삼ᄒᆞ리오 (가곡 p.95)

위의 예에서 보는 바와 같이 「사」는 사투리에 쓰였고, 「이야」는 서울 말에서 폐음절에서 사용된 듯하며, 받침 없는 한자말 밑에서는 「ㅣ야」가 쓰였다.

8) 20세기 초 힘줌도움토씨의 용법

19세기까지 사용되었던 「사」는 20세기부터는 사투리로 남게 되고, 씨끝 뒤에 오는 「야」는 씨끝화되고, 이름씨 뒤에 오는 「야」만이 힘줌도움토씨로 남게 되었다.

> (26) a. 情몰은는 지어미야 날다려 안존치 못하다고 (백조 1-18)
> b. 깨여서 보니 거짓이고 헛되구나 사랑의 꿈이야 (백조 1-21)
> c. 언제나 한번은 이 道德과 法律을 깨칠□□□이 잇고야 말 것이다 (백조 2-33)

이것이 「이다」의 마침법에 쓰이면 느낌법이 되고 또 경우에 따라서는 물음법 씨끝이 되기도 한다.

> (27) a. 대체 靜子라니 그건 무슨 일흠이야 (창조 2-혜선의사)
> b. 노상 靑春이야 나 홀로 絶色이야 (백조 3-99)

이들은 형태는 같으나, 그 기능과 의미가 다르기 때문에 구별되어야 할 것이다.

12. 다짐도움토씨 「곳」

12.1 다짐도움토씨의 말밑

이 토씨에는 「곳」이 있는데 이것은 어찌씨 「곳」이 토씨로 된 것이다. 중세어에서의 예를 보기로 하겠다.

   (1) a. 사룸곳 아니면 (금삼 2-6)
      b. 그리옷 아니ᄒ면 (월석 8-62)
      c. 내 難을 救티옷 아니ᄒ면 (월석 21-56)
      d. 나옷 이 相올 알오 (석보 13-42)
      e. ᄒ다가 三昧옷 得ᄒ면 (월석 8-8)

이 토씨는 「옷」으로도 변이되는 것이 특이한데 「ㄱ」의 탈락은 (1d)에서 보는 바와 같이 반드시 「ㅣ」밑이 아니더라도 일어난다.

12.2 다짐도움토씨의 용법

1) 15세기 다짐도움토씨의 용법

이 토씨는 어찌씨에서 발달하였으므로 향가나 이두에서는 나타나지 않는다. 중세어에서 나타나는 이 토씨는 홀소리 「아, 이」나 닿소리 「르」 밑에서는 「ㄱ」이 탈락하여 「옷」으로 나타나기도 한다.

   (2) a. 사룸곳 아니면 (금삼 2-6)
      b. 일옷 니르면 (석보 13-88)
      c. 그리옷 아니ᄒ면 (월석 8-62)
      d. 아니옷 주시면 (석보 23-55)
      e. 네 難을 救티옷 아니하면 (월석 21-56)
      f. 나옷 이 相올 알오 (석보 13-84)

이 토씨는 (1a-f)에서 본 바와 같이 이름씨, 어찌씨, 움직씨 등에 두루 쓰이어 「곳, 바로」의 뜻을 나타낸다.

2) 16세기 다짐도움토씨의 용법

이 토씨는 16세기에는 주로 이름씨 밑에 쓰였음이 15세기와 다르다.

    (3) a. 새오민돌 헴곳 ᄒ면 녀ᄂ 일과 다ᄅ거니쓰나 (순김 69)
        b. 내 몸미 병곳 업스면 그리타 아니 견디랴마ᄂ (순김 73)
        c. 비옷 몯 ᄃ니는 양이어돈 귀소니홀 이리 업술 거시니 (순김 52)
        d. ᄆ숨곳 편히 아니 머그면 이 병이 듕히 되고 ᄆ슴미 용심곳
           업스면 훈히 너로 야글 댱복ᄒ면 됴하시리라 (순김 24)
        e. ᄒ다가 免帖곳 업스면 일뎡 세 번 마조몰 니브리라 (초노상 42A)
        f. 다믄 져린 외옷 잇다 (초노상 41A)
        g. 나옷 수율 탐ᄒ면 취훈 사ᄅ몰 앗기ᄂ니라 (초노상 42A)
        h. 내 밥곳 머그면 훈돈 반애 훈 판식 ᄒᄂ니 (초박상 19)
        i. 내 이패옷 몯 이긔면 사오납거낫돈 이 몰옷 두면 됴타 (초박상 46)

이 토씨 「곳」은 홀소리 「ㅣ」밑에서는 「ㄱ」이 탈락한다. 그리고, 이
토씨가 오면 월 성분은 임자말, 부림말이 된다.

3) 17세기 다짐도움토씨의 용법

이 토씨는 이름씨, 움직씨, 어찌씨 등에 두루 쓰인다.

    (4) a. 道이 놉디옷 더욱 盛ᄒᄂ니라 (선가상 35)
        b. 믈 반듸 브어 훈번 글커든옷 거품 업게 ᄒ고 (언해두창하 64)
        c. 므스 일을 ᄒ고져 ᄒ더니 아니곳 가면 (태평광 1-51)
        d. 이빼곳 디나면 (언해태산 24)
        e. 티긔옷 상티 아녀시면 (언해태산 78)
        f. 만일 셜샤곳 ᄒ면(두창경 p.87)
        g. 머리 半만 셰니옷 行例에 居ᄒ얫ᄂ니 (중두 5-60)

이 토씨는 본래 「ㅣ」홀소리 밑에서 「ㄱ」이 탈락하였으나, 이때에 와서
는 그 현상이 없어지기 시작하였다. 그리고 이 토씨는 어찌씨 「곳」에서
발달한 것이다.

4) 18세기 다짐도움토씨 「곳」의 용법

이 때는 「ㄱ」 탈락현상이 없어진다. 18세기에는 주로 옛날의 자취라

볼 수 있는 시조에서 나타난다. 그러나 이때도 어느 정도는 쓰였던 듯하다.

    (5) a. 眞實로 올키곳 올ᄒ면 외다ᄒ들 어이리 (고금 p.48)
       b. 진실노 이것곳 바드시면 (육청 p.33)
       c. 眞實로 쥬기곳 쥬량이면 ᄀ리들고 쎄디여 볼쌰ᄒ노라 (이청
          p.154)
       d. 眞實로 술여곳 ᄒ거든 갈애들고 씨지워 볼쌰ᄒ노라 (이청
          p.95)
       e. 홍정승곳 아니면 나라히 웃지 지팅ᄒ야시며 (한듕 p.534)

5) 19세기 다짐도움토씨 「곳」의 용법

    (6) a. 眞實로 알기곳 아오시면 곳이 죽다 설우랴 (가곡 p.17)
       b. 眞實로 주기곳 쥬량이면 (가곡 p.38)
       c. 眞實로 알기곳 아오시면 곳이 죽다 關係ᄒ랴 (가곡 p.161)

19세기에는 주로 움직씨에 많이 쓰인 듯하다. 그리고 이 토씨는 20세기에 들어오면서 별로 쓰이지 않다가 지금은 아주 쓰이지 않게 되었다. 이 「곳」은 글말체인 듯하며, 언문일치운동이 일어났던 20세기 초부터는 입말에서는 전혀 나타나지 않는다.

13. 선택도움토씨 「이거나/이어나/이나」

13.1 선택도움토씨의 말밑

이에는 「이나」, 「이어나」가 있는데 이들은 「이다」에서 발달하여 왔다. 이제 예를 들어가며 살피기로 한다.

    (1) a. 遷官段他官良中 二差是去乃 出使是去乃 隣官良中 權知是齊 去
        任段 政滿遞置 是去乃 在喪是去乃 致仕等類是乎事 (名例律一
        無官犯罪)
      b. 아뫼나 이 經을 디녀 (석보 9-41)
      c. 부디어나 손토보뢰어나 佛像을그리ᅀᆞᆸ더니 (석보 13-104)
      d. 노폰 두들근 또 萬尋이나 ᄒᆞ도다 (두언 15-5)
      e. 比丘ㅣ나 比丘尼나 優婆塞나 優婆夷나 보니나마 다 절ᄒᆞ고
        (석보 19-58)
      f. 比丘ㅣ어나 比丘尼어나 白衣檀越이어나 므슴매⋯ (능엄 7-7)

    (1a)의 이두에서의 「是去乃」는 「이어나」에 대응되는데 (1a)와 (1c・f)
를 대조해 보면 「이」 홀소리 밑에서의 「ㄱ」 탈락현상은 이조시대에 일어
난 것이 아닌가 여겨진다. 만일 고려시대부터 있었다면 「是於乃」나 「是良
乃」와 같이 표기되었을 것이기 때문이다. 즉 이 토씨는 「이거나」가 「이」
때문에 「ㄱ」이 탈락하고 「이어나」로 된 것이다.

13.2 선택도움토씨의 용법

1) 15세기 선택도움토씨의 용법

「이어나」는 폐음절 또는 비 「i」계 홀소리 밑에 쓰이고, 「어나」는 개
음절 또는 비 「i」계 홀소리에 쓰인다. 그리고, 받침 없는 한자말 밑에는
「ㅣ어나」가 쓰인다. 이때에 「ㅣ어나」의 「ㅣ」는 위 이름씨의 홀소리와
축약된다.

    (2) a. 아뫼나 이 經을 디녀 (석보 9-41)
      b. 比丘ㅣ나 比丘尼나 優婆塞나 優婆夷나⋯ (석보 19-58)
      c. 比丘ㅣ어나 比丘尼어나 白衣檀越이어나 므슴매 貧婬을 滅ᄒᆞ
        야 (능엄 7-7)
      d. 부디어나 손토보뢰어나 佛像을 그리ᅀᆞᆸ더니 (석보 13-104)

  e. 노푼 두들근 坐 萬尋이나 ᄒ도다 (두언 15-5)
  f. 諸佛와 聲聞과 佛子菩薩等의 ᄒ오ᅀᅢ어나 한게 이셔 說法호미
   다 現ᄒ리니 (법화 6-61)

선택도움토씨도 특수굴곡 이름씨 밑에 오면 끝홀소리「·」가 탈락하
면서 다음과 같이 특수굴곡을 한다.

  (3) 功德이 ᄀᆞ조물 흘리어나 닐위예 니를어나 ᄒ면 (월석 8-47)

이와 같은 토씨의 용례는 16세기부터는 잘 나타나지 않는다.

2) 16세기 선택도움토씨의 용법

  (4) a. 아모 사ᄅᆞ미나 보차거든 모다 힘뻐 발명ᄒ라 (여향 p.70)
   b. 네 아모ᄃᆞ나 들보라 가고려 (초노상 70B)
   c. 달라 ᄒ얀디 반년이나 호디 (초박상 69)
   d. 오ᄉ란 딕령이나 텰령이나 니브라 (여향 p.39)
   e. 사ᄅᆞᆷ으로 유무 드리고 집기슭 아래어나 혹 텽ᄀᆞᇫ이어나 셔
    셔 (여향 p.42)
   f. 주ᄂᆞᆫ 거슨 비단이어나 수울밥이어나 과실이어나 ᄒ라 (여향
    p.52)
   g. 됴셔기나 근심 마쟈 (순김 80)
   h. 평싱애 내나 자내나 유무ᄒ야 봉싱홀 주리 이시랴 (순김 66)
   j. 수미나 슈니나 차온 아ᄒᆡ 몬져 두어 니피라 (순김 61)

이 토씨는 선택도움토씨인데 주로 임자말, 부림말, 위치말 등에 쓰였다.

3) 17세기 선택도움토씨의 용법

이 토씨는 이름씨에만 주로 쓰이는데 예를 들면 다음과 같다.

(5) a. 우리 무른 쏘 바비나 더 먹고 (중두 5-98)
　　 b. 산시 어렵거든 ㄴ는 드라비 겁질이나 혹 회매나 석연지나
　　　　산뷔 두손내 ㅎ나식 쥐면 즉시 난ㄴ니 (언해태산　p.72)
　　 c. 비록 빅발이나 져믄 얼굴이 잇더라 (태평광 1-1)
　　 d. 머리 터럭을 손가락의 가마 박하즙이어나 혹 정화수를 디
　　　　거 (언해태산 p.154)
　　 e. 더데 지을제 즈로 소위어나 혹 ㄱ장 됴흔 물을 뼈 볼라 (언
　　　　해두창하)

「이(어)나」의 「이」는 위 임자씨의 홀소리와 합하여 한 음절이 된다.

(6) 셕연지나 산뷔 두 손에 ㅎ나식 쥐면 즉시 난ㄴ니 (언해태산 p.72)

4) 18세기 선택도움토씨의 용법

이 때는 「이나」, 「이어나」, 「련지/런지」 등이 나타난다.

(7) a. 챵뢰어나 혹 츰불회를 쩌허 즙 내여 마시고 (언희납약 p.17)
　　 b. 공심의 정화쉬어나 혹 두손 술의 프로 느리오더 (언희납약
　　　　p.5~6)
　　 c. 출하리 싀여지여 落月이나 되어 이셔 (속미인곡)
　　 d. 닌 엇디 일시나 닛고 지니리오 (한듕 p.43)
　　 e. 장쉬 또 언마나 잇느노 (삼역 3-14)
　　 f. 각시님 들이야 크니와 구즌비나 되쇼셔 (속미인곡)
　　 g. 쳐즈을 다 산 비ㅎ야 계시니 유련지 의지련지 일을 거든
　　　　죄로… (한듕 p.76)

여기서 처음 나타난 「련지/런지」는 「이던지/이던지」의 「ㄷ」이 「이」밑에
서 「ㄹ」로 변하여 된 것인데 오늘날의 선택도움토씨 「든지」의 효시이다.

5) 19세기 선택도움토씨의 용법

19세기에는 선택도움토씨로 18세기에 나타나지 안했던 「던지/든지」

는 물론 「이나」가 나타난다.

　　가) 「던지/든지」

　　　　(8) a. 빅성들 씨달게 원이든지 관찰수를 ᄒᆞ엿스니 (독립 1-4 논설)
　　　　　　b. 무론 엇던 스롬이던지 병이 들면 와셔 공이 치료하게 하며
　　　　　　　 (독립 1-59 논설)
　　　　　　c. 뎡부 속에 무슴 당과 엇던 사롬이던지 번노히 분별히 업시
　　　　　　　 싱각ᄒᆞ고 (독립 1-5 논설)
　　　　　　d. 누구든지 보거든 그 집으로 차차 보내시오 (독립 1-59 잡보)

　여기에서 보면 이 토씨는 「이다」의 굴곡형이 굳어져 토씨화한 것임
을 알 수 있다. 이때만 해도 「든지」가 완전히 굳어지지 않았던지 「든지」,
「던지」 두개의 형태가 나타난다.
　또 「던지」는 「이라」다음에 쓰였다.

　　　　(9) a. 우리 형님이라든지 아오라던지 스촌이라던지 친구라던지…
　　　　　　　 살여 줄거시오 (독립 1권 106호 p.421)
　　　　　　b. 죠션셔 일본이라던지 쳥국이라든지 아라사던지 어느나라던
　　　　　　　 지 밋고 (독립 1권 111호 p.441)

　나) 「이나」
이 때에 와서는 「이나」는 이름씨, 어찌씨, 움직씨에도 쓰였다.

　　　　(10) a. 길이 넓게나 ᄒᆞ고 졍ᄒᆞ게나 ᄒᆞ며 긔친이나 졍히 치… (독립
　　　　　　　　 1-15)
　　　　　　b. 내 비디 몃치나 ᄒᆞ니 (오우가)
　　　　　　c. 반다시 노야의 은덕을 만 일이나 갑ᄒᆞ리이다 (인봉쇼 p.29)
　　　　　　d. 이ᄂᆡ에 바라는 일은 허물이나 업과셔 (가곡 p.21)

6) 20세기 초 선택도움토씨의 용법

가) 「이나」 : 이 때는 「이나」, 「든지」의 둘이 나타난다.

    (11) a. 兵士는 戰死하기를 七千人이나 하고 捕虜되기를 三千人이
          나 하고 (소년 2-1 p.71)
       b. 十年後이나 百年後이나 언제나 한번은 이 道德과 法律을
          깨칠 (백조 2-33)
       c. 벌써 열한시나 되었다 (백조 1-3)
       d. 지는 방해물이나 되지요 (창조 6-27)
       e. 敎人이나 學生에 대한 사랑이 적고 (창조 6-29)
       f. 붓을 잡을 수가 없어서 新聞장이나 드려다 보고 (창조 6-30)
       g. 내 걱정은 말고 당신이나 잠을 좀 들시오 (창조 9-41)
       h. 다만 모든 것을 享樂하자! 成功이나 苦痛이나 모든 人生의 可能
          性의 것을 몸으로 맛보려는 것이 그의 所願이엇다 (백조 3-194)

「이나」는 이름씨, 어찌씨 등에 쓰였다.

나) 「든지」 : 이 토씨는 <소년>에서는 「던지」로 쓰이다가, 그 이후
부터는 「든지」로 통일되었다.

    (12) a. 무엇이던지 그러하지 안임이 없나니 (소년 6-28)
       b. 主人이던지 差人이던지 그 웃에 붓쳤던 쪽紙 쎄기를 니졌
          소 (소년 6-34)
       c. 무얼 무어라셔 언제든지 그러치 (백조 1-36)
       d. 나하고 아주머니하고 엇더케든지 하여 볼 터이니 마음을
          안정하고 조고만더-참으렴 (백조 1-37)
       e. 伊太利에도 가고 어대든지 갈 터임니다 (백조 1-38)
       f. 어느 째든지 저-달님과 별님과 갓치 될 것이라 (백조 1-46)

14. 미침도움토씨 「드」

14.1 미침도움토씨의 말밑

    (1) a. 샌론 ᄇᆞᄅᆞ미 부러 나지드록 어드웠도다 (두언 1-44)
       b. 늘그늬 허틸 안고 이리드록 우는다 (월석 8-101A)
       c. 밤듕이드록 자디 아니ᄒᆞ시며 (내훈 2하-38)

    (1)에서 보듯이 이 토씨는 줄기 「이」에 씨끝 「드록」이 붙어서 된 것인데 이것이 19세기에 와서 「토록」으로 나타난다.

    (2) a. 그디 맛당이 둉신토록 닛지 말라 (인봉쇼 1-20)
       b. 종일토록 늣겨 통곡ᄒᆞ니 (낙셩 1-260)

    위의 예에서 보면 「도록」은 「이다」의 굴곡형이 토씨화한 것임을 알 수 있다.

14.2 미침도움토씨의 용법

1) 15세기 미침도움토씨 「이드록」의 용법

    이 토씨는 「이다」의 굴곡형이 굳어서 토씨가 된 것으로, 이름씨나 어지씨에 붙어서 「~이 되도록」의 뜻을 나타낸다.

    (3) a. 샌론 ᄇᆞᄅᆞ미 부러 나지도록 어드윗도다 (두언 1-44)
       b. 늘그늬 허틸 안고 이리드록 우는다 (월석 8-101A)
       c. 밤듕이드록 자디 아니ᄒᆞ시며 (내훈 2하-38)

「이드록」이 붙는 말이 어찌말로 됨은 위 예에서 알 수 있다.

2) 16세기 미침도움토씨 「도록」의 용법

    (4) a. 희 쏘 이리도록 늣도다 (초노상 60A)
        b. 삼년이도록 드렝줄도 저프다 ᄒᆞᄂᆞᆫ다. (초박상 74)
        c. 네 그리도록 춘춘ᄒᆞᆫ 양올 혜어든 (초박상 127)
        d. 그리도록 너므 만히 드려 므슴ᄒᆞᆯ다 (초박상 39)

15세기에 「이드록」이었던 것이 16세기에는 「이도록」으로 바뀌었다. 이때도 용법은 15세기와 같아 이름씨와 어찌씨에 쓰였다.

3) 17세기 미침도움토씨 「이드록」의 용법

이 토씨는 17세기에 들어오면서 「토록」으로도 나타나더니 차차 씨끝화하여 가는 경향을 보인다. 더구나 「종일토록」과 같은 말에 있어서는 어찌씨 뒷가지로 볼 정도로까지 변해가는 경향에 있다.

    (5) a. 이대도록 어렵사리 니ᄅᆞᆸ시눈고 (첩해 5-21B)
        b. 륙더니 종신토록 효도ᄒᆞ니라 (동국신속건 43)
        c. 단계 부록의 ᄭᅮᆯ오더 나홀 닷쇄도록 대변 몯 보거든 (언해두
          창하 39)
        d. 손소 분지 반내몰 네힁도록 그치디 아니ᄒᆞ야 (동국신속건 13)

이 토씨가 오면, 그 이름씨는 어찌말이 된다.

4) 19세기 미침도움토씨의 용법

18세기에 이 토씨는 「도록」으로 나타나는데, 19세기에 와서는 「토록」으로 나타난다. 이 「토록」은 「ᄒᆞ도록」이 줄어서 그렇게 된 듯하나, 반

드시 그렇게만은 볼 수 없으므로 여기에 예시하기로 한다.

> (6) a. 그딕 맛당이 동신토록 닛지 말라 (인봉쇼 1-20)
>   b. 종일토록 늣겨 통곡ᄒ니 (낙셩 1-260)

이 토씨는 20세기 초에는 문헌에 잘 나타나지 않는데 오늘날에는 씨끝으로 널리 쓰이고 있다.

15. 시발도움토씨 「브터」

15.1 시발도움토씨의 말밑

이에는 「브터」가 있는데 이 토씨는 본래 움직씨 「븥다(自)」에서 발달해 온 것이다. 다음에서 그 예를 보기로 하겠다.

> (1) a. 더 즈슴ᄭᅴ브터 나랏일 시름ᄒ논 눖므롤 괴외히 衣中에 쓰
>   리노라(何來憂國沒寂莫酒衣中) (두언 6-31B)
>   b. 泰中은 녜로브터 님금 겨신 ᄀ올히니라(泰中自古帝王州) (두
>   언 6-9B)
>   c. 녀미 妄見ᄋᆞᆯ 브터 조차 妄業을 지슬씨 (由比妄見循造妄業枬 79)

(1b·c)에 의하여 보면 도움토씨 「브터」는 「븥다(附)」에서 발달한 것이 아님을 알 수 있다. 왜냐하면 「븥다」에는 두 가지 뜻이 있었는데 하나는 「附」의 뜻이오, 또하나는 「自」의 뜻이다. 「브터」로 번역되는 한자말을 보면 「自」이외에 「因, 由, 從, 隨, 依」 등이 있는데, 이들은 <대한화사전>에서 보면 『自: 부터자(由也, 從也)의 뜻을 가진 「븥다」에서 「從 부터종(自也)」, 「因=由,」 「隨=從(쫓을 따름)」』 등으로 설명되어 있어서 이 「由, 因,

從, 隨」 등은 「自」의 뜻임을 알 수 있다. 따라서 (1c)의 「브터」도 「由」에서 왔으므로 「自」인 「븥다」와 같은 계통의 말임을 알 수 있다.

 (2) a. 우브터 넷 양즈로 다 일어눌 (월석 1-82)
   b. 처섬브터 다시 始作홀씨 (월석 2-62)
   c. 如來 브리고브터 能히 그 言論辯을 다ᄒ리 업스니라 (법화
    4-8)

 (1c)에서는 「브터」가 남움직씨였으나 (2)에서의 「브터」는 토씨로 보아야 할 것이다.

15.2 시발도움토씨의 용법

1) 15세기 시발도움토씨의 용법

가) 용법 : 이 토씨는 이름씨, 어찌씨, 움직씨에 붙어서 출발이나 출발점을 나타낸다.

 (3) a. 우브터 넷 양즈로 다 일어눌 (월석 1-82)
   b. 처섬브터 다시 始作홀씨 (월석 2-62)
   c. 처섬브터 다시 諸位에 디나 (능엄 8-53)
   d. 如來 브리고브터 能히 그 言論辯을 다ᄒ리 업스니라 (법화
    4-8)

나) 합성토씨 : 「브터」에 「(이)며」가 와서 합성토씨를 이룬다.

 (4) 衣服旅食브터며 일 잡주음브터 호몰 父母ㅣ 스랑ᄒ시논 바롤
   닶간도 골와 마라 (내훈 1-55)

「브터며」의 「며」는 이음토씨 「이며」임을 (4)의 뜻으로 보아 알 수 있다.

2) 16세기 시발도움토씨의 용법

가) 「브터」와 「우터」 : 이 때의 토씨에는 「브터」, 「우터」가 있다.

　　(5) a. 내 오늘브터 대갈과 대바리 장만ᄒ야 (초박상 73)
　　　　b. 언제우터 나뇨 (초박상 25)
　　　　c. 오늘우터 알와라 (초노상 35B)
　　　　d. 네 누의니미 일죽 언제우터 죽 먹ᄂᆞ뇨 (초박상 109)
　　　　e. 내 열아ᄒ랜 날브터 알폰 거술 지그미 몰뢰여서 알로라 (순
　　　　　　김 41)
　　　　f. 거월 열홀후브터 심중나셔 스므낤긔브터 누어 알호디 여게
　　　　　　아니 알외다니 (순김 60)

「우터」는 「이」홀소리나 「르」밑에서 「브」가 「우」로 바뀐다. 이것으로
보면 입술홀소리되기 현상은 16세기부터 있었다는 것을 알 수 있다. 여
기에 제시한 예문은 모두 「브터」가 이름씨에 쓰인 경우뿐이다. 「브터」
가 다른 토씨와 합하여 합성토씨가 된다.

나) 합성토씨 : 이 토씨는 다른 토씨에 붙어 합성토씨를 이루는 경우
가 많다.

　　(6) 「으로부터」
　　　　님굼므로브터 샹인네 니르히 뉘 아니 벋들 ᄌᆞ뢰ᄒ여 덕글 일
　　　　우리오 (정속 p.31)

　　(7) 「로셔브터」
　　　　a. 네 어드러로셔브터 온다. (초노 p.1)
　　　　b. 내 高麗王京으로셔브터 오라 (초노 p.1)

3) 17세기 시발도움토씨의 용법

이 시기에는 「부터, 붓터, 붓터, 브터」의 네 가지 형태가 나타난다. 이에 의하여 보면 입술소리되기는 17세기부터 기록상에 나타나는 것으로 미루어 입말에서는 이보다 먼저 16세기의 "우터"이었을 것으로 보인다.

     (8) a. 즁나라 말세과 진나라 쳐엄 시졀부터 뵈로서 잇ᄂᆞ니라 (두창 경험방 p.3)
         b. 새벼붓터 아춤ᄭᆞ지 닐곱번을 누니 (두창경 p.85)
         c. 아희병이 쳐엄붓터 슌티 아니ᄒᆞ니 (두창경 p.86)
         d. 쳐엄붓터 다ᄒᆞᆯ 둧 년ᄒᆞ야 머기면 (두창경 p.4)
         e. 쳐엄붓터 ᄆᆞᆺ도록 음식 잘 먹ᄂᆞᆫ 거시 극커 슌ᄒᆞ니 (두창경 p.25)
         f. 져믄제브터 어버이 셤교믈 ᄀᆞ장 효도ᄒᆞ야 (동국신속건 24)
         g. 어려셔브터 어버이 셤교믈 어글으츠미 업고 (동국신속건 289)
         h. 어려셔브터 이 사ᄅᆞᆷ 잇ᄂᆞᆫ 줄을 드러시되 (태평광 1-24)

위의 예가 보이는 바와 같이 이 토씨는 이름씨, 그림씨, 움직씨, 어찌씨 등에 두루 쓰이었다. 이 토씨의 합성토씨에는 「(의)서부터, 으로브터, 로브텁서…」 등이 있음은 이미 자리토씨에서 예시하였다.

4) 18세기 시발도움토씨의 용법

이 때에는 「브터/붓터/붓터」, 「버터」 등이 나타난다.

     (9) a. 너일브터 내 것히 쩌나지 말라 (삼역 p.23)
         b. 그날붓터 부모겨오셔 말습을 곳치시고 (한듕 p.22)
         c. 이튼날 일죽붓터 입궐ᄒᆞ라 (한듕 p.28)
         d. 십여셰붓터 병환졈이 겨오셔 (한듕 p.142)
         e. 봄버터 이벗ᄭᆞ지 임오를 양셩ᄒᆞ미 뉘니 ᄒᆞ오시고 (한듕 p.576)
         f. 분변혼 일을 긔록ᄒᆞ야 그 아릐부터니 대개 믈을 ᄉᆞ랑홈은

인에 근본ᄒ고 사롬을 건짐은 이예 근본ᄒ고 (죵덕 7A)

시발도움토씨가 풀이씨에도 쓰인 예를 (1)에서 볼 수 있다. 15세기와는 용법이 달라졌다.

5) 19세기 시발도움토씨의 용법

이 시기에는 「브터/붓터/붓터/보텀」 등이 나타난다.

> (10) a. 본월 이십오일붓터 칠월회ᄂ니로 도취ᄒ겟스오니 (독립 1권 96호 광고문)
> b. 어버이 그릴 줄을 처엄붓터 아란마는 (견희요)
> c. 滄州吾系롤 네브터 닐컫더라 (어부사시사)
> d. 天生綠分이 네붓터 잇건마는 (가곡 p.19)
> e. 窓밧 쳐음 츈혀 긋붓터 집을 자루 죵죵지여 두고 (가곡 p.38)
> f. 기후는 북빙히 기후보텀 시작히야 남방적도 기후ᄭ지 잇ᄂ디 (독립 1-40 논설)
> e. 쟉년 팔월 이십일브터 십월십ᄉ잆ㄱ지 벼술ᄒ 사롬들은 영영관직을 샥탈ᄒ며 (독립 1권 95호 잡보)

여기서는 모두 시발을 나타내기 위하여 쓰였다. 그런데, 「보터는」이 「보턴」으로 바뀌고, 이것이 다시 「보텀」으로 바뀌어서 이루어진 토씨이다.

6) 20세기 초 시발도움토씨의 용법

이 시기에는 「붓허/부터/붓터/브터」 등이 나타난다. 20세기로 들어오면서도 「붓허, 부터, 붓터, 브터」 등의 여러 형태가 나타난다.

> (11) a. 그쩨붓허 그 사랑은 貴여운 사랑이 안이였다 (백조 1-35)
> b. 그는 엘리자베트의 어려슬 쌔브터의 벗이다 (창조 1-71)
> c. 사랑이 터진후로붓터 경애는 알 수 업는 무슨 괴로움을 쌔달았다 (백조 1-35)

> d. 이제부터는 新聞합시다 (백조 2-123)
> e. 어느째부터 나리시는지 (백조 3-70)

여기서는 모두 위치자리로 쓰였다 그러나, 차차 「부터」로 통일되어 오늘에 이르고 있다. 「부터」는 19세기에는 이름씨 이외에도 쓰였는데 여기서는 그 예를 찾지 못하였다. 이것은 다음과 같이 합성토씨가 되기도 한다.

> (12) a. 이 다음부터는 돔 本目的에 갓갑도록 해볼 次로 마음을 단단히 먹고 (소년 1-1 p.82)
> b. 이데부터는 東南亞 三岸의 分別을 말하오리다 (소년 1-2 p.67)
> c. 年前부터는 이놈저놈 함부로 건너가난 수가 업시 되얏소 (소년 2-1 p.12)

16. 유지도움토씨 「다가」

16.1 유지도움토씨의 말밑

이 토씨에는 「다가」가 있는데 이것의 말밑은 움직씨 「다그다」이다. 다음에서 그 예를 보이겠다.

> (1) a. 이 사흐론 디플 다가(將這切了的草) (초노상 20A)
> b. 버다 네 콩을 건뎌 내여 다가(火伴你將科撈出來) (초노상 24A)
> c. 즉재 게셔 흔 무적 큰 돌 가져다가(就那裏拿起一?大石頭) (초노상 28A)
> d. 그 사름미 머리 우희 다가(把邦人頭上) (초노상 28)
> e. 속절업시 닷 남자와 겨탓 평인을다가 의심ᄒ야 텨져 주니 (幹把地王並左近平人保疑打考) (초노상 28B)

(1a-e)에서 보면 「다가」는 앞에서도 말했듯이 「將, 拿, 把」에 해당되는 「다그다」에서 발달해 왔음을 알 수 있다. 즉 「다그다」가 끝남법인 「다가」로 되어 토씨로 발달한 것이다. 그런데, 「다그다」에 해당되는 한자에는 (1)에 의하여 보면 「將」, 「拿」, 「把」의 셋으로 나타나는데 「將」과 「把」는 「가지다」의 뜻이 있고, 「拿」는 「잡다」의 뜻이 있다. 따라서, 「다그다」의 뜻은 「가지다, 잡다」임을 알 수 있다.

16.2 유지도움토씨의 용법

1) 15세기 유지도움토씨의 용법

이 토씨는 본래 「다그다(拿把)」에서 발달한 토씨로서 향찰이나 이두에는 나타나지 않는다. 「다가」는 주로 움직씨에 쓰인다.

> (2) a. 그 거지비 밥 가져다가 머기고 (월석 1-44)
> b. 爲頭 도즈기 나롤 자바다가 겨집사마 사러니 (월석10-25)
> c. 羅候羅 드려다가 沙彌사모려 ᄒᆞᄂᆞ다 홀씨 (석보 6-3)

(2)에서 보면 「다가」는 움직씨에만 오는 것이 좀 이상하게 느껴질지 모르나, 「다가」가 본래 「잡다」 또는 「가지다」의 뜻을 가졌던 데서 앞 움직씨의 뜻을 더 확실하게 하고자 하는 언어심리가 작용하여 그렇게 된 듯하다. 이와 같은 사실은 마치 오늘날 「물고기를 잡아 가지고, 끓여 가지고 먹었다」와 같은 식의 말투였다고 보아진다.

2) 16세기 유지도움토씨의 용법

> (3) a. 네 밥 먹기 ᄆᆞᄎᆞ든 둘홀 ᄒᆞ야 몰모라 게다가 노ᄒᆞ라 (초노
> 상 56A)

b. 어린 스승의 살을 븍녁 ᄇᆞ롬 아래다가 비설ᄒᆞ고 (여향 p.75)
c. 술위 가져다가 시르라 (초박상 24)
d. 여러 담ᄉᆞ리와 술 도우리 불러다가 담 사라 (초박상 19)

이 토씨는 「아래, 여기, 거기, 저기…」 등과 같은 곳대이름씨 또는 이름씨, 움직씨 뒤에서는 그대로 붙는다.

3) 17세기 유지도움토씨의 용법

이 토씨는 16세기와 같이 곳대이름씨에 쓰이어 위치말을 만들고 움직씨에 와서는 유지의 뜻을 더하여 준다.

(4) a. 위시를 게다가 밀티니 혹 ᄡᅢ디며 혹 ᄧᅥ 오락 가락 ᄒᆞ니 (태평광긔 1-4)
b. 산가막 죠개롤 아모만이나 가져다가 믈에 닷쇄 둠갓다가 날마다 이믈로 술과 ᄂᆞ출 싯기라 (언해두창하 74)
c. 엄의 뎡바기예 머리털 둘흘 가져다가 손가온댓 가락 ᄆᆞᄃᆡ를 구디 ᄆᆡ면… (언해태산 p.119)

4) 19세기 유지도움토씨의 용법

18세기는 문헌상에 잘 나타나지 않다가 19세기에 와서 나타난다. 이 토씨는 이름씨, 움직씨에 쓰였다.

(5) a. 이 신문을 가져다가 노코 (독립 1-1)
b. 여긔 와서 신문을 가져다가 팔면 (독립 1-2)
c. 만일 ᄒᆞᆫ 관ᄃᆡ다가 먹졈을 찍고 (독립 1-40 논설)

5) 20세기 초 유지도움토씨의 용법

이 시기의 유지도움토씨는 「다가/에다(가)」가 나타난다. 이 토씨가 이름씨에 쓰일 때는 「에다(가)」로 된다.

(6) a. 靈魂은 싹기고 달아서 희미하게 된 우에다가 이제 와서는
    혼집이나마 생기지 못하게 하느라고 (백조 3-143)
  b. 새로운 흙 우에다 내 살림을 세워보자 (백조 3-142)

(6b)의 「에다」는 「에다가」의 준 형태이다.

17. 고사도움토씨 「논커니와」

17.1 고사도움토씨의 말밑

고사도움토씨 「논커니와」는 「논＋커니와」로 분석되는데 「커니와」는
「ᄒ＋거니와」가 축약된 형태인 것으로 보인다. 따라서 「논커니와」는 「논
＋ᄒ거니와＞논＋커니와＞논커니와」로 이루어진 것으로 보아진다.

(1) a. 比丘尼 닐오디 너희논커니와 내 지븨 이싫 저긔 受苦 만타
    라 (월석 10-23A)
  b. 手品은커니와 制度도 ᄀ줄시고 (사미인곡)
  c. 구름은커니와 안개는 므스 일고 (속미인곡)

이 토씨는 18세기에는 「논커니와」로 나타났으나 현재 서울에서는 「은
커녕」으로 변하여 쓰이고 있으며 경상도 사투리에서는 아직도 「은커니
와」로 쓰이고 있다.

17.2 고사도움토씨의 용법

1) 15세기 고사도움토씨의 용법

이 토씨를 분석해 보면 「는+커니와」로 되어 두 개의 낱말로 보아야 할 것 같으나, 「커니와」가 하나의 독립된 낱말로 인정되지 않을 것 같아서 「는커니와」를 하나로 묶어 토씨로 다루기로 한다.

> (2) 比丘尼 닐오더 너희는커니와 내 지븨 이싫 저긔 受苦 만타라
>   (월석 10-23A)

이 토씨는 이때에는 반드시 「는」과 같이 사용되었는데 여기서는 임자말로 쓰였다.

2) 16세기 고사도움토씨의 용법

이 시기의 것은 「마론커는」의 형태로 나타난다.

> (3) 고론 샹삐 어더치니 도숣비 여나몬마론커는 니년치려 삐 두
>   서 마놀 헤여 안방의 두니 (순김 57 후면)

이 토씨의 예는 이것 하나밖에 찾지 못하였다.

3) 18세기 고사도움토씨 「는크니와」의 용법

이것은 토씨로 보느냐 「~는 새로에」로 잡느냐 문제인데, 다음 예의 맨 끝의 것이 보이는 바와 같이 움직씨 다음에도 사용되었으므로, 도움토씨로 잡기로 하였다.

> (4) a. 聖賢은크니와 구즌비나 되쇼셔 (속미인곡)
>   b. 手品은크니와 制度도 ᄀ줄시고 (사미인곡)

c. 사ᄅᆞᆷ은ᄏᆞ니와 ᄂᆞᆯ새도 그쳐 잇다 (사미인곡)
d. 구름은ᄏᆞ니와 안개는므ᄉᆞ일고 (속미인곡)
e. 각시님들이야ᄏᆞ니와 대단티 아니ᄒᆞ니 념녀마라 (인선왕후언간)

(4e)에서의 「이야ᄏᆞ니와」는 합성토씨이다. 이 토씨는 17세기에는 나타나지 않았으나 18세기에는 비교적 많이 나타났다. 그러던 것이 19세기와 20세기 초에는 나타나지 않았는데 오늘날은 「커녕」으로 변하여 쓰이고 있다. 이러고 보면 17세기는 물론 19세기, 20세기 초에도 쓰이고 있었는데 예를 찾지 못하였을 뿐이다.

18. 가정도움토씨 「ᄯᆞᆫ」

18.1 가정도움토씨의 말밑

이 토씨에는 「ᄯᆞᆫ」이 있는데, 지금까지는 일반적으로 힘줌도움토씨로 보아 왔으나, 필자는 「ᄯᆞᆫ」이 마침법에도 쓰이는 점에 착안하여 중세어에서 검토해 본 바 이것은 토씨가 아니라 가정씨끝임을 밝힌 바 있다. 왜냐하면, 이 말은 「ᄒᆞ다가」와 호응관계를 가지고 있으며 또 도움토씨가 마침법 끝에 쓰인다는 것도 논리상 맞지 않을 뿐만 아니라 중세국어의 언어사실에도 해당하지 않게 느껴졌기 때문이었다. 그러나, 여기서는 월의 구성상 토씨로 보지 않을 수 없어 임자자리에 올 때는 물론 마침법에서 월의 끝에 올 때도 간결성의 원리에 따르기 위해서 토씨로 보기로 한다.

(1) a. 今呑藪未去遣省如 (遇賊)
b. ᄂᆞ출 거우ᅀᆞᄫᆞᆫ돌 ᄆᆞᅀᆞᆷ잇ᄃᆞᆫ 뮈우시리여 (천강곡 상, 기 62)

    c. 술히 여위신돌 金色잇든 가시시리여 (천강곡 상, 기 62)
    d. 구스리 바회예 디신돌 긴힛돈 그츠리잇가 (서경별곡)
    e. 즈믄 히롤 외오곰 녀신돌 信잇든 그츠리잇가 (서경별곡)
    f. ㅎ다가 아로미 업슬딘댄 ᄆ츠매 草木ᄀᆮ거닛든(若無知者ㄴ댄
       綜如草木거닛든) (능엄 3-41)

「쑨」이 가정토씨임을 보이기 위하여는 (1f)를 먼저 보아야 하는데 (1f)
의 뜻은 「만약 아는 것이 없다면, 드디어는 초목과 같을텐데」로 된다.
달리 의역하면 「만약, 아는 것이 없다면 마침내는 초목과 다름이 없을
터이다」로 이해된다. 이에 따라 보면 (1a-e)에서 「ᄆ숨잇든, 金色잇든,
긴힛든, 信잇든」 등의 앞에는 「～돌」로 끝난 마디가 와 있는데 이와 같
은 월의 구조는 (1f)의 딸림마디(앞선마디)의 구조와 동일하고, 이 마디는
조건마디로서 「만일～한다면」의 뜻이오, 으뜸마디(뒷선마디)는 그 결론을
말하고 있는데, 요즈음은 가정씨끝을 「～ㄹ텐데」로 나타내나, 우리 조
상들은 「～쑨」으로 나타내었다는 것을 알아야 한다. 옛말의 본질을 모
르고 그것을 현대식으로 생각한다면 바른 태도가 아니기 때문이다.

    이와 같은 사실을 바탕으로 (1b-e)까지의 「ᄆ숨잇든, 金色잇든, 긴힛
든, 信잇든」을 풀이해 보면 「ᄆ숨이라면(일텐데, 일진대)」, 「金色이라면(일
텐데, 일진대)」, 「긴히라면, 긴힐진대」, 「信이라면, 믿음일진대」 등으로 될
것이라 생각된다. 물론, 「쑨」을 향가에서는 「呑」으로 표기하였고 이두
에서는 「段」또는 「叚」, 「叱段」 등으로 표기하였는데, <이두집성>에 의
하면 『뜻은 「은」이고 풀이는 「무엇 무엇은」할 때의 「은」』이라고 풀이
해 놓았을 뿐 별다른 설명이 없으나, 「쑨」은 단순한 「은」이 아니라 위
에서 필자가 말한 대로 보아야 할 것이다. 그러면 「쑨」은 어떤 말에서
온 것일까? 형태소 분석에 의하면 「ㅅ＋ᄃ＋은」으로 보인다. 그러나, 이
두에서의 표기를 보면 「矣段」으로 나타나는데, 이것으로 보면 「쑨」의 기
저형은 「읫든」이었는데 이것이 「잇든」 또는 「쑨」으로 변해 온 것 같다.

(2) a. 右謹 啓臣矣段臣矣身等伏以彰善楊美士林之公議也… (必知)
   b. 右謹 啓臣矣段臣矣身等以顯忠而遂랑賢而楊能實是有國之盛典
    而猗我… (上同)
   c. 矣段의쓴 (史讀便覽)

(2a-c)에 의하여 보면 「矣段」의 「矣」는 「矣身」의 「矣」와 같다. 「矣」가 삼인칭 대이름씨의 소유형이라면 「矣段」의 「段」은 실사임이 분명하다. 따라서 실사 「의」와 「쓴」이 합하여 가정도움토씨가 된 것이 앞에서 말한 바와 같이, 「矣身(의몸)」이 「이몸」으로 바뀐 것과 같이 「의쓴」이 「이쓴」으로 바뀌어 왔는데 이것이 「쓴」으로도 쓰였던 것이다.

18.2 가정도움토씨의 용법

1) 신라향가에서의 「쓴」의 용법

이에는 「呑」이 있다. 그 뜻은 「~이라면」으로 풀이해야 한다.

   (3) 今呑藪未去遣省如 (遇賊)

이 토씨는 오늘날의 「제 딴은 잘난 체 한다」에서의 「딴」과 같은 것 같으나, 중세어에서의 「쓴」은 가정의 뜻을 나타낸다.(자세한 것은 위 [1]의 「쓴」조를 참조하기 바란다).

2) 15세기 가정도움토씨 「잇돈」의 용법

이 토씨는 가정씨끝으로 쓰인 경우가 있는데, 여기서는 가정의 도움토씨로 다루기로 한다.

   (4) a. <u>노출 거우슈본둘 무숨잇돈 뮈우시리여</u> (천강곡상 긔 62)
      (ㄱ)   (ㄴ)

　　b. <u>술히 여위신돌</u> <u>金色잇돈 가시시리여</u> (천강곡상 긔 62)
　　　　　(ㄱ)　　　　　　　(ㄴ)
　　c. <u>구스리 바회예 디신돌 구스리 바회예 디신돌</u> <u>긴힛돈 그츠</u>
　　　　　　　(ㄱ)　　　　　　　　　　　　　　　(ㄴ)
　<u>리잇가</u> (서경별곡)

　(4a-c)에서 보면 밑줄 친 (ㄱ)은 조건마디가 되어 있고, 밑줄 친 (ㄴ)은 앞선 마디에 대하여 절대로 그러하지 않다는 것을 반어적으로 나타내고 있다. 따라서, 그 뜻을 보면 (4c)는 「구슬이 바위에 떨어진들 구슬이 바위에 떨어진들 끈이라면(끈일텐데=내가 당신의 애인이라면) 끊어지겠읍니까(마음이 변하겠읍니까?)」와 같이 비유적으로 표현할 대 쓰이는 토씨가 「잇돈」인 것이다. 따라서, 이 토씨를 단순히 토씨로 보기보다는 오히려 「이다」의 가정법으로 보아야 옳을 것이나 여기서는 이렇게 가정도움토씨로 다루어둔다.

　3) 16세기 가정도움토씨의 용법

　　(5) a. 긴힛돈 아즐가 긴힛돈 그츠리잇가 信잇돈 아즐가 信잇돈 그
　　　　　츠리잇가 (서경별곡)
　　　　b. 구스리 바회예 디신돌 긴힛돈 그츠리잇가 즈믄히룰 외오곰
　　　　　녀신들 信잇돈 그츠리잇가 (정석가)
　　　　c. 빅골미분인돌 단심잇돈 가시리잇가 (악장가사 p.34)

　이 토씨가 가정을 나타낸다는 것은 15세기 토씨를 다룰 때 이미 말한 바 있거니와 종래 힘줌토씨로 보아 왔던 잘못을 바로 잡아야 할 것이다. 이 토씨는 17세기부터는 나타나지 않는다.

19. 동일도움토씨 「대로」

19.1 동일도움토씨의 말밑

이 토씨는 「대로」인데, 이것은 「동일」의 뜻을 나타내던 이름씨에서 발달한 토씨이다. 다음의 예를 보자.

    (1) 패란애 일와 쏘 아롬대로 묘령과 각 7을 공亽 잘 ᄒ며 (여향 p.82)

19.2 동일도움토씨의 용법

1) 16세기 동일도움토씨의 용법

이 토씨는 16세기에 처음 나타나는데, 이름씨에 쓰이어 그 이름씨로 하여금 어찌말이 되게 한다.

    (2) a. 패란애 일와 쏘 아롬대로 묘령과 각 7을 공亽 잘 ᄒ며 (여
           향 p.82)
       b. 다시곰 내 유무대로 니르라 (순김 166 후면)

이 토씨의 말밑은 이름씨였다. 그것은 왜냐하면, 오늘날 이것이 매김법 밑에 쓰이기 때문이다.

    (3) a. 아는 대로 답하라.
       b. 할 대로 하여라.

2) 17세기 동일도움토씨 「대로」의 용법

이 토씨는 본래 이름씨에서 발달해 왔는데, 향찰이나 이두에서는 잘

나타나지 않았다.

    (4) a. 영장과 졔롤 흐굴ᄋ티 가녜대로 흐고 (동국신속건 58)

        b. 졔흥기롤 흐굴ᄀ티 녜문대로 흐야 (동국신속건 311)

        c. 졔수를 가례대로 흐며 (동국신속건 24)

        d. 네 말대로 이대이대 (중노 p.60)

        e. 제대로 두고 너희 다 머그라 (중노 p.75)

3) 18세기 동일도움토씨의 용법

이 시기에는 「대로/디로」 등으로 나타난다.

    (5) a. 부모의 뜻대로 효양흐다 (한청 6-34)

        b. 임의대로 흐다 (한청 1-51)

        c. 봉셔의 션인경계디로 됴희머리의 써보내ᄋ고 (한듕 p.2)

        d. 삼년졔젼을 다 녜법디로 손조 찰혀디니오시고 (한듕 p.14)

        e. 반월디로 흐는 졔 (한청 3-71)

4) 19세기 동일도움토씨의 용법

  가) 변이형태 : 이 토씨는 18세기와 같이 「대로」, 「디로」의 두 가지 형태로 나타난다

    (6) a. 관츌수 스믈 세슨 업시고 젼디로 감수를 내되 (독립 1-2)

        b. 즈긔 형셰디로 보조금을 낼 터이요 (독립 1-3 논설)

        c. 우리는 天性을 직희여 늬뜻대로 흐리라 (가곡 p.52)

        d. 우리 말디로 힝홀 터이요 (독립 1-11)

        e. 각기문에 사나희 식구디로 분명히 쓰라 (독립 1-14)

  나) 합성토씨 : 「디로」는 합성토씨가 된다.

(7) a. 우리 말뎌로만 홀 것 ᄀᆺ흐면 (독립 1권 80호 p.317)
    b. 원망과 시비를 샹관말고 법률뎌로만 ᄒᆞ여 (독립 1권 93호
       p.369)
    c. 법률과 관제뎌로만 일을 힝ᄒᆞ거드면 (독립 1권 82호 p.325)

5) 20세기 초 동일도움토씨의 용법

이 때는 「대로」하나만 나타난다. 이 토씨는 이름씨 밑에서만 토씨가
되고 매김꼴 밑에서는 이름씨가 된다.

(8) a. 나는 참으로 그 말을 그대로 듣고 잇을 수 업서요 (백조
       1-39)
    b. 누님의 말을 그대로 듯고 잇을 수 업서요 (백조 1-40)
    c. 나는 그대로 참지는 못하겠서요 (백조 1-40)

20. 유일도움토씨 「ᄲᅮᆫ」

20.1 유일도움토씨의 말밑

가) 말밑 : 이 토씨는 본래 「독자」의 뜻이었다. 그래서 종래 독자도
움토씨로 불려오던 것인데, 글쓴이는 이름을 유일도움토씨라 부르기로
하였다. 그렇게 불러야 의미상 여러 가지로 설명하기 좋기 때문이다.
이 「ᄲᅮᆫ」은 본래 「분」이었는데 사이시옷이 합하여 「ᄲᅮᆫ」으로 되고 이것
이 표기법의 제정에 의하여 오늘날 「뿐」으로 쓰이고 있다.

(1) a. 二字良中一家叱分 觸犯爲在乙良 (明律三-p.3B)
    b. 罪分論遣物色生徵安徐爲齊 (明律十六-p.5B)
    c. 紬絹布匹分使內遣 (明律十二-p.5B)

　　d. 엇뎨이엣본 天上ㅣ 업스시뇨 (월석 7-11B)
　　e. 처엄 지예 네 보라 뿐 니르시고(二於初地예 獨言汝觀ᄒ시고)
　　　　(능엄 3-96)
　　f. 설와 동지옛분 명함 ᄀ초와 ᄌ데롤 브려 답례ᄒ더 (여향
　　　　p.39)
　　g. 평싱애 고텨 못홀 이리 잇뿐인가ᄒ노라 (경민 3-9B)
　　h. 香온 ᄒ갓 옷곳혼 것분 아니라 (석보 13-39)

　(1a · b)에서 보면 「뿐」이 「叱分」과 「分」으로 나타남은, (1d-g)까지가 「뿐」으로 나타나고, (1h)는 「분」으로 나타남과 같은데, 「뿐」의 「ㅅ」은 (1a)와 (1h)에서 보아 알겠지마는 본래 사이시옷이다. 그러므로 「뿐」의 기저형은 「분」임을 알 수 있고, 따라서 「분」이 이름씨로서 「유일(독자)」의 뜻을 나타내었던 것임을 짐작할 수 있다. 그런데, <한청문감> 11-p.74B에 의하면 「獨自, 혼자, 又, 뿐」이라고 설명되어 있는데 이와 같은 사실로써 보아도 「뿐」은 「유일」 또는 「독자」의 뜻을 나타내었던 이름씨임을 알 수 있다. 이것이 토씨화한 시기는 17세기부터 인 것으로 보이는데, 그것은 (1g)의 「잇뿐」에서 알 수 있다. 이대는 이미 「뿐」이 「이」에 예속되었기에 「이」가 「잇」으로 소리난 것이 아닌가 여겨지기 때문이다.

　나) 이두의 이름씨 : 이 토씨는 17세기 이전에는 이름씨로 쓰였다. 이러한 흔적은 <대명률>을 비롯한 이두에서 확인되는데, 다음과 같은 예가 있다.

　(2) a. 二字良中 一家叱分 觸犯爲在乙良 (明律三 p.3B)
　　　b. 罪分 論遣物色生徵安徐爲齊 (明律十六 p.5B)
　　　c. 紬絹布匹分 使內遺 (明律十二 p.6B)

위의 예문에서 보는 바와 같이 「뿐」은 「叱分」 또는 「分」으로 나타나는데, 경우에 따라서는 「分叱」 「叱分」 등으로도 나타난다. 이와 같은 다

양한 표기는 결국 중세어의 「뿐」에 해당되는 표기였는데, 아마 「叱」은 사이시옷을 나타내는 것으로 보아, 「뿐」은 이름씨에서 발달해 왔다는 형태론적 증명이 가능하지 않을까 한다. 그런데, <한청문감> 11-74B에 의하면 「獨自혼자, 又 뿐」이라고 설명되어 있다. 이것으로 보면 18세기 까지도 「뿐」은 「독자」의 뜻을 나타내던 이름씨로도 구실을 하였음을 알 수 있다.

다) 「뿐」의 토씨화 시기 : 이 토씨는 15세기부터 16세기까지는 이름 씨로 보이는데, 그것을 예를 들어보기로 한다.

> (3) a. 엇데 이에뿐 天上ㅣ 업스시뇨 (월석 7-11B)
>   b. 처엄 지예 네 보라 뿐 니르시고(이어초지예 독언여관ㅎ시
>   고) (능엄 3-96)
>   c. 설와 동지예뿐 명함 フ초와 ㅈ데롤브려 답례호디 (여향
>   p.39)

위의 첫 번째 예는 「에」다음에 「ㅅ분」이 와 있으므로 이름씨로 보아 지며, 세 번째 예 또한 그러하다. 그리고 두 번째 예의 「네 보라 뿐 니 르시고」에서 「뿐」은 「獨自」의 뜻을 나타내는 이름씨로 보인다. 이와 같 은 「뿐」은 17세기부터 경우에 따라서는 토씨로 변해가고 있는 흔적이 보이는데, 그것은 다음의 예로 알 수 있다.

> (4) 평싱애 고텨 못홀 이리 잇뿐인가 ㅎ노라 (경민 3-9B)

여기서의 「잇뿐」은 분명히 「뿐」이 「이」에 종속된 것을 보이는데 그 것은 사이시옷 때문이다. 「이」와 「뿐」이 한꺼번에 발음되는 데서 「이」 에 사이시옷이 온 것이다. 이것은 바로 「뿐」의 토씨화를 뜻하는 것으로 보아야 할 것이다.

이제 다음에서 17세기의 「뿐」이 「이」에 종속된 것을 보이는데 그것

은 사이시옷 때문이다. 「이」와 「뿐」이 한꺼번에 발음되는 데서 「이」에 사이시옷이 온 것이다. 이것은 바로 「뿐」의 토씨화를 뜻하는 것으로 보아야 할 것이다.

20.2 유일도움토씨의 용법

1) 17세기 유일도움토씨의 용법

이 토씨는 이름씨에만 쓰이어 임자말, 풀이말 등이 되게 한다.

    (5) a. 갓가이 녀도 훈 몺분이오 머리 가면 무ᄎ매 곧 失ᄒ리언마
         론 (중두 4-23)
      b. 幽嚥엔 오직 샛분 가고 高落앤 사롬 둔니리 적도다 (중두
        5-32)
      c. 셴 머리에 오직 赤心뿐 잇도다 (중두 5-49)
      d. 평싱애 고텨 못홀 이리 잇뿐인가 ᄒ노라 (경민 3-9B)

2) 18세기 유일도움토씨의 용법

가) 변이형태 : 이 토씨는 「뿐」과 「븐」의 둘로 나타난다.

    (6) a. 이 싱의는 장군뿐이라 ᄒ여 (삼역 p.35)
      b. 싀가의 이모도 업고 어린 양ᄌ분이니 (한듕 p.382)
      c. 허망한 말 두어 가지분이지 삼십년 나라일 ᄒ시디 (한듕
        p.543)
      d. 허망한 말 두어 가지분이지 (한듕 p.543)

나) 합성토씨 : 「뿐」은 다른 토씨와 합하여 합성토씨가 된다.

(7) a. 츄신ᄒ오신 졀의복이 단건ᄹ이 즈즈신디라 (한듕 p.8)
　　b. 이 지롯분가 (한쳥 7-104)

(7a)는 임자자리토씨 앞에 「ᄹ」이 와 있고, (7b)는 물음토씨 앞에 「ᄹ」이
와 있다.

3) 19세기 유일도움토씨의 용법

이 시기 유일도움토씨는 이름씨에만 사용되었다.

(8) a. 조코도 그츨 뉘 없기는 물ᄹ인가 ᄒ노라 (오우가)
　　b. 아마도 변티 아닐 손 바회ᄹ인가 ᄒ노라 (오우가)
　　c. 엇지 둘ᄹ이리오 (인봉쇼 1-11)
　　d. 아마도 物外閑客은 이ᄹ인가 ᄒ노라 (가곡 p.32)
　　e. 언제나 이 근심을 니즐고 혼탄ᄹ이로세 (언간의 연구 자료
　　　원문 205)

4) 20세기 초 유일도움토씨의 용법

20세기 초에는 「ᄹ만, ᄹ만으로, ᄹ에, ᄹ이, ᄹ이다…」 등 합성토씨
로 많이 나타났다.

(9) a. 이것ᄹ만으로 人生이라 하면… (백조 1-58)
　　b. 다만 이 굿 업시 쓸쓸한 영원의 僧房夢ᄹ에 긋치는 生이다
　　　(백조 1-58)
　　c. 코가 뾰족한 니가다—써진 얼골ᄹ이 내다 보였다 (백조 1-87)
　　d. 全身이 사라지는 듯한 感傷ᄹ이었다 (백조 1-26)
　　e. 그ᄹ만 아니라 어름ㅅ 장의 쪼개지고 (소년 2-2 p.29)
　　f. 맨나종에 나아오난 쯤이야말로 奇妙ᄹ만 아니라 妓又奇 妙
　　　又妙 하지아니하오닛가 (소년 2-3 p.30)

21. 도달도움토씨 「ᄭᅵ지」

21.1 도달도움토씨의 말밑

가) 말밑 : 이 토씨에는 「ᄭᅵ지」와 「ᄭᅵ장」이 있는데 그 뜻이 「어디에서부터 어디까지」와 같이 어떤 범위나 정도의 지(至)를 나타내던 이름씨였기 때문에 그 이름을 위에서와 같이 붙여 보았다.

> (1) a. 月下伊底亦 西方念丁 去賜里遣 (願往生)
>   b. 殺人爲니十人至成黨爲在乙良爲首者斬齊 (刑律一劫囚)
>   c. 石練時已順可只而今良中至兮 (爭鬪寺石塔記)
>   d. 처엄 이에셔 사던 저그로 오늜ᄀᆞ장혜면 (석보 6-74)
>   e. 비복ᄀᆞ지 흘러가는 줄만 알고 (두창경 p.70)
>   f. 제 목숨ᄭᅵ장 사라 (석보 6-70)
>   g. 프른 ᄀᆞ술ᄭᅵ장 사라 잇ᄂᆞ니 (초박상 1)
>   h. 廣이 幅ᄀᆞ지 ᄒᆞ야 다ᄉᆞᆺ 자히라 (가례해 5-11)
>   i. 목구뭇ᄀᆞ지 드러 (두창경 p.92)
>   j. ᄆᆞ슴 다봇몰 닐윓 ᄀᆞ장 긔지ᄒᆞ야(期致盡心) (월석서-20)

(1a)의 「念」은 중세어의 「ᄭᅵ장」에 대응되는 것이요, (1b)의 「至」는 「ᄭᅵ지」에 대응되는 것으로 보이는데, 「ᄭᅵ장」이나 「ᄭᅵ지」는 모두 정도나 범위의 「이르름」을 나타내던 이름씨였다. 그것은 「ᄀᆞ장(ᄭᅵ장)」이 이름씨임은 (1j)로써 알 수 있고, (1i)로써 「ᄀᆞ지(ᄭᅵ지)」가 이름씨임을 알 수 있는데 「ᄭᅵ지」의 「ㅅ」은 사이시옷이기 때문이다. 그리고 이들 토씨의 뜻이 범위나 정도의 「이르름」인 것으로 볼 수 있는 근거는 (1c)의 「可只」가 「ᄀᆞ지」의 표음적 표기라면 (1b)의 「至」는 「이르름」의 표의적 표기임에 있다. 「ᄭᅵ지」는 오늘날 널리 쓰이고 있고, 「ᄭᅵ장」은 경상도 사투리에서 쓰이고 있다.

나) 향가와 이두에서의 이름씨 : 이 토씨는 16세기까지는 이름씨였었는데, 향가부터 중세어까지의 표기를 알아서 서로 관련을 지어본다는 의미에서 향가와 이두에서의 표기를 알아보기로 한다.

    (2) a. 月下伊底亦 西方念丁 去賜里遣 (願往生)
        b. 殺人爲㫆十人至成黨爲在乙良爲首者斬齊 (刑律一劫囚)
        c. 石練時己順可只而今良中至兮 (爭鬪寺石塔記)

이들 세 예에서 「念」을 양주동 박사는 「뻐정」이라 해독하고 있는데, 「至」는 훈을 빌어 쓴 것이며, 「可只」는 음을 따서 표기한 것이다.

다) 「ᄭᆞ지」의 토씨화 시기 : 이것이 토씨화한 시기는 16세기와 17세기로 보고자 하는데, 그 이유는 15세기의 「ᄀᆞ장」은 17세기에 와서는 「ᄭᆞ지」로 그 형태가 완전히 바뀔 뿐만 아니라, 용법도 그렇게 보는 것이 좋을 듯하기 때문이다. 이제 15세기와 16세기의 예를 들어보기로 하겠다.

    (3) a. 처엄 이에셔 사던 저그로 오눐낤ᄀᆞ장 혜면 (석보 6-74)
        b. 제 목숨ᄭᆞ장 사라 (석보 6-70)
        c. 프른 ᄭᆞ술ᄭᆞ장 사라 잇ᄂᆞ니 (초박상 1)

위의 예에서 보면 「ᄀᆞ장」은 사이시옷 때문에 이름씨로 보지 않을 수 없다. 그러나, 다음의 17세기부터의 예를 보면 「ᄀᆞ지」 또는 「ᄭᆞ지」로 나타나는데, 이것이 오늘날의 「까지」의 최초의 형태이다. 그런데, 이숭녕박사는 이것을 실사 「ᄀᆞ재(재)」에서 「ᄀᆞᄌ+앙」의 형식으로 된 후치사로 보고 있으나 허웅 박사는 「ᄀᆞ장」은 어찌씨에서 온 매인이름씨로 보고 있다.

21.2 도달도움토씨의 용법

1) 신라향가의 도달도움토씨의 용법

이 「念丁」를 토씨로 보아야 할 것인지 이름씨로 보아야 할 것인지는
의문이나 여기서는 토씨로 다루기로 한다.

(4) 月下伊底亦 西方念丁 去賜里遣 (願往生)

「念丁」의 예는 이것 하나밖에 나타나지 않으나 이 토씨는 아마 중세
어의 「ᄭᆞ장」에 대응되는 것으로 보인다. 「西方念丁」은 위치말로 쓰여
있으나 중세어에서 보면 이르름을 나타냄은 물론 임자말, 위치말 등에
쓰이고 있다.

2) 16세기 도달도움토씨의 용법

    (5) a. 스므날로셔 스믈닷샛ᄀᆞ장은 ᄉᆞ방귀시니 (순김 130)
        b. 뿔 셜흔말 가져다 주며 셜알ᄀᆞ지 머그라 ᄒᆞ고 (순김 79)
        c. 너이 겻기롤 홍싱워니 후에 ᄒᆞ르ᄒᆞᆫ 만뎡 너일ᄭᆞ장 ᄒᆞ소 (순
           김 27)

(5)의 「ᄭᆞ장은」은 「ᄭᆞ장+은」으로 된 합성토씨이다.

3) 17세기 도달도움토씨의 용법

17세기의 「ᄭᆞ지」 : 이름씨에 붙어서 위치말이 되게 한다.

    (6) a. 비복ᄀᆞ지 흘러 가는 줄만 알고 (두창경 p.70)
        b. 힝역도는 날로셔 닐웨 여ᄃᆞ래 아ᄒᆞ래 날ᄀᆞ지 고롬 되는 사
           흘이라 (언해두창상 59)
        c. 목구뭇ᄀᆞ지 드러 (두창경 p.92)

d. 새 비붓터 아춤ᄭᆞ지 닐굽번을 누니 (두창경 p.85)

4) 18세기 도달도움토씨의 용법

가) 용법 : 이 시기에는 「ᄭᆞ지」, 「ᄭ디」, 「거지」 등으로 나타난다. 이 토씨는 어떤 동작이 미치는 범위를 나타낸다

    (7) a. 나믁 속ᄀᆞ지 ᄆᆞᆯ다 (한청 13-60)
        b. ᄲᅧᄭᆞ지 ᄉᆞ못 칩다 (한청 1-56)
        c. 당숙ᄭᆞ지 집의 오셔디 (한듕 p.16)
        d. 나죵 성취ᄭᆞ지 션시 힘이시니 (한듕 p.16)

또 여기서는 우연하게도 가리킴자리로만 쓰여 있다. 그런데 「ᄭᆞ지」는 「ᄀᆞ디」, 「거지」 등도 쓰이었다.

    (8) a. 뎡ᄌᆞ의 이믈 졔인이란 말슴에 감동ᄒᆞ야 이제ᄀᆞ디 ᄆᆞ옴에
           삭엿노라 (죵덕 6B)
        b. 니 죽고 일노 화란이 비로쇼 심지어 장장편편이든 어졔을
           읍시ᄒᆞᆫᄌᆞ거지 ᄒᆞ야시니 (한듕 p.528)

나) 합성토씨 : 「ᄭᆞ지」는 다른 토씨와 합하여 합성토씨를 만든다.

    (9) 「게ᄭᆞ지」
        이도 부모 교훈이 어린 아희게ᄭᆞ지 밋츤 듯ᄒᆞ니라 (한듕 p.16)

    (10) 「ᄭᆞ지라도」
        갑갑셜운 것이 우희셔붓터 츈방관ᄭᆞ지라도 병환을 어이 업
        시 용셔 ᄒᆞᆯ 도리가 잇게… (한듕 p.148)

    (11) 「ᄀᆞ지라도」
        여러 아오와 ᄉᆞ촌ᄀᆞ지라도 비ᄒᆞ고 듯ᄌᆞ와 집안이 휜혁훈 듕
        이라도 글을 됴화홀 줄 알고… (한듕 p.324)

5) 19세기 도달도움토씨의 용법

가) 용법 : 이 토씨는 임자자리와 위치자리토씨로 쓰였다.

> (12) a. 심지어 왕후 폐하ᄭᅵ지 피회ᄒᆞᆺ스니 (독립 1-8)
> b. 작년과 금년ᄭᅵ지 죠회 ᄒᆞ여도 지금ᄭᅵ지 슈리를 아니ᄒᆞ여
> (독립 1-15)
> c. 부조 고가를 잡아 송돗ᄀᆞ지 다리고와 잔민을 도와 주엇다
> 고 (독립 1-7)

18세기에는 「ᄭᅵ지」, 「ᄀᆞ지」 두 형태가 쓰였는데 19세기에 와서는 「ᄭᅵ
지」 하나로 굳어졌다.

나) 합성토씨 : 이 토씨는 다른 토씨와 합하여 합성토씨가 된다.

> (13) 「ᄭᅵ지는」
> a. 이월 십일일 아츰 여덟시ᄭᅵ지는 ᄌᆞ긔들이 권력을 멋 십년
> 이라도 가지고 (독립 1권 50호 p.198)
> b. 단 멋흐로 압문ᄭᅵ지는 각 관립학교 학도들이 섯고 (독립
> 1권 100호 p.397)
> c. 아직ᄭᅵ지는 쳥국정부에 잇는지라 (독립 1권 100호 논설)
>
> (14) 「ᄭᅵ지도」
> a. 지금ᄭᅵ지는 쳥국정부에 잇는지라 (독립 1권 100호 논설)
> b. 그런고로 아직ᄀᆞ지도 숨 쉬흘 틈을 텨타셔 (독립 1권 111
> 호 p.441)
>
> (15) 「ᄭᅵ지와」
> a. 셔울셔 부산ᄭᅵ지와 셔울셔 의쥬ᄭᅵ지 철도 놋는단 말이 잇
> 스니 (독립 1권 38호 p.149)
> b. 일은 황도마로 동대문ᄭᅵ지와 큰 광통교로 남대문ᄭᅵ지 넓
> 히를 호로 정ᄒᆞ야 (독립 1권 77호 p.306)

(16)「ㅅ지라도」
   a. 동긔 사룺ㄱ지라도 병이 적을 터이니 (독립 1권 19호 p.73)
   b. 각국 학문짜지라도 비호는 학도요 (독립 1권 p.137)
   c. 언젯ㄱ지라도 그 약쇽을 직히는 거시 거즛 말흔 사룸이
      아니요 (독립 1권 96호 논설)

(17)「ㅅ지만」
   저녁ㅅ지만 시힝이 되어도 무던흔 일인데 (독립 1권 56호 p.222)

(18)「ㅅ지던지」
   a. 어디로 언제ㅅ지던지 시힝흐는 거시 비록 완고는 완고드
      러도 (독립 13권 63호 p.249)
   b. 어느 째ㅅ지던지 힝홀 결심을 흐여야 홀 일이라 (독립 1
      권 82호 p.325)

위에서 다룬 합성토씨에는 「ㅅ지는」, 「ㅅ지도」, 「ㅅ지와」, 「ㅅ지라도」,
「ㅅ지만」, 「ㅅ지던지」 등이다.

6) 20세기 초 도달도움토씨의 용법

가) 용법 : 이 시기에는 「ㅅ지/ㅅ지/까지」 등으로 나타난다. 이 토씨
는 이름씨, 움직씨, 어찌씨에 두루 사용되었다.

(19) a. 自己네들은 어느 정도ㅅ지 才子인 同時에 能力이 있는 者
     라 인정한 짜닭이오 (백조 1-6)
   b. 英淳은 오날 하로의 歷史를 처음부터 끝짜지 생각하고는
     생각하고… (백조 1-4)
   c. 무엇 그러케까지 슯어할 것은 업슬 듯하다 (백조 1-27)

위의 예문에서 보듯이 20세기 초에는 「ㅅ지, 짜지, 까지」의 세 가지
가 쓰였는데, 이것은 「ㅅ장>ㅅ지>짜지>까지」의 변천과정을 거쳐옴
을 말해 주는 것이다.

나) 합성토씨 : 「까지」는 합성토씨가 된다.

(20) 「까지는」
   a. 이때까지는 別故업시 지내엿스나 (소년 2-1 p.57)
   b. 멧卷까지는 紙數를 조금 威하야 發行하기로 하얏스니 (소
      년 2-2 p.56)
   c. 來日牛後까지는 적어도 六百里는 언덕에서부터 相隔하게…
      (소년 23 p.37)

(21) 「까지던지」, 「까지라도」
   a. 언제까지던지 生生하게 쩌러져 잇서 (소년 2-2 p.39)
   b. 어대까지던지 勇力이 넉넉하고 希望이 가득한 타이살 船
      長은 (소년 2-4 p.56)
   c. 客個의 利益을 희생하기까지라도 王室의 旺興泰昌하기를
      (소년 2-3 p.21)
   d. 주머니 부시쌈지속까지라도 단단히 찻소 (소년 2-4 p.56)

(22) 「까지도」
   a. 흐르는 피까지도 어더 붓흘 듯하니 (소년 2-1 p.56)
   b. 이 希望까지도 坐한 容納지 아니하시려 함인지 (소년 2-2 p.30)
   c. 故로 巨人들이 只今까지도 「契亡城」이라 하오며 (소년 2-2 p.53)

22. 최종도움토씨 「무즈」

22.1 최종도움토씨의 말밑

이 토씨 「무즈」는 15세기에는 어찌씨였으나, 18세기에 이르러서 토
씨화하였다. 그리하여 현대어에서는 「마저」로 변하였다.

(1) a. 내 몸을 내무즈 니즈니 눔이 아니 니즈랴 (진청 ㅔ.37)

    b. 다 아릿 비들 ᄆᆞᆾ 가포ᄆᆞ로(皆以宿債畢酬) (능엄 8-128)
    c. 울흘 즈슴처 블러 나맛는 잔ᄋᆞᆯ ᄆᆞᆾ 머구리라(隔籬呼取盡餘
      盃) (두언 22-6)
    d. 남은 반을 ᄆᆞ자 담아 전치로 다은 후의(盛一半亦依前정築여
      後) (저초방 5)

(1c · d)에 의하여 보면 「ᄆᆞᆾ」가 어찌씨임을 알 수 있는데, (1a · b)와 같은 월 안에서 토씨로 바뀐 것이다.

22.2 최종도움토씨의 용법

이 「ᄆᆞᆾ」는 15세기에는 어찌씨였는데, 18세기에 이르러 토씨로 굳어진 듯하다. 그러다가, 오늘날 「마저」로 변하였다.

    (2) 내 몸을 내ᄆᆞ자 니즈니 ᄂᆞᆷ이 아니 니즈랴 (진청 p.37)

이 토씨는 19세기에는 잘 나타나지 않으나, 아마 입말에서 쓰였을 것으로 짐작된다. 왜냐하면, 오늘날 「마저」가 있기 때문이다. 이 토씨는 19세기 이후로는 문헌에 나타나지 않으나 입말에서는 계속 사용되었을 것으로 보인다. 왜냐하면, 오늘날 「마저」라는 말이 많이 쓰이고 있기 때문이다.

23. 추종도움토씨 「조차」

23.1 추종도움토씨의 말밑

이에는 「조차」가 있는데, 이 토씨는 움직씨 「좇다(隨)」에서 발달하여 왔다.

(1) a. 白雪音逐干浮去隱安支下 (찬기파랑)
    b. 事畢爲乎追干前件信牌乙還納爻周爲乎矣 (大明律三一 11B)
    c. 의믜셔 쟝조쳐 가저 오라 (초노상 41A)
    d. 의미셔 밋뷔조쳐 가져다가 짜 쁠라(就拿茗箒來掃地) (초노상 69A)

(1b)의 「追干」의 뜻은 「따르다」이다. (1a)의 「逐干」는 바로 움직씨로 「좇아」인데 이것이 토씨 「조차」로 발달한 것이 (1c · d)의 「조쳐」이다. 이 「조쳐>조차」로 변하여 오늘에 이르고 있는데 「조차」로 변한 것은 17세기부터이다.

23.2 추종도움토씨의 용법

1) 16세기 추종도움토씨의 용법

이 시기에는 「조쳐/조처」, 「조차」 등으로 나타난다.

(2) a. 의믜서 쟝조처 가져 오라 (초노상 41A)
    b. 이믜셔 밋뷔조쳐 가져다가 짜 쁠라(就拿??來掃地) (초노상 69A)
    c. 무명 두필조차 다가 주고 브리라 (순김 68)
    d. 혼자 안자시니 즈시기조차 그러컨댜 ᄒᆞ노라 (순김 79)

2) 17세기 추종도움토씨의 용법

가) 용법 : 이 토씨는 이름씨에 쓰이어, 그 이름씨로 하여금 부림말이 되게 한다. 그 이유는 이 토씨가 본래 남움직씨 「좇다」에서 발달해 왔기 때문이다. 그러므로 17세기 초에는 임자말로는 잘 나타나지 않는다.

(3) a. 큰 니근 석뉴 ᄒᆞ나홀 겁질조차 디허 동으로 흐르는 믈 서
       되 브어 달혀 (언해태산 p.21)

　　b. 싱강넉낭을 겁질조차 디허 즙 내여 (언해태산 p.21)
　　c. 쌘디 아니커든 대롱에 믈조차 녀허 브티면 즉시 쌘ᄂᆞ니라
　　　　(언해태산 p.158)

나) 합성토씨 :「조차」가 현상도움토씨와 합하여 합성토씨가 될 수 있는 최초의 보기를 들면 다음과 같다.

　　(4) 거믄 깁예 자맛감을 쩌서 가온대 고펴 우변고펀 디로조차 횡
　　　　텹을 밍굴고 (가례 권1 45B)

여기서의「조차」는 움직씨로 보아지나 이것이 후대에 와서「대로조차」로 굳어진 처음 예로 보아지므로 여기에 예시하였다.

3) 18세기 추종도움토씨의 용법

이 토씨는「조차」와「좃ᄎᆞ」의 두 가지로 표기되어 나타난다.

　　(5) a. 너조차 날을 긔이니 그럴디 어디 이시리 (한듕 p.186)
　　　　b. ᄒᆞ믈며 富貴ᄒᆞ고 康寧좃ᄎᆞ ᄒᆞ오시니 (이청 309)
　　　　c. 것치 거믄들 속조차 거믈소냐 (진청 418)

4) 19세기 추종도움토씨의 용법

이 때에는「좃ᄎᆞ」,「좃차」두 가지 형태로 나타난다.

　　(6) a. 기좃ᄎᆞ 즛즐 일 업서 곳 디는디 조으더라 (가곡 p.19)
　　　　b. 柯枝돗치 곳좃ᄎᆞ 져리 푸엇는다 (가곡 p.37)
　　　　c. 네 무슴 藥을 먹고 무리좃차 검엇나냐 (가곡 p.13)
　　　　d. 燭납고 갓가이 ᄉᆞ랑할 제 暗香좃ᄎᆞ 浮動터라 (가곡 p.17)

이 토씨는 이름씨에만 쓰이는 것이 특징이다.

5) 20세기 초 추종도움토씨의 용법

20세기 초에는 「좃차」, 「조차」의 두 가지로 표기되었다.

   (7) a. 눈은 매일 오게 되고 찬바람조차 氣勢 조케 불어 (백조 1-8)
      b. 그런 瞬間의 말벗조차 차질 수 없섯다 (백조 2-134)

24. 단독도움토씨 「만」

24.1 단독도움토씨의 말밑

   단독도움토씨 「만」의 말밑을 찾기는 쉽지 않다. 이 토씨는 16세기에 처음 나타나는데 아마 입말에서 많이 쓰였던 것 같다. 왜냐하면 순천김씨 편지에서 처음 나타났기 때문이다.

   (1) a. 샹시 나롤 뎌졉기롤 구디 돈니던 쥬인만 너기고 (순김 80)
      b. 심으란 마고 나죄 세히 밥만 ᄒ여 (순김 29)
      c. 사르미 졍이 있느냐 쏘 너희만 보고 슕디 마라 (순김 36)

   그런데 「만」은 매인이름씨로도 쓰인다. 16세기 <번역노걸대>의 경우는 이러한 용법을 잘 보여 준다. 그러나 이 시기의 「만」은 견줌이나 정도의 뜻이 더 강할 때가 많다. 따라서 오늘날의 단독도움토씨로 쓰인 것은 이보다는 좀더 나중의 일로 보인다.

   (2) 머글만 다ᄃ라면 나도 무ᄎ리로다 (022b34)

   이와 같은 용법으로 보아 「만」은 실질적인 뜻을 가진 이름씨에서 매

인이름씨와 토씨로 변화한 것으로 보인다. 이 때 실질적인 뜻을 가진
이름씨가 어떤 의미였을지는 정확히 추론하기 어렵다.

24.2 단독도움토씨의 용법

1) 16세기의 단독도움토씨의 용법

가) 용법 : 「만」은 입말에서 먼저 쓰였던 것으로 보인다. 이름씨나
이름꼴 밑에 폭넓게 쓰인다.

    (3) a. 말 노흐라 보내오 밤쓩만 다듣거든 쏘 엿 둘흘 (번노 056b7)
       b. 이십리만 짜혜 다드라 그 도즈글 (번노 028b8)

나) 합성토씨 : 「만」은 다른 토씨와 합성토씨를 이룬다.

    (4) 쏘 면화롤 함챵셔 아모만을 주든 모르거니와⋯ (순김 52)

2) 18세기 단독도움토씨의 용법

가) 용법 : 17~18세기, 「만」은 견줌을 나타내면서 일면으로는 정도
및 단독을 나타내기에 이르렀으므로, 이 시기부터가 오늘날의 단독도움
토씨의 출발점이 되는 것 같아 여기에 새로운 항목을 두어 다루기로
한다.

    (5) a. 日出을 보리라 밤듕만 니러느니 (관동별곡)-정도
       b. 茅쳠 촌자리의 밤듕만 도라오니 (속미인곡)-정도
       c. 것만 녹다 (한청 1-62)-단독

    d. 믈 업고 *沙石*만 잇눈 곳 (한청 1-91)-단독
    e. 샤공은 어디 가고 뷘 비만 걸렷ᄂ니 (속미인곡)-단독
    f. 엇더타 이제분네눈 술진 줄만 아ᄂ니 (송강단가)-단독
    g. 밥알이 것만 닉다 (한청 12-105)-단독
    h. 부귀가 빈쳔만 못ᄒᆫ 줄 씨ᄃ라미라 (한듕 p.352)-견줌

이 때 「만」이 현대어에서처럼 견줌, 정도, 단독의 뜻을 나타내고 있
다.

나) 합성토씨 : 「만」은 다른 토씨와 합하여 합성토씨가 된다.

  (6) 「만의」, 「만도」
    a. 슈일만의 프라시고 영묘의셔 황궁ᄒ오셔 (한듕 p.572)
    b. 늬 졍신이 이 쩌만도 못할 닷ᄒ기 늬 홍감한 마음과 경녁
       한 일을 싱각ᄒ난디 (한듕 p.2)

3) 19세기 단독도움토씨의 용법

가) 용법 : 이 토씨는 본래 견줌자리토씨였었는데, 18세기부터 분화
되기 시작하여 19세기에도 견줌자리토씨의 구실도 하면서 단독도움토
씨의 구실도 하였다.

  (7) a. 셔로 낫만 보고 말을 못 ᄒ더니 (인봉쇼 1-24)
     b. 열장에 여들장만 세음ᄒ고 (독립 1-1)

나) 합성토씨 : 「만」은 합성토씨를 만든다.

  (8) 「만에나」
     오날흔 한혁동은 몃날만에나 갈넌넌지 (독립 1권 65호 p.218)

4) 20세기 초 단독도움토씨의 용법

가) 용법 : 이름씨뿐만 아니라 위치자리토씨 뒤에도 쓰여 단독도움토씨로 폭넓게 쓰인다.

> (9) a. 畫夜長天에 누이 잇기만 하고 (소년 1-7)
>   b. 내한 답에만 相關되난 것 아니라 (소년 1-9)
>   c. 이것만 생각하야도 (소년 1-9)
>   d. 學校에서 비오난 일 한 가지만 배호면 (소년 1-13)

위의 예에서 보면, 이 토씨는 위치자리토씨 뒤에도 쓰이어 합성토씨도 되는데(612b), 이제 완전히 도움토씨의 지위를 확보하였다.

나) 합성토씨 : 「만」은 다른 토씨와 어울려 쓰이기도 한다.

> (10) 「만으로써」
>   우리는 文章만으로써 衣食을 엇어하난 者를 미워하노니 (소년 2-2 p.16)

> (11) 「만에」
>   a. 新通한 滋味를 보다가 數年만에 多幸히 故國배를 만나 (소년 1-1 p.42)
>   b. 내 한 답에만 相關되난 것 아니라 (소년 1-1 p.9)

> (12) 「만이라도」
>   a. 그뎌 우리 少年만이라도 뎜 活潑하고 뎜 快活하야 (소년 1-1 p.77)
>   b. 나종에는 배와 사람이 다 죽난 것보담은 사람만이라도 사라나난 것이 올타하야 (소년 2-2 p.26)

25. 그밖의 도움토씨

25.1 미흡도움토씨 「ᄂ마」

'모자라거나 만족스럽지는 않지만 어쩔 수 없다'는 뜻으로 「ᄂ마/나마」가 쓰였다. 이 토씨의 말밑은 「남다(餘, 越)」에서 비롯된 것으로 보인다. 그렇지만 토씨로 쓰일 때에는 '미흡'의 의미를 갖는다.

19세기에 이르러 이 토씨는 「ᄂ마」로 나타나면서 그 뜻이 15~18세기와는 달라 「미흡」을 나타낸다.

>   (1) 나라롤 긔혁 ᄒ기논 시로에 셕은 나라ᄂ마 셕은 디로도 견딜
>   슈 업슬 터이니 (독립 1-21)

20세기에 와서는 「이나마」는 폐음절 밑에 쓰이고, 「나마」는 개음절 밑에 쓰이게 되었다.

>   (2) a. 이 짜른 동안이나마 그는 잠을 잔다느니보담 차라리 주리
>   난장을 마진 사람 모양으로… (백조 2-48)
>   b. 이 짧은 休息이나마 곰부임부 교란되엿나니… (백조 3-3)

「나마」는 「남다(餘), (越)」에서 발달하였으나 차차 그 뜻이 반대 방향으로 변하여져서 「미흡」의 뜻으로 바뀌었다.

25.2 여운도움토씨 「서ᄂ」

이 토씨는 풀이씨에 쓰인다. 경우에 따라서는 「-어서나」와 같은 씨끝

으로 보이기도 하나, 씨끝 다음에 붙는 경우가 있어 이 자리에 예로 든
다. 19세기 일부 쓰였으며, 오늘날도 예스런 말투로 쓰인다.

(3) 사라셔서ᄂ 다시 보면 그지ᄂ 홀가마ᄂ (학봉언간)

25.3 제시도움토씨 「이라」

「이라」는 단독으로 쓰이기도 하나 「이라도」, 「이라셔」 등으로 쓰이
기도 한다. 15세기에 풀이자리토씨 「이다」에서 발달한 것이다.

(4) a. 엇뎨 구틔여 二千 무리라? 비르수 戒馬의 氣運을 鎭壓ᄒ리
    오 (두언 6-22)
    b. 한 字ㅣ라도 사매 가ᄂ ᄒ얌직 ᄒ도다 (두언 16-22)

이 토씨는 16세기 이후 '나열', '제시'의 뜻을 뚜렷이 갖게 된다. 다
음의 보기가 있다.

(5) a. 내라 독벼리 너를 ᄇ리려 (초노상 54)
    b. 어듸라 더디던 돌코 누리라 마치던 돌크 (청산별곡)
    c. 너희라 나를 아니 그리랴 (순김 71)
    d. 수리라 바비라 됴히 머기소 (순김 72)

(5d)의 「라」는 나열이나 제시의 뜻을 나타낸다. 또한 사람을 나타내
는 이름씨 밑에 쓰어 '강조'의 의미를 드러내기도 한다.

(6) a. 딕월이라셔 모를 사름의손디 알외다 (여향 p.74)
    b. 뉘라셔 날 머그라 ᄒ리 이시리 (순김 73)

(7) a. 뿔 나ᄒ 내라도 그를 ᄒᄒ고 인노라 (순김 66)

    b. 아ᄃ리라도 와 잇더니 (순김 73)

    c. 아돌ᄃ리라도 나룰 새욤 ᄒ다 홀시 내 열 아ᄒ랜 날브터
      알폰거술 지그미 몰 되어서 알로다 (순김 41)

위 (5)는 풀이자리토씨 「이다」의 변형인 「이라」처럼 보이지만, 뜻은 '제시'를 나타낸다. (6)은 「이라셔」, (7)은 「이라도」로 「이라」에 「셔」, 「도」가 합쳐진 것이다.

17세기에는 이름씨에 쓰여 그것으로 하여금 임자말, 부림말이 되게 하는 경우도 있다. 다음의 예가 그것이다.

  (8) a. 나는 점엇거니 돌히라 므거볼가 (경민 42B)

    b. 엇뎨 구퇴여 三千 무리라? 비르수 戒馬의 氣運을 鎭壓ᄒ리
      오 (중두 6-22)

    c. 혼字ㅣ라도 사메가는 ᄒ얌즉 ᄒ도다 (중두 16-22)

    d. 그 안해라셔 어믜게 삼가디 아니ᄒ다코 브리다 (동국신속
      건 53)

또한 다른 토씨와 합성토씨를 이루는 경우도 많다.

  (9) a. 엇뎨 구퇴여 三千 무리라? 비르수 戒馬의 氣運을 鎭壓ᄒ리
      오 (중두 6-22)

    b. 혼字ㅣ라도 사메가는 ᄒ얌즉 ᄒ도다 (중두 16-22)

18세기에 이르러서 이 토씨는 특별히 제시의 뜻을 나타내는 도움토씨로서 임자씨 다음에 쓰인다.

  (10) a. ᄌ득 怒혼 고래 뉘라셔 놀래관대 (관동별곡)

    b. 百年花 혼가지를 뉘라셔 보내신고 (관동별곡)

    c. 千里萬里 길흘 뉘라셔 츳자 갈고 (속미인곡)

    d. 秋日冬天은 뉘라셔 뫼셧눈고 (속미인곡)

    e. 天孫運錦을 뉘라셔 비혀내여 (성산별곡)

「이라셔」는 의문대이름씨 「누」 다음에 주로 쓰였는데 이와 같은 사실은 현대어에서와 다름이 없다. 문맥상으로 보면 「이길래」의 뜻을 나타낸다. 그러므로 의미상 의문대이름씨와 호응이 맞기 때문인 듯하다.

> (11) a. 평일의 노모의 낫디 못ᄒ야 ᄒᄂ 마암을 밧으샤 셩듕동가라도
>   결너을 쩌나시면 문안ᄒᄂ 셔찰이 낙역ᄒ시고… (한듕 p.508)
>   b. 만일 샹소ᄒ야 홍가롤 논박ᄒ면 벼살이라도 할 거시고…
>   (한듕 p.562)
>   c. 즉금이라도 눈물 아니 닐 적이업스니 (한듕 p.78)
>   d. 집안이 휜혁혼 듕이라도 글을 됴화ᄒ올 줄 알고 (한듕 p.324)
>   e. 즈례라도 간ᄒ던 말이어니와 이일노 읽어 대화롤 비저니
>   기ᄂ 쳔쳔만만 몽샹 밧기니 (한듕 p.570)

이 토씨는 이름씨와 어찌씨에 쓰인다. 그리하여, 제시의 뜻을 나타낸다. 이 토씨는 합성토씨가 되지 않는다. 19세기 제시도움토씨의 용법도 18세기와 크게 차이가 나지는 않는다.

> (12) a. 다만 원 ᄒ나라도 이런 일 ᄒᄂ스룸은 법부로 잡아 즁벌을
>   주어 (독립 1권 99호 논설)
>   b. 빅테리아가 죽은 후에 아모 일이라도 ᄒ거드면 (독립 1권
>   103호 논설)

> (13) a. 눈 마자 휘여진 딕를 뉘라서 굽다턴고 (가곡 p.22)
>   b. 압못세 든 고기들아 뉘라셔 너를 모라다가 (가곡 p.40)
>   c. 쵸당에 깁히든 잠 뉘라셔 씨라ᄂ고 (독립 1권 25호 잡보)
>   d. 술 먹지 마쟈터니 술이라셔 제 ᄯ론다 (가곡 p.43)

19세기에는 「ㅣ라」가 임자자리로 쓰인 예가 하나 나타나는데, 이것은 아마 「이라셔」의 「셔」가 빠지고 된 것으로 보인다.

> (14) 金鳥와 玉兎들아 뉘라 너를 쏫니관딕 (가곡 p.9)

오늘날 이 토씨를 임자자리토씨로 보려는 경향이 있으나, 그렇게 보기는 힘들 것이다. 왜냐하면, 「이라서」의 뜻이 있기 때문이다. 20세기 초에 이 토씨는 이름씨뿐만 아니라 어찌씨에도 쓰이게 되었다.

> (15) a. 비록 덕은 몸이라도 크게 움닥이고 (소년 1-1 p.70)
> b. 一二分이라도 우리 마음대로 되어 (소년 1-2 p.80)
> c. 山野의 積雪이라도 하루만 지나면 거의 다 녹나이다 (소년 2-1 p.50)
> d. 當初에도 말삼한 것처럼 거짓말한 곳은 업슴을 밋으시며 (소년 2-4 p.58)

25.4 확정도움토씨 「이야말로」

이 토씨는 20세기 초에 하나 예가 나타났다. 입말의 좋은 보기일 것이다. 이 토씨는 20세기 초에 나타나는 토씨인데 오늘날도 쓰이고 있다.

> (16) 맨 나종에 나아오난 쑴이야말로 奇妙뿐만 아니라 奇又奇 妙又妙하지 아니하오닛가 (소년 2-3 p.30)

25.5 느낌도움토씨 「그려」

이 토씨는 월의 끝에 와서 느낌을 나타낸다.

> (17) a. 야 英彬氏 오래갓만이 십니다그려 (백조 1-31)
> b. 이것은 술이 아니래도 그리십니다그려 (백조 2-49)
> c. 자네는 아조 時代에 뒤진 사람일세그려 (백조 2-111)

이 토씨는 학자에 따라서는 마침도움토씨로 다르고 있다.

25.6 다짐도움토씨 「요」, 「오」

이것은 「이요/이오」에서 발달한 토씨로 월 끝에서만 쓰이는데, 씨끝 「~지」, 「~니야」, 「~다」 다음에 사용되었다. 그리고 이 토씨는 월 끝에 오는데 주로 높이거나 아니면 높임말을 확인하거나 아니면 반말로 확인함을 나타내는 토씨이다. 지체가 낮은 사람들의 말에서 주로 쓰였다.

(18) a. 얼굴이 붉을 理야 조금도 없지요 (백조 2-49)
　　 b. 희망이 갓득한 새 생활의 計劃을 짓고 잇스니까요 (백조 2-59)
　　 c. 前엔 그러치 아넛다오 (창조 1-38)
　　 d. 안야요 아모것도 안야요 (백조 3-59)

여기 마지막 예에서와 같이 느낌씨에도 쓰였다. 사실 「요」와 「오」는 구별되어야 한다. 왜냐하면 「오」는 높임만을 위하여 쓰이기 때문이다.

1. 토씨의 발달원리

앞에서 필자는 우리말 토씨의 말밑을 살펴본 바 우리말 토씨는 다음과 같은 방법에 의하여 발달하였음을 알게 되었는데 이들을 묶어 「우리말 토씨의 발달원리」라 부르기로 한다. 이제 그 원리를 들어보면 다음과 같다.

1.1 자립형식에서의 발달

우리말의 토씨는 본래 토박이말로서 자립형식인 낱말에서 발달하여 왔다. 말밑으로 보면, 본래 우리말에는 토씨가 없었다. 따라서, 신라시대부터 자립형식인 낱말이 그 본뜻을 잃고 토씨화하기 시작하였다고 보아지는데, 이와 같은 일은 각 시대 사람들의 의식구조 및 문법적 인식의 변화에 따른 것이라 보아진다. 즉 어떤 낱말이, 그것이 가지고 있던 본 뜻을 잃음과 동시에 새로운 문맥적 의미를 얻든가 아니면 어떤 기능을 도맡게 되면서 토씨라는 새로운 낱말이 생기게 된 것이다.

    (1) a. 쉼 이 기픈 므른 ᄀᆞ물 애 아니 밀쎄 (용비 2)

  b. 눔 드려 물어 닐어 (석보 9-21)
  c. 아모 그에 흐논 계체 쓰는 字ㅣ라 (훈언)
  d. 다 이제 브터 비로스시니라 (능엄 1-40)

 (1a)의 「이」는 옛날에는 삼인칭의 비인칭 및 인칭대이름씨였는데 그 뜻을 잃음과 동시에 임자자리토씨로 바뀌었고, 「애」는 본래 「가운데(中)」를 뜻하던 「아의/아히…」였는데 그 본뜻을 잃음과 동시에 음절축약까지 일으켜 위치자리토씨로 바뀌었다. (1b)의 「드려」는 움직씨 「드리다」의 완료형인데 토씨로 바뀌어 오늘날에는 「더러」가 되어 위치자리토씨가 되었으며 (1c)의 「그에」는 옛날에는 처소대이름씨였는데 「게, 긔」로 바뀌어 오늘날 「께」가 되었고 또 그 앞에 「이」가 왔을 때는 오늘날의 「에게」로 바뀌었다. (1d)의 「브터」 또한 움직씨 「븥다(自)」에서 토씨화하여 오늘날 도움토씨가 되었다. 그런데 위에 설명한 「이, 애, 드려, 그에, 브터」는 우리의 토박이말이다.

1.2 토씨의 말밑이 되는 품사

 토씨는 이름씨, 대이름씨, 움직씨, 어찌씨, 그림씨 등에서 발달되어 왔다. 특히 자리토씨는 이름씨, 대이름씨에서 발달되어 왔는데 대해, 도움토씨는 이름씨, 움직씨, 잡음씨, 어찌씨 등에서 발달하여 왔다. 이와 같은 사실을 표로 보이면 다음과 같다.

 (2) 토씨의 말밑과 발달 일람표

말 밑	낱 말	발달된 토씨
대이름씨	이, 의, 그에, 그어긔	이 → 임자자리토씨 의 → 매김자리토씨 그에 → 위치자리토씨 그어긔 → 위치자리토씨

이름씨	을, 애, 희, 은, 으로, 도, 쌘, 마다, 만뎡, 과, 더로, 만, 만콤, 손디, 흔디, 잇둔	을 → 부림자리토씨 애 → 위치자리토씨 희 → 위치자리토씨 손디 → 위치자리토씨 흔디 → 위치자리토씨 으로 → 연유자리토씨 처로, 만, 만콤 → 견줌자리토씨 은, 도, 쌘 → 도움토씨 마다, 만뎡 → 도움토씨 더로, 잇둔 → 도움토씨
움직씨, 잡음씨	이라셔, 두고, 드려, 마론, 컨마론, 흐고, 이며, 이랑, 이여, 셔, 이나, 이어나, 이드록, 브터, 다가, 나마, 조처, 인둘, 가, 고	흐고 → 이음토씨 이며 → 이음토씨 이랑 → 이음토씨 이여 → 이음토씨 가, 고 → 물음토씨 두고 → 견줌자리토씨 드려 → 위치자리토씨 이라셔, 컨마론, 이어나, 다가, 인둘, 셔, 이드록, 나마, 마론, 이나, 브터, 조처 → 도움토씨
어찌씨	곳,곰, 믓/븟/봇	곳, 곰, 믓/븟/봇 → 도움토씨

(2)에 의하여 보면 임자자리토씨는 대이름씨 「이」에서, 매김자리토씨 「의」도 대이름씨의 소유자리에서 각각 발달하였다. 그리고 위치자리토씨는 위치를 나타내던 대이름씨나 이름씨에서 발달하였으며, 부림자리토씨는 대상을 나타내던 이름씨에서, 견줌자리토씨는 견줌을 나타내던 이름씨나 움직씨(두고)에서, 연유자리토씨는 「가지다」의 뜻을 지닌 이름씨(으로)에서 각각 발달하였다. 그리고 도움토씨는 이름씨, 움직씨, 잡음씨, 어찌씨 등에서 발달하였다.

그런데, 여기서 한 가지 덧붙이고자 하는 것은, 자리토씨 중 위치자리토씨 「더러」와 견줌자리토씨 「두고, 보다」는 움직씨에서 발달하여 왔으나 사실 「더러」는 경상도 지방에서는 잘 쓰이지 않으며, 「두고, 보다」는 다소 예외적이기는 하나 이 두 가지 사실을 가지고 자리토씨가 대이름씨나 이름씨에서 발달한다는 원리를 부정할 수는 없을 것이다. 더구나 위치자리토씨는 위치를 나타내던 이름씨나 대이름씨에서 왔고, 연유자리토씨 역시 연유의 뜻을 지닌 이름씨에서 왔으며, 부림자리토씨 역시 대상을 뜻하던 이름씨에서 왔다. 견줌자리토씨의 대부분, 즉 「처로, 만, 만콤」 등은 이름씨에서 왔고, 따라서, 이와 같은 사실을 바탕으로 하여 볼 때, 자리토씨는 대이름씨와 이름씨에서 발달하여 왔다고 하여도 크게 무리는 아닐 것으로 보인다.

1.3 허사화

토씨는 선형적으로 배열된 월 속의 낱말이 그 자리에서 허사화함으로써 이루어진다. 학자에 따라서는 토씨는 본래 가지나 혹은 이와 유사한 어떤 형태소가 월 속에 들어감으로써 이루어지든가 아니면 두 형태소의 음절이 축약함으로써 이들이 토씨화한 것으로 보려고 하는 이가 있으나 그것은 절대로 그런 것이 아니다. 다음에서 예를 하나 들어 보겠다.

 (3) a. 善男善女로 뻐 닐오만 자내 아로몰 긍이도다 (금강 2-8)
   b. 일로 뻐 (한청 9-126)
   c. 일로써 (한청 8-126)

(3a)에서 보면 「뻐」는 「쓰다(以)」의 완료형으로서 당당한 움직씨였으나 18세기의 <한청문감>에 와서는 「뻐」의 뜻이 차차 사라지면서 「로」와 합하여 (3)에서 보는 바대로 토씨화하고 만 것이다. 이것뿐 아니다. 또 다음의 예를 보자.

 (4) a. 서울로 브터 사롬 브리소 (송강언간)

　　b. 智藥三臟이 西ㅆ國으로 브터 비타오더 (단경서하 13)
　　c. 그로부터 편지가 왔다.

(4a·b)에서의 「브터」는 「븥다(自)」의 완료형인데 이것이 차차 그 고유한 뜻을 잃어감에 따라 토씨화하여 「로」와 합하여 하나의 토씨(출발의 토씨)가 된 것이다.

이와 같은 사실을 가지고 보더라도 토씨는 절대로 월 밖에서 들어온 것이 아니고, 본래부터 월의 성분으로서 구실을 하던 낱말이 그 자리에서 그 고유한 뜻을 잃음에 따라 토씨로 바뀐 것이다. 그러므로, 오늘날 변형-생성 문법에서 토씨를 표층에서 삽입하여야 한다고 하는 학자들이 대단히 많은데 그런 학자는 우리말 토씨의 본질을 잘 모르기 때문이다.

1.4 토씨 발달의 조건

하나의 낱말이 토씨화하는데 갖추어야 할 조건을 「토씨 발달의 조건」이라 부르기로 하는데 이에는 다음과 같은 몇 가지가 있다.

첫째, 월에서 이름씨 다음에 오면서 그 앞에 토씨를 취하지 않고, 동시에 그 뒤에 움직씨를 취하는 움직씨는 앞으로 토씨화할 가능성이 있다.

　　(5) a. 너 따라 할까?
　　　　b. 너따라 할게.

(5a)의 「따라」는 (5b)에서와 같이 장차 그 고유한 뜻을 상실하게 되면 토씨로 발달할 가능성이 있다.

둘째, 위의 첫째 조건을 갖춘 풀이씨라도 줄기가 단음절이거나 만일 단음절이 아니더라도 굴곡을 하여 두 음절이어야만 한다. 이름씨, 대이름씨, 어찌씨 등도 단음절이거나 아니면 두 음절인 것에 한하여 토씨가 될 수 있다.

    (6) a. 그가 너 보고 바보라 한다.
        b. 그가 너 보러 바보라 한다.
        c. 그가 너보러 바보라 한다.

    (7) a. 될 대로 되어라.
        b. 너는 너대로 하여라.

(6)에서 보면 「보다」는 「보러」로 굴곡하여 오늘날 토씨로 바뀌어 가고 있으며, 이름씨 「대로」는 (7b)에서는 토씨로 바뀌었다. 「보러」는 줄기가 단음절 움직씨요, 「대로」는 (7b)에서는 토씨로 바뀌었다. 「보러」는 줄기가 단음절 움직씨요, 「대로」는 두 음절 이름씨이다.

셋째, 움직씨는 상태성, 즉 정적 성격을 띤 동작을 나타내는 것이어야 하고 이름씨, 대이름씨는 그 뜻이 너무 뚜렷하지 않은 성격을 띤 것이어야 토씨가 될 수 있다.

    (8) a. 너 따라 먹고 싶다.
        b. 너따라 먹고 싶다.

    (9) a. 이것 밖에 없다.
        b. 이것 때문에 못 왔다.
        c. 이것때문에 못 왔다.

(8a)에서의 「따라」는, (8b)에서는 토씨가 될 가능성을 보이고 있으며,

(9a·b)에서의 「밖에」와 「때문에」중 전자는 이미 토씨가 되어 현대어에서 쓰이고 있으며, 후자는 아직 토씨는 되지 않았으나 앞으로 토씨로 바뀔 가능성을 보이고 있는데, 여기서 특히 유념하여야 할 것은 (9a·b)에서 「이것」과 「밖에」 및 「 때문에」 사이에는 어떠한 토씨도 들어가지 않았으며 또 들어갈 수 없는 경우에 한하여 「밖에」와 「때문에」와 같은 말이 토씨로 될 수 있다.

그런데, 여기서 하나 덧붙이고 싶은 것은, 「이다」의 씨끝은 줄기 「이」를 줄인 채 토씨로 되는 것이 많다는 점이다.

(10) a. 내노라 하는 신사들이 모여 들었다.
b. 개거나 떡이거나 아무거나 먹자.

(10a·b)에서의 「노라」와 「거나」는 줄기 「이」가 준 채 토씨가 되어, 오늘날 많이 쓰이고 있다.

넷째, 토씨가 되는 말은 토박이말이어야 하며 이름씨 다음에 오면서 그 앞에 토씨를 취하지 않는 이름씨나 대이름씨여야 한다.

(11) a. 내가 서울에 산다.
b. 거기까지 가지 말자.

(11)에서 「가」는 일본어에서 왔다고 절대로 생각할 수 없으며, 「까지」는 본래 이름씨였는데 오늘날은 토씨가 되었다.

다섯째, 그림씨 중 「-이」 뒷가지를 취하는 것은 토씨가 될 수 없으며, 매김법 다음에 쓰이는 안옹근이름씨는 절대로 토씨가 될 수 없다. 예를 들면, 「가까이, 기꺼이, 높이, 길이, 깨끗이…」 등과 「것, 바, 줄, 데, 터, 채, 듯, 둥, 척, 양…」 등은 토씨가 될 수 없다.

여섯째, 위에서 말한 이름씨, 대이름씨, 움직씨, 어찌씨 등은 그 뜻을 잃을 가능성이 있는 것이어야 한다.

이상 여섯 가지 조건을 갖추었기 때문에 앞으로 토씨로 바뀔 가능성이 있는 말을 보면 「보다, 따르다, 미치다, 가다…」 등이 있으며 이름씨에는 적당한 예가 보이지 않으나 최현배 박사가 토씨로 처리한 「안, 가운데, 속, 아래, 앞, 뒤」 등은 글쓴이의 소견으로는 토씨로 바뀔 것 같지 않다. 왜냐하면 위의 조건에 맞지 않는 것이 많기 때문이다.

2. 토씨 변천의 이유

우리말의 토씨가 왜 변천하였는가에 대하여 알아 보면 다음 세 가지 이유에 기인하는 것 같다. 첫째, 음소의 변천이 토씨의 변천을 가져 오고, 둘째, 어떤 시대를 살아가던 사람들의 문법의식 변화에 따라 토씨가 변천하며, 셋째는 사회구조의 변화가 언어의 변화에 크게 작용하면서 토씨에 큰 변화를 일으키는 것이다. 이제 다음에서 이들 세 가지 요인에 의한 우리말 토씨의 변천을 살펴보기로 하겠다.

2.1 음소 변천에 의한 토씨의 변천

형태소는 음소에 의하여 이루어지므로 음소의 변천은 마땅히 토씨의 형태에 변화를 가져옴은 당연한데 다음에서 그 구체적인 내용을 제시·설명해 보기로 하겠다.

2.1.1 「·」음가의 변화

　음소의 소리값 변화는 토씨의 형태와 체계에 직접적인 영향을 준다. 그 가운데 「·」음가의 변천을 예로 들 수 있다. 「·」의 음가는 16세기부터 상당히 흔들리기 시작하더니 「올」, 「롤」는 17세기부터는 잘 나타나지 않았으며 「이게」와 「ㅇ로」는 18세기부터는 잘 쓰이지 아니하였다. 「ㅇ로써」도 17세기와 18세기에 쓰이다가 쓰이지 아니하였으며, 「ㅇ론」은 <악장가사>에까지 나타나고는 잘 보이지 않는다. 이와 같은 사실들을 참고로 하여 구체적인 토씨 변천을 제시하면 다음과 같다.

ⓐ 「올/롤」은<독립신문>에 와서 「을/를」로 변하여 오늘날에 이르고

ⓑ 위치자리토씨 「이」는 19세기부터는 없어지고 「에」로 변한다.

ⓒ 「이셔」도 <독립신문>에서는 「에서」로 바뀐다.

ⓓ 「드려」는 19세기의 <인봉쇼전>에서는 「다려」로 바뀌었다가 <창조>에서는 「더러」로 바뀌었다.

ⓔ 「이게」는 18세기 중엽에 「의게」로 바뀐다.

ⓕ 「ᄀ티」는 19세기에 「가차/갓치/것치」로 바뀌었다.

ⓖ 「ㅇ로」는 18세기부터는 「으로」로 나타나고, 「ㅇ로서」는 18세기부터는 나타나지 아니하고 「으로셔」로만 나타나더니, 20세기 초에는 「으로서」로 바뀌었다.

ⓗ 매김자리토씨 「이」는 16세기에는 「애」로도 나타나더니 18세기 중엽에는 「의」로 통합된다.

ⓘ 「ᄒ고」는<가곡원류>에서는 「하고」로 나타난다.

ⓙ 「온/논」은 20세기 초에 「은/는」으로 바뀌었다.

ⓚ 「ㅇ란/ㅇ라는」은 17세기 중엽에 「으란/이란」으로 바뀌었다.

ⓛ 「ᄭ지」는 20세기 초에 「싸지」로 바뀌고 다시 「까지」로 바뀌었다.

ⓜ 「온커니와/논커니와」는 18세기에 와서는 「은커니와/는커니와」로

바뀌었다.

2.1.2 겹홀소리의 홑홀소리화에 의한 토씨의 변천

ⓐ 18세기에 나타났던 「끠셔」는 20세기 초에는 「끠서」 또는 「쎄서」, 「께서」로 바뀌었다. 그리고 1922년에 나타났던 「쎄옵셔」는 「쎄옵서」로 바뀌었다.

ⓑ 「익셔」, 「에셔」, 「의셔」는 <독립신문>에 와서 모두 「에서」로 바뀌어 지금까지 쓰이고 있다.

ⓒ 「드려」는 19세기의 <인봉쇼젼>에서는 「다려」로 바뀌더니 <창조>에 와서는 「더러」로 바뀌었다. 그리고, 「의게」는 <창조>에서는 「에게」로 바뀌었다.

ⓓ 17세기에 단순토씨화한 「으로셔」는 1920년경에 「으로서」로 바뀌어 오늘날에 이르고 있다.

ⓔ 위치도움토씨 「셔」는 20세기 초에는 「서」로 바뀌었다.

ⓕ 16세기에 나타났던 「조쳐」는 17세기에는 「조차」로 바뀌더니 19세기에는 「좃ᄎ/죠차」가 되었고, 20세기 초에는 다시 「조차」로 바뀌어 지금까지 쓰이고 있다.

2.1.3 말머리 닿소리 무리의 된소리화 및 예사소리의 거센소리화에 의한 토씨의 변천

ⓐ 「끠」가 18세기 말에 「끼」로 바뀌고 「쎄」가 1919년에는 「께」로 바뀌었으며 「훈더」가 <창조>에서 「한테」로 바뀌었다.

ⓑ 「마곰」이 17세기에 「마콤」으로 바뀌고, 「다시 19세기에 와서 「만콤」으로 바뀌었다가, 20세기 초에 다시 「만큼」으로 바뀌었는데 이것은 홀소리의 변동에 의한 토씨의 변천도 겸한 현상으로 볼 수

있다. 그리고, 「만지」는 1922년에 「만치」로 바뀌었다.

ⓒ 「뿐」이 20세기에 「뿐」으로 바뀌었고, 「꾼지」가 20세기 초에 「까지」
로 바뀌었다.

2.1.4 홀소리 충돌 회피현상에 의한 토씨의 변천

여기에서 제시할 수 있는 것은 부름자리토씨 「야」인데 이것은 본래
「아」였는데 홀소리로 끝나는 이름씨 다음에 올 때는 「야」가 되었고, 「이
여」는 본래는 「이어」였던 것이 「이」 때문에 「어」가 「여」로 되어 「이여」
가 되었다. 더구나 임자자리토씨 「가」의 발달은 홀소리 충돌을 피하기
위한 심리작용의 결과 이루어진 것으로 볼 수 있겠다. 또 20세기 초에
나타났던 물음토씨 「야」와 「냐」 및 「요」도 「아」, 「나」, 「오」가 되어도
괜찮을 것인데 홀소리 충돌을 피하기 위하여 「야」, 「냐」, 「요」로 된 것
이다.

2.2 문법의식의 변화에 의한 토씨의 변천

여기서는 높임토씨의 발달을 들 수 있는데 보기에 따라서는 사회구
조에 따른 의식구조의 변화에 의한 토씨의 변천이라 보아도 좋을 듯하
다.

15세기까지는 「이」가 존칭과 비칭에 두루 쓰였으나, 16세기로 접어
들면서 임자말을 높여야 할 경우에는 임자자리토씨를 「겨서」로 사용하
였으며, 17세기에는 더 높여 「겨오사」, 「겨옵셔」, 「겨ᄋ오샤(셔)」 등으로
사용하더니, 18세기에는 「끠셔」로 쓰다가, 20세기 초에는 「쎄서(께서)」,
「쎄옵셔(께옵서)」 등을 사용하였다. 이와 같은 현상은 유정위치자리토씨
에서도 볼 수 있다. 「끠」, 「긔」, 「쎄」, 「게」 등은 모두 존칭에 사용되었다.

2.3 사회의 구조변화에 의한 토씨의 변천

사회의 구조가 달라짐에 따라 인간의 의식구조에도 변화가 있게 되는데 이에 따라 토씨도 변천하게 될 뿐 아니라 어떤 시대의 문화적, 교육적 정책변화가 토씨의 변천에 크게 영향을 끼치게 된다는 것은 우리의 역사가 증명하고 있는 것인즉 다음에서 이에 대하여 설명하기로 하겠다.

2.3.1 의식구조의 변화에 의한 토씨의 변천

1) 15세기에 합성토씨였던 「이셔」, 「의셔」, 「애셔」, 「에셔」가 16세기에는 단순토씨화하였다.

2) 15세기에 합성토씨였던 「이게/의게」가 16세기에 단순토씨화하였다.

3) 15세기에 견줌자리토씨였던 「와로/과로」가 18세기에 합성토씨화하였다.

4) 15세기에 이름씨였던 「손디」, 「긔」, 「쁜」, 「마곰」, 「만」, 「맛감」, 「만지」, 「ᄀ장」, 「이」, 「이어긔」, 「그에」, 「거긔」, 「게」, 「대로」 등이 15, 16세기로 접어들면서 토씨화하였다. 이와 같은 일은 이들 안옹근이름씨에 대한 당시 사람들의 의식이 그렇게 판단하였기 때문이다.

5) 16세기부터 움직시였던 「조차」, 「부터」, 「로뻐」가 후대로 오면서 토씨화하였다.

6) 본래 시발이나 경유를 나타내던 「으로셔」가 20세기 초로 오면서 자격의 토씨로 바뀌었으며, 15세기의 「코」가 20세기 초에 따옴토씨 「고」가 되었고, 본래 씨끝이었던 「던지/든지」가 선택도움토씨가 되었다. 그리고, 15세기에 위치도움토씨였던 「셔」가 19세기 말

부터는 위치자리토씨 「서」로 바뀌었으며 움직씨 뒤에서는 씨끝으로도 바뀌었고, 「이나마」도 유여도움토씨에서 불만 또는 미흡의 도움토씨로 바뀌었다. 그리고 미침도움토씨 「이드록」은 19세기에는 씨끝이 되었다.

이와 같은 현상은 모두가 그 시대상의 반영을 그 당시 사람들의 의식이 그렇게 받아들였기 때문이다.

2.3.2 언문일치 운동에 의한 토씨의 변천

조선조 말, 이 운동이야말로 국어 전반은 물론 토씨 변천에 새로운 국면을 가져오게 하였는데 이제 그 영향에 의한 토씨가 변천한 구체적인 예를 들면 다음과 같다.

1) 이 운동의 결과 입말에서만 쓰였던 것으로 추측되었던 토씨 「보다」가 <독립신문>에서 나타났고 <백조>에서는 「처럼」이 나타났다.
2) 20세기 초의 <창조>에서 물음토씨 「요」, 「야」, 「아」가 나타났다.
3) <독립신문>에서 「던지/든지」가 선택토씨로서 나타났다.
4) <백조>에서 느낌토씨 「그려」가 나타났는가 하면 견줌자리토씨 「맛다나」가 나타났다.
5) <독립 신문>에서 보면 「강본<u>이가</u>(독립 1-18 잡보)」, 「영천 군수 허식<u>이가</u>(독립 1-19 잡보)」 등에서 밑줄 친 부분은 임자자리토씨 「가」가 입말 그대로 「이가」로 나타났다는 사실을 보인 것인데 언문일치 운동이 우리말 토씨의 변천에 얼마나 큰 변화를 가져왔는가 하는 것을 단적으로 보이는 증거라 할 수 있다.

3. 토씨 변천 일람

3.1 신라향가에서의 토씨

3.1.1 자리토씨

1) 임자자리토씨의 기저형은 「伊」이나 때로는 「是」가 쓰이기도 하였
   다. 「史, 理, 亦」 등이 쓰였으나 「이」는 「伊」, 「是」계이며, 「ㅣ」는
   「亦」계이다.
2) 부림자리토시의 기저형은 「肹」인데 여기에서 「ㅎ」이 줄어서 「乙」
   이 되었다. 그런데 이들 두 토씨는 동시에 쓰였다.
3) 연유자리토씨는 「烏」가 있는데 이것은 중세어의 「오로」의 기저형
   이었을 것으로 보인다.
4) 위치자리토씨는 「中」이 그 기저형인데 이것을 표음적으로 표기한
   것에는 「良中, 衣希, 良, 衣, 矣, 希, 未, 乃, 也中」 등이 있다.
5) 위치매김자리토씨에는 「之叱」이 있는데, 이것은 중세어의 「엣/앳」,
   「윗/잇」 등의 기저형인 것으로 보아진다.
6) 매김자리토씨에는 「矣」가 있었다. 이것은 삼인칭 대이름씨의 소유
   형이었다.
7) 부름자리토씨에는 「下」, 「良」, 「也」 등이 있고, 「下」는 「何」로도
   나타났다.

3.1.2 이음토씨

이에는 「也」가 있는데 이것은 오늘날의 「이며」에 해당되는 토씨이다.
그리고 「果」는 낱말이음토씨이다.

3.1.3 도움토씨

1) 지정도움토씨에는 「隱」과 「焉」의 두 자가 쓰였는데 「隱」이 기저형 이었음은 말할 것도 없다.

2) 지적도움토씨에는 「盻良」이 있었는데 이것은 오늘날의 「을랑」에 해당되는 것으로 보인다.

3) 모두도움토씨에는 「都」, 「置」 등이 있었는데 기저형은 어디까지나 「都」이고 「置」는 그 뜻을 취한 「두」에 해당되는 것이다.

4) 도달도움토씨에는 「念丁」이 있는데 「쭌장」으로 읽었을 것으로 생 각된다.

5) 힘줌도움토씨에는 「沙」가 있었는데 오늘날의 「사」에 해당되었던 것이다.

6) 가정도움토씨에는 「呑」이 있었는데 이두에서는 「矣段」으로 나타 나고, 중세어에서는 「잇둔/ㅅ둔」으로 나타난다.

3.2 고려향가에서의 토씨

3.2.1 자리토씨

1) 임자자리토씨에는 「伊」, 「亦」, 「米」, 「毛」, 「靡只」 등이 나타났으 나, 「伊」가 기저형이고 「亦」는 중세어의 「ㅣ」에 해당됨은 물론이 다.

2) 부림자리토씨에는 신라향가에서와 같이 「盻」와 「乙」의 둘이 나타 난다.

3) 연유자리토씨에는 「留」, 「乙留」의 둘이 나타났으나 「乙留」가 기저 형일 것이다.

4) 위치자리토씨에는 「中, 中置, 未 衣, 良 阿希, 良衣」 등이 나타나나, 기저형은 어디까지나 「中」이고, 「中置」는 합성토씨 「의도」요, 나머지는 표음적 표기이다.

5) 매김자리토씨에는 「矣」, 「衣」의 둘이 나타났으나, 기저형은 「矣」이오, 「衣」는 표음적 표기이다.

6) 부름자리토씨는 「下」, 「也」가 나타난다.

3.2.2 이음토씨

신라향가에서와 같이 「也」가 나타난다.

3.2.3 도움토씨

1) 지정도움토씨에는 「隱」, 「焉」, 「恨」이 나타나나, 「隱」이 기저형임은 신라향가에서와 다름없으며 「焉」, 「恨」은 표음적 표기이다.

2) 모두도움토씨에는 「置, 刀」가 나타나는데 「置」는 중세어의 「두」이고, 「刀」는 「도」이다.

3) 매양도움토씨에는 「馬洛」, 「馬落」, 「馬如」의 셋이 나타났는데, 모두 표음적 표기인바 「馬如」가 기저형이다.

4) 힘줌도움토씨에는 「沙叱」, 「沙」의 둘이 있으나 「沙」가 기저형인 듯하다. 신라향가와 고려향가에서 쓰였던 토씨를 표로 보이면 다음과 같다.

<신라향가와 고려향가에서 쓰였던 토씨>

	신라향가	고려향가
임자자리토씨	是, 史, 理, 亦, 伊, 只, 矣, 米, 毛	伊, 亦, 米, 毛, 靡只
부림자리토씨	肹, 乙	肹, 乙
연유자리토씨	烏	留, 乙留
위치자리토씨	中, 良中, 衣希, 良, 衣, 矣, 希, 未乃, 也中, 之叱	中, 中置, 未, 衣, 良, 衣, 阿希, 良衣
매김자리토씨	矣	矣, 衣
부름자리토씨	下, 何	下, 也
이음토씨	也, 果	
지정도움토씨	隱, 焉	隱, 焉, 恨
지적도움토씨	隱良	
모두도움토씨	都, 置	置, 刀
도달도움토씨	念丁	
힘줌도움토씨	沙	沙叱, 沙
가정도움토씨	呑	
매양도움토씨		馬洛, 馬落, 馬如

위에서 보면 신라향가에서 보이지 않았던 매양도움토씨가 고려향가에서는 나타났는가 하면 신라향가에 나타났던 이음토씨, 지적도움토씨, 도달도움토씨, 가정도움토씨 등은 나타나지 않았다는 사실을 알 수 있다. 그러나, 이들은 기록에는 나타나지 아니하였으나 이두에서 이어져서 후대까지 내려왔음은 여러 가지 이두서에서 알 수 있다. 그리고 신라향가에서의 토시가 뜻을 빌어 쓴 것이 많다면 고려시대의 토씨는 음을 따서 기록한 것이 많은 듯한 게 특징이라 할 수 있을 것 같다. 그와 같은 일은 향찰이 우리 생활과 더 밀접한 문자로 그 친밀도를 더하여 왔다는 증거로 보아진다.

3.3 중세국어 이후의 토씨

중세어에서 20세기 초(1930)까지의 토씨들이 어떻게 변천하여 왔는가에 대한 결론으로 자리토씨부터 설명하기로 하겠다.

3.3.1 자리토씨

1) 임자자리토씨

15세기에는 「이」와 「ㅣ」가 쓰였고, 합성토씨에는 「이셔」, 「이사」, 「ㅣ를」의 셋이 있었는데 16세기에는 「이」, 「ㅣ」, 「가」, 「겨셔」가 쓰였고, 합성토씨에는 「이사」가 있었는데 특기할 만한 것은 「가」임자자리토씨와 존칭의 임자자리토씨 「겨셔」가 나타났다는 새로운 사실이다.

17세기에는 「이」, 「ㅣ」, 「가」, 「겨오사」, 「겨옵셔」, 「겨ᄋ오사(셔)」 등이 쓰였는데 임자자리토씨 중 「겨오사, 겨옵셔, 겨ᄋ오사(셔)」 등 다양하게 나타났으나, 16세기에 나타났던 「겨셔」는 나타나지 않았다는 것이 특이하다. 아마 입말에서는 쓰였을 것이나 표기에 나타나지 않았을 것으로 여겨진다. 그리고, 합성토씨에는 「으로겨오셔」, 「으로겨ᄋ오사」 등이 나타났으며, 18세기에는 「겨오셔」, 「계셔」, 「끠셔(「ㅣ끠셔」, 「의셔」)」 등이 새로 나타났으며, 합성토씨로는 「긔셔는」, 「끠셔는」, 「겨셔는」「긔셔도」, 「겨셔도」, 「겨오셔도」, 「겨오셔와」, 「긔셔와」, 「긔셔나」, 「겨오셔야」 등 다양하게 나타났다.

19세기에는 「셔」가 나타난 것이 특이하며 합성토씨로는 「끠셔는」, 「끠셔와」, 「끠셔도」 등이 나타났는데 그 종류에 있어서는 18세기보다 오히려 적다는 것이 특이하다. 20세기 초(1930)까지의 임자자리토씨에는 「쎄서/끠서」, 「끠옵서」 등이 나타났고, 합성토씨에는 「끠서도」, 「끠서는」 등이 나타났다.

위에서 요약한 임자자리토씨의 변천과정을 도표로 보이면 다음과 같다.

＜임자자리토씨의 변천과정＞

세기 \ 토씨	15세기	16세기	17세기	18세기	19세기	20세기초	1930년후
이 / ㅣ							→
					(1896) →		
		가 (1569)					→
		겨서			(1876) →		
			겨오샤 겨옵셔 겨오오샤(셔) (1600?)		→		
				끠셔 (한듕록)		1922 쎄셔,끠셔	→(께서)
					셔(1876)		
						1922 쎄옵셔 끠옵셔	→(께옵서

2) 부림자리토씨

15세기부터 나타났던 「을/올」, 「를/롤」, 「ㄹ」이 19세기까지 사용되다가 20세기 초에 와서는 「을」과 「를」의 둘로 굳어지는데 그 변천과정을 표로 보이면 다음과 같다.

「ㄹ」은 18세기부터는 거의 쓰이지 아니하고, 혹 쓰인다 하더라도 「을/올」, 「를, 롤」이 줄어서 쓰인 것으로 보아진다.

＜부름자리토씨의 변천과정＞

세기 \ 토씨	15C	16C	17C	18C	19C	20C초	비　　고
을						→	지금까지 쓰임
올					(1896) ↑		점선은 혼란상을 나타냄
를						→	지금까지 쓰임

	15C	16C	17C	18C	19C	20C초	비고
롤	─	─	┄	┄	┄↑ (1896)		점선은 혼란상을 나타냄
ㄹ	─	─	┄	┄	┄	┄	여기 점선은 거의 쓰이지 아니함을 뜻함

3) 위치자리토씨

ⓐ 15세기의 위치자리토씨에는 「에/애」, 「의/ᄋᆡ」, 「ㅣ」, 「이다」, 「예」, 「라셔」, 「러셔」 등이 나타났는데, 16세기에는 「외」, 「의셔/ᄋᆡ셔」, 「예셔/이셔」 등이 새로 나타났으며, 17세기에는 「에셔/애셔」, 「의서」가 나타났고, 18세기에는 또 「예셔」가 나타났는데, 19세기에 와서는 「에」, 「의/ᄋᆡ」, 「예」, 「에셔」, 「의셔」 등으로 나타나더니 20세기 초에는 「에」와 「에서」의 둘로 줄어들었다.

<위치자리토씨의 변천과정>

토씨＼세기	15C	16C	17C	18C	19C	20C초	비 고
에	─	─	─	─	─	─→	지금까지 쓰이고 있음
애	─	─	─	─	─→ (1896)		이 토씨는 20세기 초반의 소설에 간혹 나타나는 수가 있음(백조2호 p.1)
의	─	─	─	─	─→ (1896)	┄ (1930)	
ᄋᆡ	─	─	─	─	─→ (1896)		
ㅣ	─→						
이다	─	─→					
예	─	─	─	─	─→ (1896)		
라셔	─→						
러셔	─→						「어드러셔」로 쓰인 것을 인정한다면 18C까지 쓰인다.
외		─→					
에셔			─	─	─	─→	지금까지 쓰이고 있다.
애셔			─	─→ 한듕록			
의셔		─	─	─	─→ (1896)		
ᄋᆡ셔		─	─	─	─→ (1896)		
이셔		─→					
예셔		─	┄	─→			

ⓑ 유정위치자리토씨 : 15세기에는 「긔/끠」, 「인게/의게」, 「게」, 「희」, 「혼디」, 「드려」 등이 쓰이었는데, 16세기에 와서는 「쎄」, 「에게」, 「의손디」 등이 나타났다. 17세기에는 별 다른 것이 나타나지 않다가, 18세기에는 「ㅣ게」가 하나 나타났다. 19세기에는 「끠」, 「쎄」, 「게」, 「의게」, 「다려」, 「손디」 등이 나타났고, 20세기 초에는 「끠」, 「게」, 「의게/에게」, 「한테」, 「다려/더러」 등이 나타났다.

<유정위치자리토씨의 변천 과정>

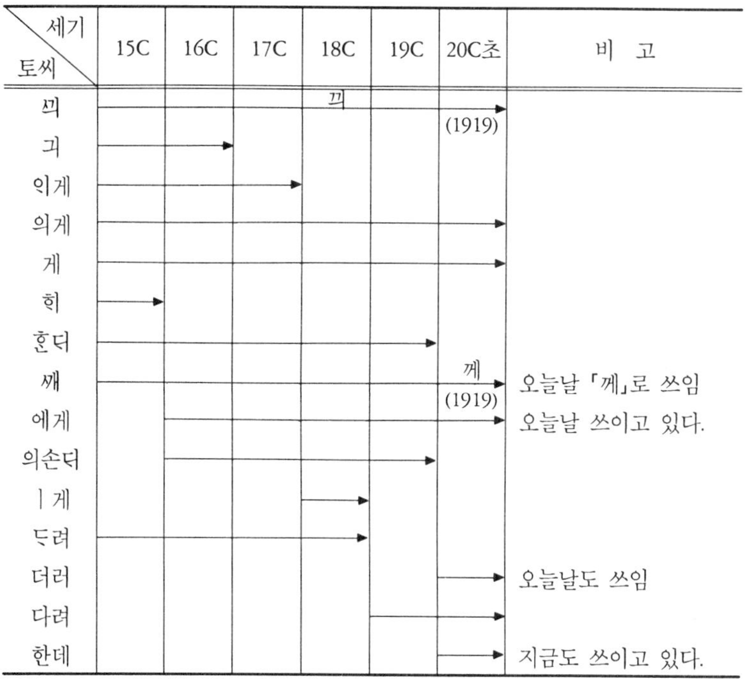

세기 토씨	15C	16C	17C	18C	19C	20C초	비 고
끠				끠		(1919)	
긔							
인게							
의게							
게							
희							
혼디							
쎄						께 (1919)	오늘날 「께」로 쓰임
에게							오늘날 쓰이고 있다.
의손디							
ㅣ게							
드려							
더러							오늘날도 쓰임
다려							
한데							지금도 쓰이고 있다.

4) 연유자리토씨

15세기에는 「으로/ᄋ로」, 「오로」, 「로」, 「으록」, 「롯」 등이 쓰였는데 16세기에는 「오로/우로」, 「ᄋ로셔/으로셔」, 「로써」 등이 나타나더니, 17세기에는 「록」, 「으로뼈/ᄋ로뼈」가 나타났고, 18세기에는 「노」, 「으로써」,

「으로뻐」가 쓰였으며, 19세기에는 18세기와 별 다르지 아니하나, 20세기에 들어 와서는 「으로」, 「으로써」, 「으로서」의 셋으로 줄어들어 오늘에 이르고 있다.

<연유자리토씨의 변전과정>

세기 토씨	15C	16C	17C	18C	19C	20C초	비고
으로							지금도 쓰고 있음
ᄋ로							
오로/우로							
로							지금도 쓰고 있음
(으)록							
롯							
ᄋ로셔							
으로셔							지금은 「으로서」로 쓰임
로써							지금도 쓰임
으로뻐							
ᄋ로뻐							

5) 견줌자리토씨

15세기의 견줌자리토씨에는 「과/와」, 「과로/와로」, 「이라와/ᄋ라와」, 「으론/ᄋ론」, 「두고」, 「에」, 「에셔」, 「이」 등이 있었는데, 16세기에는 「으라와」, 「으로」, 「으론」, 「두고」, 「과/와」, 「ᄀ티/ᄋ티」, 「만」, 「마곰」, 「게셔」 등이 쓰였다. 17세기에는 「이라와」, 「도곤」, 「과/와」, 「ᄀ티/ᄋ티」, 「만」, 「마곰」, 「맛감」, 「만지」 등이 쓰였고, 18세기에는 「도곤」, 「과/와」, 「ᄀ치/,가치」, 「만」, 「만큼」 등이 쓰였으며, 20세기 초에는 「보다」, 「보담」, 「과/와」, 「갓치」, 「처럼」, 「만콤」, 「만치」, 「만」, 「맛다나」 등이 쓰였다.

〈견줌자리토씨 변천 과정〉

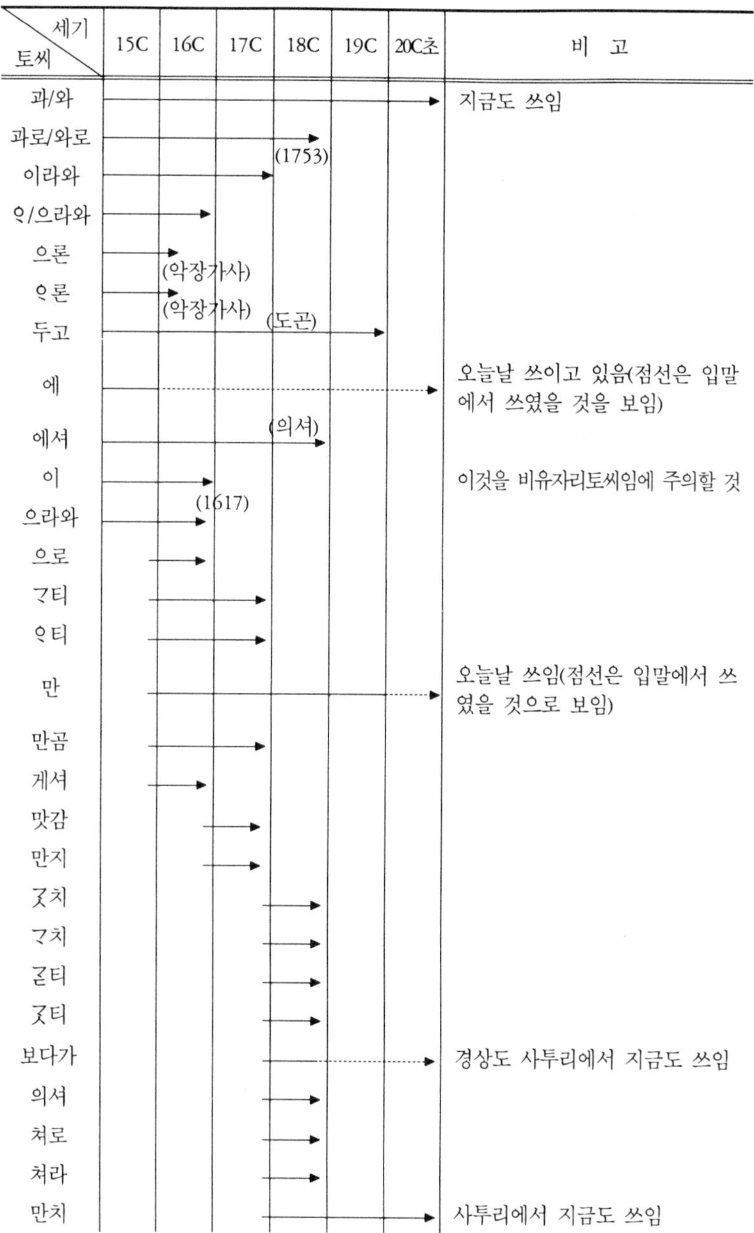

세기 / 토씨	15C	16C	17C	18C	19C	20C초	비　고
과/와							지금도 쓰임
과로/와로				(1753)			
이라와							
ᄋ/으라와							
으론							
ᄋ론		(악장가사)					
두고		(악장가사)	(도곤)				
에							오늘날 쓰이고 있음(점선은 입말에서 쓰였을 것을 보임)
에셔			(의셔)				
이							이것을 비유자리토씨임에 주의할 것
으라와		(1617)					
으로							
ᄀ티							
ᄋ티							
만							오늘날 쓰임(점선은 입말에서 쓰였을 것으로 보임)
만곰							
게셔							
맛감							
만지							
ᄀ치							
ᄀ치							
ᄀ티							
ᄀ티							
보다가							경상도 사투리에서 지금도 쓰임
의셔							
쳐로							
쳐라							
만치							사투리에서 지금도 쓰임

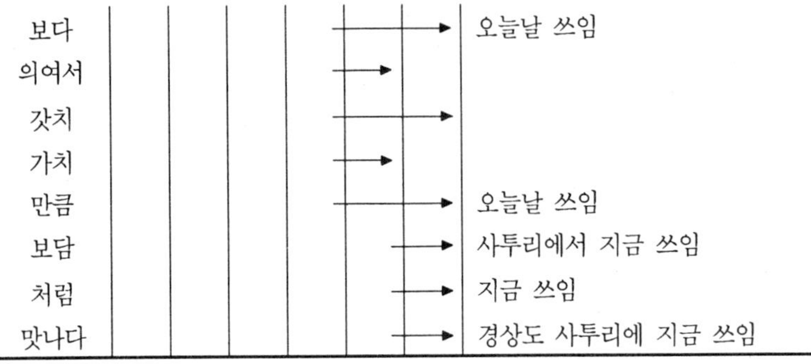

6) 매김자리토씨

15세기에 쓰였던 매김자리토씨에는 「의」, 「이」, 「ㅣ」가 있었는데, 16세기에도 마찬가지였다. 17세기에도 「의」, 「이」, 「ㅣ」의 셋이었고, 18세기에도 그러했으며, 19세기에는 「의」와 「이」의 둘로 줄었다가, 20세기 초에는 「의」 하나만이 남게 되어 오늘날까지 쓰이고 있다. 이것을 표로 보이면 다음과 같다.

<매김자리토씨의 변천과정>

세기 토씨	15C	16C	17C	18C	19C	20C초	비 고
의						→	오늘날도 쓰임
이					→		
ㅣ				→(삼역총해)			

7) 부름자리토씨

이 토씨의 변천은 그리 복잡하지 않으므로 설명 없이 다음의 도표로 그 변천을 보이기로 하겠다.

<부름자리토씨의 변천과정>

세기 토씨	15C	16C	17C	18C	19C	20C초	비　고
하			(1617)				
아/야							오늘날 쓰임
이여							오늘날 쓰임

3.3.2 이음토씨

　15세기의 이음토씨에는 「과/와」, 「ᄒ고」, 「이며」, 「이여/이야」, 「마론」, 「컨마론」, 「코」 등이 있었고, 16세기에는 「과/와」, 「ᄒ고」, 「ᄒ며」, 「이며」, 「이랑」, 「이여」 등이 있었으며, 17세기에는 「과/와」, 「ᄒ고」, 「이며」, 「코」, 「마는」이 있었다. 그리고 18세기에는 「과/와」, 「이며」, 「ᄒ고」, 「마는」, 「언정」이 쓰였으며, 19세기에는 「과/와」, 「이며」, 「ᄒ고」, 「마는/마는」이 있었고, 20세기 초에는 「과/와」, 「하고」, 「이며」와 「만은」의 네 가지가 쓰였다.

<이음토씨의 변천과정>

세기 토씨	15C	16C	17C	18C	19C	20C초	비　고
과/와							지금도 쓰임
ᄒ고					(하고)		지금도 쓰임(하고)
이며							지금도 쓰임
이여		(박동사)					
이야		(박동사)					
마론					(1896)		
컨마론		(악장가사)					
코					(1908) 고		지금도 쓰임(따옴토씨로)
이랑							지금도 쓰임
마는		(청산별곡)			(1896)		

마는						(1896)	→	지금은 씨끝임
언정							→	지금은 씨끝임
만은							→	지금은[마는]으로되어 씨끝임

이제 이들의 변천한 모습을 도표로 보이면 위의 표와 같다.

3.3.3 물음토씨

15세기부터의 물음토씨에는 「고」와 「가」가 있는데, 18세기에 와서 「오」가 새로 나타났고, 20세기에는 「야」, 「냐」, 「요」가 다시 나타나게 되었다. 이를 표로 보이면 다음과 같다.

<물음토씨의 변천과정>

세기 토씨	15C	16C	17C	18C	19C	20C초	비고
가						→	지금쓰임(사투리에서)
고						→	지금쓰임(사투리에서)
야						→	
냐						→	
오				→			
요						→	지금도 쓰임

3.3.4 따옴토씨

이 토씨는 20세기에 들어오면서 나타났는데 사실은 15세기부터의 마디이음토씨 「코」가 변천하여 「고」로 나타난 것이다.

3.3.5 도움토씨

이 토씨는 너무 종류가 많아서 세기마다 설명을 하고 도표로 나타내
자면 복잡하므로 도표상에 종류대로를 나열하고 그 변천과정을 도시하
기로 하겠다.

<도움토씨의 변천 과정>

토씨 \ 세기	15C	16C	17C	18C	19C	20C초	비 고
지적도움토씨	으란/으라는 으라는		으란, 으랑 이란		으란	이란	오늘날 쓰임
선택도움토씨	이나/ㅏ나/이어나		이나/이어나	든지, 던지, 이나 런지/런지		이나/든지	오늘날 쓰임
매양도움토씨	마다						오늘날 쓰임
각자도움토씨	곰						오늘날 쓰임
유여도움토씨	나마		이나마	이나마	느마	이나마	오늘날 쓰임
국한도움토씨	못·붓·봇	봇					
불구도움토씨	만뎡		언뎡		만뎡/만졍		씨끝화함
양보도움토씨	인둘			인둘/인들	인들	인들	오늘날 쓰임
가정도움토씨	잇든	이쓴					
제시도움토씨	이라						오늘날 쓰임
고사도움토씨	눈카니와	마론커눈		눈크니와			오늘날 쓰임
지정도움토씨	음/온, 눈/눈		음/온, 눈/눈, ㄴ		음/온, 눈/눈	음/는	오늘날 쓰임
모두도움토씨	도						오늘날 쓰임

토씨							비고
힘줌도움토씨	사	새/사/야	사, 야, 아	사, 이야	야, 사	야, 이야	오늘날 쓰임
위치도움토씨	서					서	씨끝화하였음
바로도움토씨	곳						오늘날쓰임(점선은 위와 같음)
미침도움토씨	이드록	도록			도록		오늘날 씨끔임
시발도움토씨	브터		부터/붓터 붓터/브터	붓터/붓터 버터	브터/붓터 붓터/보텀	붓터/부터 붓터/브터	오늘날은 「부터」로 씀
유지도움토씨	다가				다가	다가/에다가	오늘날 쓰임
제시도움토씨		이라셔	이래/이라셔		이라셔/ㅣ라셔	라셔	오늘날 쓰임
불특정도움토씨		이라도					오늘날 쓰임
동일도움토씨		대로		대로/더로	더로	대로	오늘날 쓰임
추종도움토씨		조쳐/조처/조차	조차	조차/좃차	좃츠/좃차	조차	오늘날 「조차」만 쓰임
도달도움토씨		ᄭᆞ장/ᄀ장 ᄭ지/ᄀ지		ᄭ지/ᄀ디/ᄀ지	ᄭ지/까지/까지 ᄭ지/ᄀ지		「까치」가 오늘날 쓰임
독자도움토씨		쑨		쑨, 분	쑨	쑨	「뿐」이 오늘날 쓰임
최종도움토씨				ᄆ즈			「마저」가 오늘날 쓰임
단독도움토씨		만		만	만	만	오늘날 쓰임
확대도움토씨						이나	오늘날 쓰임
확정도움토씨						이야말로	오늘날 쓰임
느낌도움토씨						그려	오늘날 쓰임
높임도움토씨						요/오	오늘날 쓰임

위 표에서 보는 바와 같이 오늘날 쓰이고 있는 토씨인데도 어떤 세기에는 통계상에 나타나지 아니한 것이 있는가 하면 어떤것은 후대에 와서 입말에서 쓰이던 것이 월에 정착함으로써 새로운 토씨로 나타난

것도 있다. 위의 첫 번째와 같은 사실은 앞으로 더 많은 자료를 구하여
통계를 더 철저히 내면 모든 토씨가 발견될 것으로 믿는다.

고영근, 1968, 주격조사의 한 종류에 대하여, 서울, 이숭녕 박사 송수기념
　　　　논총.
______, 1976, 특수조사의 의미 분석, 문법연구 3.
김민수, 1970, 국어의 격에 대하여, 국어국문학 49・50 합병호.
김방한, 1965, 국어주격어미 「이」고 재론, 학술원논문집 5집.
김승곤, 1966, 15세기 조사 연구, 문호 제4집, 건국대 국어국문학과.
______, 1969, 중세어 「이」비유격 조사고, 국어국문학 제42・43호, 국어국문
　　　　학회.
______, 1969, 관형격 조사고-현대어를 중심으로-, 문호 제5집, 건국대학교
　　　　국어국문학과.
______, 1970, 「이」주격조사의 어원고, 학술지 제12집, 건국대학교.
______, 1971, 토씨 「이/의」의 발달을 살핌-특히 그 계보의 모색을 위하여-,
　　　　한글학회 50돌 기념논문집, 한글학회.
______, 1972, 조사의 직능고, 국어국문학 제58~60집, 국어국문학회.
______, 1974, 16세기 조사 연구, 학술지 제18집, 건국대학교.
______, 1974, 국어 조사 「으로」류의 구문적 직능고-특히 그 의미직능을 중
　　　　심으로-, 문리논 총 3, 건국대 문리과대학.
______, 1975, 중세국어의 가정형 어미 「쯘」과 억양형 어미 「쯘녀」고, 대학
　　　　원 논문집 2, 건 국대 대학원.
______, 1977, 중세국어 대비격 조사고, 연민 이가원 박사 육질 송수기념논
　　　　총.
______, 1978, 한국어 조사의 통시적 연구, 서울, 대제각
______, 1980, 한국어의 격이론, 인문과학 제13집, 건국대 인문과학연구소.
______, 1982, 한국어 조사의 어원연구(Ⅰ), 교육논총 1집, 건국대 교육대학원.

______, 1982, 한국어 조사의 어원연구(Ⅱ), 학술지 제26집, 건국대학교.

______, 1982, 한국어 고룸소리의 어원 연구, 한글 제176호, 한글학회.

______, 1984, 한국어 이두의 처소격 조사 「良中」의 어원 연구, 두메 박지홍 교수 회갑기념논문집.

______, 1985, 중주어론에 대한 한 고찰, 우진 박병채 박사 환력기념논총.

______, 1985, 이두의 여격조사 「亦中」에 대한 고찰, 먹남 김일근 박사 회갑 기념 어문학논총.

______, 1985, 「-쫀」과 「쏜녀」고, 선오당 김형기선생 팔질 기념국어학논총.

______, 1986, 중세국어의 위치자리토씨 「의」와 매김자리토씨 「의」에 대한 한 고찰, 백민 김재호 박사 화갑기념 국어학논총.

______, 1986, 중세국어의 형태소 「쫀」과 「쏜녀」의 통어 기능 연구, 조선학 보 제119·120집(천리교 교도 100년제 기념호), 일본:조선학회.

김영희, 1973, 한국어의 격문법 연구, 연세대학교 대학원.

______, 1978, 겹주어론, 한글 162.

김용석, 1979, 목적어 조사 「을/를」에 관하여, 말 4호.

김완진, 1970, 문접속의 「와」와 구접속의 「와」, 어학연구 6:2.

김형규, 1954, 주격 「가」에 대한 소고, 최현배선생 환갑기념논문집.

김홍수, 1982, 원인의 「에」와 「로」에 대하여, 국어국문학(전북대) 22, 탑출판 사.

남광우, 1957, 주격조사 「가」에 대하여-주석의 입장에서-, 문경 4집.

남기심·고영근, 1985, 표준국어문법론, 서울, 탑출판사.

박순함, 1970, 격문법에 입각한 국어의 겹주어에 관한 고찰, 어학연구 4-2.

______, 1970, 격문법에 입각한 국어의 겹주어에 관한 고찰, 어학연구 6-2.

박지홍, 1981, 우리 현대말본, 서울·부산, 문성출판사.

박병채, 1967, 고대국어의 격형연구, 고대 인문논집 8.

배해수, 1977, 격의 연구, 고대 논문집 18.

______, 1978, 국어 격조사에 대한 자질 검토, 관동어문학 1.

서정수, 1971, 국어 중주어 문제, 국어국문학 52.

성광수, 1974, 국어 격문법시론(Ⅰ), 고대 인문논집, 19집.

______, 1974, 국어주어 및 목적어의 중출현상에 대하여, 문법연구 1.

______, 1979, 국어 조사의 연구, 서울, 형설출판사.

______, 1985, 국어격형과 의미자질, 고대 어문논집 24·25 합병호.

손호민, 1974, Cabe incorperation in English verlus with reference to Korean Structure, 영어영문학 51·52 합병호.

송병학, 1984, 현대국어의 분석, 서울, 한신문화사.

송석중, 1982, 조사 「과·를·에」의 의미분석, 말 7.

신창순, 1975, 국어의 주어문제 연구, 문법연구 2.

신현숙, 1982, 목적격 표지 「-를」의 의미 분석, 언어 7-1.

안병희, 1966, 부정격의 정립을 위하여, 남기심 외 편(1975)

______, 1977, 중세국어 구결의 연구, 서울, 일지사.

양주동, 1956, 여요전주, 을유문화사.

______, 1960, 고가연구, 일조각.

______, 1975, 고가연구, 일조각.

유동석, 1984, 「로」의 이질성 극복을 위하여, 국어학 17, 탑출판사.

유창돈, 1964, 이조국어사 연구, 서울, 신명문화사.

이광호, 1972, 중세국어의 대격연구, 국어연구 29.

______, 1985, 격조사 「로」의 기능통합을 위한 시론, 국어학논총(선오당 김형기 선생 팔질기념논총).

______, 1988, 국어 격조사 「을/를」의 연구, 서울, 탑출판사.

이근용, 1982, 국어특수조사연구, 연구논총 6(국민대).

이기백, 1975, 국어조사의 사적연구, 어문논총, 9·10 합집.

이기용, 1969, 「가」와 「는」의 통사관계, 전북대 논문집 11.

이남순, 1983, 약식의 「에」와 소재의 「에서」, 관악어문연구(서울대) 8.

______, 1983, 「에」와 「로」의 통사와 의미, 언어:8-2.

______, 1986, 「에게」의 대응형태 「한테, 더러, 보고」의 문법, 진단학보 61.

______, 1988, 국어의 부정격과 격표지 생략, 서울, 국어학회.

이병선, 1976, 주격조사 연구 - 고대국어 주격조사와 「가」의 발달을 중심으로 -, 국어국문학 72~73집.

이숭녕, 1958, 주격 「가」의 발달과 그 해석, 국어국문학 19집.

______, 1966, 조사 설정의 재검토, 동양문화 5(대구대).

______, 1966, 15세기 국어에서의 「는」계 조사의 기능에 대하여, 서울대논문집 12.

______, 1972, 17세기 초기 국어의 형태론적 고찰, 동양학 2집.

______, 1974, 중세국어문법, 을유문화사.

______, 1981, 중세국어문법, 서울, 일조각.

이승욱, 1969, 주어의 통사에 관한 연구, 현대국어문법, 남기심·고영근·이
    익섭 편, 대구, 계명대출판부.

______, 1973, 국어문법연구의 사적연구, 일조각.

이익환, 1979, Korean Particles Kkaci/mace 'even' and scope of Negation, 언
    어 4:1.

임홍빈, 1974, 「-로」의 선택의 양태화, 어학연구 10-2.

______, 1979, 「을/를」조사의 통사와 의미, 한국학논총.

______, 1972, 국어의 주제화 연구, 국어연구 28.

장지영·장세경, 1976, 이두사전, 서울, 정음사.

전재호, 1971, 현대어 조사의 실태 분석 1. 어문학 3호.

정인승, 1956, 표준고등말본, 서울, 신구문화사.

채 완, 1976, 조사 「는」에 대하여, 국어학 5.

최남희, 1988, 고려의 차자표기법 연구, 건국대학교 대학원.

최현배, 1959, 우리말본, 서울, 정음사.

허 웅, 1972, 15세기 국어의 토씨연구, 한글 150호.

______, 1975, 우리옛말본, 서울, 샘문화사.

______, 1982, 국어학, 서울, 샘문화사.

홍사만, 1974, 조사 「은/는」과 「도」의 의미기능대비, 동양문화연구 1.

______, 1984, 국어특수조사론, 서울, 학문사.

홍윤표, 1975, 주격어미 「-가」에 대하여, 국어학 3집.

______, 1978, 방향성 표시의 격, 국어학 6.

홍종림, 1981, 대격형태 「를/을」의 의미 고찰, 청주교대논문집 18.

朝鮮總督府中樞院, 1937, 吏讀集成.

______, 1937, 大明律直解 全.

아세아문화사, 1978, 이두자료선집, 서울, 아세아문화사.

Bach E. and Harms eds, 1968, Universals in linguistic theory, New York
    Holt, Rinehart&Winston.

Bloomfield, M.W. & New Mark, L, 1963, A Linguistic Introduction to the history of English, New York, Alfred A. Knopf Inc. 井盆雄, 東信行 共譯, 1966 言語學的分析による 英語史, 東京, 英寶社.

Fillmore, C.J., 1966, "Toward a Modern Theory of case." Reibel and shaneeds, Modern Studies in English Readings in Transformation of Grammar.

______, 1968, The case for case, Bach and Harms, ed. Universals in Linguistic Theory.

______, 1971, Some Problems for case Grammar, Working Papers in Linguistics 10.

Hocket, C.F., 1958, A course in modern Linguistics, New York, The macmillian Co.

Gleason, H.A. An introduction to Descriptive Linguistics, Holt, Rinehart & Winston.

Ramstedt, G.J., 1949, Studies in Korean Etymology, Helsinki Suomalals-Ugrilainen seura.

Jesperson, O., 1924, The Philosophy of Grammar, London, George Allen & Unwin Co, Inc. 山田考雄: 1969, 日本文法論, 東京, 寶文館出版 Co.

橋本進吉, 1974, 助詞, 助動詞の研究.

濱田敦, 1970, 朝鮮資料による 日本語研究, 東京, 岩波書店.

石垣謙二, 1970, 助詞の 歷史的研究, 東京, 岩波書店.

渡部昇一・興律達朗, 1976, 英語學史, 東京, 大修館.

市河三喜, 1940, 英語學辭典, 東京, 研究社.

大塚高信, 1970, 新英文法辭典, 東京, 三省堂.

安井稔, 1970, 新言語學辭典, 東京, 研究社.

■ 저자약력 ■

김승곤

전 건국대학교 문과대학 국어국문학과 교수
현재 건국대학교 명예교수
한글학회이사 겸 부회장

저서 단어통어론(1986, 한신문화사)
우리말 토씨 연구(1989, 건대출판부)
음성학(정음사), 한국어의 기원(1990, 건대출판부)
한국어 통어론(1991, 건대출판부)
현대나라말본(1996, 박이정)
한국어 조사의 통시적 연구(1998, 대제각)
현대표준말본(2003, 한국문화사)

논문 우리말 토씨의 어원 연구 이외에 71편

국어 토씨 어원과 용법 — 향가에서 1930년까지 —

인 쇄 2004년 08월 23일
발 행 2004년 08월 30일
저 자 김 승 곤
펴낸이 이 대 현
편 집 박 윤 정
펴낸곳 도서출판 역락 / 서울 성동구 성수2가 3동 301-80
        (주)지시코별관 3층(우 133-835)
TEL 대표·영업 3409-2058 편집부 3409-2060 FAX 3409-2059
E-MAIL youkrack@hanmail.net / yk3888@kornet.net
등 록 1999년 4월 19일 제2-2803호
ISBN 89-5556-318-3-93710

정가 20,000원

* 잘못된 책은 교환해 드립니다.